DEBUT D'UNE SERIE DE DOCUMENTS
EN COULEUR

Couverture inférieure manquante

DAVID BOUDIN

PAGE D'HISTOIRE
DU MOYEN-AGE

SUIVIE DE

FAITS DATANT DE LA RENAISSANCE

ET DES SIÈCLES SUIVANTS

EN CE QUI TOUCHE LA BOURGOGNE

ET PARTICULIÈREMENT

LES BOURGS DE DORNECY, VÉZELAY

ET AUTRES CIRCONVOISINS

AUXERRE
IMPRIMERIE ALBERT GALLOT, RUE DE PARIS, 47

1893

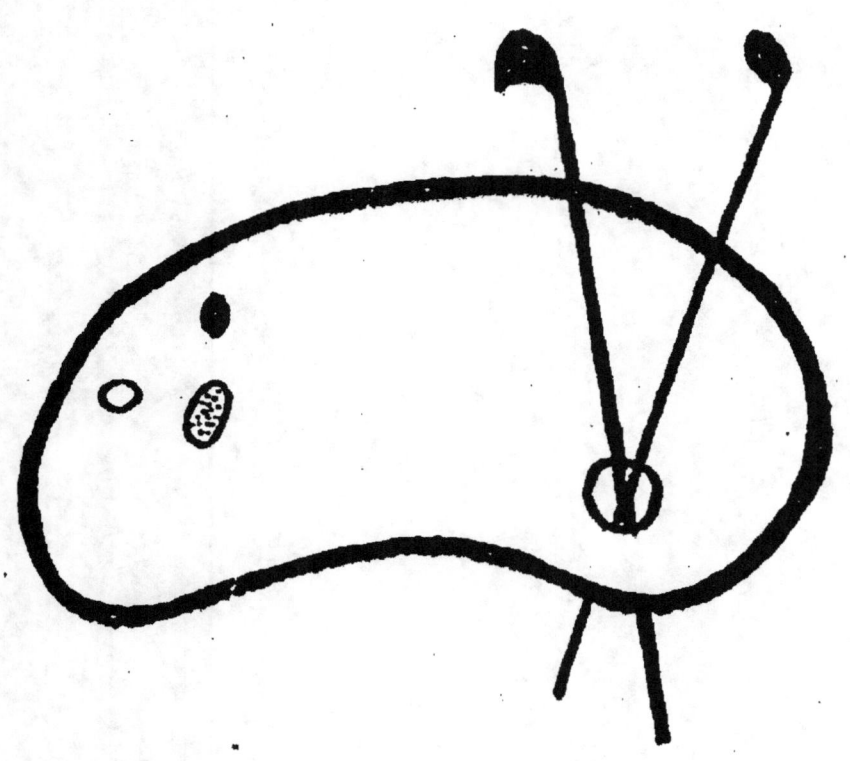

FIN D'UNE SERIE DE DOCUMENTS EN COULEUR

Hommage de l'auteur
à Mr. Léopold Delille
Amédée Boudin

PAGE D'HISTOIRE DU MOYEN-AGE

DAVID BOUDIN

PAGE D'HISTOIRE
DU MOYEN-AGE

SUIVIE DE

FAITS DATANT DE LA RENAISSANCE

ET DES SIÈCLES SUIVANTS

EN CE QUI TOUCHE LA BOURGOGNE

ET PARTICULIÈREMENT

LES BOURGS DE DORNECY, VÉZELAY

ET AUTRES CIRCONVOISINS

AUXERRE

IMPRIMERIE ALBERT GALLOT, RUE DE PARIS, 47

1893

A MONSIEUR MAXIME DU CAMP,

de l'Académie française.

Permettez-moi de faire hommage à l'auteur des *Convulsions de Paris*, d'un modeste ouvrage racontant les faits et gestes, les sacrifices, les luttes ardentes et les efforts souvent malheureux de pauvres bourgeois, paysans et manants Bourguignons, pour l'affranchissement de leurs paroisses ou communautés.

Je n'ai pas, assurément, la prétention d'avoir fait un livre, pour dire et croire que je suis historien, mais bien un simple recueil de documents remontant quelques-uns à 7 ou 800 ans, et dont la majeure partie n'était pas connue.

Ils ont été puisés avec patience dans les dépôts publics des archives et dans les vieux parchemins et mémoires particuliers, très poussiéreux, très difficiles à déchiffrer *sans grand renfort de besicles*, comme le dit Rabelais, *dont les rats et blattes, ou autres malignes bêtes, avoient broûté le commencement.*

Ils sont intéressants pour les habitants de cette

contrée, où les faits racontés ont eu lieu. Ils peuvent l'être aussi comme une page inédite de l'histoire de notre chère France.

Recevez-donc cet hommage d'un ancien ôtage de la Commune de Paris, dont vous avez bien voulu placer le nom à côté de ceux d'illustres compagnons d'infortune.

Croyez, Monsieur, à l'assurance nouvelle de mes sentiments aussi respectueux que dévoués.

DAVID BOUDIN,
Ancien Commissaire de Police
de la ville de Paris.

Dornecy, le 14 Décembre 1892.

PAGE D'HISTOIRE

DU MOYEN-AGE

CHAPITRE PREMIER

DE LA POSITION ET DE L'ORIGINE DE DORNECY

> J'ai cherché à mettre en lumière les documents que j'avais entre les mains, ils peuvent n'être pas inutiles à l'histoire. Max. DU CAMP.
> *(Convulsions de Paris).*
>
> On voit de nos jours, un empressement presque général à refaire l'histoire des villes et des provinces. (DUPIN aîné).
> *(Commentaire de la coutume du Nivernais).*

Dornecy fait partie de l'ancienne province du Nivernais. Du temps des Romains, il était compris dans le territoire d'*Authun*, qui, en ce même temps de grande antiquité, comme le dit Guy Coquille, était la principale ville de la Bourgogne. Il aurait pu ajouter de toute la Gaule. Elle avait un Sénat secondaire qui fut convoqué à Decize, par Jules César, vers l'an 38 avant Jésus-Christ ; elle fut embellie par la munificence de Dioclétien, vers l'an 250.

Autun était l'antique capitale des Eduens, cette fameuse Bibracte dont César aimait le séjour et qu'il proclamait lui-même la plus grande, la plus belle et la plus florissante des villes de toute la Celtique, que les Romains si fiers, se plaisaient à nommer la *sœur et l'émule de Rome*. Cette vieille cité d'Auguste était autrefois riche par son commerce, renommée par des écoles qui comptaient 14,000 étudiants, brillante dans ses édifices, somptueuse dans ses palais, vantée par le nombre et la magnificence de ses temples.

La population de Dornecy n'est que d'environ 1040 habitants; elle était de plus de 1200 il y a quelques années. Il est situé et assis comme le mentionne une charte de François Ier de 1542, dont nous parlerons, *en bon et fertile pays*, près la rivière de l'Yonne (rive droite), entouré de collines garnies de vignes et dont les plateaux sont couverts de bois taillis et de hautes futaies. Ces plateaux terminent la chaîne des montagnes du Morvan (1). Les bois et les montagnes forment de puissants abris pour les champs qui les environnent. La statistique constate qu'ils ne sont jamais exposés à la grêle.

Dornecy se trouve à 8 kilomètres de Clamecy, son chef-lieu de canton et aussi d'arrondissement, à 14 de Vézelay, à 48 d'Auxerre, et à plus de 76 de Nevers, chef-lieu actuel du département de la Nièvre.

Les documents historiques sur Dornecy ont manqué complètement aux anciens historiens, ou bien ils n'ont eu ni patience, ni persévérance pour les rechercher.

Certains renseignements auraient pu cependant être puisés dans les *Commentaires de César*, de même que dans les œuvres de Pline l'ancien, Strabon, Sidonius Appolinaire, célèbre évêque et littérateur distingué du

---

(1) Montagne noire, du celtique *mor*, montagne, *raud*, noire.

VIII⁰ siècle, auquel on doit tant de lettres et d'écrits précieux pour l'histoire de ces temps difficiles, et aussi dans les lettres de Cicéron à Trébatius, au sujet des Eduens.

Au v⁰ siècle, Hilarius, sénateur, était, comme on le disait alors, *Patrice*, comte ou gouverneur du château de Tonnerre, et commandait pour les romains toute la région. Il possédait de grands biens aux environs de Coulanges-sur-Yonne, Châtel-Censoir, Dornecy, etc. Il était très lié avec saint Germain, évêque d'Auxerre, et saint Loup, évêque de Troyes, qui tous les deux ont laissé des écrits intéressants sur lui et sur sa femme, nommée Quiète. Ils proclament bien haut leur vertu et leurs bienfaits pour les pauvres habitants de ces contrées.

Les vies des saints, les collections de miracles et les chroniques des monastères sont fort utiles à consulter; c'est là qu'on trouve des détails aussi précieux qu'inattendus, comme le dit avec raison M. Léopold Delille, le savant directeur de la Bibliothèque nationale, dans son *Etude sur la classe agricole en Normandie* (1).

M. Saintine, de son côté, dit en parlant de la vie des saints : C'est un livre plein de prestige, de dévouement merveilleux, de pensées sublimes et naïves, un livre dont chaque histoire est un drame palpitant.

Il est bon de rappeler que les Saints à cette époque, ne l'étaient pas seulement par la foi et par les mœurs; ils l'étaient surtout par les vertus civiques. Ils étaient tous évêques. Ajoutons que dans les temps reculés, l'évêque était partout le premier citoyen de la Cité. On entendait par Cité, non seulement une ville, mais toute

(1) Evreux, 1851.

une circonscription, plus grande qu'un de nos départements actuels. Il était l'élu de toute la population et tirait de cette élection une grande autorité. On ne le choisissait pas obligatoirement dans le clergé, à preuve saint Germain d'Auxerre et beaucoup d'autres n'en faisaient pas partie.

L'évêque avait, outre l'autorité de la religion, qui à cette époque était la reine de l'opinion, tous les droits que les lois romaines avaient attachés à la qualité de *défensor* et de chef de l'église ; c'est-à-dire, entr'autres le droit de suspendre les impôts et les jugements, de donner asile, etc.

Tous ces avantages en faisaient des hommes des plus importants, des sénateurs constamment délibérant de cette société spirituelle, catholique, parfaitement unie, répandue sur tout l'ancien monde. Par suite de l'organisation romaine donnée à la Gaule, chaque Cité avait un Sénat secondaire.

En outre de saint Germain, de Sidoine, et de saint Loup, on remarque saint Aignan d'Orléans, Grégoire de Tours, Albin de Vannes, saint Jérome, Simplicius de Bourges, saint Retice d'Autun, etc.

Entr'autres documents que nous avons mis à contribution, ce sont les actes privés conservés en originaux ou en copies ; malheureusement les abréviations nombreuses y existent. Pour en connaître la signification, on ne peut y arriver qu'avec patience et en tâtonnant, pour en avoir ce qu'on peut dire la clef.

On sait que ces abréviations étaient fort en usage chez les Grecs et les Romains. Elles étaient employées dans les inscriptions, les manuscrits, les lettres, et même dans les lois et décrets. Leur emploi donna lieu à tant d'abus, que l'empereur Justinien se vit obligé de les proscrire. En France, les abréviations d'abord rares, sous les Rois de la 1re race et même sous ceux de la 2e, se multiplièrent tellement sous les Capétiens, que Philippe-le-Bel, en 1304, essaya d'y remédier par une ordonnance qui banissait des minutes des notaires et des actes juridiques toutes les abréviations, exposant ces actes à être falsifiés, ou mal entendus ; l'abus n'en persista pas moins dans les deux siècles suivants, et l'on vit même les abréviations passer des manuscrits dans les premiers livres imprimés.

A cette époque reculée, Dornecy avait, chose digne de remarque, une population à peu près égale à celle actuelle. Les vestiges des voies romaines existent encore en plusieurs endroits, l'une d'elles est sur le versant, au midi, d'une petite montagne isolée, appelée le Mont-Martin (1). Elle se dirigeait vers l'ancienne Châtellenie de Metz-le-Comte. Un gué facilitait son passage près de Brèves ; on assure qu'elle allait directement d'Entrains à Saulieu et à Autun ; une autre allait d'Autun à Sens, avec divers embranchements. Notons en passant, que les prescriptions de la loi des douze tables étaient appliquées pour ces voies ; elle exigeait que les chemins qui avaient 8 pieds de large en ligne droite, en eussent 16 dans les courbes (2).

Les Boïens qui faisaient partie de l'armée d'Orgétorix, lors de leur irruption dans les Gaules, furent vaincus par Jules César dans cette région et placés, au dire de

(1) 215 mètres au-dessus du niveau de la mer.
(2) Au ve siècle avant notre ère, dix citoyens *Decemvir* furent chargés de rédiger un code de lois, et auxquels on remit pendant ce temps le gouvernement de la République.
Dès l'année 450 avant Jésus-Christ, le tribun Terentillus Harsa, proposa une loi acceptée, ayant pour but d'envoyer trois délégués

Pline l'ancien, au nord de la Cité des Eduens, amis des Romains, près du lieu appelé Saint-Révérien, parce que d'après la légende c'est là que saint Révérien fut martyrisé, sous l'empereur Aurélien ; ce bourg s'appelait alors *Dunum*, en Authunois. En langage Gaulois, *Dunum* signifiait un fort relevé de terre, fait de mains d'homme. Cicéron, dans une de ses lettres à Trébatius, traite les Eduens de frères des Romains. César en dit autant au premier livre de ses *Commentaires*.

Vercingétorix et César, suivirent souvent, avec leurs légions, la vallée de l'Yonne.

Guy Coquille, que nous aurons occasion de citer bien des fois, comme historien et comme jurisconsulte du Nivernais, et que d'Aguesseau qualifie du beau nom de judicieux, sous lequel on le cite toujours au Palais, disait en 1550 :

« Le pays de Nivernais est grandement couvert de
« bois ; une grande partie de ces bois a poussé dans les
« lieux autrefois habités avec tout le luxe de la civilisa-
« tion. On y rencontre fréquemment des vestiges de
« voies romaines, des ruines de châteaux, parmi les-
« quelles on voit des fragments de marbre, de statues,
« des mosaïques entières. En beaucoup de lieux, il a fallu
« ensuite arracher le bois qui surabondait pour refaire
« des prés et des terres labourables, pour la subsistance
« des habitants. »

Savinien et saint Jérome disent que la Gaule avait été dévastée comme si l'Océan eût passé sur elle ; le sol se

---

en Grèce, pour rechercher, parmi les lois et les institutions de la République, celles qui pourraient être susceptibles de s'appliquer utilement chez les Romains et en former un code de droit dont la connaissance fût accessible à tous.

couvrait de ronces et de forêts, après l'invasion d'Attila en 451. Le monde semblait tout entier voué à la destruction ; la guerre, la famine, l'incendie, la peste, se disputaient la vie des hommes, le désert conquérait sans cesse sur la terre civilisée.

Ce n'est donc pas étonnant qu'on trouve à Dornecy, Brèves-sur-Yonne et autres lieux, des médailles portant les noms de César, Auguste, Tibère, Néron, Constantin, Commode, Lucile femme d'Antonin, etc.

On y découvre encore fréquemment des débris de vases et d'amphores, des fragments de figure en pierre, ou d'ustensiles de ménage. Et, ce qui prouve qu'il n'y a rien de nouveau sous le soleil, c'est la découverte faite dans une forêt voisine, non d'un calorifère, mais d'un *hypocauste*, conduisant la chaleur sous le carrelage et les côtés d'un appartement de 14 mètres sur 11 : ce carrelage étant fait avec un ciment mélangé de petites pierres blanches, grisâtres, bleuâtres, et des morceaux de tuiles très rouges formant mosaïque (1).

Dans ces derniers temps, M. Ravaisson a lu un mémoire à l'Institut, sur un bronze trouvé à Entrains (Nièvre), et acquis pour le Musée du Louvre. C'est une statuette d'un beau travail, d'une remarquable conservation. Une imitation du colosse, exécutée par Zenodore, qu'abritait le grand temple bâti au sommet du Puy-de-Dôme, et dont on a découvert d'importants vestiges. Dans la statuette d'Entrains, on a, dit-on, une répétition du célèbre *mercure Domnias*.

Dornecy est qualifié de ville; dans tous les anciens actes publics « et selon l'usage commun de ce royaume,

---

(1) Notice de M. Boniard, sur les ruines d'une ville gallo-romaine 1812, Cegrétin, imprimeur à Clamecy.

« dit Guy Coquille, sont nommées villes, les places
« esquelles sont plusieurs maisons ; lesquelles places
« sont closes de murailles et portes, et qui ont droit de
« corps et communauté, ont Eschevins et deniez com-
« muns.

« Lesdits Eschevins représentant tout le corps, tant
« en jugement que dehors. »

Suivant une vieille tradition, rapportée par Marlière dans son ouvrage intitulé *Statistique de l'Arrondissement de Clamecy* (1859), il aurait été bâti primitivement dans la plaine dite le Crot de Villiers, au nord de Montmartin, cela parce qu'on y avait rencontré, en fouillant, des vestiges d'habitation et un puits dans lequel, suivant la légende, on aurait trouvé une cloche. Ce changement d'emplacement aurait eu pour cause le rapprochement des forges qui existaient alors au faubourg Thyrault.

C'est une erreur bien démontrée par les nombreux actes authentiques que nous aurons occasion de signaler. Il est possible qu'en effet, au faubourg Thyrault existait à cette époque reculée l'industrie des forges dites à bras. Les coteaux avoisinant portent encore des traces de résidus, scories et machefer, de ces forges primitives. Mais leur principal groupe était alors à Sardy, appelé pour cela Sardy-les-Forges. C'est actuellement un hameau riche et important, qui n'a plus aucune forge, il dépend de la commune de Brèves, située à 4 kilomètres plus loin que le faubourg Thyrault (1)

---

(1) C'est à Sardy-les-Forges que naquit l'abbé Ribailler, proviseur du collège Mazarin, docteur en Sorbonne, le même qui fit censurer par cette société, le Belizaire de Marmontel.

Le Montbrevois situé commune de Brèves, frère jumeau du Montmartin est à 205 mètres au-dessus du niveau de la mer, et à 110 mètres au-dessus de la vallée de l'Yonne.

La famille de celui qui écrit ces lignes possède une pièce de terre située entre ces deux localités ; elle porte le nom de champ *des limes*, et ce pour cause. Un antiquaire s'occupant surtout de numismatique, a demandé l'autorisation d'y faire des fouilles, ce qu'on lui a permis. Les résultats ont été splendides pour lui, en médailles romaines nombreuses et en vases et ustensiles divers, dont quelques-uns en fer, provenant des forges de Sardy.

CHAPITRE II

MŒURS ROMAINES, LA CURIE OU MAGISTRATURE MUNICIPALE.

> La mémoire est le trésor de la vie humaine, qui préserve d'oubliance les faicts et dicts mémorables des hommes. (AMIOT).

En l'année 57 avant notre ère, César triomphait de la Confédération des Belges qui habitaient le nord du pays, depuis le Rhin jusqu'à la Marne, l'Yonne et la Seine. En 10 ans, la conquête de la Gaule fut achevée par les Romains. Le pays resta tellement soumis et pacifié, qu'un demi-siècle à peine après la mort de César l'empereur Auguste put comprendre ce pays dans ses divisions administratives ; c'est alors que Dornecy et les populations voisines furent mis dans la circonscription d'Autun. Rome ne supprimait pas les races vaincues ; elle ne se les assimilait pas, elle les utilisait en les dominant : elle établissait ce que nous appelons aujourd'hui une espèce de protectorat. C'était aussi sa méthode économique. Chez nous, elle s'est attachée à développer les richesses du sol par la création des grandes voies d'Agrippa et des villes Césariennes et Augustoles, dont *Augustodunum* (Autun) est le type. La Gaule resta gauloise en devenant romaine. « Ni la conquête romaine, ni la conquête franke, dit M. Jules Simon, n'ont pu étouffer l'élément gaulois. »

Guy Coquille raconte « que les Français et Bourgui-
« gnons se firent seigneurs des Gaules celtiques et Bel-
« gique; ils entretinrent en paix les peuples du pays
« conquis pour les laisser vivre selon les loix qu'ils
« avoient, qui estoient les loix des Romains. Il se void
« par escrit ès loix des Bourguignons et saliques, que les
« Romains devoient estre jugez par les loix romaines,
« enfin les François et anciens Gaulois devinrent du
« tout même peuple, qui fut réglé par mesmes loix. »

L'empereur Auguste, dit M. Fustel de Coulanges, a fait le cens de la Gaule; « on se tromperait fort, dit-il, si l'on
« croyait qu'il ne s'agissait que d'une mesure d'adminis-
« tration, que les modernes appellent un recensement
« ou un cadastre. Ce que la langue romaine appelait
« proprement le cens était une opération qui ne s'appli-
« quait qu'à la propriété privée. Inscrire une terre sur
« les registres du cens, c'était reconnaître légalement
« que cette terre n'appartenait pas à l'État et qu'elle était
« le domaine propre d'une famille. L'inscription au cens
« était un titre de droit. Le cens qu'Auguste dressa pour
« la Gaule avait donc un double effet : en même temps
« qu'il servait de base à la répartition de l'impôt foncier,
« il assurait aux hommes la propriété complète et abso-
« lue de leur sol. »

De son côté, Guy Coquille dit :

« La première source des cens est du temps de Ser-
« vius-Tullius VI, roy de Rome, lequel pour faire distri-
« bution bien proportionnelle des charges publiques qui
« seraient à porter par chacun, selon ses facultez, tant
« par sa personne que par sa bourse, fit plusieurs ordres
« et classes du peuple, prenant le pied de chacune

« classe sur une quantité de l'estimation des facultez.
« Après la puissance royale ôtée de Rome, fut étably
« une magistrature de censeurs et estant deux. Leur
« charge durait 5 ans. Ce temps estant appelé *lustre*. La
« première création fut en l'an de la fondation de
« Rome, 311. »

Dès l'époque du cens établi par Auguste dans la circonscription d'Autun, on exerçait en Bourgogne la plus large hospitalité, hospitalité qui est encore légendaire. M. de Barante, dans son *Histoire des ducs de Bourgogne*, cite cette loi des Burgondes :

« Quiconque aura dénié le couvert et le feu à un
« étranger en voyage, sera puni d'une amende de trois
« sous. Si le voyageur vient à la maison d'un Burgonde
« et y demande l'hospitalité et que celui-ci indique la
« maison d'un Romain, et que cela puisse être prouvé,
« il paiera trois sous d'amende et trois sous pour dédom-
« magement à celui dont il aura montré la maison. »

Dans toutes les villes et bourgs où fut importé le régime municipal romain, on instituait un corps de magistrature et d'administration urbaine, une *curie* chargée du soin de la police et des affaires locales, et investie, dans certains cas prévus et déterminés par l'autorité souveraine, du droit de justice et de l'application des lois.

En 437, une statistique officielle constatait que les empereurs romains avaient établi dans la Gaule huit ateliers où l'on fabriquait des armes de toute espèce. De là vient la création dans la région dont nous parlons d'une multitude de petites forges, telles que celles du faubourg Thirault, de Sardy, Turiguy et Corbelin.

Au sujet de cette expression, *Curie*, magistrature municipale, ainsi qualifiée par les Romains, disons qu'elle a reçu sous la deuxième race un nom germanique, *Skepem* ou juges, devenu *Scabini* dans le latin des actes officiels, et dont s'est formé le mot *eschevin*, dans le dialecte romain du Nord. Nous aurons souvent l'occasion d'employer cette dernière expression, conservée jusqu'en ces derniers temps et qui existe encore en Belgique.

Le mot *eschevinage* était un axiôme du temps, qui signifiait que dans les villes et bourgs d'échevins, c'est-à-dire de commune, il n'y avait pas de *taille* à lever.

En 1117, les historiens déclarent que l'*élu* aux fonctions de maire ou d'eschevin était contraint d'accepter ces fonctions, sous peine de bannissement, loi remarquable en ce qu'elle faisait revivre et sanctionnait par des garanties toutes nouvelles ce principe de la législation romaine, « *que les offices municipaux sont une charge obligatoire.* »

De même que la curie des temps romains, l'échevinage régissait les propriétés communes et gérait les finances de la cité : Il réglait et administrait la police et donnait l'authenticité aux actes de tous genres.

Le *Ban* qui, dans la langue du moyen-âge, signifiait proclamation ou ordonnance, s'appliquait aussi à l'étendue respective de chaque juridiction.

La terre et la seigneurie de Dorneey, avec droit de juridiction haute, moyenne et basse, dépendait de la célèbre abbaye de Vézelay.

Donation en avait été faite vers 838 au monastère de Vézelay, avec tout ce qui pouvait en dépendre, par le fameux comte Ghérard de Roussillon, célèbre dans les romans de chevalerie. Ce Ghérard était aussi duc de Bourgogne, comte de Provence et du Nivernais. La donation fut faite également par Berthe, son épouse, qui était fille de Pépin, roi d'Aquitaine, en la présence et au grand contentement de leur fille Eve, comtesse de Roussillon, l'héroïne d'une vieille chanson disant que du haut de sa tour elle assista à une grande et sanglante bataille, qui dura tout le jour, et que quand tomba la nuit elle descendit seule de sa tour et s'en alla contempler les morts couchés dans l'herbe et la rosée : elle voulait, dit la chanson, les baiser tous.

Ce monastère avait été fondé pour un couvent de filles sous le vocable de la Sainte Vierge seulement, mais cependant soumis à la règle de saint Benoît. Le comte donna à ce monastère le village de Vézelay, qui lui provenait d'un échange fait avec la reine Judith, seconde femme de Louis le Débonnaire.

Il y ajouta Dornecy (1), comme nous l'avons dit, le village de Fontenay et quelques autres, avec ce qui pouvait en dépendre, et en général tout ce qu'il possédait dans les territoires de Tonnerre et d'Avallon, sous la seule réserve de l'usufruit pour lui, sa femme et sa fille, leur vie durant.

Ce couvent fut bâti au bas de la montagne Saint-Père. Dom Beaumier, chroniqueur monacal, dit bien que cette abbaye fut fondée en 838, qu'elle contenait 800 moines ; mais il ajoute ceci :

« Je doute qu'on puisse en apporter de bonnes « preuves. »

Le privilège ou l'approbation du pape Nicolas est de 865.

Il fut détruit par les Sarrazins ou les *Normands* (hommes du Nord). Ghérard le fit rebâtir sur le haut de la montagne pour le mettre à l'abri des incursions des barbares, et y remplaça les religieuses par des moines.

Ce n'est qu'en 1050 qu'on voit pour la première fois

---

(1) Villame Dorniciacum.

le nom de Magdelaine substitué à celui de la Sainte Vierge.

Ce monastère était déjà pourvu de revenus considérables qui n'ont fait qu'augmenter dans la suite des temps.

Le titulaire, l'abbé, était toujours un grand dignitaire de l'Eglise, cumulant d'autres fonctions éminentes. Nous citerons les noms de quelques-uns, avec certaines notices caractéristiques.

En première ligne :

Pons de Montboissier, neveu de Pierre le Vénérable, abbé de Cluny, et Guillaume de la Roche-Merlot, son successeur.

Il sera longuement parlé d'eux dans les pages suivantes.

Le cardinal Charles de Lorraine, archevêque de Reims et ministre d'Etat sous François II et Charles IX.

Le prince d'Embrun, cardinal de Meudon, évêque d'Orléans, grand aumônier de France, 1544.

Odet de Coligny, cardinal de Châtillon, en faveur duquel le prince d'Embrun se désista de son abbaye.

Arrêtons-nous un instant sur celui-ci.

Il fut cardinal à 18 ans, archevêque de Toulouse, évêque et comte de Beauvais, titulaire de treize abbayes et deux prieurés.

Il se jeta dans le parti de la Réforme, fut excommunié et se maria en 1564. Il fut empoisonné par son valet de chambre en 1571.

Il protégea Rabelais qui lui dédia ses deux derniers livres de *Pantagruel*.

Les habitants de Dornecy, ceux de Vézelay et de Pierre-Perthuis ont eu de vifs débats avec cet abbé, au sujet du droit d'usage que réclamaient ces derniers et dont ils avaient joui de toute ancienneté dans 711 arpents de bois appelé Bois de la Madeleine.

Le procès fut porté devant le Parlement de Paris, où ce grand dignitaire le gagna, ainsi qu'il s'y attendait bien.

Le cardinal de Tencin, archevêque de Lyon.

Voici ce qu'en dit le duc de Saint-Simon qui l'a beaucoup connu :

« L'abbé Tencin, que le diable a poussé depuis à une
« si étonnante fortune, était prêtre et gueux, originaire
« de Grenoble. Son nom était Guérin-Tencin, celui d'une
« petite terre qui servait à toute la famille. Il avait deux
« sœurs, toutes deux belles et fort aimables. L'une d'elles
« a été religieuse professe pendant bien des années à
« Montfleury, près Grenoble.

« L'abbé Tencin et elle ne furent jamais qu'un cœur et
« qu'une âme pour la conformité des leurs, *si tant est*
« *que cela se puisse dire en avoir*.

« Il fut son confident toute sa vie. Elle de lui.

« Ils obtinrent de Rome un changement d'état. De
« religieuse, on la fit chanoinesse.

« Bientôt après, elle devint maîtresse du cardinal Du-
« bois, premier ministre du régent, maîtresse publique,
« dominant chez lui à découvert et tenant une cour chez
« elle, comme étant le véritable canal des grâces et de la
« fortune. Ce fut donc elle qui commença la fortune de
« son frère bien aimé en le faisant connaître à son
« amant. »

Ce Dubois était aussi le premier ministre des débauches du régent, le duc d'Orléans. Dubois était l'un des hommes les plus corrompus de cette époque, qui ne croyait même pas en Dieu et qui mourut d'une maladie honteuse.

Citons sur Madame de Tencin ce mot de l'abbé Trublet, devant lequel on louait la bonté et les manières douces de cette dame, qui cachait sous des apparences trompeuses une femme sans principes : « Oui, dit l'abbé, si elle avait intérêt à vous empoisonner, elle choisirait le poison le plus doux. »

Pour en revenir à l'abbé Tencin, il avait un esprit entreprenant et hardi, maître signalé en artifices, fier et abject, selon les gens, d'une ambition démesurée, déshonoré par ses débauches et ses aventures. C'est lui qui fut choisi par Dubois pour la conversion de Law, qui était protestant, en 1720. Ce convertisseur fut depuis surnommé l'apôtre Tencin, et on publia sur lui le quatrain suivant :

> Foin de ton zèle séraphique,
> Malheureux de Tencin.
> Depuis que Law est catholique
> Tout le royaume est capucin.

Dans ces derniers temps, les journaux annonçaient la mort à 102 ans d'un comte Guérin de Tencin, appartenant à la famille de ce cardinal.

Ce pauvre comte fut découvert par un journaliste dans sa paisible retraite, aux Batignolles, où la mort semblait l'avoir oublié. Le bruit qu'on fit à ce moment-là autour de son nom lui porta malheur. La mort se souvint et, revenant brusquement sur ses pas, faucha bientôt cet épi resté presque seul dans un champ depuis longtemps moissonné.

On voit encore figurer comme abbé de Vézelay Berthier de Savigny, prédicateur du roi et son aumônier en 1759. Celui-ci fut aussi un homme de plaisir. Il laissa à Vézelay des souvenirs de galanterie qui sont encore vivants, et on y raconte aujourd'hui à son sujet plus d'une anecdote scandaleuse.

CHAPITRE III

L'ABBAYE DE VÉZELAY. — LES RELIQUES. — LES AIGUILLETTES

> Je dis que tous les hommes et particulière-
> ment les Seigneurs abbés se distinguent tous par
> des qualités dont on les loue ou on les blâme.
> L'un est donneur, l'autre grand voleur, l'un
> cruel, l'autre clément, l'un homme de parole,
> l'autre sans foi. (MACHIAVEL).

Il y a sept ou huit siècles, des foires renommées se tenaient à Vézelay et à Dornecy, où se rendaient non seulement des marchands de toutes les provinces de la France, mais encore une affluence considérable d'étrangers de tout rang et de tout état, venant en pèlerinage à l'Église de Vézelay, en passant à Dornecy. Cette Église, espèce de basilique, construite sur le modèle de Notre-Dame de Paris, renfermait, dit-on, des reliques de Sainte Marie-Magdeleine. « Celle-là même qui, sur la foi *d'une
« pieuse tradition*, avait arrosé les pieds du Christ avec
« des larmes et les avait essuyés avec ses beaux che-
« veux et de qui le Christ avait dit qu'il lui serait beau-
« coup pardonné, puisqu'elle avait beaucoup aimé. »
Voici la version Biblique :
« Après avoir ressuscité Lazare, Jésus vint lui deman-
« der à souper. Marthe, l'une des deux sœurs, s'empressa

« à le servir. L'autre, Marie, répandit sur ses pieds, une
« livre d'huile de grand prix et les essuya avec ses che-
« veux. Pourquoi, s'écria Judas Iscariote, n'a-t-on pas
« vendu le parfum, dont on aurait eu 300 deniers, qu'on
« aurait donnés aux pauvres. »

Le raisonnement paraissait juste, mais Jésus approuva Marie, ce qui était blâmer Marthe, l'utile et laborieuse ménagère.

Pour en revenir aux reliques, cette tradition était plus pieuse que véridique. Nous voyons, après recherches faites avec soin, que Marie, surnommée Magdeleine, à cause d'un château lui appartenant, appelé Magdala, situé près du lac de Genesareth ou mer de Galilée, était bien la sœur de Lazare et de Marthe. Elle accompagna la Sainte Vierge et saint Jean à Ephèse, après l'ascension de Jésus-Christ ; elle mourut dans cette ville et y fut enterrée.

En 878 Ghérard, comte de Roussillon, et Eudes, abbé, envoyèrent à Aix un moine appelé Baidilon, avec un nombre suffisant de frères, pour en rapporter les reliques de Marie-Magdeleine, *amante de Jésus-Christ*, disent les chroniques, qui auraient été transportées d'Ephèse en Provence.

Jean VII, pape, alla faire la dédicace de l'Église de Vézelay, peu de temps après, sous le vocable de Sainte Marie-Magdeleine. Au dire des chroniqueurs, l'arrivée de ces reliques à Vézelay produisit des effets miraculeux.

M. Martin, ancien curé de Vézelay, en raconte plusieurs, que nous ne jugeons pas à propos de citer, mais qu'on peut lire dans un livre intitulé *Précis historique et anecdotique sur la ville et l'abbaye de Vézelay*, publié à Auxerre par la nièce de ce curé en 1832.

D'un autre côté on prétend qu'en 1279, les précieux restes de la dépouille mortelle furent trouvés à Éphèse et qu'on y fonda à l'endroit même l'*Église de Saint-Maximin*.

On raconte encore que bien avant cette époque, vers 890, l'empereur Léon, le philosophe, fit transporter les restes de la Sainte, d'Éphèse à Constantinople.

Les Romains, eux enfin, crurent posséder le corps de Marie-Magdeleine, à son chef près, dans la cathédrale de Saint-Jean de Latran.

Dans cette croyance, en 1216, le Pape Honorius III lui dédia un autel dans cette église.

On a supposé que les reliques de Vézelay pouvaient bien être celles d'une autre Marie, surnommée de Bethanie par les Évangélistes.

L'Église, dit le judicieux Tillemont, laisse à ses enfants la liberté de croire ce que les raisons et les autorités leur feront juger être plus probable.

C'est le sentiment de Modeste, patriarche de Jérusalem en 920, de Grégoire de Tours et autres, qui prétendent que ce n'est que la foi qui sauve.

Saint-Augustin va plus loin et dit : « Je crois parce que « cela est absurde ; je crois parce que cela est impos- « sible. »

Ajoutons ce qu'en pense M. Renan !

« Nous faisons en religion comme si c'était vrai, mon « Dieu, ce peut l'être, après tout. On ne sait pas. »

Pour terminer, ajoutons que les femmes de mauvaise vie célébraient autrefois la fête de sainte Madeleine, comme étant leur patronne.

A Beaucaire, la veille de la foire renommée, les filles de joie ne manquaient jamais de la fêter, elles faisaient une course publique où la plus agile gagnait un paquet d'*aiguillettes*.

C'est de là que cette ancienne superstition *nouer l'aiguillette* est venue et s'est conservée surtout en Bourgogne et en Nivernais, jusqu'en 1789. Cela signifiait, *nouer l'aiguillette*, faire un maléfice auquel le peuple attribuait le pouvoir d'empêcher la consommation du mariage. Trois nœuds formés à une bandelette, en récitant certaines formules, constituaient cette opération magique, à laquelle avaient recours les jaloux et les amants délaissés. On appelait *noueurs* et *noueuses* d'aiguillettes ceux et celles qui passaient pour avoir ce pouvoir. On comprend qu'à une époque où l'on portait aux culottes des *braguettes* fermées au moyen d'*aiguillettes*, dire d'un jeune marié, qu'il avait *l'aiguillette nouée*, était une façon très naturelle d'exprimer l'état d'impuissance où il se trouvait; de là, le rapport entre *nouer l'aiguillette* et rendre impuissant.

Du temps de Louis XV on parlait beaucoup des noueurs d'aiguillettes, on cite à ce sujet, ces mots de Voltaire :

« Ami lecteur, vous avez quelquefois ouï conter qu'on « nouait *l'aiguillette*. »

Du temps de François Ier, *courir l'aiguillette*, se disait des femmes de mauvaise vie, qui couraient les rues et sollicitaient les passants à venir chez elles. Aussi de là, ces paroles de Rabelais : « *Si la nature n'eût arrosé le front des femmes d'un peu de pudeur, vous les verriez bientôt courir l'aiguillette.*

Plus tard Montaigne lui-même, parle en ces termes des aiguillettes : « Je suis encore en ce doute que ces plai- « santes liaisons d'aiguillettes, de quoy nostre monde se « voit si entravé, qu'il ne se parle d'autre chose ». Enfin, disons en terminant, qu'en 1579, René Benoît, curé de Saint-Eustache a cru devoir publier un traité sur les maléfices, sortilèges et principalement sur les *noueurs d'aiguillettes.*

M. Augustin Thierry, dans un langage éloquent, s'exprime ainsi au sujet de Vézelay, de ses habitants et des malheureux qui dépendaient de l'abbaye, tels que ceux de Dornecy :

« Pour chercher des exemples de courage civique,
« nous remontons jusqu'à l'antiquité, tandis que nous
« n'aurions besoin que d'étudier à fond notre histoire ;
« parmi nos villes les plus obscures, il n'en est peut-être
« pas une qui n'ait eu ses jours d'énergie.
« Vézelay, dans le département de l'Yonne, n'est pas
« même un chef-lieu de sous-préfecture, et cette simple
« bourgade eut, il y a sept cents ans, l'audace de faire
« une révolution pour son compte. »

M. Henri Martin, de son côté dit :

« Cette petite ville morvandelle, insurgée contre l'abbé
« de Sainte-Marie-Madeleine, son Seigneur, brave les
« anathèmes des Papes et ne céda que devant les armées
« du Roi. Cette bourgade dont les habitants déployèrent
« une énergie patriotique, à laquelle il n'eut fallu qu'un
« plus vaste théâtre pour attirer toute l'attention de la
« postérité. »

Enfin, M. Guizot, dans la collection de ses mémoires, s'exprime ainsi, au sujet de la chronique de Vézelay, par un moine, Hugues de Poitiers, du temps de Louis VII, et que nous aurons souvent l'occasion de citer (1).

« C'est l'une des chroniques beaucoup trop rares, qui
« nous font assister à l'origine des communes et à leurs

---

(1) Cette chronique a été commencée en 1157 et terminée en 1167, par ordre de Pons de Montboissier, à son secrétaire H. de Poitiers, moine de cette abbaye.

« débats, avec leurs puissants voisins laïcs ou ecclé-
« siastiques, qui tantôt pour servir des haines person-
« nelles, favorisaient leur émancipation, tantôt se les
« livraient réciproquement, quand la paix venait à se
« conclure, ou se réunissaient pour les opprimer. »

Vézelay, au moyen-âge, n'avait comme Dornecy que le titre de bourg; mais il était beaucoup plus grand et beaucoup plus peuplé qu'aujourd'hui.

La cause de sa prospérité à cette époque était surtout son Église, qui dépendait de l'abbaye de l'ordre de Saint-Benoît, fondée au IXe siècle, comme nous l'avons dit, par le comte Ghérard de Roussillon, qui avait été comblé de richesses et de dignités par les empereurs Louis et Karl le Chauve; ils en avaient fait un des plus puissants seigneurs.

En transportant à l'abbaye de Vézelay tous les droits de propriété et de Seigneurie sur le Bourg et les habitants, le comte Ghérard avait voulu qu'elle en jouît en toute liberté; c'est-à-dire qu'elle fût à jamais exempte de toute juridiction temporelle ou ecclésiastique, hormis celle de l'Église de Rome.

Il obtint à cet égard un diplôme de cet empereur Karl le Chauve, affranchissant l'Église de Vézelay et ses hommes, tant libres que serfs, de l'autorité de tout juge, gouverneur et officier public. En outre le Pape prononça l'anathème contre tout laïc ou prêtre qui oserait enfreindre le privilège d'une Église, fille de celle de Rome et faisant partie des Domaines du Siège apostolique. Malgré le diplôme impérial et malgré l'excommunication renouvelée par une suite nombreuse de Souverains Pontifes, les héritiers des droits du comte Ghérard, dans l'Auxerrois et le Nivernais, essayèrent à plusieurs reprises de faire rentrer le bourg de Vézelay et celui de Dornecy, sous leur autorité seigneuriale.

Les richesses des habitants et la célébrité de Vézelay, excitaient leur ambition et la rendait plus active. Ils ne pouvaient voir, sans envie, dit M. Augustin Thierry, « les « grands profits que l'abbé de Vézelay tirait de l'affluence « des étrangers, ainsi que des foires qui se trouvaient « dans le bourg de Vézelay, notamment à Pâques et à la « fête de Sainte Marie-Madeleine. Cela donnait à un « Bourg de quelques milliers d'âmes, une importance « presqu'égale à celle des grandes villes du temps. »

Quoique serfs de l'abbaye de Sainte-Madeleine, les habitants de Vézelay et de Dornecy, à mesure qu'ils s'enrichirent par l'industrie et le commerce, avaient vu s'améliorer graduellement leur condition civile ; ils étaient devenus, à la fin, propriétaires d'immeubles qu'ils pouvaient vendre, donner ou léguer, il est vrai sous diverses conditions, et pour eux le servage se trouvait réduit à des redevances plus ou moins arbitraires, à des taxes gênantes pour l'industrie et à l'obligation de porter leur pain, leur blé et leur vendange, aux fours, moulins et pressoirs publics, tous tenus ou affermés par l'abbaye à laquelle ils appartenaient.

Aucun habitant de Vézelay ou de Dornecy ne pouvait avoir de cordes pour descendre son vin à la cave. Il fallait user de celles du monastère et payer cinq deniers tournois par feuillette, et douze deniers par chaque muid de vin vendu.

CHAPITRE IV

TRANSACTION DE 1137, ENTRE LES BOURGEOIS ET L'ABBÉ DE VÉZELAY. — LES BOURGEOIS SOUTENUS PAR LE COMTE DE NEVERS, HUGUES DE SAINT-PIERRE, SIMON LE CHANGEUR, CHAPUIS ET SIMON BOUDIN. — PRINCIPES DE LA SEIGNEURIE.

> En général tous les gens qui tiennent à l'Église ou qui en sont sortis, parlent doucement, sans jamais s'emporter ; ils ont une patience d'insecte. Ils la doivent à l'obligation de garder un décorum.
> (BALZAC).

De longues querelles souvent apaisées par l'intervention des Papes, renaissaient toujours, suivies de violences entre les bourgeois de Vézelay et l'abbaye.

Dans l'une de ces querelles tumultueuses, l'abbé de Vézelay, appelé Artaud, qui voulait imposer une taxe nouvelle, y fut tué par le fils d'Eudes, prévôt du bourg et serf de l'Église de Vézelay.

Les titres, chartes et documents relatifs à ces temps éloignés, ont été perdus ou brûlés, avant ou pendant les Guerres de Religion. Vézelay y fut plusieurs fois le théâtre de scènes sanglantes. C'était le lieu de naissance de Théodore de Bèze, celui qui prit part au colloque de Poissy et qui fut, comme le dit Balzac, l'une des plus curieuses figures de l'hérésie.

Nous avons pu, jusqu'à un certain point, y suppléer, parce que les plus intéressants ont été transcrits littéralement, ou bien analysés avec une certaine étendue, dans un inventaire peu connu, rarement consulté, difficile à traduire et à déchiffrer, parce que des lignes entières sont effacées, moisies par le temps et presqu'illisibles. Cet inventaire a été dressé à la diligence d'illustrissime seigneur messire Louis-Marie Le Bascle d'Argenteuil, ancien aumônier du Roi, Seigneur spirituel et temporel et abbé commendataire de ladite abbaye de Vézelay et de celle de Notre-Dame de Châtillon-sur-Seine. Il contient, ce qui est très précieux, l'*Histoire des titres, papiers et renseignements de l'abbaye de Sainte-Marie-Madeleine.*

L'un des plus intéressants, dont on a à peine connu le texte jusqu'à ce jour, y est tout entier : C'est l'acte contenant la Transaction de 1137, si souvent citée, intervenue entre les bourgeois de Vézelay et le deuxième successeur d'Artaud, appelé Albéric et non Aubert, comme le désignent à tort l'illustre historien Augustin Thierry et plusieurs de ses collègues. Un abbé de Vézelay, portant ce nom d'Aubert, a bien existé, mais 300 ans plus tard. Nous aurons occasion de parler de lui, au sujet d'un acte de 1442, portant pour titre : *Affranchissement de mainmorte en faveur des manants de Cray et Chamoux, Chapitre XV,* villages situés au milieu des forêts et dont les territoires joignent celui de Dornecy.

Ce dernier acte avait pour but de mettre fin aux tracasseries et aux âpres exigences de l'abbé et de ses nombreux agents. Elles existaient depuis des siècles, malgré les plaintes et les supplications des pauvres et malheureux habitants de ces deux hameaux.

L'abbaye était pourtant l'une des plus grosses et opulentes de France et des pays voisins. Nous voyons qu'elle avait pour revenu, en outre de la perception des dixmes sur le blé, le vin, un autre produit également établi en forme de dixmes, sur les brebis, agneaux, porcs, etc. (un agneau sur quatre), plus tous les autres droits seigneuriaux, la banalité à son profit des fours, moulins, pressoirs. La justice ordinaire, celle de la *Gruerie* (eaux et forêts) dans toutes les vastes dépendances de l'abbaye. La nomination, moyennant finance, des tabellions, procureurs, lieutenants, greffiers, etc., la collation, autrement dit le droit de conférer tous les bénéfices dépendant de l'Église. Ils étaient considérables et comprenaient quantité de cures et chapelles, plus vingt prieurés importants, puisque le plus grand nombre valait environ 3,000 livres de rentes chacun, à cette époque.

En outre, les terres, vignes, prairies et forêts de vastes étendues, situées à plusieurs lieues de Vézelay, fermes à Châtel-Censoir, Dornecy, Villiers-sur-Yonne, Fletz, Cuzy et autres pays, plusieurs maisons à Paris, dans la rue Saint-Étienne-des-Grés et de vastes bâtiments et jardins, tenant au Collège de Montaigu.

Les bourgeois de Vézelay voulaient, entr'autres choses, que pour lever la Taille, le Prévôt et le Doyen de l'abbaye dussent s'adjoindre quatre d'entr'eux bourgeois, qui seraient élus par ceux-ci et renouvelables chaque année, pour que la Taille fût faite d'après leur avis, afin que chaque bourgeois ou villain fût imposé suivant sa faculté et non d'après le caprice de l'abbé ou de ses officiers, ce qui leur paraissait être de toute justice.

Ils demandaient enfin, ce qui était raisonnable, à ce que désormais *une veuve en se remariant* fut dispensée d'avoir le consentement de l'abbé et de lui payer un marc d'argent, évalué vingt-cinq livres.

De même que les filles qui se mariaient ne fussent pas tenues, en obtenant ce consentement, à payer une taxe au Doyen et au Prévôt.

Le tout était exigé rigoureusement, non seulement à Vézelay, mais dans toutes les paroisses soumises à la domination de l'abbaye, comme à Dornecy, Saint Père, Asquins et autres.

Ils réclamèrent contre une foule d'autres charges et griefs, énumérés dans la Transaction, laquelle, il est bon de le dire, était loin de ressembler à un pareil acte ; c'était plutôt une sentence rendue par un évêque d'Auxerre appelé Hugues, l'abbé de Pontigny, du même nom ou prénom, l'abbé de Rigny Étienne, un autre Étienne, abbé de Tréfontaine, et Godefroy, abbé de Clairvaux, réunis à cet effet par le Révérendissime abbé du monastère.

Les bourgeois ne furent représentés par aucun arbitre de leur choix, cependant ils promirent de se soumettre à la décision qui serait prononcée.

Les événements qui suivirent prouvent qu'il n'en fut pas ainsi. On devait bien s'y attendre, car cette transaction ou sentence était partialement rendue en faveur de l'abbé.

Nous avons cru utile de mettre le texte même de cet acte, sous les yeux du lecteur, on le trouvera à la suite, appendice n° 1.

Nous y joignons l'état des biens, terres, seigneuries et revenus de l'abbaye, appendice n° 2.

Les démêlés entre l'abbé de Vézelay et les bourgeois, renaissent toujours. L'acte appelé Transaction ne fut pas respecté ; on le considéra, peu de temps après sa rédaction, comme entaché de nullité et non avenu. Les comtes de Nevers, comme nous l'avons déjà dit, étaient fréquemment en querelle avec l'abbé pour une foule de questions concernant leurs vassaux de Clamecy et Dornecy. Entr'autres celle-ci, renouvelée à chaque foire de Vézelay : Les comtes de Nevers disaient que les vassaux avaient le droit d'exposer leurs marchandises sans payer aucune redevance à l'abbaye. Le Révérendissime abbé prétendait, au contraire, que toutes les places de Vézelay étaient à lui et qu'il pouvait en disposer à son gré et imposer telles charges qu'il jugerait à propos, sur l'exposition des marchandises appartenant soit aux vassaux du comté, soit à tous autres.

Dans le cours du XIIe siècle, le comte de Nevers, Guillaume II, plusieurs fois sommé par l'autorité Pontificale, sur les plaintes réitérées de l'abbé, de renoncer à ses prétentions, les fit valoir, au contraire, avec plus d'acharnement que jamais.

Son fils du même nom que lui, Guillaume III, hérita, en lui succédant, de son hostilité contre le monastère. Le Pape Luce II écrivit plusieurs lettres pour défendre les droits de ce monastère.

Voici une lettre de lui à l'abbé de Vézelay :

« Pascal (1) notre prédécesseur, d'heureuse mémoire,
« a mandé aux Évêques de France de bannir de leurs
« diocèses, les meurtriers d'Artaud, de les excommunier
« s'ils désobéissaient. Il a défendu aux abbés de Véze-
« lay, de jamais les recevoir dans les terres de l'abbaye.
« Nous renouvelons cet ordre et cette défense, interdi-
« sons à ces criminels et aux leurs, et nommément à
« *Etienne*, chanoine d'Auxerre, qui a un procès avec
« vous, mon cher fils et abbé. »

(1) C'est le Pape Pascal qui a approuvé et confirmé les décisions d'un Concile, tenu à Nivelles, par des chanoinesses contre un évêque.

La dignité d'abbé et de seigneur de Vézelay, appartenait alors, à Pons de Montboissier, neveu de l'abbé de Cluny, Pierre le Vénérable, descendant de l'une des premières maisons d'Auvergne, homme d'un caractère décidé, mais aussi calme et posé que celui du jeune comte de Nevers était fougueux et violent.

La guerre entre ces deux antagonistes, d'une humeur si différente, ne fut suspendue que par le départ du comte pour la croisade.

Son séjour à la Terre Sainte ne changea rien à ses dispositions ; mais au retour, durant la traversée, surpris par une tempête et se voyant en péril de mort, il promit à Dieu et à sainte Marie-Madeleine de ne jamais inquiéter l'abbaye de Vézelay, s'il revenait chez lui sain et sauf, vœu qu'il oublia bientôt. Hugues de Poitiers qui raconte ces faits, ajoute : « Le comte ne dut son salut qu'à la « protection du Ciel, car tout aussitôt le vœu prononcé, le « navire fut miraculeusement détaché du rocher escarpé « sur lequel il était échoué, et traversant la mer agitée « il retrouva enfin le rivage et le repos. »

Il y avait à Vézelay un nommé Hugues de Saint-Pierre, habile mécanicien, qui avait amassé de grands biens par la pratique de son art. M. Augustin Thierry dit que c'était un étranger qui était venu s'y établir. M. de Bastard qui a écrit certains documents sur la commune de Vézelay, prétend au contraire qu'il n'était pas étranger à la Bourgogne, qu'il était né au village de Saint-Pierre (actuellement Saint-Père) situé au-dessous de Vézelay. M. de Bastard peut avoir raison. Par suite de nos recherches, nous voyons que toute sa famille demeurait à Vézelay depuis longtemps ; on voit figurer son fils Renaud et trois de ses neveux dans la liste de ceux qui prirent part aux dévastations des biens de l'abbaye ; cette liste porte les noms de :

1° Aimont de Saint Christophe, pour avoir juré la mort de l'abbé ;

2° Renaud Daudet, pour avoir fait arracher les vignes du Doyen ;

3° Durand Gulos, d'avoir détruit des habitations appartenant à l'abbaye ;

4° Eudes des Marais, d'avoir jeté des pierres au prêtre qui publiait la sentence d'excommunication.

Quoiqu'il en soit, Hugues de Saint-Pierre était un homme rare pour l'époque ; il avait un esprit vif et adroit ; orateur à l'occasion, aimé et estimé dans toute la contrée. Il se trouvait souvent en relations d'affaires avec les barons de la région et même avec le comte de Nevers, qui se plaisait fort à son entretien. Il recevait souvent de lui, en présents, des produits curieux de son industrie.

Devenu riche, dans un lieu de servitude, Hugues de Saint-Pierre, supportait impatiemment le contraste de sa fortune, acquise par son savoir et son industrie, avec l'état social qu'il lui fallait partager et supporter ; il désirait ardemment, et cela se conçoit, une condition plus libre pour lui-même et pour tous ses concitoyens.

Il est vrai que plusieurs personnages intéressés, ennemis de toute réforme, tenaient et propageaient certains propos, dans le but de faire supposer que cette pensée généreuse n'était pas exempte d'ambition personnelle ; il leur semblait, disaient-ils, que dans ses rêves politiques l'artisan de Vézelay voulait arriver au poste d'un gouvernement municipal.

D'après le chroniqueur Hugues de Poitiers :

« Hugues de Saint-Pierre était un impie, ainsi que

« quelques autres hommes de Vézelay, très passionnés
« et qui s'attachaient à aveugler Guillaume, pour renou-
« veler d'injustes prétentions. »

Ce même historien monacal ajoute :

« Que le comte de Nevers, se trouvait, à son retour de
« la Terre Sainte, dans une affreuse détresse ; mais que
« le généreux abbé Pons ne lui laissa pas attendre les
« secours et les consolations, dont ses malheurs le ren-
« daient digne, il remit entre ses mains et en bon état
« celles des possessions du comte, qu'il avait adminis-
« trées pendant son absence, et que, dans la suite, il ne
« manqua jamais de lui prêter main forte contre ses
« nombreux ennemis. »

Si l'abbé Pons remit au comte de Nevers les propriétés qu'il avait gérées en son absence, il ne fit que son
devoir. Ce dernier était un des plus puissants seigneurs
de l'époque ; il ne fut jamais dans la détresse avec ses
immenses propriétés, qui comprenaient, en outre de toutes les redevances, 32 châtellenies dans les provinces du
Nivernais et de la Bourgogne.

Il est permis de douter de cette bonté et de cette bienveillance de l'abbé de Vézelay envers Guillaume, d'après
les faits qui suivent.

Nous arrêtons ici ce récit, sauf à le reprendre bientôt,
pour y insérer des choses qui n'y sont pas étrangères et
qui s'y rattachent cependant, mais elles concernent particulièrement Dornecy, dont les habitants avaient les
mêmes aspirations que ceux de Vézelay.

Hugues de Saint-Pierre avait pour intime ami Simon,
de Sauvigny, l'un des plus riches de Vézelay, qui exerçait la profession de changeur (le change était considérable à Vézelay, à cause du grand commerce avec les
étrangers.)

N'était pas changeur qui voulait ; il fallait offrir de grandes garanties de moralité, de fortune pour être nommé, moyennant finance, par le Révérendissime Abbé.

Le Pape Adrien IV, grand protecteur de Pons de Montboissier lui écrivait, lors des débats de l'abbaye avec les bourgeois, « que c'était contre le privilège des « moines que cet abbé avait accordé à Simon de Sauvi-« gny, un comptoir de changeur. » Celui-ci répondit que ce n'était pas de son plein gré, qu'il avait eu ce qu'on appelle la main forcée par tous les barons de la contrée, qui tenaient à cette nomination.

Hugues et Simon avaient l'un et l'autre des relations commerciales et d'amitié très suivies avec les notables habitants de Dornecy, soumis, comme eux et bien à contre-cœur, à la Glèbe. Simon avait pour parents Pierre Chapuis et Simon Boudin, gendre Berryat. Il était le parrain de Simon Boudin, originaire de Mailly-le-Chastel (1) près Vézelay.

Ces deux derniers, jeunes, énergiques, avaient reçu une instruction assez rare pour l'époque. Ils étaient à la tête de manufactures importantes, qui existaient alors à Dornecy, et exploitaient avec un grand profit, sur le ruisseau d'Armance, qui se jette dans l'Yonne, des teintureries et des tissages d'étoffes grossières et communes, mais très recherchées qu'on appelait *Tiretaine* et *Poulangis*, dont la réputation était faite jusques dans les contrées reculées du Nord. Le débit s'en faisait sur une large échelle, sans déplacement, grâce aux foires importantes et très fréquentées dont nous avons parlé.

(1) Maly signifie roc, élévation, en langue celtique, de là le nom de Mailly, par rapport à sa situation.

Ils réunissaient secrètement les plus ardents de ce bourg, dans des endroits écartés, au fond des bois, dont nous voyons les noms sur de vieux documents, tels qu'au lieu dit Haute Feuille, à la Tuilerie de la Commun, qu'on appelait alors *Commagne*, à la Creuse de Crainvie, surnommée la *Taissonnière*, parce qu'il y avait alors dans cette vallée beaucoup de Taissons (Blaireaux).

Dans ces réunions, on communiquait les nouvelles reçues de Vézelay ; on agitait et on discutait les projets pour arriver au but désiré : l'affranchissement. On signalait des charges et des souffrances nouvelles, imposées aux paysans, on les dépassait et on en outrait la mesure ; comme le disait Jean Dauvé, l'un d'eux : « Tout le
« monde frappe sur nous, comme sur bête de somme.
« Cette bête succombe sous la charge ; mais gare, elle
« se relèvera bientôt et mordra. » Simon Boudin qui présidait cette réunion et qui avait, au dire du chroniqueur, une parole ardente et persuasive, disait, aux applaudissements de tous :

« Jean Dauvé a dit vrai, la mesure est comble, il faut
« en finir. Vous le savez, tout est frappé d'impôt, les
« meubles et les immeubles, les denrées et les objets
« fabriqués, la terre et l'eau ; ce ne sont que péages aux
« portes, sur les ponts et même au passage d'un quar-
« tier à un autre, quand le bourg est partagé entre plu-
« sieurs seigneurs (ce qui existait pour Dornecy, le
« comte de Nevers et le Révérendissime abbé de
« Vézelay).

« Ce ne sont que des droits de toute sorte, sur les ven-
« tes et mutations, droits sur les récoltes et profits ; on
« ne peut adopter telle ou telle profession, ni bâtir, ou
« relever une maison, ni faire en quelque sorte aucun

« acte de la vie civile, sans payer un droit, on ne peut
« moudre son blé qu'au moulin du seigneur abbé, cuire
« son pain qu'au four banal, faire son vin qu'au pressoir
« du seigneur et ne pouvoir le vendre qu'après un délai
« imposé, pour que ce dit seigneur puisse vendre le
« sien. Le paysan ne peut mener ailleurs que dans les
« domaines de l'abbé, sous peine d'amende, sa vache ou
« taureau, sa truie ou vérat, en payant la redevance. On
« est enchaîné à son logis, comme le serf à sa glèbe, on
« doit payer *cens* et *tailles*, pour sa maison, pour sa per-
« sonne, celle de sa femme et de ses enfans. Oui, disait-
« il, la mesure est comble par les *tolles* et *questes* extra-
« ordinaires, par des *corvées* (1) et des exactions, ou
« plutôt par des brigandages intolérables. »

Ces plaintes vraies, exhalées avec véhémence, enflam-
maient ses auditeurs. Les prêtres chrétiens, à l'exemple
mal à propos invoqué des prêtres hébreux, prélevaient
la dixme sur tous les produits de la terre et des animaux.
Les manants étaient considérés, aux regards de leurs
maîtres, comme des *choses*, plutôt que comme des personnes, sous des noms qui tous marquaient l'infériorité
et le mépris. En effet, chez les Hébreux dit le procureur-
général Dupin, on avait assigné la dixme des fruits à la
tribu des prêtres, *parce qu'ils n'avaient point eu de part
dans le partage des terres.*

Cette raison n'a jamais pu s'appliquer aux autres peuples, chez lesquels aucun partage de ce genre n'avait eu
lieu.

Il y avait encore le droit de *prise* et de *chevauchée*,

(1) D'après Guy Coquille, corvée, c'est ce que les latins disent
operas, l'œuvre d'un homme, un jour durant, pour le mesnagement
du seigneur aux champs, soit de la personne seule, soit avec bœufs

consistant à mettre en réquisition, pour les seigneurs et leurs gens, chevaux, charriots, fourrages, litières pour l'usage du seigneur et de sa suite, quand il fait son entrée dans la bourgade.

Disons qu'il y avait pis encore : L'iniquité des judicatures privilégiées. Elle n'avait point de bornes. Le citoyen n'était jamais sûr de n'être pas condamné, écrasé d'amendes jusqu'à la confiscation, jusqu'à la ruine, pour l'accusation la plus absurde. Ceux qu'on appelait magistrats partageaient l'amende avec le seigneur. Le cahos était tel qu'il y avait quelquefois, dans le même bourg, cinq ou six officiers portant le même titre et jugeant chacun de leur côté; acquitté ou rançonné par l'un, le malheureux justiciable était ressaisi par l'autre.

Pour le témoignage en justice, on exigeait 72 témoins contre un seul, s'il était évêque, et 40 contre celui d'un seul prêtre. On alla plus loin en 1290, sous Louis X le Hutin, le clergé obtint une charte exorbitante d'impunité de justice. Comme le dit G. Coquille « au commencement du tiers-grand an, qui fut environ l'an 1064, quand l'Église commença à *s'exalter et magnifier aux grandeurs temporelles*, on commença aussi à estendre les immunités de l'Église, pour la tenir exempte envers tous seigneurs de toutes prestations. »

A cette époque du Moyen-Age, quand un homme était soupçonné d'un crime et qu'il voulait prouver son innocence, il avalait une bouchée de pain bénite *ad hoc*, par

et charrette, comme à faucher, moissonner, charroyer. Celuy qui doit la corvée, doit se nourrir et ses bœufs, en faisant icelle, s'il n'y a coustume au contraire ou convention. Et ne faut pas ici dire, comme de *vrays serfs*, qui estoient de ce temps, qui n'avaient rien à eux, desquels se disait, que qui les employait à journée les devait nourri son accusateur, après avoir prié le Ciel, que cette bouchée, s'il était coupable, lui servît de poison. Innocent il avalait sans difficulté ; coupable, la fatale bouchée devait l'étrangler en passant.

Certains esprits pensaient, non sans raison, que dans les seigneuries ecclésiastiques (évêques et abbés) il y avait peu de suite dans leur manière d'agir. Le sort des sujets pouvait varier, selon le caractère personnel de l'évêque ou de l'abbé. S'il était mondain, il était pire que le seigneur laïque, parce qu'il n'avait pas de famille, au moins légitime, ni d'avenir dynastique à assurer. S'il était pieux, tantôt il traitait doucement ses sujets, par esprit évangélique ; tantôt il était plus âpre que le prélat dissolu à maintenir ce qu'il appelait la *liberté de son Église*, c'est-à-dire la liberté de disposer sans réserve, des *personnes et des biens de ses sujets*.

Quant aux grands laïcs, les plus puissants n'étaient pas toujours les plus tyranniques.

« Le Seigneur enferme ses manants, comme sans por-
« tes et gonds, du Ciel à la terre. Tout est à lui, forêt
« chenue, oiseau dans l'air, poisson dans l'eau, bête au
« buisson, l'onde qui coule, la cloche dont le son au loin
« roule. » Aussi Michelet, de qui sont ces paroles, dit :
« Si le seigneur a droit, l'oiseau, la bête ont droit, puis-
« qu'ils sont du seigneur. C'était un usage antique et
« respecté, que le gibier seigneurial mangeât le
« paysan.

« Le noble était sacré, sacrée était la noble bête.

« Le laboureur semait, la semence levée le lièvre, le
« lapin de garenne venaient lever leur dîme et censive.
« S'il réchappait quelques épis, le manant voyait, cha-
« peau bas, s'y promener le cerf féodal. Un matin pour
« chasser le cerf, à grand renfort de cors et de cris, fon-

« dait sur la contrée une tempête de chasseurs, de che-
« vaux et de chiens. La terre était rasée. »

Pascal, dans ses pensées, s'exprime ainsi sur le même sujet, en 1647, sous le règne de Louis XIV, c'est-à-dire 600 ans après l'époque dont nous racontons les mœurs :
« Personne n'a jamais douté que ce ne soit un délit
« grave, de ravager un champ cultivé. Au dommage fait
« au propriétaire, se joint la perte réelle d'une denrée
« nécessaire à la subsistance des hommes. Cependant, il
« y a des pays (en France notamment) où les seigneurs
« ont le droit de faire manger par des bêtes fauves le
« blé que le paysan a semé; où celui qui tuerait l'animal
« qui dévaste son champ serait envoyé aux galères,
« serait puni de mort. Dans ces mêmes pays, il y a plus
« d'hommes employés à veiller à la sûreté du gibier
« qu'à celle des hommes. Souvent il arrive que pour
« défendre des lièvres, les gardes tirent sur les paysans
« et comme tous les juges sont seigneurs de fiefs, il n'y
« a point d'exemple qu'aucun de ces meurtriers ait été
« puni. Là, des provinces entières y sont réservées aux
« plaisirs du souverain. Les propriétaires de ces can-
« tons y sont privés du droit de défendre leur champ par
« un enclos, ou de l'employer d'une manière pour
« laquelle cette clôture serait nécessaire. Il faut que le
« cultivateur laisse l'herbe qu'il a semée pourrir sur terre,
« jusqu'à ce qu'un garde chasse ait déclaré que les œufs
« de perdrix n'ont plus rien à craindre et qu'il lui est
« permis de faucher son herbe.

« Il y a longtemps que ces lois subsistent; il est évi-
« dent qu'elles sont un attentat contre la propriété, une
« insulte aux malheureux qui meurent de faim, au
« milieu d'une campagne que les sangliers et les cerfs
« ont ravagée. *Cependant aucun confesseur du Roi ne*

« *s'est encore avisé de faire naître à son pénitent le moin-*
« *dre scrupule sur cet objet.* »

Ces choses dites, et que nous avons cru devoir mettre sous les yeux du lecteur pour lui peindre les misères prolongées du paysan, nous continuons notre récit.

Les croisades ont ébranlé universellement les esprits.

Le prodigieux déplacement d'intérêts et de personnes qu'elles ont produit ne se fit sentir de suite que dans les régions sur lesquelles la féodalité pesait davantage. Mais bientôt l'immense expatriation des nobles, renouvelée de génération en génération, avec le flot incessant de la Guerre Sainte, les nombreuses ventes de fiefs par les Seigneurs croisés, les ventes de droits de privilèges, les affranchissements à prix d'argent, diminuaient en nombre et en puissance. Cette caste féodale couvrait tout. L'agitation universelle se reporte comme toujours sur la préoccupation dominante. Le désir de la liberté augmente dans les masses, en même temps que les chances heureuses de conquérir cette liberté.

Toutes les aspirations, toutes les douleurs, tous les justes ressentiments se confondent en un seul mot, en un seul cri : « *La Commune*, ou communion, dit un illustre
« historien, est un mot tout chrétien, traduisant une idée
« *gallo-germanique?* Nom le plus fort qui puisse expri-
« mer l'union des frères et des égaux, se jugeant, s'ad-
« ministrant, se protégeant eux-mêmes par les armes et
« ne reconnaissant tout au plus au-dessus d'eux qu'un
« seigneur ayant droit à des services déterminés, au lieu
« d'un maître absolu ».

Ce mot *Commune* exerçait sur les passions des hommes de ce temps un effet magique, il enflammait toutes les âmes d'enthousiasme ou de colère. Se soustraire aux prises et tailles arbitraires des évêques, des chapitres et des abbés, c'est révolte contre les sacrés canons, c'est hérésie ou peu s'en faut.

Aussi Ives, évêque de Chartres, l'oracle de l'Église Gallicane au XIe siècle, déclare hautement, dans une lettre écrite en 1099, « que les clercs ne sont point obligés « à tenir les serments extorqués par les ligues tumul- « tueuses des bourgeois. »

Guibert, abbé de Nogent, dit dans ses mémoires « que « Commune est un nouveau et très méchant mot. » L'instinct des deux partis ne se trompait pas sur la portée de ce nom de Commune.

Ces petites communes locales étaient l'emblème et le présage de la grande communion nationale, destinée à remplacer la hiérarchie des privilèges et des distinctions héréditaires du Moyen-Age. Les communes ne furent fondées par personne, elles se fondaient elles-mêmes, sauf ensuite à faire reconnaître et ratifier leur existence par les princes qui se partageaient la France.

A mesure que les paysans, les campagnards participent à l'affranchissement civil, ils commencent d'aspirer à l'affranchissement politique, à faire corps, à administrer leur intérêt en commun, ainsi que le faisaient les gens des villes. Les villages sont devenus des paroisses. La chapelle rurale est devenue une Église, une communauté religieuse organisée ; puis la communauté religieuse s'est faite communauté civile. Il naît là « dans « l'autorité de l'intendant du seigneur, unie à celle du « prêtre, des ébauches, toutes spontanées d'organisation « municipale, où l'Église reçoit le dépôt des actes, qui, « selon le *droit romain*, s'inscrivent sur les registres de « la Cité. L'intendant et le curé choisissent parmi « les paysans, l'un des assesseurs, l'autre des marguil- « liers. »

M. Th. Lavallée dit à ce sujet :

« Les habitants de la communauté n'en restaient pas
« moins les hommes du seigneur, protégés et défendus
« par lui ; mais se conformant à tous les mêmes usages ;
« lui devant les services et les impôts convenus. Ainsi le
« pacte féodal n'était pas rompu ; il n'était que mieux
« exécuté.

« La communauté était un fief tenu par un seigneur
« et celui-ci avait des devoirs envers les bourgeois,
« comme ces derniers envers lui.

« Les bourgeois entraient donc dans l'ordre social ; ils
« avaient comme les nobles la liberté féodale, le droit de
« ne payer que les services qu'ils avaient primitivement
« consentis et par conséquent le droit de résister à ceux
« qu'on voudrait leur imposer illégalement. »

Non seulement les bourgeois, mais les paysans, portèrent plus haut leurs ambitions ; ils rêvaient, eux aussi, des assemblées, des chefs élus.

Ils n'obtinrent, hélas ! ce but, que bien lentement et bien incomplètement. Il faudra des siècles pour que les paroisses rurales obtiennent à peu près généralement, non pas même l'élection de leurs maires ou de leurs syndics, mais au moins des assemblées, des délibérations en commun.

CHAPITRE V

HISTORIQUE DES FAITS RELATIFS AUX ÉMEUTES DE 1105 et 1137 DES BOURGEOIS CONTRE L'ABBÉ. — ANECDOTES RELATIVES A CETTE ABBAYE. — INTERVENTION DU COMTE.

> Depuis que décrets eurent ales
> Et gens d'armes portèrent males
> Moines allèrent à cheval
> En ce moment abonda tout mal.
> (RAB. Livre IV, chap. 52).

Nous reprenons le récit des faits qui se passaient à Vézelay et dont l'écho se faisait vivement sentir à Dornecy et dans les bourgs voisins.

Les longs démêlés du comte Guillaume II avec l'abbé de Sainte-Marie-Madeleine, dont Hugues de Saint-Pierre et Simon de Sauvigny avaient été les témoins, existaient toujours. Ces derniers fondaient sur le retour de cette lutte l'accomplissement de leurs espérances. Ils faisaient de leur mieux, auprès du jeune Guillaume III, pour l'exciter à raviver la querelle et à prendre l'offensive. Ils lui conseillaient de s'emparer du droit de justice sur les bourgeois, soit en jugeant les procès pendants devant la cour abbatiale, soit en faisant saisir quelques délinquants justiciers de l'abbaye. Et ils lui assuraient que les bourgeois, s'ils avaient à choisir, n'hésiteraient pas un seul instant entre les deux juridictions. En même temps, ils tâchaient d'inspirer à leurs concitoyens, ce qui était facile, la passion de l'affranchissement et la haine du pouvoir abbatial.

Dans des réunions tenues à l'écart, ils rappelaient avec orgueil les exemples déjà donnés par Vézelay, sa résistance à l'oppression, deux émeutes, dans l'une desquelles, vers les premiers jours de l'année 1105, un abbé avait péri, et dont l'autre amena une transaction, en 1137, entre l'abbaye et les bourgeois; c'est cette transaction dont nous avons pu mettre le texte intégral sous les yeux du lecteur.

Les demandes formulées par les manants furent presque toutes repoussées par l'acte de 1137. Leur *nature* même indiquait les tendances au régime municipal.

Tout naturellement, ils s'élevaient et réclamaient contre l'insuffisance de cet acte, qui, en faisant aux manants certaines concessions sur la main-morte, avait refusé le droit d'élire annuellement quatre répartiteurs des tailles. Demande née d'un premier désir de garantie contre l'arbitraire et aussi l'organisation municipale.

Les conciliabules et les assemblées tenus mystérieusement causèrent une grande fermentation dans les esprits. La soumission traditionnelle au pouvoir de l'abbé et des religieux de Sainte-Madeleine fut ébranlée de nouveau; des actes de rébellion eurent lieu contre leur autorité seigneuriale, au dire du moine Hugues de Poitiers, dont les intéressants mémoires nous fournissent de précieux détails. Voici comment il raconte un événement qui a produit une vive émotion à cette époque :

« Un religieux inspectait à cheval les propriétés de
« l'abbaye; il rencontra un homme qui coupait du bois
« dans une réserve connue sous le nom de Bois de la

« Madeleine, entre Dornecy et Chamoux; il voulut lui
« enlever sa cognée pour gage de l'amende; mais cet
« homme le frappa violemment et le renversa de cheval.
« Le religieux regagna le monastère, raconta à ses
« frères l'affront qu'il avait subi et demanda vengeance.
« Plusieurs moines allèrent aussitôt trouver cet homme
« et lui arrachèrent les yeux. Il s'appelait Graind'orge. »

Nous le répétons, c'est Hugues de Poitiers, le moine chroniqueur, qui parle ainsi. D'après la tradition, et aussi d'après de rares chroniques du temps, notamment celles d'un nommé Jehan Colon, du village de Chamoux, qui dépendait de l'abbaye, les causes de cet acte féroce seraient tout autres que celles racontées par Hugues le moine, qui se sera abstenu de dire la vérité dans la crainte de scandale.

Voici l'autre version :

Le moine qui avait pour mission d'inspecter à cheval les vastes propriétés de l'abbaye et particulièrement les bois situés entre Dornecy et Chamoux, était un robuste gaillard, de haute lignée, difficile à désarçonner, car il maniait un cheval aussi bien qu'un chevalier des croisades de ce temps. On disait du reste qu'il avait guerroyé en Terre Sainte. Il avait pour habitude de s'arrêter et de séjourner à Chamoux, lieu de prédilection, non seulement pour lui qui y avait un penchant particulier, mais comme beaucoup d'autres moines et surtout de nombreux voyageurs qui se rendaient en pèlerinage aux reliques de la bienheureuse sainte Marie-Madeleine. Là existait, près du château, lieu de plaisance des moines de l'abbaye, une hôtellerie très renommée, à l'enseigne de la *Vraie Croix*. Elle était tenue par un nommé *Graind'orge*, employé de l'abbaye comme pourvoyeur de gibier ou garde chasse. Il avait, lui aussi, guerroyé en Terre sainte, à la suite de son seigneur, un baron d'Asnois; il avait la réputation d'un chasseur intrépide de bêtes fauves, surnommées en l'art cynégétique *bêtes noires* ou *bêtes rousses*, fort communes alors en ces contrées.

Il était marié depuis quelques mois seulement, par l'intervention toute puissante du moine inspecteur, avec une fringante morvandelle, aux yeux de feu, chambrière d'une baronne, châtelaine voisine (Chastellux).

Voici comment le chroniqueur, chez lequel nous puisons ces détails, en parle :

« Oncques n'ay cognu morvandelle aussi bien faite,
« pour délices d'homme de goust, brune comme fille du
« pays du soleil, bouche vermeille et rose comme pomme
« d'api, corps gracieux, rebondi et en relief, fesant pas-
« ser des frissons jusque dans la paume des mains. »

On trouvait toujours à cette hôtellerie, très fréquentée, bon accueil, bon gîte et bon reconfort. Les vins des premiers crus de l'abbaye, tels que Coulanges, côte Saint-Jacques, Irancy et autres, y abondaient. Ils étaient déjà renommés dans les contrées les plus éloignées. Il est bon d'ajouter que par bienveillance et privilège spécial, cette hôtellerie avait seule le droit, dans la région, d'en tirer profit, pour cette abbaye, à laquelle elle rapportait plus qu'un bon prieuré.

Graind'orge avait surpris certaines intelligences entre le moine qui s'était employé pour son mariage et la belle morvandelle. Il s'en était plaint, à l'un et à l'autre, assez vertement, quelques jours avant le triste événement, les accusant de l'avoir trompé et d'être de connivence avant le mariage.

Aussi personne ne crut ce que racontait l'historiographe du couvent.

Il ne s'agissait nullement de coupe de bois dans une

réserve de Dornecy et d'une cognée prise pour répondre de l'amende, mais bien d'un crime atroce.

Avant de raconter les suites de ce fatal événement, disons tout de suite pour en finir que peu de jours après on fut surpris de trouver le cheval de ce même moine inspecteur errant dans les bois, sans son cavalier. Des recherches furent faites de toutes parts ; on battit la forêt dans tous les sens. Ce n'est que le surlendemain qu'on trouva le cadavre du moine dans une mare, appelée la mare de la Pidancerie, finage de Dornecy.

On a toujours supposé, à tort et peut-être avec raison, dit le chroniqueur de Chamoux, qui en savait quelque chose, que le moine fut réellement désarçonné cette fois et jeté à l'eau par un charbonnier appelé Pasdeloup, du village de Cray, ami et parent du malheureux Grain-d'orge.

Ce charbonnier, excellent homme au fond, ne vivait que dans les bois ; il était de mœurs très paisibles et ne fut jamais dénoncé, ni inquiété.

Il était doué d'une force peu commune : il avait lutté seul et bien des fois contre des bêtes féroces.

Un dernier trait du chroniqueur : « Pasdeloup, dit-il, était velu et fort comme un ours. » Hugues de Poitiers, cela se conçoit, ne dit pas un mot non plus d'un autre scandale de l'abbaye, que le même chroniqueur de Chamoux raconte de la sorte :

Une cousine de la belle Morvandelle, celle-là grasse et plantureuse jeune fille, fut non pas enlevée, mais suivit de bonne grâce un gros dignitaire de l'abbaye, au couvent même, déguisée en moine. Elle y vécut ainsi plus d'une année sous le nom de frère Appolinaire.

Pareille aventure arriva dans le couvent des Cordeliers à Paris, suivant le *Journal de l'Estoile*, mais beaucoup plus tard, en 1577 : Une belle fille, déguisée en moine, se faisant nommer frère Antoine, fut découverte et prise dans ce couvent. Elle servait, entr'autres frères, Jacques Berson, qu'on appelait l'Enfant de Paris et le Cordelier aux belles mains. Il était l'aumônier du frère du roi. Ces Révérends Pères disaient tous qu'ils croyaient que c'était un garçon. Elle en fut quitte pour le fouet.

Vers la même époque, le prieur de la célèbre abbaye de la Charité (dans le Nivernais), appelé Guillaume, de plus évêque de Langres, prélat guerrier, ayant eu, pendant qu'il était moine, d'une femme appelée Marguerite et de quelques autres, quatre enfants, demandait au roi la légitimité de ses bâtards. Son frère Henri, tous deux de la famille de Poitiers, était évêque de Troyes. Il eut plusieurs enfants d'une religieuse du Paraclet, Jeanne de Chénery : il en obtint la légitimation.

Que tous ces faits véridiques n'étonnent pas le lecteur. Henri, abbé de Clairvaux, dans une lettre au pape Alexandre III, fait ainsi le tableau des mœurs monacales :

« L'antique Sodôme renaît de ses cendres. »

Saint Bernard lui-même s'écrie :

« Au faste qu'étalent les abbés, vous les prendriez, non
« pour des supérieurs de monastère, mais pour des sei-
« gneurs de châteaux; non pour des directeurs de cons-
« cience, mais pour des gouverneurs de province. »

Il parle d'un abbé qui ne sortait jamais de son monastère sans une suite de 60 chevaux et tout un attirail de table et de literie.

Tous ces moines ne suivaient pas la fameuse maxime :

« *La lampe de la foi est la pauvreté.* »

qui est, dit-on, du franciscain Ubertino, premier auteur connu de l'imitation de J.-C.

En 1049, le Pape Léon vint en Gaule et défendit aux prêtres de porter les armes et de se marier. Cette double défense fut reproduite souvent et sans succès. Les évêques, les prêtres, les chanoines, ne cessèrent pour la plupart, depuis cette époque jusqu'au temps de Louis XIV, de porter les armes, de faire la guerre, d'avoir, sinon des épouses, au moins des concubines. Ils faisaient comme Louis XIV, ce roi surnommé le Grand, qui eut dix bâtards.

Cette digression relative à des faits anecdotiques ne doit pas faire oublier la suite de notre récit, que nous reprenons.

Le comte de Nevers, en apprenant cet acte de férocité subi par le malheureux Graind'orge, éprouva, ou tout au moins feignit d'éprouver une grande indignation : il s'emporta violemment contre les moines, les accusant à la fois de cruauté, d'iniquité et *d'attentat contre ses propres droits*, comme seigneur haut justicier. Ne se bornant pas aux invectives, il somma judiciairement l'abbé Pons de comparaître devant sa cour pour y répondre sur diverses interpellations qui lui seraient faites ; mais celui-ci n'obéit point. Il adressa au comte des remontrances sur la nouveauté de ses prétentions. Alors toute trêve fut rompue. Le comte de Nevers entra en hostilité ouverte avec l'abbaye et en fit dévaster les domaines. Il mit en état de blocus le bourg de Vézelay, et après avoir fait publier par un héraut la défense d'y entrer ou d'en sortir, il envoya des gens armés pour garder les routes.

Par suite de ces mesures, les marchands et les artisans de Vézelay, retenus de force dans leurs maisons, ne pouvant plus rien vendre ni rien acheter au dehors, furent réduits à une grande gêne. Ils éclataient en plaintes contre l'abbé, qu'ils accusaient d'avoir causé tout le mal par son obstination; ils allaient même jusqu'à dire qu'ils ne le voulaient plus pour seigneur. Ils tenaient publiquement ce propos et d'autres du même genre.

Lorsque le comte, informé par Hugues de Saint-Pierre et par Simon de Sauvigny, sut dans quel état de fermentation les esprits étaient à Vézelay, il en conçut de grandes espérances pour la réussite de ses projets.

Il y avait entre lui et les mécontents communauté d'intérêts contre l'abbaye, quoique le but final fut différent : d'un côté un accroissement de franchises, de l'autre une augmentation de pouvoir. Une alliance pouvait donc se conclure, alliance inégale toutefois, dont le péril, en cas de revers, devait retomber, non pas sur le grand feudataire, mais sur la petite ville entraînée dans sa cause par une espérance de liberté.

Le comte se rendit à Vézelay afin de parler lui-même aux bourgeois. Lorsque le comte de Nevers arriva à Vézelay, les moines, *adroits politiques*, s'empressèrent d'aller à sa rencontre, l'accueillirent si respectueusement et lui promirent tant de déférence à l'avenir, qu'ils le gagnèrent malgré lui et l'obligèrent à leur accorder une trêve. Pour le mieux lier encore, l'abbé qui devait se rendre à Rome, lui remit tous ses droits seigneuriaux et le soin de ses intérêts durant son absence. Il s'engagea même, envers lui, à demander au Pape que les sujets de l'Eglise fussent dorénavant soumis à la justice du comte de Nevers. L'abbé savait bien, le fin matois, que le pape n'accorderait jamais une pareille demande.

En effet, l'abbé Pons de Montboissier, qui avait de puissantes recommandations, celle de Pierre le Vénérable, son oncle, abbé de Cluny, plusieurs légats et cardinaux, entr'autres Jean, cardinal-légat d'Angleterre, Jourdan, cardinal-légat en Gaule, les divers papes qui se sont succédé à Rome pendant sa puissance, pour ainsi dire royale, dans son abbaye, tels que Luce II, Innocent II et Adrien IV, lui portaient, si ce n'est une grande affection, un grand intérêt, parce qu'ils en tiraient profit pour le Saint-Siège.

Pons de Montboissier était si puissant que :

1° Henri, frère du fameux duc de Bourgogne, évêque d'Autun, chercha des difficultés, *bien fondées*, à l'abbaye qui l'envahissait de toutes parts ; il attaqua donc les privilèges irréguliers de l'église de la Madeleine sur les biens qui dépendaient de son évêché ; mais Innocent II, prévenu par Pons, intervint en sa faveur et lui fit gagner son procès.

2° Etienne, chanoine d'Auxerre, portait plusieurs plaintes contre Pons devant Geoffroy, évêque de Langres, à l'occasion de propriétés de bois. Le pape écrivit à Pons, qui l'en avait informé, de s'en tenir à la décision de l'évêque et de celle de Bernard, abbé de Clairvaux. Pons réclama et déclina leur compétence, en disant qu'il n'avait pas d'autre juge que le pape lui-même ; celui-ci revint sur sa décision et donna, bien entendu, gain de cause à Pons.

Saint Bernard écrivit à ce sujet au pape Innocent :

« Oh ! que ce noble monastère de Vézelay a été mis
« *en mains fortes* et puissantes. La grandeur apostolique
« n'a pas estimé qu'il fallut tant soit peu céder aux tem-
« pêtes d'une populace furieuse et armée, aux insolences
« et aux sottises des moines, *ni à l'abondance des richesses*
« *encore plus fortes* que tout le reste. »

3° Enfin, en 1144, le pape Luce II écrivit plusieurs lettres pour défendre les droits du monastère, notamment à l'abbé de Saint-Germain d'Auxerre, pour se plaindre très vivement de ce qu'il avait fait arrêter et emprisonner et même livrer entre les mains des officiers du comte de Nevers, des habitants ayant commis des délits dans un bois commun aux deux abbayes. Le pape lui ordonna d'user de plus de charité et de faire rendre les hommes à la juridiction de Pons.

Celui-ci, comme nous l'avons dit, était parti pour Rome, après avoir promis au comte de Nevers de demander au pape que désormais les sujets de l'Eglise fussent soumis à la juridiction du comte.

Il en revint en rapportant ce qu'on appelle un monitoire apostolique, qui lui faisait un devoir sacré de la défense de ses droits seigneuriaux.

Cette nouvelle, on le comprend, excita plus violemment que jamais la colère du comte de Nevers, qui voyait qu'on s'était joué de lui.

Il n'osait cependant attaquer en personne les moines, sans provocation de leur part; il engagea les petits seigneurs des environs, qui étaient ses vassaux, à faire des incursions armées sur les terres de l'abbaye.

Plusieurs barons de l'Auxerrois et du Nivernais profitèrent avec empressement de cette occasion pour s'emparer impunément des biens de l'Eglise. Hugues de Poitiers, qui raconte ces faits datant de l'année 1149, dit avec une grande indignation :

« Le comte de Nevers s'associa des satrapes de la
« province, comme Gibbard de Brèves et autres. »

Ils rançonnèrent les moines, dévastèrent les métairies et enlevèrent partout les provisions, les serfs et le bétail. N'ayant point de troupes à opposer aux hommes d'armes de ses ennemis, l'abbé de Vézelay supporta quelque temps le mal qu'ils lui faisaient, *avec cette patience qui est la force des gens d'Eglise.* Pons, voyant qu'il ne gagnait rien en s'adressant à ces derniers, prit la résolution de tenter par d'autres voies et de solliciter directement la protection du roi de France.

Ce fut dans la quinzième année de son règne, c'est-à-dire en 1152, que le roi Louis le Jeune reçut à Paris une requête, où l'abbé Pons lui exposait, dans le style biblique du temps, les afflictions de son église.

Un historien de cette époque dit :

« Le roi Louis VII avait pour les ecclésiastiques un
« respect poussé jusqu'au ridicule. Il leur cédait toujours
« le pas. — Par les saints de Béthléem! (c'était son ju-
« ron (1), je ne marcherai pas, c'est à vous de passer
« devant, disait-il au moindre prêtre. — Il était faible,
« dissimulé, facilement irritable et cruel, sans talent et
« sans courage. »

Sa femme, la fameuse Éléonore, qui devait plus tard divorcer d'avec lui, avait pareille opinion de son mari : Elle disait hautement qu'elle aurait préféré être mariée à un moine.

Comme on doit le supposer, le roi Louis VII accueillit favorablement cette requête et fit immédiatement citer à comparaître, devant la Cour des Barons, le plaignant et son adversaire, le comte de Nevers. Tous deux obéirent à cette sommation et exposèrent tous leurs griefs ; mais ce débat n'eut aucune suite, parce que l'abbé déclina la compétence de cette cour : Il craignait que la décision lui fut contraire à cause de la haute influence

---

(1) Brantôme cite les jurons des rois dont voici les noms :
Charles IX jurait : « Par la Sang-Dieu! Mort-Dieu! »
Henri IV : « Ventre-Saint-Gris! »
« Quant à la Pâques-Dieu! » décida Louis XI.
« Par le Jour-Dieu! » lui succéda, Charles VIII.
« Le Diable m'emporte! » disait Louis XII.
« Foi de gentilhomme! » vint après, François Ier.

du comte de Nevers, dont plusieurs barons étaient les vassaux.

Au retour du voyage qu'il avait fait pour se rendre à la Cour du Roi, le comte de Nevers, enhardi par l'hésitation de son adversaire, renoua ses intelligences avec les principaux habitants de Vézelay. Il leur donna rendez-vous dans une campagne voisine, à Chamoux.

Quand ils furent tous réunis, il leur parla en ces termes, copiés textuellement sur les chroniques :

« Hommes très illustres, renommés par votre prudence,
« forts de votre courage et riches du bien que vous avez
« acquis par votre mérite, je suis affligé au dernier point
« de la misérable condition où vous vous trouvez. Car
« possesseurs en apparence de beaucoup de choses,
« réellement vous n'êtes maîtres de rien ; vous ne jouis-
« sez pas même de votre liberté naturelle. En voyant
« ces bonnes terres, ces beaux vignobles, ces prés, ces
« forêts, ces rivières qui, par leur situation même, sont
« dans votre ressort et dont vous n'avez pas la jouissance,
« je ressens pour vous une vive compassion.

« Je me demande avec étonnement ce qu'est devenue
« cette vigueur signalée, qui vous poussa autrefois au
« meurtre de l'abbé Artaud ; c'était un homme prudent et
« glorieux, dont le seul tort consistait à vouloir que vos
« maisons fussent sujettes au droit de gîte deux fois
« par an.

« Et maintenant vous souffrez, sans mot dire, l'exces-
« sive dureté de cet étranger, de cet *Auvergnat*, si arro-
« gant dans ses propos et si bas dans sa conduite, qui se
« permet, non seulement des exactions sur vos biens,
« mais encore des violences sur votre personne.

« Séparez-vous de cet homme, je vous le conseille,
« mes chers amis ; si vous formez entre vous une confé-

« dération jurée et que vous promettiez de me garder
« fidélité, je vous porterai secours en toute chose et tâ-
« cherai de vous rendre libres de toute exaction et de
« toute coutume onéreuse. »

On prétend qu'il y a dans les grandes réunions d'hommes un instinct de prudence qui les fait hésiter, au moment de prendre quelque résolution hasardeuse. Les mécontents de Vézelay, d'abord disposés à l'audace, parurent tout à coup reculer, montrant à ce discours étrangement révolutionnaire plus de calme que le comte de Nevers ne s'y attendait.

Ils lui dirent que trahir sa foi envers son seigneur étant une chose très grave, ils tiendraient conseil sur leur réponse et qu'ils la lui donneraient à un jour et dans un lieu convenus. Quand l'assemblée se fut séparée, les hommes les plus considérables et les plus modérés se rendirent auprès de l'abbé Pons pour essayer, s'il était possible, de prévenir une rupture ouverte.

CHAPITRE VI

ENTREVUE DES BOURGEOIS AVEC L'ABBÉ. — PACTE ENTRE LES BOURGEOIS ET LE COMTE. — ÉTABLISSEMENT DE LA COMMUNE. — SOULÈVEMENT DES HABITANTS DE DORNECY ET DES PAROISSES VOISINES. — EXPLICATION DU MOT COMMUNE. — ENVOI DE DEUX LÉGATS DU PAPE. — EXCOMMUNICATION.

> D'Argenson disait à son ami de Saint-Pierre :
> Aimons Dieu, mais méfions-nous des prêtres.
> La lèpre monacale a presque rongé jusqu'au squelette deux admirables nations : l'Italie et l'Espagne.
> (V. Hugo).

Voici le compte-rendu textuel de cette entrevue :

Les Bourgeois, introduits auprès du seigneur abbé, s'expriment de la sorte :

« Nous vous rapportons les paroles du comte de Ne-
« vers et nous vous demandons, avec toute déférence,
« quels conseils vous nous donnerez dans de pareilles
« conjectures. »

L'abbé ne témoigna aucune émotion à cette confidence, pourtant peu rassurante, soit qu'il eût naturellement, soit qu'il affectât une grande impassibilité.

« Mes fidèles amis, répondit-il, votre prudence ne
« peut manquer de voir que si le comte s'est fait mon
« ennemi, c'est afin de vous circonvenir et de vous faire

« tomber sous son pouvoir, dans la plus complète servi-
« tude, en vous privant d'une seigneurie qui pour vous
« est pleine de liberté. J'ai combattu jusqu'ici, avec per-
« sévérance, pour vos franchises, mais si, en retour,
« vous me payez d'ingratitude, si vous devenez traîtres
« envers moi et envers l'Eglise, quelqu'affligé que j'en
« puisse être, je saurai m'y résigner, tandis que la
« peine de votre trahison retombera sur vous et sur vos
« enfants.

« Que si, écoutant de bons conseils, vous tenez pru-
« demment pour vos intérêts, si vous demeurez inébran-
« lables dans la foi jurée à votre seigneur et à l'Eglise,
« qui vous a nourris de son lait, je me sacrifierai volon-
« tiers pour vous ; ne doutons pas que de meilleurs
« jours ne succèdent bientôt à ces tristes circonstances. »

« — Nous le croyons et nous l'espérons, reprirent les
« gens de Vézelay ; mais il nous semble qu'il serait sage
« de renoncer au procès avec le comte, de céder à votre
« adversaire et de conclure la paix avec lui. »

« — Mais, dit l'abbé, je n'ai de procès avec personne,
« je suis prêt à défendre mes droits contre quiconque les
« attaque ; céder à des prétentions injustes serait un acte
« d'insigne lâcheté ; j'ai souvent demandé la paix, tant
« par prière qu'à prix d'argent, et jamais je n'ai pu
« l'obtenir de cet enfant de discorde. »

Ce furent les derniers mots de l'abbé. Les députés des
Bourgeois s'en retournèrent sans qu'il leur eut fait aucune
espèce de concession.

Dès ce jour, les partisans de mesures conciliatrices
perdirent toute influence sur l'esprit de leurs concitoyens.

L'obstination de l'abbé devint le motif d'un soulèvement populaire, où l'on vit, comme dans les révolutions

de ces derniers temps, figurer la plupart des jeunes gens.

Alors, dans une assemblée plus tumultueuse que la précédente, fut brisé tout lien de sujétion à l'égard de l'abbaye. Un pacte fut conclu entre les Bourgeois de Vézelay et le comte de Nevers. Ce pacte devait en même temps garantir au comte la seigneurie de la ville et donner à celle-ci, pour la première fois, l'existence municipale.

De ce pacte résultait l'établissement d'une commune, créée par le serment réciproque des Bourgeois et de leur nouveau seigneur.

On ignore quelle loi fut promulguée pour le nouveau corps politique et comment furent organisés les différents pouvoirs municipaux. Tout ce que nous apprend le seul historien de cette curieuse révolution, chez lequel nous puisons ces renseignements, c'est que les Bourgeois donnèrent le nom de *consuls* à leurs chefs et à leurs juges, magistrats sans aucun doute élus par eux, ou, selon l'expression du chroniqueur, constitués par le comte.

Il est bon de rappeler ici que le titre de *consul*, d'après Ducange et autres, dans les villes grandes ou petites du moyen-âge, avait un sens qui impliquait nécessairement l'élection populaire; les chartes accordées aux moindres bourgs de provinces méridionales ne laissant aucun doute à cet égard.

Il paraît étrange au premier abord qu'on ait pris à Vézelay la qualification de *consul* au lieu de celle d'*échevin*, pour indiquer une magistrature qui était particulière aux municipalités libres du Midi, inconnue jusque-là dans celles du Nord et du Centre de la France, où se trouve Vézelay; mais on ne doit pas oublier les relations multiples de cette petite ville à grand commerce avec la Provence et le Languedoc.

Le comte de Nevers « jura aux membres de la com« mune de leur donner aide et conseil contre qui que
« ce fut, de ne point faire sans eux de paix avec
« l'abbé Pons et de ne jamais leur manquer dans aucune
« affaire. »

Ainsi élevés de la triste condition de serfs domaniaux d'une abbaye au rang de citoyens et d'alliés d'un des plus puissants seigneurs du temps, les Bourgeois de Vézelay voulurent s'environner de signes propres à manifester ce changement d'état et ils prirent encore exemple des grandes municipalités nouvellement reconstituées du Midi. Ils élevèrent autour de leurs maisons des murailles crénelées comme marque de liberté personnelle et d'indépendance communale. L'un des plus riches, celui que nous avons déjà nommé, Simon, surnommé le Changeur, fit bâtir, entr'autres défenses, une tour à l'instar de celles dont quelques restes subsistent encore aujourd'hui dans certaines villes du Midi, qu'il visitait fréquemment. Il savait que cette tour était alors, avec le consulat, pour les cités méridionales, une imitation de ce qui se faisait dans les républiques italiennes.

Ces constructions, à l'aspect seigneurial, habitées par des familles bourgeoises, n'étaient pas rares au moyenâge, surtout dans les villes situées près des rivages de la Méditerranée. En 1226, Avignon ne contenait pas moins de 300 maisons garnies de tours.

Les Bourgeois de Vézelay, dans l'orgueil de leur liberté conquise, n'en élevèrent sans doute pas un pareil nombre; cependant, comme le dit si justement M. Augustin Thierry, « si l'un des témoins du mouvement poli« tique qui anima cette petite ville au milieu du XIIe siècle

« pouvait la revoir aujourd'hui, ne serait-il pas bien
« étonné ? Ne se demanderait-il pas *où est la vie*, où sont
« les hommes du vieux temps ? »

Les Bourgeois de Dornecy avaient suivi le mouvement. Ils s'étaient également soulevés contre l'autorité seigneuriale de l'abbé de Vézelay, qui s'exerçait en partie sur eux. Ils préféraient n'avoir qu'un seul seigneur, le comte de Nevers, qui les visitait souvent, soit en allant et revenant de Vézelay, pour les causes que nous connaissons et qui leur étaient sympathiques, soit en allant dans ses châtellenies nombreuses, entr'autres celles du voisinage de Dornecy, Metz-le-Comte, Neuffontaines et Montceaux-le-Comte. Il était, et pour cause, d'une grande bienveillance pour eux et tenait en grande estime Chappuis et Simon Boudin, les amis de Hugues de Saint-Pierre et de Simon de Sauvigny, dit le Changeur. Il avait accordé, par leur intermédiaire, aux habitants de Dornecy, certaines faveurs pour droit de *pacage* et de *blairie* dans les bois et chaumes qui lui appartenaient.

Rappelons que malgré les droits et privilèges de l'abbaye de Vézelay sur la terre et seigneurie de Dornecy, avec la juridiction haute, moyenne et basse, cette seigneurie se trouvait enclavée dans les possessions des comtes de Nevers, qui étaient d'ancienne date seigneurs en partie de cette contrée. Ils jouissaient, en conséquence, des privilèges y attachés.

De là des conflits incessants et des débats continuels entre les comtes de Nevers et l'abbaye de Vézelay, pour la délimitation des héritages ou pour la fixation des droits de chacun. Le Parlement de Paris en avait souvent entendu les échos. Un dernier arrêt, portant la date postérieure aux faits que nous relatons, puisqu'il est du

23 juin 1379, paraît avoir donné gain de cause à l'abbaye de Vézelay. Nous en parlerons au chapitre XIV.

Un autre procès plus récent a duré 193 ans, depuis 1554 jusqu'en 1747.

Tandis que les Bourgeois de Vézelay, fiers d'avoir brisé leurs liens de servitude et d'avoir conquis le titre de citoyens, faisaient bâtir des tours et des murailles crénelées à leurs habitations, pour manifester hautement leur indépendance, l'enthousiasme républicain des vieux temps se communiquait de proche en proche et produisait des révolutions partout où il se trouvait une population assez nombreuse pour oser entrer en lutte avec la puissance féodale ou cléricale.

Les Bourgeois de Dornecy, initiés à toutes les idées avancées de ceux de Vézelay, et qui avaient été attachés comme eux à la même glèbe, furent des premiers des paroisses voisines à se réunir dans l'église même du bourg, érigée sous le vocable, comme on le disait alors, de Monsieur Saint-Martin. Là ils prêtèrent, sur les choses saintes, le serment de se soutenir les uns les autres, de ne point permettre que qui que ce fût fît tort à l'un d'entr'eux ou le traitât désormais en serf. C'était du reste ce serment ou cette *conjuration*, ainsi que s'expriment les vieux documents, qui donna naissance à la *commune*. On revenait ainsi au principe de la municipalité des derniers temps de l'empire romain.

Ce mot de commune, ou municipalité, était un épouvantail contre lequel la féodalité et l'Eglise jetaient feu et flamme.

Voici, du reste, ce qu'un auteur ecclésiastique du xiie siècle en dit :

« Commune est un mot nouveau et détestable.

« Les gens taillables ne paieront plus *qu'une fois l'an*,

« à leur seigneur, la rente qu'ils lui doivent. S'ils com-
« mettent quelque délit, ils en seront quittes pour une
« amende *légalement fixée ;* et quant aux levées d'argent
« *qu'on a coutume d'infliger aux serfs,* ils en seront entiè-
« rement exempts. »

Un autre, Etienne, évêque de Tournay, écrivait en 1183 à son ami Guillaume de Champagne :

« Il y a, en ce monde, trois choses criardes et une
« quatrième qui ne s'apaise pas facilement, c'est :

« 1° Une commune de vilains qui font les maîtres ;

« 2° Une assemblée de femmes en dispute ;

« 3ᵉ Un troupeau de porcs grognant de concert ;

« 4° Et un chapitre divisé d'opinions.

« Nous combattons la première.

« Nous rions de la deuxième.

« Nous méprisons la troisième.

« Et nous supportons la quatrième.

« De celle-ci et de la première *(la commune)* délivrez-
« nous, seigneur. »

Ainsi le mot *commune* exprimait, il y a 800 ans, un système de garantie analogue, pour l'époque, à ce qu'aujourd'hui nous comprenons sous le mot de constitution. On ne doit donc pas s'étonner de l'enthousiasme qui fit, au moyen-âge, braver aux fondateurs des communes tous les dangers et toutes les misères. C'était bien le principe de la liberté, mais d'une liberté toute matérielle, si l'on peut s'exprimer ainsi. *La liberté d'aller et de venir, de vendre et d'acheter, d'être maître chez soi, de laisser son bien à ses enfants.*

Dans ce premier besoin d'indépendance qui agitait les hommes au sortir du cahos, où le monde romain avait été comme englouti depuis l'invasion des barbares. C'était la sûreté personnelle, la sécurité de tous les jours, la faculté d'acquérir et de conserver, qui était le dernier but des efforts et des vœux.

Les intelligences ne concevaient alors rien de plus élevé, rien de plus désirable dans la condition humaine. L'on se dévouait, pour obtenir à force de peine, ce qui dans l'Europe actuelle constitue la vie commune, ce que la simple police des États modernes assure à toutes les classes de sujets, sans qu'il y ait besoin pour cela de chartes ou de constitutions libres.

La plupart des bourgs était la propriété des barons ou des églises. Heureusement pour la bourgeoisie, ces puissances s'accordaient mal entre elles. On le voit pour Vézelay et Dornecy.

Revenons à Vézelay.

Ce n'était pas tout, pour cette commune, d'être constituée par le serment mutuel de ses membres et par la nomination de ses magistrats. Elle avait avec l'abbaye, propriétaire du sol, des rapports forcés qu'on ne pouvait rompre et qu'il fallait régler pacifiquement. Ce fut le premier souci des consuls.

Ils songèrent à négocier pour obtenir de l'abbé Pons une remise de ses droits domaniaux, remise par laquelle aurait lieu le partage des droits qui devaient subsister, comme anciens et inhérents au domaine, et de ceux qui, abandonnés à la ville, seraient pour elle une première source de revenus communs.

Dans le but de pacifier la querelle entre le comte de Nevers et l'abbaye, le Pape avait envoyé à Vézelay deux légats qui étaient Jean, cardinal légat en Angleterre, et Jourdan, cardinal légat en Gaule.

Les chefs de la commune s'adressèrent à eux, en s'appuyant de l'autorité dont ils venaient d'être investis et sollicitant leur entremise. Les consuls de Vézelay furent bien admis auprès de ces grands dignitaires, mais ils ne reçurent d'eux qu'une réponse adroitement évasive. Alors n'espérant plus d'intermédiaire, ils se présentèrent devant l'abbé et lui firent directement leurs demandes, au nom de la justice et de la paix. Ils le trouvèrent calme d'esprit, modéré de langage, mais inébranlable dans son refus de rien accorder, tant que subsisterait la commune. Voici ses paroles :

« Vous abusez de la force que vous donne votre cou-
« pable confédération. Je ne vous ferai aucune remise,
« maintenant que vous avez le pouvoir de m'y contrain-
« dre ; mais si vous renoncez au mauvais pacte que vous
« avez fait, ce n'est pas une réduction, *c'est l'abandon*
« *entier de mes droits* que vous aurez lieu d'attendre de
« ma mansuétude pour vous. »

A cette proposition qui dût leur sembler dérisoire, les magistrats municipaux élevèrent la voix, s'écrièrent :

« Nous n'en ferons rien, nous entrerons plutôt en
« révolte armée contre l'Église. »

Ne pouvant obtenir de gré à gré ce qui leur était nécessaire pour fonder sa propriété collective, la commune de Vézelay fut réduite à se faire elle-même sa part des droits sur le domaine seigneurial.

Des assemblées, soit de consulat, soit de la bourgeoisie entière, qui se tenaient de jour et même de nuit, selon l'urgence des mesures à prendre, décidèrent cette prise de possession.

Plusieurs fermes du monastère, déclarées biens communaux, furent envahies, et une partie des produits ou revenus furent transportés à la ville.

Les bourgeois de Dornecy procédèrent de la même façon, pour ce qui concernait la terre et seigneurie de Dornecy et des environs : Flez-Cuzy, Villiers-sur-Yonne, etc. Le bourg de Vézelay ne prit aucune part dans le partage fait par le bourg de Dornecy, de même que celui-ci laissa agir Vézelay comme il le jugeait à propos. On appliqua alors cette fameuse maxime de Dupin aîné : *chacun chez soi*, et on put dire aussi : *chacun pour soi*.

De pareils actes avaient pourtant un caractère de violence, qui s'aggravait encore par l'inexpérience administrative des chefs de la communauté et aussi par l'effervescence populaire.

Il y eut des destructions de meubles et d'immeubles, des dévastations, des pillages, tous les genres d'excès qui accompagnent les révolutions, grandes ou petites. Enfin l'esprit de vengeance contre le pouvoir qu'on venait de briser devenait chez quelques-uns de la fureur. Un complot se forma dans la ville de Vézelay pour tuer l'abbé, s'il sortait du couvent.

Une note détaillée des ravages faits dans les domaines de l'abbaye, porte les noms des bourgeois qui y participaient. Elle est jointe au manuscrit de l'histoire de l'abbaye de Vezelay, sous le numéro 106 de la Bibliothèque d'Auxerre. Cette curieuse liste a été publiée, dit-on, dans le *Bulletin de la Société des Sciences de l'Yonne*.

Hugues de Poitiers place le départ de l'abbé Pons avant la saisie et le pillage des domaines de l'abbaye par les bourgeois, mais une lettre du Pape Adrien IV au roi Louis VII témoigne contre lui à cet égard.

Pendant que toutes ces choses se passaient, un commencement de négociation avait lieu entre les deux cardinaux et le comte de Nevers. Des conférences, pour l'examen de la querelle, étaient fixées à *Chablis*. Quand le jour de s'y rendre fut arrivé, les deux légats quittèrent Vézelay avec de grandes appréhensions, en emmenant l'abbé qu'ils firent placer entr'eux pour lui servir de sauvegarde. Les conférences de Chablis n'eurent aucun succès. Le comte ne voulut rien céder de ses prétentions et repoussa toute espèce d'arrangement, malgré la menace d'excommunication que lui faisaient les cardinaux.

L'abbé Pons, après cette tentative inutile, ne reprit point le chemin de Vézelay. Il se dirigea vers le monastère de Cluny, où il reçut l'hospitalité. Dans cette retraite il se mit à travailler activement contre la commune qui avait répudié son pouvoir et qui usurpait ses domaines.

Il écrivit au roi, aux archevêques et aux principaux évêques de France, pour solliciter leur appui. Il supplia le Pape de vouloir bien écrire lui-même au roi Louis le Jeune et détermina par ses instances le légat pontifical des Gaules à prononcer l'excommunication contre les bourgeois de Vézelay. L'ordre de promulguer cette sentence étant parvenu aux prêtres des Églises paroissiales du bourg, ils se réunirent dans celle de Saint Pierre et firent la publication devant une grande foule de peuple.

Selon la teneur de l'arrêté, il y avait anathème lancé nominativement contre les chefs de la révolte et les principaux de la commune.

Le reste des habitants était soumis, en masse, à l'interdiction des offices et des sacrements de l'Église, qui devraient cesser dans la ville, sauf le baptême des enfants nouveaux-nés et la confession des mourants.

Cette lecture écoutée avec stupeur par la plus grande partie des assistants, excita chez les autres une colère furieuse.

Ils se précipitèrent sur le prêtre qui venait de proférer la sentence, et ils l'eurent mis à mort si des personnes plus calmes ne l'avaient aidé à se réfugier près de l'autel. Le lendemain, ce même prêtre exalté eut le courage d'enlever les deux battants des portes de l'église et d'obstruer le passage avec des ronces, ce qui était le signe de l'interdit.

Mais Hugues de Saint Pierre et un autre bourgeois qu'on ne nomme pas, tous deux probablement magistrats municipaux, firent ôter les ronces et rétablir les portes.

Ce jour-là, on le suppose bien, il y eut dans toute la ville de grandes clameurs contre les moines de Sainte Madeleine, restés en l'absence de leur abbé sous le gouvernement d'un Prieur.

Plusieurs bourgeois pénétrèrent de force dans le monastère ; entrant bruyamment dans l'appartement du Prieur, ils l'accablèrent d'invectives, s'en prenant à lui de leur excommunication, le sommant de leur accorder une trêve. Le Prieur répondit qu'il n'avait pas qualité pour les absoudre d'une sentence portée par le légat du Siège apostolique et que, d'ailleurs, il lui était impossible de faire aucune convention avec eux sans l'ordre exprès de l'abbé, son supérieur.

Les bourgeois redoublèrent d'emportement et s'écrièrent :

« Puisque vous nous excommuniez, contre toute jus-
« tice, nous agirons en excommuniés et désormais nous
« ne vous paierons plus ni *dîmes*, ni *cens*, ni *aucune rente*
« *quelconque.* »

Quelle que fût la véhémence de leurs passions politiques les habitants de Vézelay n'en étaient pas moins accessibles aux craintes et aux scrupules religieux.

Profondément affectés de se voir sous le poids de la plus grave des censures ecclésiastiques et d'être privés, sans retour prochain, des agréments et des grâces de l'Église, ils envoyèrent des délégués au comte de Nevers, pour se plaindre et lui demander s'il ne pourrait pas les faire relever de l'arrêt d'excommunication ; mais le comte, qui commençait lui-même à être inquiété par les menaces et les messages des cardinaux, répondit avec brusquerie.

« — Je n'y puis absolument rien, et s'il leur plaît, ils en
« feront tout autant pour moi. »

Les députés de la ville, interdits à cette réponse, gardèrent un moment le silence, puis reprenant la parole :

« — Où donc ferons-nous cuire notre pain, si les meu-
« niers et les fourniers de l'abbaye ne veulent plus com-
« muniquer avec des excommuniés. »

« — Eh bien ! reprit le comte, allez au four banal,
« chauffez-le avec votre bois, et si quelqu'un veut s'y
« opposer jetez-le vivant dans le four ; quant au meunier,
« s'il fait résistance, écrasez-le vif sous sa meule. »

En effet, les membres de la nouvelle commune, tout affranchis qu'ils étaient par leur constitution municipale, se trouvaient encore sous la dépendance du manoir abbatial, à cause de leur longue habitude de n'avoir ni moulins, ni fours, ni pressoirs particuliers.

Ces différentes industries avaient été jusque-là, exercées au profit de l'abbaye par ses serviteurs, clercs ou laïcs, et comme il fallait du temps pour qu'un changement total se fît à cet égard, les bourgeois furent obligés d'entrer en querelles journalières avec les moines et leurs gens.

Dans ces disputes et dans d'autres conflits, commis par la seule haine, les serviteurs étaient tués ou chassés de leurs maisons et les moines accablés d'injures et de coups.

Le Prieur, ne voyant plus pour les siens d'autre recours que dans la générosité du comte de Nevers, le supplia de s'interposer entre la commune et l'abbaye, et de faire que les bourgeois devenus libres consentissent à user de modération.

Mais le comte, avec une dureté de parole qui ne laissait pas la moindre espérance, répondit :

« Ils ont bien fait, pourquoi votre abbé les a-t-il
« excommuniés ? »

Et il ajouta :

« Je voudrais que vous fussiez tous partis et que votre
« couvent fût renversé de fond en comble. »

Puis, arrachant un poil de la fourrure qui doublait son juste-au-corps, il dit du ton le plus insolemment dédaigneux : « Quand toute la montagne de Vézelay
« devrait tomber dans un gouffre, je ne donnerai pas
« cela pour l'empêcher. »

CHAPITRE VII

ENTERREMENT CIVIL. — DÉMOLITION DU CLOITRE ET DES MURAILLES DE L'ABBAYE. — DÉPART DE L'ABBÉ PONS, DE CLUNY. — SON VOYAGE PRÈS DU ROI. — INTERVENTION DU PAPE ADRIEN IV, SA LETTRE A LOUIS VII. — NOTICE SUR CE PAPE.

> Comme je ne sais d'où je viens, aussi ne sais-je où je vais.
> (PASCAL).
>
> Les ecclésiastiques sont les flatteurs des princes, quand ils ne peuvent être leurs tyrans. Ils sont intéressés à maintenir le peuple dans l'ignorance ; sans cela, comme l'évangile est simple, on leur dirait, nous savons tout cela comme vous.
> (MONTESQUIEU).

Vers le même temps, un des bourgeois, nominativement désigné dans la sentence d'excommunication, étant mort sous l'anathème, ses concitoyens l'enterrèrent sans l'assistance d'aucun prêtre, menant le corps à sa sépulture. Ils eurent cependant la fantaisie de sonner les cloches pendant la marche du convoi.

Cinq cent-trente ans plus tard, c'est-à-dire le 29 avril 1668, le Nabuchodonosor de Versailles, Louis XIV, publiait un édit, portant « que quiconque mourait sans sa« crement était réputé relaps et devait être traîné sur la « claie et jeté à la voirie. »

Les bourgeois de Vézelay étaient à cette époque, comme on le voit, familiarisés en quelque sorte avec cette excommunication, qui leur avait paru d'abord si redoutable. Ils s'emparèrent de l'Église Sainte-Marie-Madeleine et en firent leur citadelle et leur arsenal, plaçant dans les deux tours une garde, des provisions et des armes.

De ce poste, ils surveillaient les moines et les tenaient comme assiégés dans les bâtiments de l'abbaye, d'où personne ne pouvait sortir sans leur permission et sans être accompagné. Ils ne se contentèrent bientôt plus de ces précautions. Comme le monastère était un château-fort, ils en abattirent les clôtures et les murailles extérieures. Tous ces faits excessivement graves dans un temps où le respect pour les choses religieuses était poussé si loin, s'aggravait encore par les récits inexacts qu'on en faisait dans les villes voisines et à la cour du Roi de France.

On disait que les moines, attaqués à main armée par les bourgeois, auraient soutenu un siège en forme dans les tours de leur Église; que durant ce long siège le pain leur ayant manqué ils avaient été contraints de *manger de la viande* et de violer ainsi la règle de leur ordre.

Nous devons dire que cette règle était déjà enfreinte depuis longtemps. Il suffit de jeter un coup d'œil sur la nomenclature des redevances énoncées en l'état des ressources de l'abbaye. Les porcs gras, avec poules et chapons y figurent dès l'année 1161, et plus tard un arrêt du parlement de Paris qui autorise les habitants de Précy-le-Sec à chasser la grosse bête dans tous les bois qu'y possédait le monastère de Vézelay, où ces habitants avaient ce qu'on appelait leurs *usages*, en présentant aux religieux dans leur château de Voutenay le *cimier* (quartier de derrière) ou l'un des côtés de la *hampe* (poitrine) de la bête qu'ils avaient tuée; le tout sous peine de soixante sous d'amende.

Une espèce de charte, qualifiée à tort d'affranchissement, au profit des manants de Cray et dont nous parlerons, en date du 15 novembre 1143, par Aubert, abbé de Vézelay, mentionne également les redevances des meilleures parties des bêtes abattues à l'abbaye.

Toutes ces nouvelles exagérées faisaient grand bruit, et on en parlait en différents sens avec force commentaires; chacun, selon son état ou ses affections personnelles, prenait parti soit pour l'abbé Pons, soit pour le comte de Nevers et la commune de Vézelay.

Le comte avait pour amis et pour soutiens de sa cause plusieurs évêques qui n'aimaient pas les établissements religieux, affranchis de la juridiction ordinaire et soumis immédiatement au Saint Siège. On assure même qu'il était favorisé en secret par l'abbé de Cluny, jaloux pour son couvent de la célébrité de celui de Vézelay.

Cette circonstance détermina l'abbé Pons à quitter Cluny, comme nous l'avons dit, pour se rendre à la cour du roi Louis VII, qui alors résidait à Corbeil.

L'abbé se présenta devant le roi et fit sa plainte des vexations, toujours croissantes, que la commune de Vézelay exerçait contre son Église.

Déjà sollicité par les légats pontificaux à prendre parti dans cette affaire, le roi envoya l'évêque de Langres au comte de Nevers, le som... par sa foi, comme vassal, de conclure la paix avec l... se de Vézelay, *d'abandonner les bourgeois et de dissoudre leur commune.*

Le comte ne fit à cette sommation que des réponses

évasives. Il ne changea rien à sa conduite, comptant sur son crédit auprès des conseillers du roi.

Le comte de Nevers aurait peut-être réussi à traîner les choses en longueur et à sauver la commune, sans l'arrivée d'une lettre pontificale, adressée au roi par le Pape Adrien IV et dont voici la teneur :

« Adrien, évêque, serviteur de Dieu, à son très cher
« fils en Jésus-Christ, Louis, illustre roi *des Français*,
« salut et bénédiction apostolique.

« Bien que tu étendes, ainsi que tu le dois, l'appui de
« ton pouvoir royal sur toutes les Églises établies dans
« ton royaume, nous désirons que tu te montres d'autant
« plus zélé pour celle de Vézelay, qu'elle appartient plus
« spécialement au bienheureux Pierre et que la perfidie
« de ses bourgeois lui fait souffrir de plus grands maux.
« Ta prudence n'ignore pas comment, il y a quelques
« années, ces bourgeois, avec l'aide du comte de
« Nevers, ont conspiré contre notre très cher fils Pons,
« abbé de Vézelay, comme ils ont osé s'emparer des
« biens de l'Église et en expulser l'abbé lui-même.

« Pourquoi ils ont mérité d'être séparés du corps de
« Jésus-Christ et de la communauté des fidèles. Récem-
« ment encore, se jetant sur l'Église même, ils en ont
« forcé les portes, ainsi que celles du monastère, pillé
« les habits et les provisions des moines, répandu leurs
« vins et enlevé les ornements de la sacristie. Enfin, par
« un dernier excès d'audace, ils ont maltraité violem-
« ment les moines eux-mêmes et les serviteurs de la
« maison. Puisque leur malice n'a pas été arrêtée par le
« plus sévère des jugements ecclésiastiques, la répres-
« sion en est réservée à tes mains, et c'est à ta force
« royale qu'il appartiendra de corriger ce que les censu-
« res canoniques n'ont pu amender jusqu'à ce jour.

« Nous prions donc la *Magnificence*, nous l'avertissons et
« l'exhortons au nom du Seigneur, nous t'enjoignons,
« pour la *rémission de tes péchés*, de t'avancer vers Véze-
« lay avec une armée et de contraindre les bourgeois
« à abjurer la commune qu'ils ont faite, à rentrer sous
« la sujétion de notre cher fils, l'abbé Pons, leur légitime
« Seigneur, à restituer intégralement ce qu'ils ont pris et
« à faire pleine réparation pour les dommages qu'ils ont
« causés.

« Nous t'enjoignons enfin d'exercer sur les auteurs de
« ces troubles une telle *vindicité, que leur postérité n'ose*
« *pas dorénavant lever la tête contre ses Seigneurs*, ni
« commettre un semblable attentat contre le sanctuaire
« de Dieu. »

Cette lettre, il est bon de le remarquer, est datée du 20 mai 1155, ce qui donne trois ans passés depuis l'établissement de la commune.

Adrien IV, le pape qui a écrit cette lettre était un anglo-saxon, c'est lui qui a livré l'Irlande à l'Angleterre (1171) sous le prétexte d'y établir le christianisme, circonstance qui n'était pas vraie à l'égard de l'Irlande. C'est Henri Plantagenet qui était alors roi d'Angleterre, celui qui s'était marié avec Eléonore de Guyenne, femme divorcée du bigot Louis VII.

C'est le même Henri Plantagenet qui fit assassiner le malheureux Thomas Beket, archevêque de Cantorbery, dans son église, par quatre chevaliers, dont Guillaume de Tracy faisait partie, au retour de cet archevêque de Vézelay même (1165) où, disent les historiens, il était monté sur le Jubé de l'Église de la Madeleine pour prêcher.

CHAPITRE VIII

FORMATION D'UNE ARMÉE A LA TÊTE DE LAQUELLE SE MET LE ROI, ASSISTÉ DE L'ARCHEVÊQUE DE REIMS SE DIRIGEANT SUR LE COMTÉ DE NEVERS. — ENTREVUE DE MORET. — SENTENCE CRIMINELLE. — VENGEANCE DES MOINES. — PILLAGE ET DÉVASTATIONS. — MISÈRE DES ÉMIGRÉS. — ASSEMBLÉE D'AUXERRE.

> Trois choses incroyables parmi les incroyables : le pur mécanisme des bêtes, l'obéissance passive et l'infaillibilité du Pape.
> (MONTESQUIEU).

Les conseillers du roi Louis VII peu empressés jusque-là de terminer une affaire qui leur attirait beaucoup d'argent des parties adverses, jugèrent *qu'il fallait céder à l'injonction du chef de l'Église.*

On rassembla donc une armée à la tête de laquelle se mit le roi en personne, accompagné de l'archevêque de Reims et de plusieurs autres prélats. Les troupes sortirent de Paris en l'année 1455 et se dirigèrent sur le comté de Nevers, par la route de Fontainebleau.

Le comte, qui ne se croyait pas assez fort pour soutenir la guerre contre le roi, envoya en grande hâte l'évêque d'Auxerre dire qu'il était prêt à exécuter tout ce que son Seigneur suzerain déciderait au sujet de la commune de Vézelay.

Le roi reçut ce messager dans le bourg de Moret, à deux lieues de Fontainebleau ; il s'y arrêta pour attendre le comte de Nevers, qui ne tarda pas à venir.

Plusieurs bourgeois de Vézelay chargés de représenter leurs concitoyens se rendirent aussi au même lieu.

Quand les débats furent ouverts devant le roi et sa cour, l'abbé, comme plaignant, parla le premier. Il fit un récit sommaire de la révolte des habitants de Vézelay, des usurpations de la commune, des profanations, des violences faites ou tolérées par elle. Il demanda contre les bourgeois solidaires des dommages-intérêts pour toutes ses pertes, et justice entière des crimes commis durant la rebellion.

Le comte de Nevers, prenant la défense des accusés, s'exprima ainsi :

« On sait que la ville de Vézelay est peuplée de plu-
« sieurs milliers d'hommes de toute sorte, n'ayant pas
« les mêmes mœurs ni la même conduite, parce que la
« plupart sont des étrangers, venant de différents lieux ;
« il serait donc injuste d'imputer à l'élite des indigènes,
« aux gens éprouvés en toute honnêteté, les excès que
« la multitude a pu commettre dans son emportement.

« Ce qu'il faut, sous le bon plaisir du roi, c'est que
« l'abbé désigne par leur nom ceux qu'il accuse de cri-
« mes, afin que les innocents soient absous et que la
« justice soit faite des coupables. »

Ces paroles adroites, seul appui que le comte pût maintenant prêter à des hommes qui avaient tout osé, sous la foi de son patronage, furent vivement réfutées par les avocats de la partie adverse.

« Les bourgeois de la haute classe, dirent-ils, sont

« aussi coupables que les autres, car leur devoir était
« de prendre en main la défense de leur Seigneur. Ils
« sont complices de tout le mal, puisqu'il n'ont rien fait
« pour l'empêcher. »

Cette opinion fut celle qui prévalut et la cour rendit son arrêt immédiatement, dans les termes suivants :

« Tout homme du bourg de Vézelay, qui au départ de
« son seigneur, l'abbé Pons de Montboissier, n'est pas
« sorti avec lui ou ne s'est point réuni aux frères
« assiégés dans le monastère et ne leur a point porté
« secours selon son pouvoir, est déclaré convaincu de
« trahison, de félonie, de parjure, de sacrilège et d'ho-
« micide. »

Et après cette sentence criminelle, vint le jugement des intérêts civils, qui déclarait « tous les condamnés
« solidaires pour la réparation des dommages éprouvés
« par l'abbé et son Église. »

Interrogé sur la somme de ses réclamations pécuniaires, l'abbé dit qu'elle s'élevait à 160,000 sous, non compris le dégât causé dans les forêts, et sauf amende pour la trahison, le sang versé par les séditieux et la violation des lieux saints.

Nous ferons remarquer, pour ordre, que la monnaie ayant cours à Vézelay était alors celle des évêques d'Auxerre, un peu moins forte que celle de Tours; or, la valeur intrinsèque de 160,000 sous tournois, donne 806,400 francs.

La preuve par témoins de l'estimation fut remise à l'un des jours suivants, mais les députés et bourgeois de Vézelay n'attendirent pas ce jour.

Frappés de consternation et se regardant comme livrés à la vengeance de leur ancien maître, ils partirent à l'insu du roi et allèrent jeter l'alarme parmi leurs concitoyens. Cette fuite, par laquelle ils se dérobaient à la justice, fit rendre une nouvelle sentence contre eux.

La cour décida « qu'ils seraient ramenés de force
« devant elle, et que l'arrêt serait exécuté par le comte
« de Nevers, » qui en reçut l'injonction en ces termes, de la bouche de l'archevêque de Reims :

« Nous ordonnons que le comte de Nevers, ici présent,
« ait à se saisir de vive force des traîtres et profanateurs
« de Vézelay, et à les amener par devant le roi, au lieu
« qui lui sera désigné, pour qu'ils y soient punis.

« En outre, ledit comte de Nevers livrera intégrale-
« ment à l'abbé Pons, *tous leurs biens*, tant meubles
« qu'immeubles, en restitution des dommages qu'ils lui
« ont causés. »

On demanda au comte s'il acceptait cette sentence et il répondit :

« Je l'accepte »; puis il pria la cour d'accorder aux condamnés un délai, que lui-même leur avait promis, comptant sur la clémence du roi.

Mais le roi, de sa propre bouche répondit ;

« Je vous commande, par mon autorité royale et par
« la foi que vous me devez, d'accomplir ce qui vient
« d'être arrêté et de ne rien omettre de la sentence.
« Quant aux délais ? Ce sera votre affaire ; passé le terme
« d'une semaine, je n'en *accorde aucun, ni à ces gens, ni*
« *à vous.* »

Dans la route que fit le comte de Nevers, en grande compagnie, pour retourner de Moret à Auxerre, il se montra fort troublé de sa nouvelle situation et des engagements qu'il venait de prendre.

D'un côté, il ne voyait aucun moyen de résister aux ordres du roi ; de l'autre, sa conscience lui reprochait ce qu'il allait faire contre des hommes, que lui-même avait poussés à la révolte, auxquels il s'étaient lié par serment et sur lesquels se fondait son espérance d'obtenir la seigneurie de Vézelay.

Il prit un parti moyen : celui d'éluder par un subterfuge, la commission humiliante dont il ne pouvait se décharger.

Plusieurs de ses officiers se rendirent promptement à Vézelay et y firent publier à son de trompe « que le « lundi suivant, en exécution d'un jugement du roi, le « seigneur comte de Nevers ferait arrêter, bien malgré « lui, tous les bourgeois qu'on trouverait dans la ville et « les ferait conduire à Paris ; qu'il les invitait consé- « quemment à quitter leurs maisons, en sauvant leurs « meubles et à chercher un refuge partout où ils pour- « raient. »

Cette proclamation causa parmi les habitants de Vézelay, une sorte de terreur panique. Le vertige les prit quand ils virent devant eux, comme exécuteur de la sentence contre la commune, le pouvoir même sur l'appui duquel son établissement reposait.

Tout ce qu'il y avait d'hommes dans la ville se mit en devoir de sortir, abandonnant les marchandises et les propriétés, de sorte que le lendemain il ne restait plus à Vézelay que des femmes et des enfants.

Le comte de Nevers, nous devons le dire, avait donné l'ordre de recevoir les émigrés dans ses châteaux, pourvu qu'ils ne vinssent pas au lieu de sa résidence.

Ils se réfugièrent ainsi dans plusieurs forteresses voisines ; mais comme leurs bandes étaient trop nombreuses pour qu'ils y fussent tous admis, la plupart s'établirent en campement, sous des huttes construites par eux dans les forêts des environs.

Plusieurs se dirigèrent sur Cray, Chamoux, Asnières

et surtout Dornecy, où ils furent reçus avec une large et cordiale hospitalité.

Le comte s'imaginait que l'abbé Pons, qui n'avait aucune troupe armée à son service, n'oserait faire sa rentrée dans la ville, si lui-même ne l'accompagnait. Pour lui susciter un nouvel embarras et retarder la conclusion des affaires, il fit semblant d'être malade, mais l'abbé ou l'*auvergnat*, comme l'appelait le comte, rentra seul et reprit possession du couvent ; cette hardiesse obligea le comte à ne pas rester en arrière et à prouver, du moins en apparence, qu'il obéissait au jugement de la cour du roi.

Il envoya quelques hommes d'armes à Vézelay, avec ordre d'arrêter les bourgeois dont il avait eu le temps d'apprendre l'évasion.

Ces gens se présentèrent devant l'abbé, et, avec une feinte courtoisie, ils lui exprimèrent leur étonnement de le voir ainsi revenu à l'improviste, malgré le danger qu'il pourrait y avoir pour lui ; puis ils lui dirent :

« — Nous avons commission de notre seigneur, pour
« exercer à votre commandement la vengeance décrétée
« contre vos adversaires. »

« — Si le comte vous a donné des ordres, répondit
« l'abbé, c'est votre affaire de les exécuter, ou non ; pour
« moi, je n'ai rien à vous dire, si ce n'est que j'attendrai
« patiemment l'issue de tout ce que vous ferez. »

« — La besogne serait déjà faite, reprirent les envoyés
« du comte, si nous avions trouvé dans le bourg autre
« chose que des femmes et des enfants. »

« — Oui, répliqua l'abbé, avec ironie, vous êtes venus
« ici, quatre hommes pour en arrêter plusieurs mil-
« liers. »

Ils ne répondirent rien ; mais l'une des personnes présentes ayant dit que s'ils voulaient s'emparer des fugitifs, ils en trouveraient quatre-vingts cachés dans le bois le plus proche, leur réponse fut :

« — Nous ne pouvons y aller maintenant, nous avons « un autre chemin à faire. »

Les moines de Sainte-Madeleine, voyant qu'ils étaient maîtres du bourg par la fuite de tous les habitants valides, résolurent, sur les conseils de l'abbé et de l'un des moines son confident, appelé dom Coullemard, de requérir tous les jeunes gens fils de serfs, qui habitaient les domaines ruraux de l'abbaye, lesquels sous le commandement de ce moine, qui était dans le genre de frère Jean des Entommeurs de Rabelais : « Jeune, galant, frisque « bien à dextre, hardi, aventureux, délibéré, haut, bien « fendu de gueule, bien avantagé en nez, beau dépêcheur « d'heures, beau distributeur de messes, beau descrot- « teur de vigiles, vray moyne, si oncques en fut « depuis. »

Ils se répandirent en armes dans les rues, proclamant avec grand bruit le rétablissement du pouvoir légitime. Ils allèrent de maison en maison à la recherche des usines et des boutiques établies sous le régime de la liberté communale.

Arrivés au logis de Simon ils brisèrent son comptoir de changeur que l'abbé Pons lui avait concédé autrefois comme nous l'avons dit, et s'animant de plus en plus à cette puérile vengeance, ils démolirent l'appentis sous lequel se trouvait le comptoir.

Ensuite ils entrèrent dans les maisons de deux autres bourgeois, Hugues de Saint-Pierre et Hugues Grattepain et y détruisirent des pressoirs nouvellement construits, dans les caves, au détriment du pressoir banal qui était l'un des droits du monastère.

Pendant ce temps les émigrés de Vézelay, surtout ceux qui n'avaient point trouvé d'asile dans quelque bourg ou château du comte de Nevers, menaient une triste vie. La plupart campaient en plein air, sous des cabanes de branchages, en danger continuel d'être surpris et arrêtés.

On les accusait, non sans fondement peut-être, de brigandages sur les routes; ce qui leur faisait des ennemis parmi les gens les moins affectionnés à la cause de l'abbaye.

Ils manquaient de tout et ressentaient une inquiétude journalière de ce qui se passait dans la ville où ils avaient laissé leur famille dans l'abandon et leurs biens exposés au pillage.

Ils y envoyaient fréquemment des émissaires déguisés en pèlerins pour demander des secours d'argent ou de vivres et apprendre ce qu'il y avait de nouveau, mais cette pénible situation ne pouvait se soutenir plus longtemps. Ils résolurent d'en sortir par un coup de main et de se remettre en possession de la ville qui n'était gardée que par les moines et les paysans de l'abbaye, mal commandés et mal armés.

Le rendez-vous des bandes d'émigrés devait être au *village de Corbigny*, à trois lieues de Vézelay. Mais on ne sait comment l'abbé fut averti de ce projet. Il s'empressa, dit le narrateur contemporain, de prendre à sa solde une troupe d'étrangers, hommes de grande bravoure et habiles à manier l'arc et l'arbalète. Ils en faisaient profession.

Il est probable que sous cette qualification *d'étrangers*, l'historien du XIIe siècle voulait parler de ces troupes mercenaires de cavaliers et de fantassins qui portaient alors le nom de *routiers*. C'étaient des bandes d'aventuriers bien disciplinés, sous des chefs qui les louaient et se louaient eux-mêmes aux princes et aux seigneurs qui leur offraient la meilleure paye.

Dans le temps où ces événements se passèrent, les rois de France et d'Angleterre se disputaient à mains armées la possession de plusieurs villes de la Touraine et du Berry. Leurs querelles attiraient de ce côté les capitaines de bandes et leurs soldats. Ceux qui venaient du midi par la route de Lyon devaient passer près de Vézelay, il fut donc facile à l'abbé Pons d'en engager pour quelque temps un certain nombre à son service.

Il cantonna dans le monastère les chevaliers c'est-à-dire ceux qui portaient l'armure complète. Il distribua les autres avec ses paysans et ses serviteurs dans les fortifications que les bourgeois avaient élevées depuis l'établissement de la commune.

La ville se trouva ainsi gardée contre toute attaque ; de nombreuses patrouilles circulaient de jour et de nuit autour des murs et dans les campagnes voisines.

Les émigrés, dont la plupart était sans armes, renoncèrent à l'entreprise, mais ils eurent partiellement des rencontres avec les soldats de l'abbaye, plusieurs d'entr'eux faits prisonniers furent mis aux fers ou livrés à différents supplices.

L'abbé Pons s'empressa de faire acte de *seigneurie absolue*, en exerçant le pouvoir judiciaire indépendamment de la juridiction du comte de Nevers et sur les ruines de la juridiction municipale. Non seulement il fit juger par sa cour les bourgeois pris et ramenés dans la ville, mais des poursuites criminelles commencèrent contre les plus considérables et les plus compromis des absents.

Hugues de Saint-Pierre, l'homme le plus riche de

Vézelay et le principal instigateur de la révolte fut, on le suppose bien, le premier à l'égard duquel procéda la cour abbatiale.

Après la sommation nécessaire pour qu'il fut déclaré contumace, on sévit contre ses biens à défaut de sa personne.

Sa maison construite avec un grand luxe, ses bâtiments de toute sorte, des moulins qu'il venait d'établir furent pillés et renversés de fond en comble. On détruisit jusqu'aux ouvrages de maçonnerie faits pour amasser et conduire les eaux sur le sommet de la montagne de Vézelay. Le fonds ainsi dévasté fut mis en vente à l'enchère et vendu à vil prix au profit des moines.

Dix autres bourgeois, que le chroniqueur nomme, eurent pareillement leurs maisons démolies et tous leurs biens mis au pillage (1). Pour d'autres, parmi lesquels se trouvait Simon le changeur, l'abbé voulut être clément, il fit modérer la sentence. Ils étaient à ce qu'il semble grands propriétaires de vignobles, on se contenta d'enlever leurs vins au profit des moines.

Dom Luc d'Achery, le moine auteur de l'histoire monastique de Vézelay, emploie des expressions admiratives qui donnent lieu de croire qu'il y avait eu, non seulement beaucoup de dépenses mais beaucoup d'art dans les constructions des moulins et des réservoirs d'eau édifiés par Hugues de Saint-Pierre à Vézelay, situés sur le haut d'une montagne.

Il paraît que celui-ci, comme ingénieur-mécanicien, s'était fait gloire d'y appliquer un talent hors ligne, exceptionnel pour l'époque; malheureusement, par suite

(1) La liste des bourgeois de Vézelay, en latin, contient deux cents noms.

de la dévastation, il n'en reste aucune trace aujourd'hui.

Ajoutons, au sujet de l'enlèvement des vins de Simon le changeur et autres, que les principaux dégâts commis par les révolutionnaires avaient été exercés sur les vignes de l'abbaye, qui furent toutes ou presque toutes arrachées ; c'était une vengeance du tort causé aux bourgeois, possesseurs de vignes pour le droit qu'avait l'abbé de vendanger avant tous autres, de faire faire sa vendange en corvée par ses serfs et, de plus, d'avoir le privilège de vendre le vin de son crû à l'exclusion de tous autres pendant un mois de chaque année et, en outre, comme nous l'avons déjà mentionné, la charge par les bourgeois de payer pour chaque muids vendu par eux 12 deniers et de ne pouvoir descendre leur vin dans la cave qu'avec une corde de l'abbaye, sous peine d'amende, en payant cinq deniers tournois par pièce.

Toutes ces servitudes hélas ! ont duré bien longtemps, elles n'ont été abolies qu'à notre grande Révolution en 1789.

Le monastère récoltait beaucoup de vin et des meilleurs crus de la contrée. Il paraît que la règle imposée par Saint-Benoît et dont ils se vantaient d'être les observateurs rigoristes leur permettait d'en user largement. Nous voyons, par les chroniques historiques de cette époque reculée, qu'ils avaient la prévoyance d'en faire bonne provision non seulement à l'abbaye, mais aussi dans leurs nombreux domaines à Chamoux, Avrigny, Dornecy, même à Paris dans des caves très bien tenues, dépendant de deux maisons leur appartenant, rue des Grés, près du Palais des Ternes de Cluny, pour l'usage des dignitaires du couvent qui venaient à Paris, soit pour leurs nombreuses affaires, soit pour leur agrément.

Revenons maintenant aux malheureux émigrés, pourchassés par les soldats de l'abbé Pons. Des arrestations étaient faites chaque jour sur les routes et venaient augmenter le nombre de ceux qui devaient attendre en prison le moment d'être menés devant le Roi. Ces nouvelles portées aux réfugiés dans leurs retraites les frappèrent de crainte et de découragement.

Cependant, nous devons le dire, le comte de Nevers ne voyait pas sans chagrin la malheureuse issue de la révolution que lui-même avait provoquée.

Désirant secourir les bourgeois de Vézelay et ne le pouvant plus il se tenait éloigné d'eux par embarras et aussi par prudence. Quand on venait lui dire en leur nom qu'ils voulaient se rendre et se mettre à la merci de l'abbé il les engageait à ne pas le faire et leur promettait, un peu témérairement, qu'une paix serait faite selon leurs vœux; mais cette paix qui devait être un accord n'était possible après le jugement criminel qu'en vertu d'une amnistie de l'autorité royale, et le comte qui avait promis au Roi de ramener les condamnés devant sa cour ne pouvait, sans devenir accusable, se présenter seul et intercéder pour eux.

Pour sortir de cette difficulté il imagina un expédient :

Il feignit, quoique peu dévôt, d'avoir un vœu à acquitter au Tombeau de Saint-Denis dont la fête était proche et partit en habit de pèlerin avec le bourdon et l'escarcelle. Arrivé à Paris il quitta ce vêtement, se rendit à l'Hôtel du Roi, qui, sur la foi de son pèlerinage, ne prit point sa venue en mauvaise part. Il l'accueillit assez amicalement.

Le comte saisit l'occasion d'un entretien seul à seul, pour peindre l'état de détresse où se trouvaient les émigrés de Vézelay, et se jetant aux genoux du Roi il le supplia d'avoir pitié d'eux et pitié du monastère lui-même qui serait ruiné si la ville demeurait sans habitants.

Il joignit à cette prière le serment d'amener, sans délai, plusieurs bourgeois chargés par tous les autres de faire à l'abbé telle satisfaction qu'ordonnerait la clémence royale et de conclure avec lui une paix perpétuelle.

Louis VII fut touché de ces instances et il désigna la ville d'Auxerre comme rendez-vous pour une conférence d'arbitrage où les parties adverses auraient à se réunir et où lui-même assisterait. Puis il informa l'abbé Pons de la requête et des promesses du comte, en lui demandant de ne plus faire abattre de maisons à Vézelay jusqu'au jour fixé pour l'accord.

Le 4 novembre de l'année 1155, se trouvèrent assemblés à Auxerre le Roi Louis le Jeune avec ses barons, l'abbé Pons avec ses amis, le comte de Nevers et des bourgeois de Vézelay au nombre de plus de 40.

Le Roi, siégeant comme arbitre et s'adressant à ces derniers leur demanda ce qu'ils avaient résolu de faire.

Fatigués de tant de traverses et désirant une paix quelconque, afin de retourner dans leurs foyers, les bourgeois répondirent « qu'ils se remettaient de leurs per« sonnes et de leurs biens en la merci du Roi, leur sou« verain seigneur, et feraient toutes choses selon son bon « plaisir. »

Sur cette seule réponse le Roi dicta sa sentence arbitrale qui fut rédigée de la manière suivante :

« Les habitants du bourg de Vézelay abjureront sans

« réserve la conspiration et confédération qu'ils ont faite
« entr'eux sous quelque forme que ce soit. Ils se saisi-
« ront s'ils le peuvent, de ceux qui ont tué les serviteurs
« de l'Église et, s'ils ne le peuvent pas, ils les dénonce-
« ront, en indiquant où ils se trouvent. Ils jureront sur
« les choses saintes d'être fidèles à l'abbé et à son
« Église, de lui conserver *saufs* sa vie et ses membres et
« de les conserver aux siens. Ils paieront la somme de
« 40,000 sous pour les dommages qu'ils ont faits et
« détruiront dans un délai fixé à la fête de Saint-André
« (30 novembre) les murailles de défense dont ils ont
« fortifié leurs maisons.

« Enfin, ils jureront d'exécuter toutes ces choses entière-
« ment et de bonne foi. »

De cette façon l'action criminelle était désormais éteinte pour tous les cas hors celui de meurtre ; il n'y avait plus de responsabilité collective, et les dommages-intérêts se trouvaient réduits au quart de la somme réclamée précédemment par l'abbé. Les mandataires des bourgeois de Vézelay prêtèrent en leur nom les serments exigés d'eux. Ils partirent d'Auxerre avec l'abbé Pons, leur ancien ennemi, dans une concorde qui effaçait en apparence jusqu'aux moindres traces du passé.

Tout entier au désir de revoir leur famille et de reprendre leurs occupations habituelles, oubliant même cette liberté qu'ils n'avaient pu définitivement acquérir au prix de tant d'efforts et de souffrances, ils éprouvèrent en rentrant dans le bourg toute la joie d'un retour d'exil ; ils s'embrassaient les uns les autres et plusieurs d'entr'eux, dans une sorte d'ivresse, chantaient et dansaient comme des fous.

Ce jour-là et les jours suivants on vit arriver par toutes les routes de nombreuses bandes d'émigrés, qui venaient faire leur soumission au chef de l'abbaye et lui jurer fidélité.

Le rétablissement définitif de l'abbé de Sainte-Madeleine dans son pouvoir seigneurial fut suivi du recouvrement de l'indemnité de 10,000 sous qui lui avait été allouée. Il choisit lui-même, parmi les bourgeois, des collecteurs chargés d'imposer à chacun selon la valeur de ses biens la quote-part de la contribution collective.

« Parmi tant d'hommes, dit le narrateur contempo-
« rain, il n'y en eut pas un seul qui fît la moindre résis-
« tance, ni en action ni en parole. »

CHAPITRE IX

INTERVENTION A NOUVEAU DES LÉGATS ET MÊME DU PAPE.
— NOUVELLE LETTRE CURIEUSE D'ADRIEN IV A LOUIS VII
POUR LA MÊME CAUSE. — AUDACE DE SIMON FAISANT
POSER DES CRÉNEAUX A SA TOUR AU LIEU DE LA DÉMOLIR.
— CROISADE NOUVELLE.

> Je n'ai peur que d'avoir peur.
> (MONTAIGNE).

Il y eut un point sur lequel les bourgeois de Vézelay se montraient moins décidés, c'est celui-ci :

Quand l'ordre fut publié dans les rues que chacun eût à démolir l'enceinte fortifiée de sa maison, nul ne se mit en demeure d'obéir ; ces signes d'une liberté qui n'était plus, leur demeuraient chers ; ils s'attachaient à eux par l'imagination, par un sentiment d'orgueil et peut-être aussi, on doit le dire, par un dernier reste d'espérance.

L'abbé qui avait déjà congédié ses routiers ou soldats auxiliaires, se trouvait dépourvu de moyen efficace pour contraindre les bourgeois à exécuter cette clause importante de l'accord et à laquelle il tenait essentiellement.

Il convoqua plusieurs fois les principaux d'entr'eux, les somma à plusieurs reprises, leur assigna des termes de rigueur, mais le temps venait et personne n'obéissait.

La destruction de quelques murs crénelés, bâtis par des marchands et des artisans dans une ville de quelques milliers d'âmes devint une affaire de haute importance et de grande diplomatie. Les légats du Saint-Siège s'en occupèrent aussi activement qu'ils s'étaient occupés du comte de Nevers et de la commune.

Le Pape lui-même écrivit au Roi une lettre, dont nous croyons devoir transcrire la teneur.

« Nous félicitons la *magnificence* de son empressement
« à accomplir les œuvres pieuses et nous sommes péné-
« tré de gratitude envers toi de ce que, selon le devoir
« imposé à ta dignité par amour du Seigneur et par res-
« pect pour nos précédentes lettres, tu as prêté secours
« à notre très cher fils l'abbé Pons, et l'as soutenu de
« ton aide et de tes conseils contre ses persécuteurs et
« ceux de son monastère. Mais attendu que la fréquence
« des avertissements entretient d'une façon plus efficace
« la disposition aux bonnes œuvres, nous prenons l'occa-
« sion de prier ta *grandeur* et de t'enjoindre pour la
« rémission de tes péchés de *chérir* et d'*honorer* le susdit
« abbé, de défendre son monastère contre les tentations
« soit de notre cher fils le comte de Nevers, soit de tous
« autres, afin que les frères qui l'habitent puissent inter-
« céder auprès du Seigneur pour ton salut et celui de
« ton royaume et que nous aussi nous ayons à rendre
« grâce à ta royale noblesse.

« Attendu aussi que les bourgeois de Vézelay se con-
« finent dans les fortifications de pierres qu'ils ont élevées
« au devant de leurs maisons, sont devenus tellement
« insolents envers le susdit abbé et l'Eglise de Vézelay
« qu'il est désormais impossible à ce même abbé de res-

« ter dans son monastère, à cause de leurs persécutions,
« nous prions la *magnificence* de faire que ces maisons
« fortifiées soient détruites, de telle sorte que l'orgueil
« des bourgeois en soit rabaissé et que l'Église de Véze-
« lay ne soit plus tourmentée à cette occasion. »

Lorsque cette lettre apostolique arriva en France, l'abbé Pons qui l'avait sollicitée, en était venu aux menaces avec les habitants de Vézelay. Il parlait de leur faire sentir le poids de sa colère s'ils s'obstinaient à ne pas remplir toutes les conditions de l'accord juré solennellement par eux.

Mais ce langage n'avait produit aucun effet ; loin de démanteler leurs maisons fortes, quelques bourgeois s'occupaient au contraire à les restaurer sans discontinuer les travaux.

Le changeur, le fameux Simon, au lieu de démolir sa tour y faisait poser des créneaux. Il avait jeté les fondements de cette tour, qui était magnifique, le jour même de l'établissement de la commune de Vézelay, ainsi que nous l'avons dit.

Il est bon de rappeler qu'il entretenait des liaisons d'amitié avec presque tous les barons de la province, dont le crédit le rendait plus fort devant le pouvoir abbatial. Ces châtelains avertissaient l'abbé, par lettres et par messagers, de ménager un homme si digne de considération.

La perspective d'une nouvelle intervention du Roi de France qui, cette fois, ne pouvait manquer d'être extrêmement sévère, effraya les bourgeois de Vézelay en même temps qu'elle enhardit l'abbé à tenter un coup décisif.

Il fit venir des domaines de son Église une troupe nombreuse de paysans, qu'il arma aussi bien qu'il pût et auxquels il donna pour chefs les plus déterminés de ses moines, notamment dom Coullemard déjà nommé. Cette troupe marcha droit à la maison de Simon le changeur et, ne trouvant aucune résistance, elle se mit à démolir la tour et l'enceinte crénelée, tandis que le maître de la maison, *calme et fier comme un romain du temps de la République, était assis au coin du feu avec sa femme et ses enfants.*

Ce succès acheva la victoire de l'autorité seigneuriale, ceux des bourgeois qui avaient des maisons fortifiées se soumirent et donnèrent à l'abbé des ôtages pour garantie de la destruction de tous leurs ouvrages de défense.

Telle fut la fin de cette insurrection qui ne fut pas la dernière de Vézelay, mais la seule dont les événements aient rencontré un historien.

Deux tentatives du même genre qui vinrent ensuite, l'une à 13 ans, l'autre à 95 ans d'intervalle, ne nous sont connues que par leurs dates 1168 et 1250.

Ces efforts réitérés sous l'influence du grand mouvement de la révolution communale, ne réussirent point à faire passer la ville sujette des abbés de Sainte-Madeleine de l'état de *bourg en sercage* à celui de municipalité libre.

Ainsi, cette petite ville riche et commerçante autrefois, n'avait plus d'autre garantie des droits civils et d'autre charte, proprement dite, que la fameuse Transaction de 1137, entre les bourgeois et l'abbaye; nous la connaissons et l'avons appréciée d'autre part.

Quelques années après les événements que nous venons de raconter, la ville de Vézelay, entièrement sous la domination des moines, était, comme on dirait aujourd'hui, en pleine réaction. Ces moines furent plus fanatiques et intolérants que jamais, en voici une preuve :

« En 1167 on se saisit à Vézelay de plusieurs héréti-
« ques, sept furent brûlés dans la vallée d'Asquins,
« sous Vézelay, pendant la solennité de Pâques, la 287e
« année, dit Hugues de Poitiers avec une satisfaction
« joyeuse, depuis la translation à Vézelay du corps sacré
« de la bienheureuse Marie-Madeleine et la douzième
« depuis la destruction de l'exécrable commune des bour-
« geois. »

La petite ville de Vézelay, devenue à cause de son importance relative un centre d'administration provinciale, vit siéger dans ses murs quelques officiers royaux, en regard des officiers seigneuriaux; elle n'eut jamais ni magistrature qui lui fut propre, ni droit de juridiction sur elle-même.

Vézelay garda, on a peine à le croire, jusqu'à la révolution de 1789 le titre de *Poté*, signe d'une servitude, maintenue en principe au milieu du progrès moderne.

Ce titre de *Poté*, au dire de Guy Coquille (qui cite dans ses commentaires de la coutume du Nivernais la *Poté* de la Madeleine de Vézelay et d'autres de la même contrée, celle d'Asnois notamment) signifie un territoire comprenant plusieurs familles et villages qui, d'ancienneté estaient de condition servile et vient du vieux latin *Potestas*, juridiction d'après la coutume du Nivernais (art. VII). Cet article tiré du droit des romains, selon lequel *nuls ne peuvent s'assembler pour faire collège, sans permission du prince, sinon pour cause de religion.*

On comprend pourquoi l'abbé de Vézelay tenait tant à ce titre de *Poté*. Les vassaux de la *Poté* d'Asnois, plus heureux que ceux de Vézelay, furent affranchis 485 ans plus tôt en vertu d'une charte du sire d'Asnois de 1304, confirmée par Philippe le Bel qui leur accorda le droit de bourgeoisie.

M. Augustin Thierry s'écrie au sujet de cette petite ville :

« Trois années seulement de liberté municipale, années remplies de vicissitudes et de passions extrêmes, de violences et d'enthousiasme, d'espérance et de malheur, donnent à son histoire un intérêt qu'on ne trouve point au même degré dans celles des villes plus grandes et plus célèbres. »

Mentionnons en passant que le modeste village qui est au-dessous de Vézelay, connu sous le nom de Fontenoy, autrefois Fontanet, fut le théâtre de la bataille si célèbre qui y fut livrée en 841 et dont Nithard, historien du temps, petit neveu de Charlemagne a raconté les épisodes.

Ce fut un duel entre deux masses de cent mille hommes chacune sur un champ de plus de deux lieues d'étendue. Les deux armées s'étaient reculées d'un accord unanime pour se faire une place plus commode pour le combat. Lothaire y fut vaincu par Charles le Chauve et Louis le Germanique, ses deux frères. La perte fut énorme de part et d'autre, on dit que du côté de Lothaire elle ne fut pas moindre de 40,000 hommes.

Au sujet de cette bataille qu'il nous soit permis de faire cette remarque intéressante pour une époque aussi barbare.

« Les vainqueurs, dit l'historien, prirent pitié du vaincu et de son peuple, étant d'avis de leur témoigner en cette occasion la miséricorde de Dieu. Le reste de l'armée y ayant consenti tous cessèrent de combattre et rentrèrent dans leur camp vers le milieu du jour. Le lendemain qui était un dimanche, après la célébration de la messe, ils enterrèrent également amis et ennemis et soignèrent tous les blessés selon leur

« pouvoir. Ensuite les rois et l'armée furent affligés d'en
« être venus aux mains avec un frère et avec des chré-
« tiens. »

Après les événements que nous venons de raconter, le bigot Louis VII provoqua à Vézelay même une assemblée pendant la semaine sainte de l'année 1147 pour une nouvelle croisade.

Il prit la croix avec sa femme Éléonore de Guyenne, d'avec laquelle le divorce n'était pas encore prononcé. Une multitude de seigneurs qui y étaient venus en firent autant, entr'autres le comte de Toulouse, Thierry d'Alsace, le comte de Flandres, Henri Thibault, comte palatin de Champagne, Robert de Dreux, les sires de Courtenay, Hervé de Donzy, Geoffroy d'Asnières, Étienne de Brèves, Herbert, vicomte de Clamecy, les frères du Roi, les évêques de Noyon, Langres, etc.

On se croisa uniquement pour faire un pèlerinage aux lieux saints; comme on admettait en principe que la croisade lavait tous les crimes, il y eut encore plus de malfaiteurs que dans la première guerre.

Les barons croisés en revenaient aussi débauchés qu'auparavant. On cite entr'autres un duc d'Aquitaine, Guillaume IX, qui avait emmené une troupe de concubines en Palestine et avait voulu à son retour, fonder à Niort une abbaye de prostituées. Que cela n'étonne pas en fait de turpitudes, car nous voyons que 347 ans plus tard, c'est-à-dire en 1494 fut fondé l'hôtel de Soissons à Paris (Halle aux grains) confirmé par Charles VIII, le 13 septembre 1496, tout-à-fait dans ce genre. Le règlement de cette fondation, rédigé par Jean Simon, évêque de Paris en l'année 1500, « ordonnant que les filles pour
« être admises dans ce couvent seraient tenues de faire
« preuves suffisantes de libertinage, d'affirmer par ser-

« ment prêté *sur l'Évangile* en présence du confesseur et
« de cinq ou six personnes, qu'elles avaient mené une
« vie dissolue. On vérifiait les aspirantes etc., etc. »

Ce couvent ne fut supprimé qu'en 1790 ; comme on le voit il a existé assez longtemps. Ajoutons qu'en dernier lieu il portait la qualification de Filles pénitentes et était dirigé par un cordelier éloquent appelé Jean Tisserand.

Revenons à l'époque des croisades :

Robert d'Arbrissel, le chevalier errant du monachisme, entraînait une foule de disciples des deux sexes ; il avait fini par ériger à Fontevrault, en 1116, un double monastère d'hommes et de femmes, où se réunirent, disent les chroniqueurs de ces temps anciens, jusqu'à 3,000 personnes. Chose bizarre, les frères étaient soumis aux sœurs et les deux congrégations étaient dirigées par une abbesse : C'est ce bienheureux Robert d'Arbrissel qui fut canonisé, ainsi que Saint-Adhelme pour avoir l'un et l'autre fait triompher leur continence, en couchant avec les plus jolies personnes.

Les lois écrites semblaient avoir disparu ; on ne savait plus lire ni écrire, nous dit Montesquieu, les gentilshommes, les croisés comme les chevaliers de Saint-Jean et de Jérusalem et du Temple s'en faisaient honneur. Ne pouvant lire leur office, ils récitaient le chapelet à l'imitation des musulmans de l'antiquité. Cette manière d'intercéder Dieu *en répétant toujours la même prière et plusieurs fois de suite*, était cependant prohibée par Saint-Mathieu qui le déclare formellement dans l'Évangile, chap. VI.

A cette époque de barbarie jusqu'au xive siècle de notre ère presque tous les actes n'étaient attestés que par témoins. Ce ne fut en France que sous Charles VII, en 1454, que l'on commença à rédiger par écrit quelques coutumes. L'art d'écrire était encore plus rare chez les Espagnols.

A cause de la multitude de pèlerins non combattants et de la cherté du passage on se décida à suivre la route du Danube. Des impôts furent levés *sur tous* cette fois, sans distinction de rang, d'âge et de sexe, ce qui excita de grandes malédictions. Le clergé fut obligé de payer des sommes énormes. Le sage Suger, ministre, désapprouvait le voyage, mais il ne put changer la volonté du roi excité par l'abbé de Clairvaux, Saint-Bernard, qui d'ailleurs le regretta amèrement plus tard.

Comme il n'y avait pas assez de place dans le château monacal de Vézelay, ni dans la ville, pour contenir le peuple immense accouru de toutes parts, on avait construit au dehors, dans la plaine que domine la montagne de Vézelay (Asquins) une machine en bois (sorte d'estrade ou tribune) afin que l'abbé de Clairvaux pût parler d'en haut à l'assemblée.

M. Renan raconte qu'au Moyen-Age on prêchait en plein air; on arrivait à la chaire adossée à un grand mur, par une échelle.

« Bernard monta donc sur cette chaire avec le roi
« paré de sa croix, et lorsque cet orateur du Ciel eut,
« comme à l'ordinaire, répandu la rosée de la parole
« divine un cri général s'éleva : *des croix, des croix*. Les
« croix que le saint abbé avait fait préparer à l'avance
« furent bientôt épuisées. Il fut alors forcé de couper ses
« propres vêtements pour en tailler d'autres croix et il
« ne cessa de vaquer à cette œuvre tant qu'il resta à
« Vézelay, » confirmant sa prédication par de nombreux miracles, suivant les dires de ses trois biographes : 1° Guillaume, abbé de Saint-Thierry, près Reims; 2° Ar-

maud, abbé de Bonneval ; 3° et Geoffroy, moine de Clairvaux.

Ils racontent en détail, à diverses reprises, les miracles opérés par le saint, miracles qui, à les en croire, n'eussent pas été inférieurs à ceux des premiers apôtres. Le moine prétend avoir vu à la voix de son maître les aveugles recouvrer l'usage de leurs yeux, les malades la santé, les boiteux la faculté de marcher, etc.

L'enthousiaste biographe a été sans doute abusé par ses souvenirs et par son aveugle exaltation. Quelques-unes des cures merveilleuses qu'il rapporte semblent radicalement impossibles.

Cependant, comme le dit Henri Martin « on ne saurait « douter que des faits, en dehors des lois ordinaires « de la nature ne se soient manifestés autour de Saint-« Bernard. Un tel homme devait avoir un empire presque « surhumain sur les organisations nerveuses et les âmes « passionnées. »

Et l'on sait quelle influence l'imagination exerce sur toutes les maladies qui affectent le système nerveux, ce siège mystérieux de la vie. L'histoire contient bien des faits analogues aux prodiges attribués à Saint-Bernard (1).

Nous n'avons pas à entrer dans les détails funestes de cette nouvelle croisade ; notre rôle, plus modeste, se borne à une histoire locale : disons seulement en passant que comme lors de la première croisade, on voyait des bandes sans chefs et sans guides, s'avançant et se répandant de tous côtés, sans la moindre prudence. On vit une multitude insensée prendre pour guides une oie et une chèvre, qu'elles croyaient remplies de l'esprit divin. Et, ajoutons ceci, à noter : « Que les croisés de la Lorraine

(1) Entr'autres prodiges il a fondé 160 couvents.

« qui ne pouvaient souffrir les allemands, *insupportables*
« *à tous* par leur naturel brutal et querelleur, s'étaient
« séparés de l'armée teutonique pour attendre les
« français. »

C'est le moine Eudes de Deuil qui faisait partie de cette croisade et qui rapporte ce fait.

Cela prouve que l'expression *chercher querelle d'allemand* est bien ancienne.

En l'année 1190, à la Saint-Jean d'été, Philippe-Auguste et Richard-Cœur-de-Lion, roi d'Angleterre, se rendirent à Vézelay, lieu de prédilection pour les croisades, afin d'en organiser une nouvelle. Cette fois ils purent s'acheminer en Palestine, avec une armée bien équipée. Cependant elle ne produisit que les mêmes résultats.

CHAPITRE X.

MORT DE L'ABBÉ PONS DE MONTBOISSIER. — QUERELLE NOUVELLE AVEC SON SUCCESSEUR. — NOTICE BIOGRAPHIQUE PEU ÉDIFIANTE DE CET ABBÉ.

> Il en est de l'homme comme de la grenade, où l'on trouve toujours quelque grain pourri.
> (Ph. CRATÈS).
>
> Il faut oser ne taire aucune vérité.
> (CICÉRON).

L'abbé Pons de Montboissier, cet auvergnat au caractère si décidé, dont les luttes avec les comtes de Nevers et avec les bourgeois de Vézelay avaient eu tant de retentissement dans le pays, à la cour du Roi de France et au Vatican, mourut en 1161, et fut inhumé dans l'église de son abbaye, devant le tombeau de sainte Madeleine. Les moines élurent pour le remplacer Guillaume de la Roche-Merlot, abbé de Saint-Martin de Pontoise. On procéda à cette élection sans consulter le comte de Nevers, qui était malade alors ; mais sa femme Ida de Corynthe, douée de grande énergie, quoi qu'en dise Hugues de Poitiers, et le fils du comte de Nevers, ardent comme ses ancêtres, en apprenant cette nouvelle, en furent très irrités.

Ils partirent immédiatement avec une petite armée de chevaliers et de fantassins, pour Vézelay, et protestèrent contre cette élection.

Cette prétention n'était pas fondée, la vérité nous oblige à le constater; nous voyons dans de vieux documents que l'aïeul du jeune et bouillant comte de Nevers avait écrit :

« Je fais remise à Dieu, aux bienheureux apôtres
« Pierre et Paul, et à la bienheureuse Marie-Madeleine,
« d'une certaine mauvaise redevance que j'exigeais de
« l'église de Vézelay ; c'est à sçavoir que désormais, on
« n'aura plus à requérir de moi, ni de mes héritiers ou
« successeurs *aucun consentement au sujet de l'élection*
« *de l'abbé de ce même lieu*, mais que l'église possédera
« réellement celui qui aura été élu, etc.

Le cardinal légat ratifia, au nom du Pape, l'élection qui venait d'être faite par les moines. C'est l'époque à laquelle eut lieu le schisme causé par Alexandre III et Victor, tous deux élus Papes en même temps et qui se disputaient la chaire de Saint-Pierre, au grand scandale de la chrétienté.

L'abbé de la Roche-Merlot, informé de son élection, s'empressa de quitter Pontoise pour venir prendre possession de sa nouvelle et grosse abbaye de Vézelay ; mais il y fut reçu *comme revenant de Pontoise*. C'est de là, nous le supposons, que vient cette expression légendaire.

Il n'eut que le temps d'apparaître et de se sauver, à la hâte, à Chamoux, chez Geoffroy, le prieur ; mais si rapproché de Vézelay, il ne s'y croyait pas en sûreté ; il se rendit à Dornecy, au château dudit lieu, appartenant à l'abbaye.

Il paraît qu'il n'était pas plus tranquille dans ce dernier refuge.

Il s'esquiva nuitamment, sans même en prévenir l'officier du monastère qui y résidait. On ignorait depuis longtemps ce qu'il était devenu, quand on apprit qu'il était auprès du pape Alexandre III, lequel avait aussi pris la fuite pour se réfugier en France, craignant à Rome pour sa sûreté personnelle.

Disons, pour l'édification du lecteur, que le comte de Nevers était soutenu secrètement par le cardinal Henri de Pise, l'évêque de Mayence et l'évêque de Chartres, tous trois en ce moment au monastère, sous couleur, dit un chroniqueur, d'agir en vue de la paix.

Guillaume de Montréal et Pierre, le moine auvergnat dont nous parlerons bientôt, étaient aussi tous deux entièrement dévoués au comte de Nevers. Ils étaient cependant membres du couvent.

Le 26e jour du 11e mois de l'année 1165, la comtesse Ida de Corinthe, mère du comte de Nevers, Guillaume IV, laquelle était fille d'Engilbert, duc de Corinthe, fut reçue dans la maison de Simon de Sauvigny. Le jeune comte descendit comme chez lui, à l'hôtellerie du monastère, située à l'entrée du cloître, avec toute sa suite et ses hommes d'armes. Les moines effrayés prirent la fuite.

Le chroniqueur, d'un ton larmoyant, raconte ainsi cette fuite :

« Ils partirent à pied en chantant les psaumes de
« David. La nuit venue, ils abordèrent une petite mé-
« tairie, appelée Méry. Or, comme il n'y avait pas de
« quoi les loger tous, ils furent coucher dans une grange
« de paysan, toute remplie de fumier de bœuf. Ils
« avaient grand besoin de nourriture, ils étaient à jeun
« de la veille. On ne put trouver dans tous les environs
« qu'un peu de pain noir et deux bottes d'ail, qu'ils
« mangèrent en buvant de l'eau (contre leur habitude),

« Les frères ne revinrent de leur exil que 45 jours
« après leur départ précipité, et celà, grâce aux démar-
« ches de l'abbé Guillaume de la Roche-Merlot, près du
« pape Alexandre, qui intervint auprès du Roi. Ce der-
« nier voulut, comme œuvre pie, ramener lui-même le
« seigneur abbé et tous ses moines à Vézelay et y passer
« l'épiphanie.

« Ceux que le comte de Nevers avait mis en posses-
« sion de propriétés dépendant de l'abbaye, en furent
« chassés, l'un d'eux, Guillaume Pidet, d'Asquins, accusé
« d'avoir ravagé les terres de l'abbaye, fut assassiné. »

Il ajoute, ce que nous ne devons pas omettre, que quand cette révolte eut lieu : « Le feu prit par accident,
« dans la crypte qui renfermait le tombeau de sainte
« Marie-Madeleine. L'incendie fut si violent que les
« poutres des planchers supérieurs furent entièrement
« consumées. Cependant une image en bois de la Sainte-
« Vierge ne fut pas endommagée, et le *Phylactère* en
« soie qui était suspendu au cou de l'enfant Jésus fut
« trouvé intact.

« Le prieur d'alors, du nom de Gilon, s'était fait
« apporter l'image à la sacristie, et le bois ou coffret
« était aussi intact, de même que ce qu'il renfermait.
« Les cheveux et un fragment de la tunique de la mère
« de Dieu, un os du bienheureux Jean-Baptiste, plusieurs
« os des saints apôtres, Pierre, Paul, André ; un ongle
« du pouce de saint Jacques, *frère du seigneur*, deux
« paquets contenant des os de saint Barthélemy, apôtre,
« une touffe de cheveux de la reine sainte Radegonde,
« un morceau de la robe de pourpre, que le Christ por-
« tait le jour de la passion, etc., etc. »

Et en outre, dit le chroniqueur véridique :

« On trouva dans la grande croix suspendue au-dessus

« de l'autel de la basilique, *du lait de la Sainte-Vierge,*
« *mère du Sauveur.* » Il est bon de dire qu'on trouvait
du lait de la bienheureuse Sainte-Vierge dans plusieurs
églises de la contrée, notamment dans celle de Saint-
Léonard à Corbigny, ainsi que le constate un inventaire
dressé le 23 juillet 1407, contenant le détail des reliques
et ornements qui étaient dans cette église. Il y avait
64 objets, entr'autres « une fiole contenant du lait de la
Sainte-Vierge. »

Éditions le lecteur par une courte notice biographique
sur l'abbé Pons de Montboissier, ce saint personnage.

Elle est puisée dans les mémoires du temps où ces
faits ont eu lieu.

Parmi le grand nombre de serviteurs de cet abbé,
était Guillaume de Montréal, beau jeune homme, d'un
esprit rusé, insinuant, et qui avait pris sur son maître
un tel ascendant, qu'il en faisait à peu près tout ce qu'il
voulait. Sa faveur auprès de l'abbé était si grande, que
l'on n'arrivait à rien que par la protection toute puissante de Guillaume de Montréal. Il jouissait avec insolence de son crédit. Tout lui était permis ; il était dur
et peu scrupuleux sur les moyens de faire fortune. Il
avait acquis en peu de temps de grandes richesses. A
peine l'abbé Pons de Montboissier eut-il fermé les yeux
qu'il s'empressa, en s'emparant des clefs, de piller les
coffres et les armoires, en emportant tout ce qu'il fut
possible d'enlever et prit la fuite. Cependant, à la suite
de recherches, on se saisit de sa personne, mais on le
relacha sans caution. Il en profita aussitôt pour s'entendre avec le comte de Nevers. Celui-ci qui cherchait partout des prétextes pour rompre avec l'abbaye, envoya
au nouvel abbé, Geoffroy de Melun avec une lettre lui
réclamant l'argent que lui devait Montréal. Il y eut débat,

on convient d'en référer au comte de Nevers, et pour cela, la proposition fut faite et acceptée de lui envoyer un messager que Geoffroy de Melun accompagnerait, et qu'il intercéderait lui-même pour un arrangement amiable.

L'abbé lui indiqua pour messager un moine qui résidait à Chamoux. Geoffroy fit semblant, dit le chroniqueur, de partir avec lui, mais chemin faisant il quitta le moine et se dirigea à Châtel-Censoir (1) et à Dornecy. Il y fit choix de jeunes gens les plus vigoureux, avec lesquels il revint à Chamoux et enleva du château des moines les choses les plus précieuses, ainsi que tout le bétail qu'il y trouva.

L'abbé Pons, disons-le hautement, n'était pas heureux dans le choix de ses protégés. Il avait pris aussi en grande affection un religieux appelé Pierre, originaire comme lui d'Auvergne. Cet homme, très habile à se parer du dehors de la vertu, était parvenu par tous les degrés jusqu'au prieuré du monastère, puis, avec l'assistance de l'abbé Pons, dont il avait su capter toute la confiance, il fut appelé à la direction du monastère de Tonnerre, haute fonction recherchée, cela se comprend, par de grands dignitaires.

Mais peu de temps après cette nomination de directeur du monastère de Tonnerre, un jugement canonique, au grand scandale de tout le monde, l'avait dépouillé de sa

(1) Tire son nom d'après Lebœuf (*Histoire d'Auxerre*), de saint Censure, évêque d'Auxerre vers 490. Un arrêt du 3 juin 1831 décide que le monastère de Vézelay, qui y possédait de grands biens, serait soumis à la juridiction du siège d'Auxerre, et non de Villeneuve-le-Roi, comme il en avait la prétention.

Châtel-Censoir, à cette époque, était un tribunal de justice et siège royal.

charge pour ses dilapidations de toute sorte et surtout à cause d'une liaison honteuse, qu'il avait formée avec un jeune homme du nom de Thibault, qu'il avait attaché à son couvent, et qu'il avait revêtu, comme dit le chroniqueur, *du saint habit monacal.*

L'abbé Pons, tant il était aveuglé par cet homme, l'avait recueilli à nouveau, malgré sa déposition scandaleuse.

Le nouvel abbé de Pontoise, Guillaume de la Roche-Merlot lui avait, à l'exemple de l'abbé Pons, donné toute sa confiance.

Ce Pierre, Auvergnat, protégé successivement par les deux abbés, en témoignait peu de reconnaissance ; nous avons dit qu'il avait formé secrètement, au sein même du chapitre de Vézelay, un parti assez puissant en faveur du comte de Nevers.

Voilà quels étaient les protégés des abbés de Vézelay.

Le genre de mœurs de ces saints personnages était du reste conforme à ce qu'avait permis le pape Sixte IV, à la suite d'une humble requête présentée par les moines et les prêtres, pour autoriser le *péché infâme* pendant les trois mois les plus chauds de l'année. Il avait mis au bas de cette requête : *Soit fait ainsi qu'il est requis.*

Toute chair, comme le dit la Bible, était détournée de sa voie.

La plupart des légats que le pape envoyait en France marchaient avec un cortège brillant et nombreux, accompagnés de jeunes et beaux garçons dont l'emploi se devinait.

Le cardinal Jacques de Vitry, dans son histoire occidentale, se récrie contre cette infamie. Il n'est pas le seul, Jean XXII et Léon X, papes, en font autant.

Les procès-verbaux et récits historiques de l'assemblée

de Fontainebleau en 1350, les discours de l'archevêque de Vienne et de l'évêque de Valence, reconnaissent tous que « l'ordre ecclésiastique est tombé en si grand
« mépris, que l'homme d'église ose à peine confesser de
« quel état il est.

« Ils se plaignent de l'avarice des curés, de la disso-
« lution des évêques, qu'on en compte 40 résidant à
« Paris.

« Qu'en même temps on voit bailler les évêchés aux
« enfants et personnes ignorantes, qui n'ont le savoir ni
« la volonté de faire leur état.

« Les cardinaux et les évêques n'ont fait aucune diffi-
« culté de bailler leurs bénéfices à leurs maîtres d'hôtel,
« et qui pis est, à leurs valets de chambre, cuisiniers et
« laquais, etc., etc. »

L'archevêque de Vienne était Charles de Marignac, dont l'histoire a conservé le nom. *Il demandait dès cette époque la convocation des États généraux, comme véritable remède à la réforme nécessaire.*

Par suite du dérèglement des moines, amollis par les richesses, la corruption était générale parmi tous les religieux. Plus tard cette corruption n'avait pas cessé, car le 22 avril 1555 le Parlement rend un arrêt à la requête et au profit des syndics et consuls d'Aurillac contre Charles de Senectaire, abbé du couvent et seigneur de cette ville, contre ses neveux et contre les abbesses vivant en concubinage, et, de plus, pour avoir fait enlever des filles et des femmes.

Le pape Paul III fut obligé de décréter la sécularisation de l'abbaye de Vézelay, et pourtant ce pape eut trois bâtards. Il fit ses petits-fils cardinaux à 15 ans en leur donnant, dit Saint-Simon (vol. 17, page 275), évêchés et archevêchés et les premières charges de Rome.

Eugène IV (1), son prédécesseur, qui leur avait fait des remontrances sans effet, n'était cependant pas très catholique, quoique Pape, puisqu'il refusa, au moment de mourir, de recevoir l'extrême-onction.

Il n'était bruit à cette époque, et au grand scandale de tous, que de lavements à l'eau bénite que se donnaient réciproquement les moines. Les conciles religieux discutèrent gravement la question de savoir s'ils entraînaient la rupture du jeûne.

Le gentilhomme qui, en épousant une nièce du cardinal Mazarin prit le titre de duc de Mazarin et de Nivernais, plaida en séparation avec sa femme. Les avocats de celle-ci, toujours au dire du duc de Saint-Simon, imprimèrent dans un mémoire contre lui, les règlements qu'il avait voulu faire observer dans toutes les terres dont il était le seigneur et spécialement dans le Nivernais. Le duc avait réglé tout ce qui concernait le culte et les curés; puis, passant aux séculiers, il veut « qu'un apothicaire ou son garçon qui portera un remède, soit habillé décemment et que le malade prêt à le recevoir, garde en se tournant, toute la modestie qu'il pourra ».

On ne se figure pas la peine qu'éprouvaient les anciens, obligés d'emprunter le secours d'une main étrangère. Molière, ce grand consommateur de remèdes de ce genre, sur la scène nous fait sentir dans *M. de Pourceaugnac*, ou dans le *Malade imaginaire*, tout ce qu'il y avait d'effrayant, quand il fallait se mettre face à face avec un apothicaire. Cela répugnait tellement à M. de Pourceaugnac, qu'il fuit devant ce bataillon d'apothicaires qui le poursuivait une arme à la main. Pour plus

(1) Le cardinal Condolmieri.

de sûreté, il s'applique une chaise sur la place menacée, pour la rendre imprenable.

Les Bourbons pratiquaient beaucoup ce remède, Louis XIV, on le sait, en abusait.

La princesse de Conti en prenait pour guérir, par sympathie, une fluxion de son fils. Que cela n'étonne pas. M. Jules Simon nous cite la belle expression de Mme de Sévigné, écrivant à sa fille : *J'ai mal à votre poitrine*, pour prouver que les parents vivent de la vie de leurs enfants, souffrent de leurs souffrances, que les enfants sont comme les membres de nous-même. Ce n'est pas là, dit-il, une pure illusion, c'est notre chair et notre sang, mais surtout c'est notre âme.

La duchesse d'Albe, femme de l'ambassadeur d'Espagne à Paris, toujours du temps de Louis XIV (1709), pour obtenir la guérison de son fils, lui faisait prendre en lavement des reliques en poudre, ce qui ne l'empêcha pas de mourir.

Saint-Simon raconte dans ses mémoires (10e vol. p. 86), que la duchesse de Bourgogne, en grande toilette, étant debout chez Mme de Maintenon, en présence du roi Louis XIV, la Nanon, femme de chambre de la Maintenon, se baissa derrière la duchesse et lui donna un lavement. Le Roi lui demanda ce qu'elle faisait, on le lui dit, il en rit beaucoup. Cette duchesse en prenait souvent, même avant d'aller au théâtre, et les gardait jusqu'au retour, sans en être indisposée.

Les Valois, sous ce rapport, n'étaient pas en arrière des Bourbons. Il n'était bruit autrefois dans Paris, que des lavements à l'eau bénite que se donnaient, à l'instar des moines, Henri III et ses mignons ; mais ces Valois, artistes en tout, ne prenaient pas ces rafraîchissements comme de simples mortels. Henri III avait trouvé dans ses ustensiles de famille, une demi-douzaine d'instruments dont le corps et le piston étaient en cristal, garnis d'ornements d'orfèvrerie en vermeil, et finement ciselés par Benvenuto-Cellini. Suivant une tradition de Cour, cette artillerie intime avait été à l'usage de Henri III et de la fameuse Diane de Poitiers.

Pour en finir, ajoutons encore cette anecdote racontée par le chroniqueur d'un journal très sérieux, *le Temps*.

« Il nous souvient, dit-il, d'un lavement qui doit être
« fort amer au journal *le Siècle*, notre chère confrère.
« Il avait raconté une réjouissante histoire de couvent.
« Une sœur était malade, on lui avait appliqué sur le
« corps tant d'*Agnus* et tant d'images de saints et de
« saintes pour la guérir, qu'à peine lui voyait-on les
« yeux. Une infirmière arrive avec un instrument bon
« pour la circonstance; cette malheureuse sœur ne
« savait comment opérer tant le corps de la malade
« était hermétiquement couvert d'images. Voyant la
« peine de l'infirmière, qui perdait la tête et son point
« de mire, la malade d'une voix dolente, lui dit : *Ma
« sœur, soulevez un peu Saint-Joseph!* »

Le *Siècle*, pour ce soulèvement, fut condamné à une forte amende, pour outrages à la morale religieuse : mais nous étions au fameux 16 mai des ducs de Broglie et autres.

Edouard Fournier prétend que l'inventeur du lavement est Avicenne, célèbre philosophe et médecin arabe, qui a vécu de 980 à 1036.

Il y a erreur : Gallien qui date de plus loin, dit et constate que l'invention doit en être attribuée aux cigognes. Il paraît, dit-il, que cet oiseau prend fréquemment de l'eau de mer dans son bec et se l'introduit dans l'extrémité opposée. C'est pour cela que la commère au long cou est devenu le cachet emblématique de l'assistance publique.

CHAPITRE XI.

LES MALADRERIES ET LES LÉPROSERIES

> Le malheur est le roi d'ici-bas.
> Il y a des larmes dans tout l'univers.
> (LACORDAIRE).

« Tout ce que l'on gagna, dit Voltaire, à la fin de
« nos croisades, ce fut la lèpre, qui était une gale d'une
« espèce horrible, et de tout ce que nous avons pris, elle
« fut la seule chose qui nous resta. »

On fut obligé d'établir partout des léproseries, ladreries et maladreries, pour renfermer les malheureux atteints de cette gale.

On en construisit aux environs de Vézelay, au-dessous de Metz-le-Comte, près de la rive droite de l'Yonne, en face d'Asnois, où existait la chapelle Montpreuvoir, à Armes, au lieu appelé encore la Maladrerie. A Clamecy même, l'hôpital appelé Pantenor, était destiné à loger les pèlerins malades. Nous en parlerons au sujet de l'évêché de Bethléem-lez-Clamecy.

Les malades étaient si nombreux, que d'après les chroniques du temps, on comptait plus de 2,000 léproseries en France, et plus de 30,000 en Europe.

Les juifs furent attaqués de la lèpre plus qu'aucun peuple des pays chauds, parce qu'ils n'avaient ni linge, ni bains domestiques. Cette race était si malpropre, dit Voltaire, que les législateurs furent obligés de leur faire *une loi de se laver les mains.*

On ne peut lire, sans éprouver une vive émotion, les vieux documents relatifs aux malheureux lépreux. Il y avait ce qu'on appelle des *Rituels*, pour leur sequestration, ils diffèrent peu des offices des morts ; voici un extrait textuel de ces lugubres cérémonies :

« Sur deux tréteaux, devant l'autel, on tendait un drap
« noir, le lépreux se tenait dessous agenouillé et y en-
« tendait dévotement la messe ; le prêtre prenant un peu
« de terre dans son manteau, en jetait sur l'un des pieds
« du lépreux, puis il le mettait hors de l'église *s'il ne*
« *faisait trop fort temps de pluie* ; il le menait à sa mai-
« sonnette au milieu des champs, en lui faisant ce dis-
« cours :

« Je te défends que tu n'entres en l'église, ou mous-
« tier, en moulin, en four, en marché, ne en compagnie
« de gens : je te défends que tu voises hors de ta maison,
« sans ton habit de ladre.

« Et ensuite, recevez cet habit et le vestez en signe
« d'humilité ; prenez ces gants, recevez cette cliquette
« (espèce de raquette), en signe qu'il vous est défendu
« de parler aux personnes, etc. Vous ne vous fâcherez
« point pour être ainsi séparé des autres, et quant à vos
« petites nécessités, les gens de bien y pourvoiront et
« Dieu ne vous délaissera.

« Quand il *avendra* que le *mosel* sera trépassé de ce
« monde, il doit être enterré en la maisonnette et non
« pas au cimetière. »

On ne connaissait aucun moyen de guérison ; on avait

pourtant usé de bien des remèdes, et des plus bizarres. Nous voyons entr'autres celui de prendre des bains de sang humain, ou bien d'opérer chez les hommes la castration.

Le pape Innocent III, en 1216, consentit à maintenir en fonctions un nommé Michel, prêtre parisien, à qui on avait fait cette opération, pour cause de lèpre.

On avait douté d'abord si les femmes pouvaient suivre leurs maris devenus lépreux, ou rester dans le monde, ou le siècle, comme on le disait alors, et se remarier.

L'église décida que le mariage était indissoluble.

Un illustre historien s'exprime ainsi à ce sujet :

« Elle donna à ces infortunés cette immense consola-
« tion ; mais alors que devenait le mort simulé, que
« devenait le linceul ? Ils vivaient, ils aimaient, ils se
« perpétuaient, ils formaient un peuple..., peuple misé-
« rable, il est vrai, envieux, oisif et inutile. Ces malheu-
« reux semblaient une charge, soit qu'ils mendiâssent,
« soit qu'ils profitâssent des riches fondations faites par
« eux. »

Une étude récente de M. Molard, lue à l'Institut, tend à prouver que, contrairement à l'opinion reçue, les lépreux ont joui au moyen âge de capacités civiles assez étendues et qu'il leur a été possible d'acquérir et de disposer de leurs biens.

C'est une erreur. Nous voyons au contraire que dès qu'une personne était soupçonnée de ladrerie, l'official diocésain la mandait à son tribunal et la faisait examiner par des chirurgiens assermentés ; que le mal dûment constaté, l'official prononçait la séparation et ordonnait que cette sentence serait publiée au prône de l'église paroissiale ; que le dimanche suivant on faisait la cérémonie décrétée par le *Rituel*. *Tous les biens, meubles et* immeubles du malheureux lépreux étaient acquis aux maisons religieuses qui leur donnaient des secours. Le prêtre avait soin, après la cérémonie dont nous venons de parler, de planter une croix de bois devant la porte de la hutte et y suspendait un tronc destiné à recevoir les aumônes des passants.

Comme on le voit, ces malheureux ne pouvaient jouir d'aucune capacité civile.

Plus de quatre siècles après la création des léproseries et maladreries dont nous venons de rappeler le souvenir attristant, le hasard ou plutôt nos recherches ont mis sous nos yeux un singulier acte authentique qui rappelle lui aussi ces temps néfastes.

Près d'une ancienne maladrerie tombée en ruines à défaut de lépreux, existait au lieu de Choulot, voisinage de Clamecy, *une maison de retraite et commodité des pauvres malades de la contagion de la ville de Clamecy*. C'est ce que nous apprend Pierre Delaveau, tabellion notaire, mandé exprès le 19 janvier 1588 par Françoise Demons, qui voulait vendre un héritage. Cet acte a été passé, dit le prudent tabellion, à un trait d'arbalète de ladite maison, et placé comme il est dit. La venderesse en est sortie sur son appel, et a déclaré à haute voix qu'elle consentait la vente, et néanmoins qu'elle sache signer, n'a pu le faire à cause du danger.

Cette épidémie, qui désolait le pays depuis longtemps n'avait pas pris fin, comme on s'y attendait, malgré plusieurs processions faites à Mailly-le-Château pour intercéder saint Lazare et saint Valérien, alors en grand renom dans la contrée. Les habitants de Clamecy, mécontents de leur peu de succès, eurent l'idée de s'adresser à un autre saint qui leur serait plus bienveillant; ils choisirent saint Roch. Ils lui firent le vœu de célébrer dévotement sa fête et d'aller chaque année en procession à la chapelle de Choulet, où on y chanterait une grand'messe au milieu de laquelle, dit un vieux chroniqueur, on offrirait un pain bénit, avec les prémices des grains nourriciers.

La peste finit, à la longue, par disparaître; mais elle dura si longtemps et fut si meurtrière que tous les habitants furent obligés de se retirer dans les lieux circonvoisins. L'herbe poussa dans les rues, sur la place du marché et dans les lieux les plus fréquentés de la ville.

Il paraît que ce mal, ou plutôt la peste, fut apportée d'Etais par un nommé Fèvre. Pour être véridique, nous devons ajouter ce que dit le malicieux chroniqueur : « Sauf votre respect, lecteur, ce Fèvre était un huissier, « il ne pouvait donc apporter rien de bon. »

CHAPITRE XII

L'HÔPITAL APPELÉ PANTENOR. — L'ÉVÊCHÉ DE BETHLÉEM-LEZ-CLAMECY

> Gloire, honneur et paix sur tout homme qui opère le bien.
> (Saint PAUL).

Guillaume III, comte de Nevers, avait, vers 1147, fait construire, sur les bords de l'Yonne, vis-à-vis la collégiale de Saint-Martin de Clamecy, l'hôpital de Pantenor, avec une chapelle, sous le vocable de la très sainte Vierge. Cet hôpital était destiné à loger les pèlerins malades, obligés de s'arrêter dans cette localité.

Son fils, Guillaume IV, partit en 1147 avec Louis le Jeune, pour la Palestine, lors de la croisade prêchée par saint Bernard, et dont nous avons parlé au chapitre IX.

Il y fut, comme beaucoup d'autres, atteint de la peste à Ptolémaïde. Se voyant sur le point de mourir, il demanda avec instance que son corps fut inhumé à Bethléem-lez-Clamecy et légua par testament, à cette église, l'hôpital de Pantenor, séparé de Clamecy par la rivière d'Yonne. Il y ajouta les biens qui y étaient attachés, entr'autres le *bourg de la Maisondieu*, celui de Montreuillon en partie, plus le domaine de Sembert, située sur une côte élevée près Clamecy, avec un grand bois en dépendant, au lieu appelé le Parloir, entre Armes et Dornecy. Afin, dit le testateur, que l'évêque de Bethléem en Palestine pût s'y refugier et y vivre avec honneur, s'il venait à être chassé de son siège par les infidèles.

Guillaume IV mourut à Ptolémaïde le 24 octobre 1168; son corps fut, selon son désir, transporté à Bethléem-lez-Clamecy, pour y être inhumé, et Guy Ier, son frère, lui succéda au comté de Nevers et d'Auxerre. C'est ce même Guy, il faut le rappeler à sa louange, qui mentionne le consentement du roi dans une charte par laquelle il exempte les bourgeois de Tonnerre *des prises et vexations accoutumées.*

Les évêques de Bethléem-lez-Clamecy ont toujours été considérés par le Saint-Siège comme successeurs de ceux qui ont occupé le siège de Bethléem en Palestine. L'évêque de Bethléem pouvait conférer les ordres de prêtrise; il annonçait ses ordinations par des affiches apposées au-dessus de la porte de sa maison. Ce droit excita l'attention des prélats d'Autun et d'Auxerre. L'ambition de chacun des deux d'avoir Bethléem dans son diocèse donna lieu à des contestations fréquentes.

En 1714, le duc de Saint-Simon, dans ses mémoires, tome 11, page 28, dit :

« Il y a un fantôme d'évêché, sous le titre de Bethléem,
« dans le duché de Nivernois, sans territoire, dont la
« résidence est à Clamecy, qui ne vaut que 500 écus de
« rente. Les ducs de Nevers avaient toujours nommé
« l'évêque.

« M. de Nevers l'avait, en 1714, donné au père San-
« lèque, religieux de Sainte-Geneviève, qui excellait à
« régenter l'éloquence et les humanités en leur collège
« de Nanterre, et qui était aussi bon poëte latin, aux

« mœurs duquel il n'y avait rien à reprendre. Mais les
« jésuites, jaloux de tous collèges et qui n'aimaient pas
« les chanoines réguliers, ne s'accommodèrent pas que
« cette figure d'évêché leur échappât, dont ils pouvaient
« défrayer quelque moine et s'en attacher beaucoup
« par cet appât.

« Le père Tellier, confesseur de Louis XIV, tirant sur
« le temps et sur le peu de considération du collateur,
« fit entendre au roi qu'il ne convenait pas qu'un parti-
« culier fît sans lui un évêque dans son royaume,
« acheva ce que les jésuites avaient commencé avant lui,
« car il y avait douze ans que Sanlèque était nommé,
« sans avoir pu obtenir de bulles. Il les fit accorder au
« père Lebel, recollet, nommé dès lors par le roi, qui
« n'y pensait plus. Lebel fut sacré et Sanlèque n'eut
« aucune récompense. Depuis, cette idée d'évêché est
« demeurée à la nomination du roi. »

Regnier fut, d'après Moreri, Richard et d'autres auteurs, le premier évêque qui vint s'y fixer, au commencement du xiie siècle; il est nommé comme tel dans une charte de 1223. Par cette charte, *Mahaut*, comtesse de Nevers, veuve d'Hervé de Donzy, confirme, en sa faveur, l'abandon de l'hôpital de Pantenor et de ses dépendances, fait par Guillaume IV.

Le dernier évêque fut Camille Durantin-Lironcourt, que nous retrouverons représenté par François Charmoy, son fondé de pouvoirs, à l'assemblée de l'ordre du clergé de Nevers, le 14 mai 1789.

L'évêque Durantin-Lironcourt fut sacré à Paris le 26 avril 1778.

Lorsqu'en 1801 on réorganisa l'Eglise de France, Bethléem-lez-Clamecy suivit le sort du diocèse de Nevers et fut compris dans le diocèse d'Autun. En 1823, le siège de Nevers fut rétabli et Bethléem, enclavé dans le département de la Nièvre, se trouva par là même réuni au diocèse de Nevers.

Disons, avant de clore ce chapitre, qu'on venait de toutes parts, en pèlerinage à Notre-Dame-de-Bethléem.

Pierre Delaveau, le tabellion notaire, dont nous avons déjà parlé, mentionne à la suite de ses minutes une catastrophe arrivée à cette occasion. Elle avait produit grande sensation. Nous voyons que plusieurs prêtres l'ont racontée et écrite sur leurs registres baptistaires.

Voici textuellement la version du curé de Rix, appelé Ragon :

« Le 6° jour du mois *d'april* 1654, le lendemain de
« Pâques, en l'assemblée qui se fait tous les ans, ledit
« jour où il se trouve deux à trois mille personnes, tant
« hommes que femmes, en procession. Après avoir été
« en voyage à Notre-Dame-de-Bethléem, ils montent sur
« la tour de l'église Saint-Martin (1), et est à noter que
« ce jour il faisait très beau temps.

« *Les gens de guerre ne fourrageant pas le pays et étant
« retenus sur les frontières de Champagne* (hélas! on
« fourrageait souvent alors dans la campagne, autrement
« dit le *plat pays*), il y eut ce jour-là plus de peuple que
« depuis vingt ans, quantité de jeunesse, tant filles que
« garçons, étant montés sur ladite tour, *non par dévotion*,
« mais *par curiosité*, les uns descendant et les autres
« montant dans la vis de la tour. Il se fit un tel tumulte
« qu'ils se trouvèrent au nombre de plus de 300 tombés
« à la renverse sur les marches, et il y en avait 22 d'étouf-
« fés, 6 de Breugnon, 6 de Corvol, etc., sans compter
« ceux qui eschappaient du naufrage ayant été tirés par

(1) La première pierre fut posée en 1450.

« force, qui après trois jours sont décédés. S'il n'eut pas
« été porté secours promptement, il en aurait péri plus
« de 200.

« J'étais présent. — Signé : RACON, curé de Rix. »

Ce digne curé ne dit pas s'il y était comme les autres, non par dévotion, mais par curiosité.

A propos de Pierre Delaveau, le tabellion, rappelons que lui et ses collègues étaient justement qualifiés de *garde-notes*, parce qu'ils mentionnaient sur leurs registres les moindres événements, les intempéries des saisons, à plus forte raison les faits extraordinaires. Cette manie notariale existait encore au commencement de ce siècle. Un notaire de Fontainebleau, M° Bénard, dans la crainte que la postérité n'y ajoutât pas foi, a constaté authentiquement sur le répertoire des actes de son étude, pour l'année 1805, le gain de la bataille d'Austerlitz par l'empereur Napoléon Ier. En marge se trouve cette mention non moins stupéfiante du receveur de l'enregistrement : « Certifié ces faits véritables. » Ils avaient peut-être raison, puisque l'abbé Pérès, bibliothécaire de la ville d'Agen a bien mis en doute l'existence de Napoléon Ier, en disant que nous sommes dupes d'une illusion. Il a soutenu ce thème comme quoi Napoléon n'a jamais existé.

CHAPITRE XIII

PAR QUELS MOYENS L'EGLISE ET LES MONASTÈRES S'ENRICHISSAIENT. — SINGULIERS TESTAMENTS

> La loi de Jésus-Christ défend à ses disciples de rien prendre et leur déclare que son royaume n'est pas de ce monde. (Saint JEAN, XVIII).

L'empereur Justinien rassembla toutes les lois faites avant lui, auxquelles il ajouta les siennes. Il était chrétien et théologien; cependant nous remarquons qu'il confirma le divorce et lui donna plus d'étendue, au point que toute femme, dont le mari était prisonnier de guerre pendant cinq ans, pouvait contracter un nouveau mariage.

Quand l'Eglise devint souveraine et législatrice, elle dérogea aux lois justiniennes.

Les Papes n'eurent pas de peine à substituer leurs décrétales au code de l'Occident, plongé dans l'ignorance, dans la barbarie. Ils profitèrent tellement, dit Voltaire, de la stupidité des hommes, qu'Honorius III, Grégoire IX, Innocent III défendirent par leurs bulles qu'on enseignât le droit civil.

Qu'il nous soit permis de rapporter ici quelques extraits

d'un édit de l'empereur Julien, ils caractérisent à merveille le génie de ce prince philosophe et l'humeur des zélés de son temps :

« J'avais imaginé, dit Julien, que les chefs des Gali-
« léens sentiraient combien mes procédés sont différents
« de ceux de mon prédécesseur et qu'ils m'en sauraient
« quelque gré ; ils ont souffert sous son règne l'exil et
« les prisons, et l'on a passé au fil de l'épée une multi-
« tude de ceux qu'ils appellent entr'eux hérétiques. Sous
« le mien, on a rappelé les exilés, élargi les prisonniers
« et rétabli les proscrits dans la possession de leurs
« biens. Mais telle est l'inquiétude et la fureur de cette
« espèce d'hommes, que depuis qu'ils ont perdu le privi-
« lège de se dévorer les uns les autres, de tourmenter et
« ceux qui sont attachés à leurs dogmes et ceux qui
« suivent la religion autorisée par les lois, ils n'épar-
« gnent aucun moyen, ne laissent échapper aucune occa-
« sion d'exciter des révoltes, gens sans égard pour la
« vraie piété et sans respect pour nos institutions. Tou-
« tefois, nous n'entendons pas qu'on les traîne au pied
« de nos autels et qu'on leur fasse violence.

« Quant au menu peuple, il paraît que ce sont ses
« chefs qui fomentent en lui l'esprit de sédition, furieux
« qu'ils sont des bornes que nous avons mises à leurs
« pouvoirs, *car nous les avons bannis de nos tribunaux et*
« *ils n'ont plus la commodité de disposer des testaments,*
« *de supplanter les héritiers légitimes et de s'emparer des*
« *successions.* »

« C'est pourquoi nous défendons à ce peuple de s'as-
« sembler en tumulte et de cabaler chez des prêtres
« séditieux. Que cet édit fasse la sûreté de nos magis-
« trats que les mutins ont insultés plus d'une fois et mis
« en danger d'être lapidés. Qu'ils se rendent paisible-

« ment chez leurs chefs, qu'ils y prient, s'y instruisent
« et qu'ils y satisfassent au culte qu'ils en ont reçu, nous
« le leur permettons! Mais qu'ils renoncent à tous des-
« seins factieux... Peuples incrédules, vivez en paix, et
« vous qui êtes demeurés fidèles à la religion de votre
« pays et aux Dieux de vos pères, ne persécutez point
« des voisins, des concitoyens, dont l'ignorance est
« encore plus à craindre que la méchanceté n'est à
« blâmer. C'est par la raison et non par la violence qu'il
« faut ramener les hommes à la vérité, nous vous enjoi-
« gnons donc à vous tous, nos fidèles sujets, de laisser
« en repos les Galiléens. »

Tels étaient les sentiments de ce prince, que l'Eglise qualifia d'apostat.

Les tendances qu'il blâmait, de supplanter les héritiers légitimes, ont malheureusement duré bien des siècles. Saint Jérôme et saint Chrysostôme ont aussi, dans leurs lettres, blâmé avec amertume la cupidité et la dépravation des prêtres de leur temps.

Au moyen-âge, quiconque, dans son testament, ne laissait pas une partie de son bien à l'Eglise, était excommunié et privé de la sépulture. Cela s'appelait *déconfès*, c'est-à-dire ne confessant pas la religion chrétienne.

Et quand un chrétien mourait *intestat*, l'Eglise relevait le mort de cette excommunication en faisant un testament pour lui, en stipulant et en se faisant payer le legs pieux que le défunt aurait dû faire. On faisait son salut et on rachetait le péché, qui s'attachait aux biens terrestres, en les léguant à l'Eglise.

Tant il y eût que les richesses du clergé devinrent un scandale. Le renoncement aux biens du monde était poussé jusqu'à l'institution d'ordres mendiants. Le héros, le saint par excellence, était François d'Assises, le fanatique du dépouillement.

On comparait le flair du prêtre pour le riche à celui du vautour pour sa proie, et, chose curieuse, c'étaient les moines mendiants qui se distinguaient le plus par leur faste.

L'Eglise accumulait des richesses immenses, le clergé s'emparait du pouvoir et attirait dans ses mains des biens qu'il faisait considérer, *dès lors*, comme inviolables. Dès 584, il fut décidé, dans un Concile tenu à Valence, « que si quelqu'un osait porter atteinte à aucune des « donations faites au clergé, il serait, par le jugement de « Dieu, frappé d'anathème comme sacrilège et meurtrier « des pauvres, et condamné au supplice éternel. »

Le ciel était toujours invoqué pour consacrer les sottises de la terre.

L'histoire nous apprend que l'an 1000, dont on a tant parlé, fut une année de crise pour toutes les nations de l'Occident. Depuis plusieurs siècles on s'attendait à quelque événement extraordinaire. Des traditions obscures, des prophéties équivoques ou mal interprétées marquaient la fin du xe siècle comme une époque de grande catastrophe. D'après une croyance qui datait des premiers siècles de l'ère chrétienne, et que Papias, saint Irénée, Justin le Martyr, représentent comme générale à cette époque, J.-C. devait un jour descendre sur la terre et y régner mille ans.

Alors il y eut une inquiétude inexprimable dans l'attente du règne céleste.

On remarquait avec un soin scrupuleux tout ce qui pouvait sembler un avertissement ou un présage, et les chroniques le consignèrent fidèlement.

En 996, il y eut dans l'océan des mouvements extraordinaires et une baleine échoua sur les grèves de Normandie ; au printemps suivant, une comète parut à l'orient, du côté où doit descendre la bête de l'*Apocalypse*. Dans l'hiver de 997, la neige tomba en si grande abondance, que dans plusieurs provinces les chaumières des serfs furent ensevelies et que les hommes périrent avec les troupeaux. Jamais la préoccupation du surnaturel n'avait agi d'une façon si puissante sur l'espèce humaine.

A mesure qu'approchait l'année marquée de Dieu, la peur augmenta, et avec la peur, la piété. En perdant la foi à la vie terrestre, à l'avenir des biens périssables, on songea aux trésors du ciel. Les chartes de l'époque nous révèlent naïvement cette piété d'effroi, ce détachement intéressé, qui fut pour les monastères une source de richesse. Voici la teneur de l'une de ces chartes, que par curiosité nous mettons sous les yeux du lecteur. La donation a été faite au profit de l'abbaye de Vézelay et sans doute dictée par le révérendissime abbé ou par l'un de ses officiers :

« Des désastres multipliés, des indices infaillibles
« attestent que la fin du monde n'est pas éloignée ; pour
« dissiper les erreurs des infidèles, les prophéties de
« l'Evangile sont au moment de se réaliser ; il est donc
« juste et raisonnable de porter ses regards sur l'avenir
« et de prévenir par de sages précautions des malheurs
« possibles dans notre condition mortelle. A ces causes,
« au nom du seigneur notre Dieu, moi et ma femme
« (noms de l'un et de l'autre), considérant le poids des
« péchés dont nous sommes chargés, et pleins de con-
« fiance dans la miséricorde de Dieu qui a dit : *Faites*
« *des aumônes et tous vos péchés vous seront remis*, nous
« donnons par ces présentes, en don privé et de notre

« plein droit, nous attribuons et transmettons à toujours,
« au monastère de Vézelay, nos biens sis dans les villages
« d'Avrigny, d'Asnières, etc., avec les maisons, les bâ-
« timents, les paysans, les serfs, les vignes, les bois, les
« champs, les prés, les pâturages, les étangs, les cours
« d'eau, les adjonctions, additions et appendices, le bé-
« tail de toute espèce, les meubles et immeubles dans
« l'état où nous les possédons aujourd'hui. »

Comme on le voit, on n'omettait rien dans ces sortes de donations.

Enfin, l'an mil s'ouvrit. Le saint Temps de carême se passa dans le recueillement et la prière. Il n'y eut, disent les chroniqueurs, enfant si tendre, femme ou vieillard si faible, qui s'exempta du jeûne commandé par l'Église : On attendait en tremblant le jour de la mort du Sauveur.

Le vendredi saint, avant le lever du jour, les fidèles se rassemblèrent dans les églises ou dans les chapelles des couvents. Des processions se formèrent et le peuple les suivit pieds nus et le *hart* au cou. On sortit des villes, des monastères, des châteaux croix et bannières en tête, en parcourant les champs.

On s'arrêtait devant chaque statue de la Vierge, on se prosternait au pied de chaque calvaire, et là, clercs et laïcs entonnaient tous ensemble le *miserere mei* et le *de profundis clamavi*. Cependant le temps passait, les jours succédaient aux jours, et celui qui était l'objet d'une attente pleine d'angoisse n'arrivait pas; la nature ne mettait aucune différence entre l'an 1000 et les années précédentes.

Sans souci de la terrible échéance, elle épanouissait ses fleurs et mûrissait ses fruits, comme si le monde eût été plein d'avenir.

Peu à peu, on se rassura, on finit par douter du danger en le voyant reculer ; la société, échappée à ce cauchemar de la fin du monde, reprit une vie nouvelle, comme la campagne après un orage, aux premiers rayons du soleil.

Les charges et les servitudes imposées aux manants n'en continuèrent pas moins. Nous voyons que lorsqu'un *main-mortable* (c'est-à-dire serf taillable) mourait sans enfant, le seigneur héritait. Lorsqu'il y avait des enfants, le meilleur meuble de la succession échéait au seigneur. Si le défunt ne laissait rien, dans certains pays on portait au seigneur sa main droite coupée, pour annoncer au maître que son serf ne pouvait plus lui faire service. Des chroniqueurs liégeois et d'autres belges, cités par Ducange, prétendent que de ce hideux spectacle provient l'expression *main-morte*, usitée encore aujourd'hui.

Dans le courant de l'année 1247, l'un des notables habitants de Dornecy, homme très estimable, renommé par tous ses bienfaits, vieux célibataire, sans proches parents, s'appelant Guillaume Champion, mourut. Il était, dit-on, de la famille de Hugues Grattepain, l'un de ceux qui avaient joué un si grand rôle dans l'établissement de la commune de Vézelay. Il était imbu des mêmes idées généreuses que son parent. Sa fortune provenait en majeure partie de son industrie et consistait notamment dans une teinturerie établie sur le ruisseau d'Armance et dans plusieurs vignobles de la contrée, appelés la *Chapotte* et *Pisse-Vin*, très renommés dès cette époque reculée.

Il était âgé et voyait avec sang-froid sa fin prochaine ; il fit appeler son ami et voisin Boucheron, tabellion, pour rédiger son testament dans les termes convenus et discutés entre eux depuis longtemps. Ce testament portait cette clause claire et précise :

« Je lègue tout ce qui dépendra de ma succession,
« c'est-à-dire toute ma fortune, aux manants et habitants
« de Dornecy, représentant la communauté dudit Dor-
« necy, dans le but d'améliorer la position de tous et les
« mettre à même de racheter certaines servitudes gê-
« nantes, de façon à arriver plus tôt à leur affranchisse-
« ment. »

Après le décès de Champion, les échevins de la communauté s'empressèrent de remplir les formalités du droit coutumier, non écrit alors, mais qui étaient de tradition (La coutume du Nivernais date seulement comme écrit du 24 novembre 1534), afin d'arriver à l'exécution des dernières volontés de leur bienfaiteur.

Mais l'abbé de Vézelay, représenté par son prévôt, assisté du doyen du Chapitre, intervint pour s'opposer formellement à cette exécution, se fondant sur ce que le pape Grégoire IX et saint Louis, roi de France, avaient ordonné, après un Concile tenu à Narbonne en 1235, deux ans avant les dispositions de Champion, « que tout
« testament auquel on n'aurait pas appelé un prêtre serait
« nul. »

Le Pape décernait, en outre, que le notaire et le testateur *seraient excommuniés.*

Nous le disons avec regret, ce n'est pas étonnant de la part de Louis IX, autrement dit saint Louis. « Tous les
« vendredis et les jours de fêtes, il se confessait et se
« faisait ensuite donner le fouet par son confesseur, qui
« souvent, au dire des historiens de ce temps, le traitait
« sans ménagement, dans l'église même. »

Ajoutons que sous son règne, en 1254, l'inquisition fut établie en France sur sa demande, sous le pontificat d'Alexandre IV.

Blanche de Castille, sa mère, femme tendre et énergique, pieuse et éloquente, y fut étrangère, quoi qu'en aient dit certains auteurs ; elle est morte en 1253. Elle avait la réputation d'une dame très galante ; on disait hautement que le cardinal-légat, appelé Saint-Ange, était son véritable ange gardien, en outre de Thibault de Champagne. Elle avait alors 15 ans et lui 25. Le père de saint Louis mourut à la suite de sa croisade contre les Albigeois, de l'épidémie qui avait ravagé son armée ; on disait que c'était du poison que lui avait donné Thibault. Les barons s'armèrent et refusèrent de reconnaître son fils, qu'ils appelaient le Bâtard.

Il est inutile de dire que le testament de Guillaume Champion fut annulé et que l'abbaye de Vézelay s'empara de tous les biens du défunt, malgré les plaintes et doléances des pauvres manants de Dornecy.

Trois siècles plus tard, lors de la rédaction de la coutume du Nivernais, que nous venons de citer, Guy Coquille, qui en a fait le commentaire, s'exprime ainsi :

« L'usage était fortement pratiqué de faire tester *tous les mourants au profit de l'Eglise.* »

Il ajoute avec sa verve habituelle :

« Les grands biens amassés ès monastères chassent la
« piété et la discipline régulières. Et toutes fois, beau-
« coup de personnes, par donation, pour estre partici-
« pants à leurs prières, au temps que la *sainteté y estoit*,
« leur ont donné de grands biens. Plus les abbés, prieurs
« et moynes ont accumulé, plus ils ont dissipé et chassé
« d'avec eux la sainteté.

« Les grands biens qu'on a veus ès dits monastères
« ont donné envie et *désir aux grands* d'avoir en leurs
« maisons les abbayes et prieurés. Et les papes, qui se
« sont accomodés à ce déreiglement, ont admis les *com-
« mandes* pour faire régir les maisons monastiques par

« prestres ou clercs séculiers ; et nous voyons aujour-
« d'hui comme tout y va. »

Vauban, en 1707, dans son livre intitulé la *Dîme royale*, dit, à propos des misères du *menu peuple* : « Les
« ecclésiastiques, moines et religieux, ne foisonnent que
« trop dans le royaume. »

Cinquante ans plus tard, Montesquieu, dans son livre de l'*Esprit des lois*, s'exprime de la sorte :

« Si l'on mourait sans testament, il fallait que les
« parents obtinssent de l'évêque qu'il nommât, concur-
« remment avec eux, des arbitres, pour fixer ce que le
« défunt aurait dû donner à l'Eglise en cas qu'il eût fait
« un testament. »

Enfin, Florimond de Rapine, qui a fait une relation des Etats généraux de 1614, dont nous aurons occasion de parler, dit : « En quelques provinces, il n'y a pas trois
« bénéfices en la campagne, voire des cures qui fussent
« possédées par vrais titulaires, ainsi tenus au profit des
« personnes purement laïques et de tout *sexe*. »

Le 18 mai 1731, le roi de France déclarait, dans une ordonnance, que les moines et bénéficiers possédaient plus de la moitié des biens de la Franche-Comté.

Le marquis d'Argenson, dans le droit public ecclésiastique, dit, qu'en Artois, de 18 charrues les moines en ont 13. Il ajoute :

« J'ai vu les Chartreux de mon voisinage hériter cent
« mille écus d'un de leurs esclaves main-mortable, le-
« quel avait fait cette fortune à Francfort par son com-
« merce. Il est vrai, dit-il, que la famille dépouillée a eu
« la permission de venir demander l'aumône à la porte
« du couvent. Les moines avaient encore à cette époque
« plus de 60,000 esclaves dans le royaume de France.
« Ces esclaves étaient obligés de travailler trois jours de

« la semaine pour leur seigneur. S'ils mouraient sans
« enfant, leurs biens appartenaient à ce seigneur ; s'ils
« laissaient des enfants, le seigneur prenait les plus
« beaux bestiaux et les meilleurs meubles, à son choix.
« Dans certaines contrées, si le fils de l'esclave main-
« mortable n'est pas dans la maison de l'esclave pater-
« nel depuis un an et un jour, il perd tout son bien et il
« demeure encore esclave, c'est-à-dire que s'il gagne
« quelque bien par son industrie, ce pécule à sa mort
« appartient au seigneur. Un Parisien ou autre va voir
« ses parents en Bourgogne ou en Franche-Comté, il
« demeure un an et un jour dans une maison main-mor-
« table et s'en retourne à Paris, tous ses biens, en quel-
« qu'endroit qu'ils soient situés, appartiendront au sei-
« gneur foncier, s'il meurt sans laisser de lignée. »

On demande à ce propos comment la Bourgogne eut le sobriquet de *franche*.

Disons-le bien haut, ce n'est pas la charité chrétienne qui a brisé les chaînes de la servitude, puisque cette charité les a resserrées pendant plus de douze siècles. Il a fallu pour les rompre la grande Révolution de 1789. On comptait la veille de cette Révolution 98 ordres monastiques dans l'Eglise, 64 rentés et 34 vivant de quêtes, sans aucune obligation de travailler pour gagner leur vie, participant à la souveraineté de Dieu, ayant le droit de vivre aux dépens du public, sans faire que ce qu'il lui plairait. En 1860, le 25 mai, d'après un rapport fait par M. Dupin aîné, au Sénat, sur les associations et les congrégations non autorisées, il affirme qu'il y avait en France 6,000 maisons religieuses, dont la moitié était autorisée; l'autre moitié se passait d'autorisation. Mais que toutes ensemble travaillaient, à qui mieux mieux, à accroître leur actif. On peut juger de la masse de ri-

chesses concentrées dans tant de pieuses maisons, qui acquièrent toujours sans pouvoir jamais aliéner. Montesquieu (livre XXX, chap. 5) avait raison de dire :
« On ne saura jamais quel est le terme après lequel
« il n'est plus permis à une communauté religieuse d'ac-
« quérir. »

CHAPITRE XIV

DÉBATS SUR LA SOUVERAINETÉ DE DORNECY ET DE VILLIERS-SUR-YONNE

> Cicéron était épouvanté des effets de la chicane. Il disait à un de ses amis venu le consulter : « Si vous avez raison, accordez-vous ; si vous avez tort, plaidez ».

Au xive siècle, la comtesse de Flandres, d'Artois et de Nevers intenta un procès, qui dura de longues années, au seigneur abbé de Vézelay.

Elle lui contestait la souveraineté des terres de Dornecy et de Villiers-sur-Yonne, prétendant que le fameux Ghérard de Roussillon, seigneur de Bourgogne, aux droits duquel elle succédait, n'avait pas compris Dornecy ni Villiers-sur-Yonne dans la donation faite à l'abbaye de Vézelay au ixe siècle et dont nous avons parlé.

Cette affaire fut portée devant le Parlement de Paris, où chacune des hautes parties intéressés avait de puissantes recommandations.

L'arrêt se fit longtemps attendre : ce ne fut que le 23 juin 1379 qu'il fut rendu au profit de l'abbaye de Vézelay.

La comtesse, malgré sa parenté avec le roi et ses

grandes influences, fut déboutée de sa demande et condamnée aux dépens, frais, dommages, réparation des torts envers l'abbaye, lesquels furent considérables à cause de la durée et des nombreux incidents du procès.

On se plaint de nos jours, et non sans raison, des lenteurs des procès, à preuve c'est que le 1er novembre 1891, il restait à juger exactement 13,292 affaires contradictoires pour le seul tribunal civil de la Seine. Conséquemment près de 27,000 justiciables attendaient une solution qui n'arrive que dans quatre ou cinq ans en première instance seulement.

Autrefois, on disait de la justice boiteuse qu'elle venait à pas lents, mais qu'elle venait ; aujourd'hui, l'échéance d'une affaire apparaît si éloignée qu'on n'ose plus jamais dire qu'elle viendra.

On a vanté à tort, suivant nous, Napoléon Ier d'avoir réduit ces lenteurs en faisant rédiger, sous sa présidence, le nouveau code de procédure, en 1806. Cependant, il ne fut qu'un remaniement de l'ordonnance de 1667, où l'esprit des vieux procureurs domina et fit renaître une race de procéduriers aussi rapaces que ceux de l'ancien temps.

Le ministre de la justice vient de terminer un travail présentant le plus grand intérêt. Il s'agit du dénombrement des officiers ministériels en France. Sans entrer dans tous les détails de ce travail, nous dirons seulement qu'il en résulte que nous avons actuellement en France 16,932 personnes qui se font annuellement deux cents millions de revenus en griffonnant du papier timbré.

Cependant il y a progrès. Que dirait-on des procès d'autrefois ? Nous notons entr'autres celui-ci qui était commun au Donziois, aux comtes de Nevers et à plusieurs villes, commencé en l'année 1554 et qui n'a pris fin qu'en 1747, 193 ans après.

C'est sous le règne de François Ier, en 1546, que fut aboli l'ancien usage de plaider, de juger, de contracter en latin, usage qui attestait la barbarie d'une langue dont on n'osait se servir dans les actes publics ; usage pernicieux aux citoyens, dont le sort était réglé dans une langue qu'ils n'entendaient pas.

CHAPITRE XV

AFFRANCHISSEMENT MINIME DE MAIN-MORTE ET AUTRES SERVITUDES, EN FAVEUR DES MANANTS DE CRAY ET CHAMOUX, JOIGNANT LE TERRITOIRE DE DORNECY.

> Au temps passé étaient des bois, évêques d'or,
> crosse de bois. Maintenant ont changé les lois,
> crosse d'or, évêques de bois. (G. COQUILLE).

Le puissant seigneur abbé de Vézelay était aussi seigneur de Chamoux et de Cray. Ces deux villages étaient dans l'ancienneté beaucoup plus populeux que de nos jours. A Chamoux, il y avait, comme on l'a déjà dit, une résidence monacale somptueuse et une autre à Avrigny, près de là.

Les dignitaires et autres officiers du monastère y résidaient souvent, de préférence dans la belle saison, pour s'y délasser de leurs fatigues prétendues, à l'ombre des belles forêts qui en dépendaient et qui existent encore en grande partie. Ils y savouraient des mets délicieux, surtout en venaison variée, s'abreuvaient en vrais gourmets des vins provenant des bons crûs de l'abbaye.

Les malheureux habitants de Cray et de Chamoux se plaignaient souvent de la lourdeur des charges qui leur étaient imposées sous différentes qualifications, cens, tailles, dîmes, corvées et autres.

La rigueur avec laquelle on les exigeait n'était plus supportable.

On prétend que c'est de cette époque et de cette contrée qu'ont pris naissance et qu'on a conservé jusqu'à nos jours ces vieilles expressions :

« Où il n'y a rien, le roi y perd ses droits.

« On ne peut peigner un diable qui n'a pas de cheveux.

« On a tant plumé l'oie, qu'elle finit par crier. »

La misère était si grande, que les pauvres manants voulaient déserter et abandonner le pays. Les bêtes sauvages détruisaient une grande partie de leurs chétives récoltes et les moines prenaient le reste.

Pierre le Vénérable, l'abbé de Cluny, s'écriait avec indignation :

« Ces maîtres injustes ne se contentent pas de la ser-
« vitude ordinaire et acquise, mais ils s'arrogent sans
« cesse et sans miséricorde les propriétés avec les per-
« sonnes et les personnes avec les propriétés ; outre les
« redevances accoutumées, ils en lèvent trois ou quatre
« fois dans l'année et aussi souvent que la fantaisie leur
« en prend ; ils les grèvent d'innombrables services,
« leur imposent des charges cruelles et intolérables. »

Un chroniqueur de Dornecy ajoute, en dépeignant leur détresse, « qu'ils ne mangeaient que du pain
« d'avoine et n'avaient pas même un grain de sel pour
« assaisonner leurs maigres aliments. »

Voici, en outre, comment G. Coquille, trois siècles plus tard, trois siècles de souffrance, s'exprime à ce sujet :

« Il sera pourtant remarqué la frugalité des gens de
« village, en tant qu'il n'est parlé que des commodités

« précisément nécessaires à la vie de l'homme, car nul
« ne peut vivre sans pain, et le sel sert pour assaisonner
« les potages d'herbes, et n'est parlé ici de pitance, ni
« de vin, dont aucun ne peut faire usage. »

Deux cent soixante-quatre ans après Guy Coquille, Vauban, originaire de cette contrée, le plus honnête homme du royaume, au dire de Saint-Simon :

« Celui qui défendait toujours, avec une logique des
« plus fermes, les droits du pauvre peuple contre les
« prétentions des nobles et des prêtres oisifs, soutenant
« la cause des opprimés et de ceux qui souffrent, avec
« une chaleur d'âme et une hardiesse éloquente, bien
« rare à cette époque, disait :

« Le sel est une manne dont Dieu a voulu gratifier le
« genre humain, sur lequel par conséquent il semblait
« qu'on n'aurait pas dû mettre d'impôt.

« Mais la cherté du sel le rend si rare, qu'elle cause
« une espèce de famine dans le royaume, très sensible
« au *menu peuple*, qui ne peut faire aucune salaison de
« viande pour son usage, faute de sel. Il n'y a point de
« ménage qui ne puisse dans nos campagnes (en 1707)
« nourrir un cochon, ce qu'il ne fait pas, parce qu'il n'a
« pas de quoi avoir pour le saler. Ils ne salent même
« leur pot qu'à demi et *souvent point du tout.* »

Quatre-vingts ans plus tard, au moment où se tenait l'assemblée des notables, le sel se payait encore *seize sols cinq deniers* la livre.

Deux hommes seuls, au xviie siècle, ont osé braver la défense faite de dire la vérité à l'orgueilleux Louis XIV, Vauban et Fénélon.

Celui-ci, dans une admirable lettre, a mis hardiment sous les yeux de son maître toutes les misères du peuple et tous les devoirs du souverain, et l'autre, Vauban, dans son mémoire de la *dime royale*, a fait d'un livre de statistique, basée sur la région de Vézelay, le plus éloquent de tous les réquisitoires. Ce sont les chiffres qui interpellent le roi, ce sont les faits qui accusent le roi, en racontant l'effroyable état du Royaume. Quel a été le résultat de ces deux actes de courage ? L'exil pour Fénélon et la disgrâce pour Vauban, *l'homme*, disent *tous ceux qui l'ont connu*, le plus doux, le plus compatissant, le plus obligeant et le plus avare ménager de la vie des hommes, avec une valeur qui prenait tout sur soi. Il avait fait 53 sièges.

Revenons aux pauvres manants de Cray et Chamoux.

A maintes reprises, ils avaient présenté de très humbles suppliques aux abbés de Vézelay pour leur adoucir l'état de servage impossible à supporter, sans jamais rien obtenir. En dernier lieu, le 15 novembre 1442, grâce à l'intervention d'un nommé Robert, de Chamoux, dont la femme, très alerte et intelligente, était toujours la bienvenue au monastère de Sainte-Marie-Madeleine, une supplique nouvelle fut enfin accueillie et une charte accordée. Nous la publions textuellement (1).

En la lisant, on verra qu'elle n'apportait pas grand soulagement à ces malheureux ; on y maintient une grande partie des servitudes. On leur impose différentes charges et redevances très dures. Les moines qui devaient s'abstenir de manger de la viande, d'après la règle de saint Benoît, déclarent formellement se réserver, comme amateurs de venaison, les bêtes rousses (sangliers en entier et les meilleurs quartiers des cerfs, chevreuils et biches) que les manants pourraient abattre dans leurs récoltes. Il y avait à cette époque, en outre de

(1) Voir appendice n° 3.

ces bêtes rousses, beaucoup de bêtes féroces, des loups en grand nombre. Cela ne doit pas étonner dans une contrée boisée, puisqu'à Paris même, vers cette époque, en septembre 1437, les loups étranglèrent et mangèrent 14 personnes entre Montmartre et la Porte Saint-Antoine.

Le seigneur abbé de Vézelay expose crûment et d'une façon qu'on peut qualifier de cynique, les doléances dont il s'agissait. Il les reconnaît pour *vraies* et constate que les servitudes dont les manants de Cray et de Chamoux supportent le poids sont tellement nombreuses qu'elles sont *inénumérables*.

CHAPITRE XVI

SUPPLIQUE POUR LES FORTIFICATIONS DU BOURG DE DORNECY. — MARIE D'ALBRET, DUCHESSE DE NEVERS. — LETTRES PATENTES DE FRANÇOIS Ier.

> Villes closes de murailles et portes ont droit de corps et communauté, eschevins et deniers communs. (G. COQUILLE).

En compulsant de vieux manuscrits et des notes presque indéchiffrables, nous voyons que dans le cours des années 1540 et suivantes les manants et habitants de Dornecy *jouissaient*, comme ils le disaient eux-mêmes, *de grandes facultés de biens.*

C'était mal s'exprimer par ce mot jouissance. Ils ne pouvaient réellement jouir de leurs récoltes et de leurs revenus que quand, par hasard, ils n'étaient volés et dévastés.

« Car, *souventes fois*, disent-ils, femmes, enfants et
« famille, sont pillés, outragés, tant par vaccabons,
« larrons tenant les champs, que par autres gens de
« mauvaise vie sans aucun adveu. »

Dornecy avait alors un marché toutes les semaines et trois foires l'an, très fréquentées.

« Pour obvier aux dommages continuels et pour tenir

« leurs personnes, enfans, biens et mesnages en sureté,
« ils avaient advisé entr'eux de faire clore leur bourg
« de murailles, tours, pont-levis, fossés, etc., et décidé
« qu'ils s'imposeraient tous, *sans nul excepter, le fort*
« *portant le faible.* »

Mais il fallait d'abord en obtenir l'autorisation du Roy
« notre sire », disaient-ils, qui était François Ier; lequel
était occupé de bien d'autres affaires plus ou moins sérieuses, ainsi que le constate l'histoire.

Plusieurs demandes très humbles étaient restées sans
réponse, lorsqu'ils s'avisèrent de se faire appuyer par la
duchesse du Nivernais, Marie Dalbret, veuve de Charles
de Clèves, parente du Roi.

Grâce à cette recommandation leur supplique fut accueillie bienveillamment par lui, et il octroya à ses chers
et bien aimés les manants de Dornecy, le droit de se
fortifier, par lettres patentes qu'on trouvera appendice
n° 4. Mentionnons que la charte qui fut *octroyée* avait
pour les manants un double avantage :

En premier lieu, être à l'abri désormais, bêtes, gens
récoltes et marchandises, de tout pillage ;

Et secondement, jouir de certaines franchises très
précieuses alors, par le seul fait de la clôture du
Bourg.

En effet, toutes les *villes murées* avaient des franchises,
des libertés, des privilèges jusque dans la plus grande
anarchie du pouvoir féodal; à tel point que dans tous
les pays *d'Etats* le souverain jurait à son avenue de
garder leurs franchises.

Guy Coquille dit à ce sujet (p. 248) :

« Selon l'usage commun du Royaume, sont nommées
« *villes* les places esquelles sont plusieurs maisons,
« lesquels places sont *closes de murailles et de portes* et

« qui ont droit de corps et communautés, ont échevins
« et deniers communs. »

Les pays d'*Estats* dont il est parlé, sont ceux, comme le duché de Bourgogne, qui, dit le même auteur, « ont
« retenu sagement leur liberté et ne payent les tailles
« qu'on appelle Foüaiges, sinon qu'en trois ans une fois,
« après que les dits Foüaiges sont accordés par les
« *Estats* du pays qui sont tenus de trois en trois ans. Et
« en cette ancienneté, les rois promettaient à leur peuple
« sitôt que le besoin serait cessé, de faire cesser les
« subsides. »

Cela se voit par une ordonnance de 1346, de Philippe VI, dit de Valois.

Il ajoute cette triste et trop véridique réflexion :

« Le peuple de France, qui toujours a été très obéis-
« sant, a facilement enduré la continuation, et les Rois
« se sont avancez à mettre et à croître tous ces subsides
« selon qu'il leur a plu, et jusque à ce que le peuple
« accablé n'a plus moyen de fournir. »

Anciennement on appelait les tailles *Foüaiges*, pour ce qu'elles sont imposées par feux et mesnages, et sont encore ainsi nommées au duché de Bourgogne. Ainsi la vulgaire usance en ce pays est quand quelqu'un veut changer de domicile il esteint son feu en présence de personnes publiques au lieu qu'il délaisse, et va l'allumer en son nouveau domicile où il va *planter la crémaillère*. — (G. Coq.).

Voilà pourquoi on appelle droit *d'affouage* la portion de bois attribuée à chaque feu dans les communes propriétaires de bois, dont la coupe se fait au profit des habitants.

Revenons à Marie Dalbret, duchesse du Nivernais.

Avant de faire connaître la charte qu'elle obtint de

François Ier il sera peut-être intéressant de faire un peu de généalogie en ce qui la concerne :

Elle était veuve de Charles de Clèves mort en 1521, femme très capable, qui gouverna seule, très sagement son duché pendant 28 ans, c'est-à-dire jusqu'à sa mort, arrivée le 17 octobre 1549.

Son mari fut enfermé à la Tour du Louvre, pour ses dissipations et ses débordements, par François Ier, lequel, nous devons le dire, était moins indulgent pour les autres que pour lui ; on sait qu'il se laissa gouverner par ses maîtresses et que de son temps une dissolution de mœurs s'empara de toute la Cour.

Nous rappellerons, en passant : 1º que Marie Dalbret était la petite-fille de Jehan de Bourgogne, duc de Braban, comte du Nivernais ;

2º Que son père était Jehan Dalbret, comte de Dreux et Rethel ;

3º Qu'elle était la mère de François de Clèves, comte d'Eu, ce grand capitaine qui rallia et sauva les débris de l'armée française après la bataille de Saint-Quentin (1557).

Ce dernier avait eu pour parrain, en personne, le Roi François Ier et c'est l'évêque de Bethléem-lez-Clamecy, Philibert de Beaujeu, qui fit le baptême, à la cathédrale de Saint-Cyr, à Nevers.

4º Qu'elle eut pour fille la gracieuse Henriette de Clèves, qui refusa tous les grands partis de la Cour, pour épouser Louis de Gonzague, duc de Mantoue, et qui méritait cette préférence à cause de ses éminentes qualités. Naturalisé français en 1550, ce grand capitaine servit les rois Henri III et Henri IV, fut ambassadeur à Rome. Fait prisonnier à la bataille de Saint-Quentin, par son oncle, général au service de l'Espagne, il paya une rançon de 60,000 écus d'or (environ 800,000 fr. aujourd'hui), plutôt que de se laisser gagner au parti de l'étranger.

Louis de Gonzague et Henriette de Clèves furent les premiers qui instituèrent des rosières. Nous voyons qu'ils firent une donation de 50 livres annuellement à l'une des jeunes filles du Nivernais, désignée par le sort, parmi les 60 les plus pauvres et les plus sages.

Quelque temps après cette fondation Louis de Gonzague passait devant le bourg d'Entrains, en revenant d'Auxerre; il fut attaqué par les huguenots qui tenaient alors cette place et fut blessé au genou dans la mêlée. La blessure ne se guérit que lentement, il en conserva une grande faiblesse dans la jambe pendant toute sa vie. Pour obtenir une prompte guérison, il fit avec sa femme une nouvelle fondation de 50 livres pour la dot de la jeune fille qui serait désignée, chaque année, par le sort, parmi les 60 les plus pauvres et plus sages de leurs terres. 23 appartenaient au Nivernais, 11 au Donziois, une à Saint-Sauveur, une à Druyes, une à Châtel-Censoir, une à Etais, une à Dornecy et le surplus dans d'autres parties du duché. Pareille dotation fut faite par les mêmes, à prendre sur les revenus de leurs châtellenies de Saint-Brisson et de Neuffontaine, pour marier chaque année une fille pauvre de l'une et l'autre châtellenie. Les fêtes du mariage des rosières duraient trois jours.

L'administration du duché de Nivernais par Henriette de Clèves et par le duc Louis de Gonzague, son mari, a été des plus profitables à ce duché; on peut dire aussi qu'elle en a été la plus brillante.

Leur première fille, Anne de Gonzague, se maria avec

Édouard appelé le prince Palatin. La deuxième devint reine de Pologne.

Nous aurons occasion de parler de leur fils Charles Iᵉʳ de Gonzague, au sujet des Bois de Dornecy, avec peu de louanges à en faire. Mentionnons, dès à présent, que c'est ce duc de Nevers qui eût, en 1621, une querelle avec le cardinal de Guise, qui fit grand bruit alors. Ce cardinal était un débauché militaire, qui avait un bâtard de Mademoiselle des Essarts, une des maitresses de Henri IV. Il voulait faire obtenir à ce bâtard le fameux Prieuré de la Charité-sur-Loire, en Nivernais, sur lequel le duc de Nevers avait des prétentions. Le cardinal rencontrant le duc dans une maison l'insulta, le frappa et fut sur le point de le faire assassiner par ses gens, en présence de plusieurs personnes.

Le duc de Nevers demanda au roi la permission de se battre en duel avec ce prélat.

Charles II de Gonzague, fils du précédent, né en 1629, marié en 1649 à Isabelle-Claire d'Autriche-Inspruck.

Il fonda la ville *de Charleville*. C'était un débauché et un libertin ; sa femme avait une conduite irrégulière. Ses inclinations avaient cessé d'être françaises. Il tourna ses armes contre son pays. Il mourut à 46 ans, par suite de ses déréglements.

Ses tantes, Marie et Anne de Gonzague, étaient brillantes de jeunesse et de beauté.

C'est ce triste personnage qui a vendu son duché de Nivernais au Cardinal Mazarin, le 11 juillet 1659.

Il n'était pas difficile à ce cardinal de payer les dix-huit cent mille livres tournois formant le prix de la vente :

« Ce détestable Mazarin, dit le duc de Saint-Simon
« (19ᵉ vol., p. 379), dont la ruse et la perfidie fut la

« vertu, a laissé des trésors immenses qu'il amassa, non
« dans un temps d'abondance et de prospérité du pays,
« mais, au contraire, au sein de la misère publique et des
« guerres civiles qu'il avait allumées et des guerres étran-
« gères qu'il entretenait.

« Il fut prouvé en pleine grande Chambre, au procès
« du duc de Mazarin contre son fils, pour la restitution
« de la dot de sa mère, qu'elle avait eu *28 millions* en
« mariage. Ajoutez à cela les dots de la duchesse de
« Mercœur, de la connétable Colonne, de la comtesse
« de Soissons, même celle que trouva après la mort du
« cardinal la duchesse de Bouillon, toutes filles de la
« deuxième des sœurs de Mazarin, et les biens immen-
« ses qui ont fait le partage du *duc de Nevers*, leur frère.
« Ajoutez-y les dots de la princesse de Conti et de la
« duchesse de Modène, filles de la sœur aînée du cardi-
« nal. On est épouvanté du total formidable. »

Voici, au sujet de la famille de Gonzague et des propriétés que ses héritiers auraient encore à Charleville,
un singulier document tout récent et très curieux;
c'est pourquoi nous le mettons textuellement sous les
yeux du lecteur.

Dans la distribution des documents parlementaires
faite en mars 1888, se trouvait un rapport de M. Le-
tellier, député d'Alger, sur une pétition de M. Owden,
alderman à Londres. Voici, d'après ce rapport, les faits
qui, au dire du pétitionnaire, justifieraient sa déclaration :

« M. Owden, alderman à Londres, s'adresse à la
« Chambre, au nom des *héritiers de Gonzague*, pour ob-
« tenir la restitution de propriétés sises *à Charleville* et
« dont le roi Louis-Philippe aurait spolié la famille de
« Gonzagues. A l'appui de cette demande le pétitionnaire
« nous apprend que pour arrondir ses domaines, le roi

« Louis-Philippe employait un notaire à rechercher les
« biens des mineurs et des orphelins ; il découvrit ainsi
« les propriétés de la famille de Gonzagues. Un certain
« nombre de personnes de Charleville consentirent à
« passer pour les légitimes propriétaires et les vendirent
« au roi bien au-dessous de leur valeur réelle. La fa-
« mille de Gonzague réclama, sans grand succès d'ailleurs.
« Une fois cependant, elle fut sur le point de réussir, du
« moins M. Owden l'affirme. En 1854, un M. Samuel
« Storling allié de la famille de Gonzague, était par-
« venu à intéresser l'empereur et M. de Morny à cette
« affaire ; mais au moment où il allait être reçu en au-
« dience par Napoléon III, il fut trouvé mort dans la
« chambre qu'il occupait à l'hôtel Windsor ; c'est que le
« notaire qui craignait la révélation de ses manœuvres
« frauduleuses veillait. « Aussi cruel que trompeur », il
« persuada au bon Monsieur qu'en respirant un gaz qu'il
« lui nomma, il lui rendrait la vigueur de la jeunesse.
« Le bon vieillard se laissa tenter, mais, au lieu du Gaz
« de Jouvence, le fallacieux notaire lui fit respirer
« du « cacodyle, vapeur arseniquée », contenu dans
« un grand sac en caoutchouc. Sir Samuel Storling
« passa ainsi de vie à trépas, et l'on n'aurait jamais
« soupçonné sa fin tragique si un complice du notaire
« ne s'était dénoncé par une lettre anonyme venue de
« Californie en 1863.

« Victor Hugo, c'est toujours M. Owden qui l'affirme,
« s'était chargé de faire triompher les revendications des
« héritiers de Gonzague, mais, par une fatalité qui sem-
« ble peser sur les personnes qui s'occupent de cette
« affaire, le grand poète est mort avant d'avoir pu en
« saisir le Sénat.

« La famille de Gonzague ne s'est pas découragée et

« après avoir donné en passant le conseil désintéressé
« de confisquer le château de Chambord, elle vous de-
« mande de reprendre aux princes d'Orléans, pour les lui
« rendre, les domaines dont elle prétend avoir été dé-
« pouillée.

« Votre 7e commission des pétitions ne peut qu'enga-
« ger la famille de Gonzague à porter devant les tribu-
« naux compétents ses réclamations, dont l'invraisem-
« blance n'est pas le moindre défaut, elle vous propose
« en conséquence l'ordre du jour. C'est ce qui a eu
« lieu. »

Tous ces faits, qui nous ont paru intéressants pour le lecteur, nous ont entraîné loin, il faut pourtant revenir à la charte octroyée par François 1er ; on la trouvera transcrite en entier à l'appendice n° 4.

FORMALITÉS PRÉLIMINAIRES POUR ARRIVER A L'ENTÉRINEMENT DES LETTRES PATENTES

Malgré les lettres patentes délivrées par le Roi François 1er, il ne faut pas s'imaginer que les manants et habitants de Dornecy pouvaient de suite se mettre à l'œuvre pour fortifier leur Bourg.

Il fallait que ces lettres fussent entérinées, c'est-à-dire ratifiées juridiquement.

Et on ne doit pas oublier que le Bourg de Dornecy avait pour seigneurs en partie :

1° Le Révérendissime abbé de Vézelay, qui était alors Antoine Sanguin, cardinal de Meudon, dont l'adhésion aux dites lettres était nécessaire ;

2° Et la Duchesse de Nevers, Marie Dalbret, dont on connaissait du reste les bons sentiments envers les habitants de Dornecy.

Il y avait en outre certains nobles et hobereaux possédant fief dans la paroisse, qui élevaient des objections sur les desseins et les projets des roturiers, ne voulant, en leur qualité de nobles, contribuer en quoi que ce soit et d'aucune façon aux charges nécessaires pour l'édification de ces fortifications, malgré les expressions énergiques et formelles, insérées dans les lettres patentes *mettre, cottiser, asseoir et imposer le fort portant le faible, sans nul excepter.*

Pour agir régulièrement et conformément du reste aux prescriptions de ces lettres patentes, on était obligé de convoquer, non seulement tous les dignitaires et hobereaux, mais encore tous les manants et habitants de Dornecy, même ceux qui y possédaient des biens et n'y résidaient pas, pour leur donner communication de ces lettres, entendre leurs observations et en prendre acte. Cette convocation ou *adjournement*, suivant le style de l'époque, devait naturellement avoir lieu à Dornecy, aux jour et heure indiqués, par actes d'un sergent du nom de Chappuis (l'un des descendants de celui qui a figuré dans les événements relatifs à Vézelay et Dornecy, contre les moines) devant le Lieutenant-Général au Bailliage de Saint-Pierre-le-Moustier, assisté d'un greffier, d'un avocat du Roi et enfin d'un magistrat qualifié déjà à cette époque Procureur du Roy près ledit Bailliage.

Pour arriver à ce résultat, il fallait que Martin Belin, juge et garde de la terre et seigneurie de Dornecy, et de plus procureur des manants et habitants du Bourg, se transportât à Saint-Pierre-le-Moustier, éloigné de plus de vingt lieues, pour requérir ces hauts personnages de vouloir bien venir à Dornecy, procéder à l'entérinement de ces lettres.

C'était en hiver, au mois de février de l'année 1543; par des chemins de traverses, au milieu de forêts immenses dont une faible partie existe encore, qu'on devait faire le trajet.

Avant d'entreprendre ce voyage, les habitants assemblés jugèrent à propos que Martin Belin, leur représentant, se conformât au vieil usage, d'invoquer pour son succès l'assistance et la protection toute puissante de M. Saint-Martin, non seulement patron du voyageur mais aussi de l'église de la paroisse de Dornecy, bâtie sous son vocable, comme nous l'avons dit.

Pour témoigner cette invocation d'une manière frappante aux regards de tous, on attacha, en le clouant, un fer du cheval que le voyageur devait monter, à la porte de l'ancienne église démolie depuis et reconstruite.

Et pour que le saint protégeât d'une manière encore plus efficace le voyageur et sa monture on fit rougir au feu la clef d'une chapelle qui existait dans cette église et dédiée à Saint-Antoine et on en marqua le cheval, de même qu'on le faisait encore dans ces derniers temps, en beaucoup de provinces, pour préserver les chiens de la rage. On appliquait à la tête de ces animaux un fer chaud imitant une croix dite de Saint-Hubert. Il paraît, on l'a reconnu depuis, que cet usage, loin d'éviter la rage, la provoquait au contraire par la douleur.

Avant de parler du voyage des magistrats de Saint-Pierre-le-Moustier et de leurs procès-verbaux, rappelons, puisqu'il s'agit de la vieille église de Dornecy, qu'elle fut édifiée à la même époque (année 1147) que celle de la Maison-Dieu, aussi démolie et reconstruite, c'est-à-dire lors de la donation faite par Guillaume IV de l'hôpital de Pantenor à l'église de Bethléem.

L'église nouvelle de Dornecy date de 1830 ; elle possède un tableau remarquable, représentant Saint-Jérôme, qui est, dit-on, du Dominiquin ; on prétend qu'il a appartenu autrefois aux anciens seigneurs de Brèves, paroisse voisine de celle de Dornecy. L'église de Brèves est complètement isolée du village ; elle est sous le vocable de *Saint-Simon Stilite*, celui qui se tint de longues années au sommet d'un pilier de 60 pieds de haut sur une seule jambe.

Les anciens de Brèves ont regretté d'avoir choisi pour patron de leur église un saint aussi excentrique. On ne le fête plus.

C'est maintenant l'Epiphanie ou les Rois qui lui sont préférés.

On trouvera à l'appendice n° 5, les procès-verbaux relatifs à l'entérinement des lettres patentes de François Ier ; ils rendent un compte simple, naïf et très intéressant du voyage des dignitaires du Bailliage de Saint-Pierre-le-Moustier, différé d'abord à cause des gelées et intempéries du temps, et ensuite entrepris à bref délai malgré la continuation du mauvais temps. L'appendice comprend la lettre de Marie Dalbret.

CHAPITRE XVII.

PLAN DES FORTIFICATIONS DE DORNECY. — NOMS DES PORTES, PLANTATION DES BORNES INDIQUANT L'EMPLACEMENT DES TOURS ET POTERNES. — OBSERVATIONS SUR LA DISPARITION DES FAMILLES. — PRÉFÉRENCE MARQUÉE DE PRÉNOMS.

> Jadis les gens du peuple n'étaient connus que par un sobriquet tiré de leur profession, de leur pays, de leur conformation physique ou de leurs qualités morales. Ce sobriquet devenait le nom de la famille bourgeoise qu'ils fondaient lors de leur affranchissement. (BALZAC).

Le plan des fortifications qu'on trouvera appendice n° 6, a été dressé par un parent de celui qui écrit ces lignes, M. Henri Lyonnel, originaire de Dornecy, professeur distingué de l'Université et habile dessinateur.

Les procès-verbaux d'entérinement des lettres patentes de François Ier contiennent la description des endroits où trois portes monumentales devaient être établies et dont les noms seraient : porte de Bourgogne, porte de Clamecy et porte de Monceaux. Ils constatent aussi, avec grand soin, la plantation de nombreuses bornes destinées à fixer l'emplacement des tours et poternes à édifier.

Le tout a été fait non seulement à la requête de Martin

Belin, juge et garde de la terre et seigneurie, mais encore en présence de tous les manants et habitants de Dornecy, dont on trouvera la liste appendice n° 7.

Ces mêmes procès-verbaux constatent également les protestations et les refus de certains seigneurs ayant fief, de contribuer d'aucune façon aux frais que ces fortifications occasionneraient *parce qu'ils étaient nobles et vivaient noblement...*

Malgré les protestations de ces hobereaux, il fut passé outre par les magistrats de Saint-Pierre-le-Moustier, qui avaient sagement apprécié leurs prétentions.

Voici l'opinion de Guy-Coquille à ce sujet :

« La conservation de la ville emporte la conservation
« de tous les biens et des personnes pour cause desquel-
« les les dits biens sont vouez et destinez selon la raison
« de la loi romaine *magis puto* ; si l'imposition est pour
« les fortifications de la ville et pour les commoditez
« publiques des habitants comme pour les murailles
« et tours, horloges, etc. Tous y sont contribuables,
« ecclésiastiques et nobles et tous autres exempts et non
« exempts ». Ainsi fut jugé par arrêts nombreux (Art. 7, Commentaires de la Coutume du Nivernais).

Sur la liste des habitants de Dornecy (appendice n° 7), on trouvera à peine trois noms existant encore aujourd'hui sur environ 230 familles qui y étaient il y a 348 ans.

Il n'y a rien de surprenant si on médite les derniers travaux de statistique, notamment celui de M. G. Lagneau, qu'il a communiqué à l'Académie de médecine tout récemment. On a déjà constaté que la plupart des familles nobles ou bourgeoises disparaissent dans l'intervalle de quelques siècles.

En 1846, M. Lainé n'avait trouvé que 12 descendants

de 314 familles ayant existé au xiie siècle. Benoiton de Châteauneuf trouvait de son côté que 380 familles nobles dont il avait suivi l'histoire avaient eu une durée moyenne de 300 ans.

Dans une commune d'environ 800 âmes, rapprochant les noms portés par un terrier de 1555 des noms inscrits sur la liste électorale actuelle, M. Lagneau constate que des 127 noms de famille inscrits au terrier il y a 333 ans, il n'en reste plus que 14, soit 11 0/0. Les familles d'ouvriers et de paysans suivent donc la loi commune et décroissent comme les familles nobles et bourgeoises. Au commencement de ce siècle on comptait 4 enfants par ménage ; aujourd'hui on en compte pas tout à fait 3 (2,97). M. Lagneau cherche à évaluer l'accroissement ou la diminution des familles suivant qu'elles ont une moyenne de 4 ou de 3 enfants, tenant compte de la durée d'une génération évaluée à 31 ans ; du nombre des mariages stériles qui est d'environ 13 0/0 ; de la proportion des sexes (105 garçons pour 100 filles) ; de la mortalité chez les garçons parvenus à l'âge de 28 ans, 40 0/0. L'auteur du mémoire montre que 100 familles ayant 400 enfants aux 8e, 12e et 15e générations, après 217, 341, 434 ans, ont 2 fois, 3 fois et 4 fois plus de garçons contractant mariage que lors de la 1re génération. Au contraire, pour les familles n'ayant que trois enfants, il prouve combien est rapide la décroissance masculine. Sur 100 familles, ayant 300 enfants, à la 5e génération, après 124 ans, plus de la moitié n'ont plus de descendance masculine ; 49 garçons seulement contractent mariage. A la 7e génération, après 186 ans, près des deux tiers de ces 100 familles n'ont plus de descendance masculine ; 34 garçons seulement contractent mariage. A la 9e génération, après 248 ans, les descendants mâles transmettant le nom paternel ne représentent plus que le quart, 25 sur 100 des familles primitives. Enfin à la 15ᵉ génération, après 434 ans, les neuf dixièmes de ces 100 familles n'ont plus de descendance masculine.

Telle est la rapide diminution des familles ayant une moyenne de 3 enfants par ménage, proportion actuelle de la natalité légitime en France. Donc si notre population s'accroît annuellement encore quelque peu d'environ 3 pour 1,000 habitants, le minime accroissement tient d'une part à la natalité illégitime de 7 ou 8 enfants naturels pour 100 enfants en général, d'autre part à l'immigration de près de 3 étrangers par 100 habitants.

Il est facile de faire pareille statistique sur la population de Dornecy ; bornons-nous simplement à constater qu'en 1543, d'après la liste (appendice nº 7), la population était composée de *230 familles ayant feu et lieu.*

348 ans plus tard, en 1891, il y en a 378 qui ont droit à l'affouage, c'est-à-dire à une portion de la coupe annuelle des bois. Sur ces 378 il y a des veuves, car on ne compte que 326 électeurs ; c'est à peu de choses près le tiers en augmentation pendant trois siècles et demi.

M. Vignat a exposé à l'Académie des sciences les résultats de ses recherches sur les noms de baptême en usage dans l'Orléanais, du XIIᵉ au XIVᵉ siècle ; il constate la popularité du nom de *Jean* pendant cette période et s'étonne de l'exclusion de celui de *Paul*. M. Saint-Roman a étudié la même question, en ce qui concerne le haut Dauphiné, et a trouvé le nom de Jean 60 fois sur 100, pas une seule fois celui de Paul.

Nous avons fait la même étude pour Dornecy, nous

avons trouvé 61 fois le nom de Jean, et pas du tout celui de Paul, dédaigné dans la contrée à cause de sa rudesse et de sa violence. Il était, au dire de Jérome et de Cyprien, gros, court, large d'épaules, ses sourcils noirs se joignaient sur son nez aquilin, ses jambes étaient crochues, etc.

M. Renan, qui a écrit sur la vie de cet apôtre, dit :

« Paul n'est pas Jésus ! Que nous sommes loin de toi, « cher maître ; où est ta douceur, ta poésie ? Toi qu'une « fleur enchantait et jetait dans l'extase, reconnais-tu « bien pour tes disciples ces *disputeurs, ces hommes* « *acharnés* sur leurs prérogatives qui veulent que tout « relève d'eux seuls. »

Cependant, rendons justice à saint Paul ; il écrivait aux Corinthiens, chap. vii : « Ce qu'on mange n'est pas ce qui nous rend agréable à Dieu. Si nous mangeons, nous n'aurons rien de plus devant lui, ni rien de moins si nous ne mangeons pas. »

En d'autres termes il ne s'occupait nullement des jours maigres.

Il traite d'impies, d'imposteurs, de diaboliques, de consciences gangrenées ceux qui prêchent le célibat ; lui même était marié. Il proscrit moines et nones et dit : La femme sera sauvée si elle fait des enfants. (Chap. ii, à Timothée).

Il appelle toujours Jésus comme homme et jamais Dieu. (5 aux Ephésiens, 8 aux Hébreux. Chap. ii).

Voici, pour terminer, un document statistique très curieux de M. Guérard sur la commune de Palaiseau à la fin du viiie siècle, où l'abbaye de Saint-Germain-des-Prés possédait un domaine. L'aisance *matérielle* des paysans de Palaiseau au temps de Charlemagne ne diffère pas grandement de celle qu'ils peuvent avoir de nos jours. La population est à peu près la même ; enfin la culture de la terre elle-même a peu changé. On ne pourrait pas en dire autant pour l'abbaye de Vézelay, ni pour la chartreuse de Bellary dont nous parlerons, ni pour beaucoup d'autres.

CHAPITRE XVIII.

BANQUET POPULAIRE APRÈS L'ACHÈVEMENT DES FORTIFICATIONS.
ANECDOTES

> Les Bourguignons doivent souvent aux bons crûs de leur province des habitudes de gaieté bruyante et une verve gauloise qui laisse sa trace dans des écrits fort libres.
> (A. MEZIÈRES).

Nous trouvons dans des vieilles notes poussiéreuses laissées par un joyeux tabellion de l'époque, une narration complète d'une fête populaire. Nous nous faisons un devoir de la mettre sous les yeux du lecteur.

Elle eut lieu lors de l'achèvement des travaux de fortification qui mettaient désormais à l'abri du pillage les habitants de Dornecy.

Elle fut très gaie et somptueuse pour l'époque.

Le banquet se fit sur la vaste place du champ de foire qui était déjà clos de toutes parts, avec ses deux portes monumentales.

On en conserva longtemps le souvenir, non seulement parce que le festin, dit le chroniqueur, avait *des fricots bien accomodés* et à profusion, entr'autres un sanglier entier, roti, « pris dans le bois de la Madeleine, nourri

« de glands, ce qui fait que la viande n'était pas mol-
« lasse. Il y avait autour, comme du temps d'Auguste,
« empereur romain, ainsi que le raconte Horace, des
« raves, des laitues et des racines propres à réveiller
« l'appétit, du céleris et de la saumure. Et, en outre,
« des hérissons cuits à la façon de Curtillus, qui était le
« contemporain d'Horace. Ces hérissons, aussi bons que
« ceux de Misène, venaient des prairies de Boingle,
« situées derrière le Montmartin. » Le tout arrosé par de
nombreuses feuillettes de vin excellent, offert gracieusement par les notables, mais encore, parce que l'éclat
de cette fête, suivant l'expression d'aujourd'hui, était
rehaussé par la présence de : 1° Théodore de Bèze, de
Vézelay, celui qui présida le synode de la Rochelle;
2° Monseigneur Jacques II, autrement dit Paul Spifame,
alors évêque de Nevers, qui, peu de temps après, fut
accusé de favoriser la religion réformée dont Th. de
Bèze était l'un des chefs.

Cet évêque fut obligé de se retirer à Genève, où on
lui constitua une redevance sur des moulins. Ce qui fit
dire plus tard : *d'évêque il est devenu meunier*. Telle est
l'origine de cette expression proverbiale (1).

La satisfaction et le contentement des habitants de
Dornecy d'avoir enfin, après tant de démarches et de
sacrifices, fortifié le bourg, leur avaient mis la joie au
cœur. Ils la manifestaient gaiement et bruyamment.

---

(1) C'est un an avant que Paul III, pape, restaura l'inquisition qui
était tombée en décadence. Le jésuite Loyola appuya de tout son
pouvoir la bulle solennelle qui fut lancée à ce sujet. Ce Pape avait
un fils appelé Farnese, auquel il avait donné Parme et Plaisance,
détachés des Etats de l'Eglise. Ce fils débauché était l'effroi de
l'Italie. Il fut assassiné par suite d'une entente entre les principaux
seigneurs et Charles Quint.

La tolérance chez eux pour les idées religieuses y a existé de tout temps.

Ainsi aux côtés de Th. de Bèze et de Spifame, étaient assis à la même table deux bons vivants, au dire du chroniqueur, le curé et le prieur de Dornecy. On y remarquait en outre, dit-il, deux ermites ou soi-disant tels, aussi joyeux viveurs, celui de Saint-Martin-de-Vézelay, surnommé *courte oreille*, et l'autre de Saint-Georges, à Sardy-les-Forges.

L'un et l'autre très connus à Dornecy, avaient jugé à propos de quitter leur ermitage pour assister à cette fête. Ils prouvèrent, ajoute-t-il, d'une manière éclatante, par leur entrain et leur bon appétit, qu'ils ne se nourrissaient pas seulement de racines, ni qu'ils ne s'abreuvaient pas que d'eau claire. Cela se voyait à leur mine rubiconde avec nez bulbeux, pommettes saillantes et veinées de rouge, comme de vieilles feuilles de vignes.

L'ermite de Saint-Georges avait grande renommée dans la contrée, avouons le tout de suite, à cause de son âne. Il en fut de même, il est vrai, pour Balaam, d'après les saintes Ecritures ; c'est son ânesse bavarde qui a rendu son nom célèbre ; pourtant, suivant certains commentaires, cette ânesse ne savait ce qu'elle disait.

L'âne de notre ermite n'était pourtant qu'un misérable baudet, râpé, pelé et surtout triste et mélancolique. L'ermite quittait fréquemment son ermitage et allait de compagnie avec celui-ci, l'un portant l'autre, à Dornecy, Villiers-sur-Yonne, Brèves et autres paroisses voisines, pour y recueillir des provisions en échange desquelles il marmottait des neuvaines.

Dans l'une de ses tournées, à Brèves, il laissa son âne suivant l'habitude, seul et libre sur la place publique, aux abords du moulin, près le pilory qui existait alors.

Un vieux tilleul, planté du temps de Sully, est encore près de cet endroit.

Ce malheureux âne, de mœurs paisibles, restait habituellement tranquille et attendait patiemment son maître faisant ses visites accoutumées aux personnes pieuses. Ce jour-là, hanté sans doute par des idées noires, idées de suicide parfaitement raisonnées, voulues, et préméditées, il descendit gravement sur le bord de l'Yonne et entra délibérément dans le biez du moulin. Le chien du meunier, espèce de terre-neuve, voyant qu'il perdait pied et ne nageait pas, accourut à son secours, le saisit par l'oreille et le ramena sur la berge où se trouvait, dit le chroniqueur, une dizaine de personnes attirées par cet événement. L'âne regarda un instant tout le monde de son grand œil triste, puis reprit vivement la direction de l'eau. Le chien le voulant saisir de nouveau, pour l'en empêcher, il lui détacha une ruade qui le débouta de ses idées de sauvetage et précipitamment se jeta pour la deuxième fois dans le biez du moulin, la tête la première, sans faire aucun mouvement pour se soutenir. Les personnes présentes, le meunier en tête, ainsi que l'ermite prévenu et arrivé à la hâte, le ratrappèrent mais complètement noyé.

Pour tous les spectateurs de cette triste scène, il n'y eut aucun doute possible sur l'intention bien arrêtée de la pauvre bête d'en finir avec la vie. Il y avait eu préméditation.

On a beaucoup parlé de l'âne de Buridan, à propos du libre arbitre, se laissant mourir de faim entre deux mesures d'avoine, ne sachant faire un choix de l'une ou de l'autre.

Le bourriquet de l'ermite de Saint-Georges a su, lui, prendre une détermination énergique et fatale ; elle prouve qu'on ne doit pas nier l'intelligence des animaux, puisqu'ils ont celle de mourir quand leur vie leur paraît à charge.

Montaigne se demandait si les animaux raisonnent, pensent et parlent entr'eux. Cependant il était d'avis, avec Pline, qu'ils avaient enseigné la médecine à l'homme.

L'abbé de Coudillac et tous les philosophes du xviiie siècle soutinrent que les animaux sont, dans une certaine mesure, doués de sentiments d'intelligence et de volonté. La brebis atteinte du tournis se débarrasse de la vie en se brisant la tête contre un arbre.

On cite l'histoire de *Thisbé*, la petite chienne de Marie-Antoinette, femme de Louis XVI ; cette infortunée Reine l'aurait voulue dans sa prison, mais la municipalité ne le lui permit point. L'animal écarté aux portes de la Conciergerie se réfugia dans la grande salle du Palais ; une marchande de modes appelée *Arnaud* l'y trouva et l'emporta chez elle. Mais craignant d'être suspectée pour recéler chez elle une chienne *ci-devant*, cette dame Arnaud cachait l'animal dans une pièce sombre et retirée. Il paraît que Thisbé, navrée de cette détresse, après les grandeurs de la cour, désespérée de ne plus voir sa douce maîtresse se suicida. Elle se précipita dans la Seine par la fenêtre de la maison située alors sur le pont Saint-Michel.

Parlons maintenant de l'ermite de Sainte-Marthe qui s'était acquis un genre de célébrité que nous ne tairons pas et qui lui a valu le sobriquet de *courte oreille*.

C'était un observateur profond ; c'est lui, dit-on, qui a remarqué le premier, au dire du chroniqueur, qu'un âne ne peut braire à son aise que la queue en l'air. Pour le faire taire, le seul moyen serait de lui baisser cet appendice en l'attachant.

Dans ses tournées habituelles cet ermite fréquentait de préférence Asnières, Chamoux, Cray et les Bidaux. Il fut surpris un jour en ce dernier village par un charbonnier surnommé Pierre le Bidaudier, juste au moment où il demandait à la jeune femme de celui-ci une singulière aumône. Le mari furieux en tira une vengeance exemplaire. S'inspirant des idées de saint Pierre, son bienheureux patron, qui, d'après l'écriture, coupa l'oreille à Malthus, il en fit autant à l'ermite : d'un coup de serpe il lui enleva l'oreille gauche, c'est pourquoi on l'appela depuis *courte oreille*.

L'âne de cet ermite était, comme son maître, très vigoureux et comme lui aussi sous poil rouge. L'ermite prétendait que cet animal descendait du croisement d'un âne de Selle de Perse avec un onagre apprivoisé; le produit supportant fort impatiemment l'état d'esclavage. Il est toujours sous poil rouge, d'où vient le proverbe : *Méchant comme un âne rouge*. L'onagre est célèbre dans l'écriture sainte. Moïse avait défendu de l'accoupler avec ses congénères. Il est encore plus fameux par les prostitutions dont il a été l'objet et dont parlent souvent les prophètes bibliques. Pallas, célèbre voyageur et naturaliste, déclare que ces excès bizarres sont encore religieusement accrédités chez les Persans et les Nogaïs comme un remède souverain contre les maux de reins et la goutte sciatique. C'est ce que savait l'ermite qui n'en a jamais été atteint, toujours d'après le chroniqueur.

Arrivons après cette longue digression au banquet.

Il est étonnant, dira-t-on, que les habitants de Dornecy aient eu l'idée de faire un banquet dans ces temps de trouble et d'inquiétude ; c'est qu'ils démontraient par là une grande force de caractère, dont ils sont du reste coutumiers.

Il est bon de rappeler qu'à cette époque, ou pour mieux dire pendant 37 ans, de 1523 à 1560, les guerres de religion occasionnèrent de grands ravages en cette contrée. Les protestants souffrirent les persécutions les plus horribles que l'esprit sacerdotal puisse imaginer. Plusieurs milliers de français furent brûlés vifs et à petit feu pour les faire souffrir d'avantage.

C'est à cette occasion que Th. de Bèze a prononcé ces paroles qu'on a retenues : « *Frappez tant qu'il vous plaira, c'est une enclume qui usera bien des marteaux* ».

Les protestants firent le siège de Vézelay qu'ils enlevèrent. Les assiégeants, dit Lebœuf dans son histoire, étaient conduits par Sarrazin et du Blosset ; la milice de Vézelay par de la Chasse et le capitaine de la Coudre. Les catholiques sous la conduite de Sansac essayèrent de reprendre Vézelay ; un combat sanglant eut lieu sans résultat.

Plusieurs tentatives nouvelles furent faites avec combats terribles. Dans l'espace de deux ans, trois sièges ont été soutenus, le dernier avait duré huit mois, plus de la moitié des habitants y périt. La peste ajoutant ses ravages en épargna un petit nombre. Ce fléau avait déjà désolé ces contrées en 1526, il reparut plus tard en 1637.

Nous lisons que pendant la peste de 1526 les habitants de Vézelay se rendirent processionnellement à Avallon, pour implorer saint Lazare qui y était en grande vénération, toujours sans grand résultat.

Châtel-Censoir se distingua aussi par ses processions. Il réunit un jour 16 paroisses pour aller ensemble à Montillot, Lucy, Pousseaux, Clamecy, Dornecy et autres lieux. Les plus fervents suivaient nu pieds.

En juin 1615, 12 habitants désignés par le chapitre

pour porter la châsse de saint Potentien, étaient la tête et les pieds nus.

On suppose que les habitants de Châtel-Censoir furent mécontents de saint Potentien, qu'ils ont remplacé. On ajoute qu'ils ont souvent changé de patron. On cite les noms d'autres bienheureux qui étaient par eux invoqués; nous relevons ceux-ci : saint Savinien, sainte Potentiane, saint Hilaire de Poitiers, qui déjà avait été remplacé par saint Potentien, saint Gervais et saint Protais, saint Philibert, saint Vincent, saint Jacques, saint Pellerin, saint Marc, saint Georges, etc.

C'était, il faut le dire, l'usage assez fréquent de changer les saints lorsqu'ils n'accordaient pas la protection demandée. Nous voyons qu'en 1553, un noble pontife, évêque d'Auxerre, appelé Tintevile, qui aimait le bon vin comme fait tout homme de bien, vit pendant plusieurs années, au dire de Rabelais, les frimats, verglas, froidures, gelées et autres calamités survenues aux fêtes des saints Georges, Marc, Vital, Eutrope, Philippe et autres, entra en cette opinion que les saints susdits étaient grêleux, geleux, les fit translater en hiver, entre Noël et l'Epiphanie, afin qu'ils pussent grêler et geler tant qu'ils voudraient.

Notons que les vieux titres d'Avallon mentionnent que malgré la protection du bienheureux saint Lazare, la peste y sévit en 870, 1032, 1347, 1515, 1555 et 1637.

D'après les historiens et les chroniqueurs, la peste de 1347, dite *la grande peste noire*, fut horrible et emporta les deux-tiers des habitants.

Voici à ce sujet ce que dit M. Augustin Thierry :

« Ceux qui restèrent, hommes et femmes se remarièrent en foule. Les survivantes concevaient outre mesure, il n'y en avaient pas de stériles ; on ne voyait

« que des femmes grosses, elles enfantaient deux à
« trois enfants à la fois. Ce fut comme après tout grand
« fléau, comme après la peste de Marseille, comme après
« certains tremblements de terre, une joie sauvage de
« vivre. »

On croyait alors que 37 saints avaient des vertus particulières si on les invoquait, pour avoir de la pluie, entr'autres saint Médard et sainte Suzanne ; deux l'arrêtaient, saint Raymond et saint Dié.

Le beau temps, le temps clair, était amené par saint Clair.

Saint Blaise commandait au vent, saint Dominique et saint Christophe faisaient cesser la grêle ; saint Gaucher apaisait les orages et saint Valérien les tempêtes. On était préservé de la foudre par saint Aurélien, sainte Hélène, sainte Scholastique, et du tremblement de terre par saint Juste et sainte Agathe. Une foule d'autres étaient invoqués pour une chose ou pour une autre, tels que saint Georges pour la surdité, saint Eptade, appelé vulgairement Etoupe, pour chasser les démons, sainte Diétrine pour guérir les diètres ou dartres, saint Franchy contre la maladie des troupeaux, saint Sébastien contre la peste, sainte Agathe près de laquelle les nourrices demandaient un lait plus abondant, saint Marc contre le mal de tête et les douleurs rhumatismales, et une foule d'autres dont l'énumération serait trop longue.

Les médecins eux-mêmes, en général très sceptiques, invoquaient comme protecteurs saints Luc, Côme et Damiens. Ils avaient une confrérie érigée par saint Louis le 25 février 1255.

En 1774, les édits de Turgot supprimèrent cette association comme les autres maîtrises et jurandes.

Il paraît que de nos jours plusieurs centaines de

médecins se sont réunis et reprennent dans toute son intégrité spirituelle le règlement de jadis, se groupent de nouveau et font chaque année un pélerinage à la basilique du Sacré-Cœur de la butte Montmartre.

La statistique de Clamecy, plus explicite, dit qu'en 1569 les Huguenots s'emparèrent du château de Brèves et ajoute : Le curé se défendit longtemps dans le clocher de son église, d'où il tua d'un coup de carabine le capitaine Bizet, qui s'en retournait avec ses troupes après avoir fait le siège du château.

Une trentaine d'années plus tard, les troupes de Vézelay saccagèrent le bourg de la Maison-Dieu et s'emparèrent du château de Metz-le-Comte, qui servit de retraite pour faire les courses dans le voisinage mis à contribution.

Saint-Pierre-du-Mont, Billy et autres lieux furent pillés, Dornecy et le village de Sur-Yonne, tous deux fortifiés, furent assiégés vainement; en 1591, 1er janvier, Dornecy fut assiégé de nouveau par le capitaine Champlemy, pendant plusieurs semaines ; les habitants se défendirent avec vigueur, il ne put s'emparer que du château situé en dehors des fortifications et fut obligé de l'abandonner peu de temps après ; il en fut chassé par les habitants de Dornecy, qui sortirent à l'improviste et lui livrèrent un combat sanglant.

Que de misères occasionnées par ces guerres de religions ou autres, suivies de la peste et de la famine.

Pendant la durée de trois règnes, de Hugues Capet, de Robert et de Henri Ier, qui comprend 73 ans, on en compte 48 de famine, dont 3 au moins furent antropophages, grande mortalité appelée *mal des ardents*. Sous les trois règnes suivants, Philippe Ier, Louis VI et

Louis VII (120 ans), 33 années de famine, 2 antropophages.

A l'époque de la grande épidémie de *peste noire* qui n'était dit-on, probablement que le choléra, on trouve dans de vieux documents du xive siècle des conseils sur l'hygiène à suivre qui sont dans le goût de l'école de Salerne, sur la nécessité de se tenir *les pattes au chaud et de ne pas voir Marguerite.*

Voici l'origine de cette citation célèbre trouvée dans ces documents, qu'exprime en peu de mots et en bouts rimés ce qu'il y avait à faire :

> Tiens tes pieds au chaud,
> Tiens vide tes boyaux,
> Ne vois pas Marguerite,
> Et de tout mal tu seras quitte.

CHAPITRE XIX.

DÉBAT DEVANT LE PARLEMENT DE PARIS ENTRE LES ÉCHEVINS DE DORNECY ET LES MOINES DE SAINTE-MARIE-MADELEINE, AU SUJET DE PRIVILÉGES HONTEUX.

> La servitude étant de naissance « tient et adhère à la chair et aux os ». Est-il rien de plus humiliant, de plus dégradant pour l'humanité.
> (G. COQUILLE).

Il a été un temps dans l'Europe chrétienne où il n'était pas permis à de nouveaux époux de jouir des droits du mariage sans avoir acheté ce droit de l'évêque ou du curé.

Les abbés et les prélats s'attribuaient, en outre, comme les seigneurs temporels, une singulière prérogative, fondée sur une espèce de loi féodale, qu'on regardait comme un droit coutumier; c'était la faculté de profiter, sans conteste, de la première nuit de noces de la fille du villain ou manant.

Ce droit infâme, appelé par excellence ou par dérision, le droit du seigneur, est connu, comme le dit Guy Coquille, dans plusieurs localités, sous le nom de *Marquette et de prélibation*.

Les seigneurs d'alors, il est vrai, ne statuèrent pas

que les femmes de leurs villains leur appartiendraient, ils se bornèrent aux filles.

Les jeunes fiancées donnaient donc, sans résistance, la première nuit de leurs noces, au seigneur châtelain, ou au baron, *quand ils les jugeaient dignes de cet honneur;* c'était bien entendu à leur choix.

Cependant on doit remarquer que cet excès de tyrannie ne fut jamais approuvé par une loi publique, mais seulement par certaines coutumes. Quoi qu'il en soit, il paraît qu'on usait et qu'on abusait de ce prétendu droit à un tel point, sur plusieurs régions de la Bourgogne et du Nivernais, qu'après mûres réflexions, à la suite de réunions des notables habitants de Dornecy, il fut décidé qu'on protesterait avec énergie contre ces coutumes.

En effet, à la suite de nombreuses démarches et de dépenses assez considérables, intervint un arrêt du Parlement de Paris, en date du 27 décembre 1591, rendu à la poursuite des Echevins de Dornecy, contre les Moines de Vézelay et ceux de Nevers, qui soutinrent la même cause, contre les Moines de Saint-Etienne de Nevers, qui donna gain de cause aux dits Echevins. Cet arrêt porte que désormais chaque mari pourra coucher avec sa femme sitôt après la célébration du mariage, sans attendre le congé, autrement dit la permission des Moines de Saint-Etienne de Nevers et de ceux de Sainte-Marie-Madeleine de Vézelay ; et cela, sans même payer le droit qu'ils exigeaient pour lever la défense qu'ils avaient faite de consommer le mariage les trois premières nuits de noces.

Quelques théologiens prétendaient que cette coutume était fondée par le quatrième concile de Carthage, qui l'avait ordonné pour la révérence de la bénédiction matrimoniale ; mais comme ce concile n'avait pas ordonné d'éluder la défense en payant, il est plus vraisemblable que cette taxe était une suite de la coutume qui donnait à certains seigneurs la première nuit des nouvelles mariées de leurs vassaux.

A ce sujet, et pour qu'on ne doute pas des faits énoncés, nous croyons bon d'ajouter, comme preuve supplémentaire, les documents qui vont suivre. Tout en priant le lecteur de ne pas s'effaroucher de certaines expressions un peu crues de l'époque dont nous parlons; expressions du reste employées par tous les historiens et chroniqueurs, qui disent les choses par leur nom. Ainsi Boileau dit : J'appelle un chat un chat et Rollet un frippon. Molière et bien d'autres de nos jours en font autant. Cela dit, arrivons au fait.

1° Un procès-verbal fait par Jean Fragnier, auditeur en la chambre des comptes de Paris, en vertu d'arrêt d'icelle, du 7 avril 1507, pour l'évaluation du comté d'Eu, tombé en la garde du Roi, *par la minorité des enfants du comte de Necers*, qui était alors *Engilbert de Clèves*, marié à Charlotte de Bourbon.

Au chapitre du revenu de la baronnie de Saint-Martin-le-Gaillard, dépendant du comté d'Eu, il est dit :

« Item, a ledit seigneur audit lieu de Saint-Martin, « droit de *culage, cuissage et jambage quand on se marie* ».

2° L'article 17 des coutumes locales du bailliage d'Amiens, rédigées à la même date de 1507, ainsi conçu :

« Item, et quand aucun des subjets ou subjetes dudit « lieu de Drucat se marye et la feste et nopces se font au « dit lieu de Drucat, le maryé ne peut coulcher la pre- « myère nuyt avec sa dame de nopce, sans le congié, « licence et auctorité du dit seigneur, ou *que le dit seigneur* « *ait couchié aveq la dite dame de nopce* ».

3° Au XII° siècle, les villains de Verson payaient aux

Moines de Saint-Michel trois sous quand leurs filles se mariaient hors de leur seigneurie, ce qui est exprimé dans cette coutume en ces termes :

> Si villain sa fille marie,
> Par dehors sa seigneurie,
> Le seigneur en a le culage,
> Trois sols en del mariage.

4° Dans un aveu du fief de Trop, en Normandie, daté de 1445, on lit :

« Les vassaux sont tenus de payer le collage du mariage ».

5° En 1440, au fief de Honneteville.

6° A Martinville, vicomté de Pont-Audemer.

7° En 1416, à Saint-Etienne-de-Laillet, au titre regards de mariage ou redevance.

8° Enfin en 1419, au lieu de la rivière Bourdet, dépendant du comté d'Eu.

« Aussy ay droit de prendre sur mes hommes et aul-
« tres quand ilz se maryent en ma terre, dix sous tour-
« nois et une longe de porc, tout au long de l'eschine
« jusqu'à l'oreille et la queue comprise en icelle longe
« avec un gallon (4 litres 54) de tel brevaige comme il
« y aura aux nopces où *je puis et dois, s'il me plaist, aler
« couchier avec l'espouse* en cas où son mary ou personne
« de par lui ne me paierait à moy ou à mon commande-
« ment l'une des choses dessus déclarées ».

Ces droits honteux ont été partout convertis en certaines prestations modiques, il est vrai.

Les évêques et les abbés possesseurs de fiefs et les curés, considérés comme leurs arrières-vassaux, imaginèrent la bénédiction du lit nuptial qui leur valait un petit droit connu sous le nom de *plat de noces*, c'est-à-dire leur diner en denrées ou en argent. Cependant, un arrêt de la Cour du Parlement de Paris du 19 mars 1409 avait défendu d'exiger quoi que ce soit des nouveaux mariés, *pour leur donner congé de coucher avec leur femme.*

Malgré les arrêts, nous voyons par de nombreux documents, que jusque vers la fin du xvie siècle les curés ne permettaient point aux époux de coucher ensemble avant la bénédiction du lit nuptial, bénédiction qu'ils se faisaient payer. Des curés et des évêques ne se bornaient pas à exiger ce droit, ils défendaient aux nouveaux époux de consommer le mariage pendant les trois ou quatre premiers jours qui suivaient sa célébration.

Pour s'exempter de cette servitude gênante, on payait.

Nous voyons par ces documents historiques qu'en 1708, et sans doute plus tard, aucune femme veuve de Dornecy, de Vézelay et autres contrées dépendant de la seigneurie des moines de Sainte-Madeleine, ne pouvait convoler à de secondes noces qu'en obtenant le consentement du Révérendissime abbé ou de son Prévôt.

Si l'on voulait recueillir tous les faits relatifs à ces exactions, et constatés à la suite de discussions par des procès-verbaux, des jugements et arrêts, on en ferait un gros volume.

CHAPITRE XX.

BOIS DE LA COMMUNAUTÉ DE DORNECY, TRANSACTIONS RÉITÉRÉES. — EXACTIONS DES DUCS DE NIVERNAIS

> Je seay qu'en ce grand abisme de parlement beaucoup de surprises peuvent être faites pour circonvenir la religion des juges. (G. COQUILLE).
>
> Quand je songe qu'il y a des hommes qui jugent d'autres hommes, je suis pris d'un grand frisson. (TOLSTOI).

Malgré que de toute ancienneté chacun des habitants de Dornecy payât trois deniers d'usage aux ducs de Nivernais chaque année, pour jouir des bois leur appartenant en commun, ils étaient constamment inquiétés pour des réclamations et des exactions nouvelles. Un procès était pendant devant le Parlement de Paris. Pour y mettre fin, s'assurer la jouissance paisible de ces bois et désormais être à l'abri de nouvelles charges imposées suivant le caprice de ces seigneurs. Ils se décidèrent à faire un sacrifice ; en effet, le 28e jour de février 1539, ils prirent l'engagement de payer aux dits seigneurs chaque année, à titre de *transaction*, dix huit deniers au lieu de trois, par chaque habitant ayant feu et lieu.

Cet arrangement fut pris avec Marie Dalbret, duchesse de Nivernais, que le lecteur connaît, à laquelle ils payèrent en outre et de suite cent cinquante écus sol.

24 ans plus tard, le fils de celle-ci, Jacques de Clèves, devenu duc de Nivernais, ne respectant pas la transaction intervenue entre sa mère et les habitants de Dornecy, menaça les malheureux manants *de les mener devant le Parlement de Paris* pour lui payer, en outre de la redevance annuelle convenue, une somme de deux cents livres tournois.

Pour éviter ce procès, les pauvres habitants se résignèrent et payèrent cette somme, ainsi que le constate une nouvelle transaction du 28 mai 1563, confirmant cette fois, disait-on, d'une manière formelle et définitive, le droit des habitants de Dornecy sur la propriété incommutable des bois en question.

Ils demeurèrent donc tranquilles et commencèrent à avoir foi aux promesses et aux traités conclus par actes authentiques avec leurs seigneurs. Ils s'y fiaient d'autant plus, dit le prieur de Dornecy, dont la famille était originaire de ce bourg, qu'ils suivaient les préceptes du vénérable Baudry, évêque de Noyon, qui s'exprimait ainsi, avec ceux qui étaient sous sa domination toute paternelle :

« La mémoire est le trésor de la vie humaine qui pré-
« serve d'oubliance *les faicts et dicts* mémorables des
« hommes. Cela ne suffit pas, nous apprenons par
« l'exemple et les paroles des saints pères de l'Eglise,
« que toutes les bonnes choses doivent être confiées à
« l'écriture, de peur que par suite elles ne soient mises
« en oubli. »

Quoique les préceptes du digne évêque aient été suivis comme articles de foi, les manants de Dornecy furent encore menacés du Parlement de Paris, où se portaient les appels de toutes les justices de France, au sujet des mêmes bois, mais cette fois avec une rigueur et une dureté excessives, par le petit-fils de Marie Dalbret, le très haut et puissant seigneur Charles de Gonzague de Clèves, duc de Nivernais et de Rethellois, prince de Mantoue, marquis d'Isle, pair de France, gouverneur et lieutenant général pour le roi en ses pays de Champagne et de Brie. Ce dernier exigeait des pauvres manants, sans avoir égard aux précédents traités, à la parole donnée et écrite par ses ancêtres et en se moquant des préceptes du saint évêque, non seulement les 18 deniers par forme de *cens*, mais encore 12 deniers pour le droit de *bourgeoisie*, à chacun jour de Saint-Rémy, payables aux receveurs et *accenseurs* de monseigneur, toujours avec la promesse de celui-ci, comme l'avaient fait ses ancêtres, de ne jamais prétendre avoir aucun droit sur lesdits bois, lui et ses successeurs, sans qu'ils puissent *mourir débat en iceux et à cause d'eux;* et de plus sous la condition que les habitants paieraient la somme, énorme pour l'époque, de 1,800 livres tournois. (Les deniers tournois étaient frappés par l'archevêque de Tours, et les parisis, à Paris, par l'ordre du roi. Les deniers valaient la 12e partie d'un sou de ce temps, et le sou était la 20e partie de l'ancienne livre d'argent).

Que devaient faire les malheureux habitants à pareilles exactions? Pouvaient-ils lutter, malgré leur bon droit, devant le Parlement de Paris, contre un aussi puissant seigneur? Non évidemment. On n'écouta pas leurs plaintes bien motivées. Ils se résignèrent, suivant l'habitude, se soumirent humblement et payèrent à monseigneur, en vertu d'une nouvelle transaction du 7 avril 1607, reçue par Charpy, notaire à Saint-Pierre-le-Moustier (1).

(1) Appendice n° 8, 1re pièce.

Il avait été stipulé dans ce contrat que 1,200 livres tournois seraient payés le jour et fête de saint Jean-Baptiste, et les dernières 600 livres tournois le jour et fête *de Saint Martin d'hyver, le tout prochainement venant.*

Les malheureux habitants s'arrangèrent de façon, en empruntant, se cotisant et s'imposant de lourds sacrifices, à se débarrasser de suite et pour toujours (ils le croyaient) de toutes les réclamations de leur seigneur ; ils chargèrent trois d'entr'eux, dont voici les noms : Claude Vesle, Gond Berryat et Philippe Moureau, de signer la transaction et de payer immédiatement les 1,800 livres, ce qui fut fait.

Nous remarquons que c'est Catherine de Lorraine, dont nous aurons occasion de parler, femme de ce Gonzagues, qui en a donné quittance à la suite de l'acte même.

Les habitants de Dornecy auraient pu croire qu'après ces trois demandes successives, suivies de transactions, ils pourraient enfin vivre paisiblement et sans avoir désormais aucune inquiétude.

Ils furent pourtant encore tourmentés une quatrième fois par le duc de Mantoue, comme héritier pour partie du duché de Nivernais. Nous raconterons au Chapitre XXVI les démarches et les nouvelles charges qu'ils ont été obligés de faire et d'accomplir pour rester enfin maîtres des bois appartenant à la communauté.

Dans les notes et mémoires de Gond Berryat, qui était notaire à Dornecy, et dont la fille, Antoinette Berryat, était mariée à Simon Boudin, descendant de celui dont il a été parlé pour les affaires de la commune de Vézelay, on trouve cette particularité au sujet de Catherine de Lorraine, femme de Gonzagues : Quand elle reçut et donna quittance des 1,800 livres, elle avait promis son appui aux manants de Dornecy en cas de besoin et si l'occasion s'en présentait. Quelques années après cette époque, au sujet d'un débat contre l'abbaye de Vézelay, ils eurent recours à ses bons offices. Elle s'y prêta de bonne grâce, on doit le dire, mais sans grand succès. Elle leur donna une lettre les recommandant chaudement à un grand dignitaire de l'Eglise, le cardinal de Larochefoucauld.

« Ce pauvre cardinal, dit un écrivain du temps, qui
« lisant son bréviaire dans les rues, fait arrêter son
« carrosse quand il vient aux *oremus*, croyant que Dieu
« ne peut entendre sa prière à cause du bruit des roues
« sur le pavé. »

Gond Berryat, qui raconte cette anecdote, que nous trouvons dans ses notes, ajoute ceci :

« L'abbé de Pomponne, qui vécut très vieux et du
« temps de ce cardinal, avec lequel il était très lié, avait
« un laquais de son âge à qui il donnait, outre ses gages,
« tant par jour pour dire son bréviaire à sa place, et qui
« le *barbotait* dans un coin des antichambres où son
« maître allait. Il s'en croyait quitte de la sorte, appa-
« remment sur l'exemple des chanoines de Notre-Dame,
« qui payaient les chantres pour aller chanter au chœur
« pour eux.. »

Si Gond Berryat eût vécu un siècle après, il est présumable qu'il aurait pris note que Monseigneur Nesmond, évêque de Bayeux, malgré sa vénération, était d'une telle simplicité, qu'au dire du duc de Saint-Simon ce saint homme *disait la messe tous les matins* et ne savait plus après ce qu'il disait du reste de la journée.

CHAPITRE XXI

FOUR BANAL DE DORNECY

> Le bon Bringuenarilles, hélas! mourut étran-
> glé mangeant un coin de beurre frais à la gueule
> d'un four chaud, par l'ordonnance des médecins.
> (RABELAIS).

Guy Coquille, le savant juriste du droit romain et du droit coutumier, que nous avons souvent l'occasion de citer, rappelle :

« Que les anciennes lois de France, dont est fait men-
« tion ès Capitulaires de Charlemagne et Louis, son fils,
« et selon qu'il est dit ès décrétales antiques, tirées d'un
« Concile national tenu à Worms, du temps dudit Charle-
« magne, chacune Eglise peut et doit avoir son principal
« domaine et manoir exempt de toute contribution. Elle
« avait, de plus, droit de moulins, fours et pressoirs ba-
« naux, qui est tel que les sujets sont tenus faire moudre
« leur bled, cuire leur pain et pressoirer leur vendange
« en ce lieu, à peine de l'amende et de la confiscation
« des denrées au profit du seigneur bannier. »

L'amende était de six deniers tournois chaque fois.

La rigueur des peines correspond à la rigueur de la servitude. Elle était d'autant plus oppressive qu'elle était inévitable.

Dans ces temps reculés, il n'y avait pas de moulins à vent ; les peuples étaient fatigués des moulins à bras et les particuliers ne pouvaient pas établir de moulins à eau, parce que les seigneurs s'étaient attribués la propriété de tous les petits cours d'eau qui traversaient leurs seigneuries.

D'ailleurs les pauvres habitants n'avaient point de bois pour construire soit les moulins, soit les pressoirs, ou pour chauffer les fours.

Il leur avait fallu subir la loi du temps.

Malgré que le révérendissime abbé de Vézelay n'eut pas son principal domaine à Dornecy, il y possédait une vaste habitation, appelée le Château. Le four banal était non loin de là, dans les dépendances d'une vieille maison, dite le *Quarre-Rouge*, ayant tourelle, appartenant au rédacteur de ces notes comme bien patrimonial. Elle était occupée, à l'époque dont il est question, par Jean Dufour, procureur fiscal, l'un de ses aïeux maternels.

Les derniers vestiges de ce four, qui était placé au coin d'un verger de cette maison, et la tourelle, ont disparu pour l'établissement de la route nationale n° 151, de Poitiers à Avallon.

Voici, quant à ce four, l'analyse d'un acte du 19 décembre 1613, intitulé note du roi, dont copie collationnée a été faite par Michel Bonhomme, notaire au ci-devant bailliage d'Auxerre et de Saint-Pierre-le-Moustier, sur une expédition, étant aux folios 566 et suivants du Terrier de Dornecy :

« Gabriel Léger, alors eschevin et procureur syndic de la ville et paroisse de Dornecy, assisté de Edme Mussard, procureur fiscal de Dornecy, à la part du duc de Nevers, qui était alors Charles de Gonzague, déjà nommé ;

« Gond Berryat, Blaise Dufour et autres, formant,

dit la note du roi, la plus grande et saine partie des habitants ;

« Ont reconnu que le révérend abbé de Vézelay avait droit, en ladite ville et faubourgs de Dornecy, à la banalité du four banal.

« Les habitants sont tenus d'y porter cuire leur pain pour la nourriture de leur ménage, et ledit seigneur abbé doit faire chauffer et cuire convenablement ; et il lui sera remis un pain sur vingt, comme il est exprimé audit acte, vingt pains l'un.

« Ceux qui vont cuire ailleurs et sont trouvés cuisant en leurs maisons, le pain est confisqué à monseigneur et sont les contrevenants amendables envers lui, suivant la coutume du Nivernais.

« Ne peuvent, les habitants de Dornecy et faubourgs, tenir fours, sinon ce que la coutume le permet, *pour y faire cuire fricauderie seulement.*

« En considération duquel droit appartient ès dits habitants, ès bois de monseigneur, assis audit Dornecy, droit d'usage de bois mort et mort bois, pacage et vaine pâture, qui est qu'ils peuvent envoyer pacager leurs bestiaux ès dits bois en toute saison de l'année, sans péril d'amende et ont pouvoir de *prendre des pierres en la Perrière d'Armance* ».

Les décrets du 4 août 1789 ont fort heureusement aboli ces servitudes, qui étaient une gêne intolérable imposée à la liberté individuelle. Guy Coquille, déjà cité, considérait déjà de son temps la banalité « comme une loi
« contre le commerce, que le droit commun lui résiste et
« qu'il n'est pas sage d'en faire extension. »

Plusieurs villages et hameaux faisaient d'énormes sacrifices pour s'en affranchir en payant une redevance au seigneur.

La petite commune d'Armes, située entre Clamecy et Dornecy, sur la rive droite de l'Yonne, a fait à cette époque reculée, pour s'en libérer, la vente au seigneur du lieu d'une pièce de bois de la contenance de 112 arpents, située au lieu dit le Parloir, entre Armes et Dornecy. Ces bois, qui appartenaient à cette petite commune, ont passé à la famille d'Arthel, représentant Jean d'Armes, président à mortier du Parlement de Paris, et en ces derniers temps vendus à l'ancien procureur général de la cour de cassation Delangle, originaire de Varzy.

Le 25 mars 1687, nous voyons que le seigneur de Brèves fit un bail du four banal de cette paroisse, moyennant un loyer annuel de 60 livres et 8 poulets.

Le fermier ne devait prendre non plus qu'un pain sur vingt.

Avec la condition, lorsqu'il en serait requis, d'aider à pêcher pour le seigneur, gratuitement, étant *seulement nourri*, dit l'acte.

CHAPITRE XXII

CLOCHES DE LA PAROISSE DE DORNECY, ORIGINE, COQ SUR LE HAUT DU CLOCHER, ANECDOTES, ETC.

> Ville sans cloches est comme aveugle sans
> bâton, un âne sans croupière, et une vache sans
> cymbale.
> (RABELAIS).

Le Bourg de Dornecy, bien avant l'époque à laquelle il s'était fortifié en s'entourant de murailles, tours et fortins, avait trois cloches. Il en existe bien encore trois, aujourd'hui, dont le carillon est renommé dans la contrée, mais ce ne sont pas les mêmes, les anciennes ont été refondues ou remplacées.

Dornecy avait ses trois cloches dès l'année 1483. L'une d'elles était destinée à sonner l'*Angelus* et le salut, institués par l'astucieux Louis XI en l'honneur de la bienheureuse Vierge Marie qui l'avait, disait-il, guéri miraculeusement.

Voici en quelle circonstance : Il avait eu recours avant l'intercession de la mère du Sauveur, à Saint François-de-Paule (Martorillo), qu'il avait fait venir à Plessis-les-Tours, sa résidence habituelle, pour le guérir des suites d'une maladie causée par une apoplexie. Le

Saint arriva avec les écrouelles, il ne guérit point le Roi, et celui-ci ne guérit point le Saint, malgré que de tout temps, les rois de France, depuis Clovis, eussent le droit divin d'opérer la cure des scrofuleux en les touchant de leurs mains qui avaient été ointes. La *Sainte-Ampoule*, que la tradition prétend avoir été apportée du Ciel, à Reims, par une colombe, pour le baptême de Clovis, était contenue dans une fiole qu'un membre de la Convention, *Ruhl*, brisa publiquement en 1793, ce qui n'empêcha pas que Charles X fut sacré à Reims avec la même substance le 30 mai 1825 et que conformément à une coutume superstitieuse du moyen-âge, on le conduisit à l'hôpital Saint-Marcoul, où il toucha 121 individus atteints d'écrouelles sans en guérir aucun.

Le sacre coûta 6 millions à la France, ils furent ajoutés à la liste civile dans ce but.

Autrefois, quand l'*Angelus* sonnait, chacun devait s'agenouiller et réciter un *Ave Maria*; c'était le matin, à midi et le soir.

Lamartine en parle ainsi en ces beaux vers que nous mettons sous les yeux du lecteur :

> C'est l'Angelus qui tinte et rappelle en tout lieu
> Que le matin des jours et le soir sont à Dieu.
> A ce pieux appel, le laboureur s'arrête ;
> Il se tourne au clocher, il découvre sa tête,
> Joint ses robustes mains, d'où tombe l'aiguillon,
> Elève un peu son âme au-dessus du sillon
> Tandis que les enfants à genoux sur la terre
> Joignent leurs petits doigts dans les doigts de leur mère.

L'habitude de s'agenouiller au son de l'Angelus existait surtout en Italie. On raconte que deux jeunes français se cherchaient un jour de grande fête sur la *Piazza del Duomo* (Place du Dôme), à Milan, sans pouvoir se retrouver, tout à coup l'*Angelus* sonne, tout le monde tombe à genoux excepté deux hommes qui restent debout ; c'étaient, on le devine, nos deux français qui ne comptaient pas sur ce nouveau genre de rencontre.

Ceci dit, revenons à nos cloches. Toutes les trois étaient mises en branle et sonnaient joyeusement à certaines fêtes *carillonnées*, particulièrement la veille et le jour de la Saint-Jean à l'occasion des feux dits de la Saint-Jean, dont l'usage existe encore en Bourgogne et en Nivernais et remonte vers la même époque de l'Angelus d'après certains chroniqueurs. Nous pensons qu'ils sont dans l'erreur et que cet usage des feux remonte beaucoup plus haut. En effet, on retrouve dans de vieux manuscrits des espèces de Noël ou chansons des feux, dans le genre de ceux dont parlait Saint-Eloy, huit siècles avant, en 588, dans ses allocutions, comme missionnaire dans les Gaules ; il défendait dès cette époque reculée à ses auditeurs de prendre part aux courses, danses et chansons le jour de la Saint-Jean.

Les habitants de Dornecy tenaient à avoir des cloches, mais surtout au nombre de *trois*, parce que ce chiffre indique, les vieux chroniqueurs en font mention, qu'on l'avait choisi à cause de l'ancienne tradition symbolique de l'église pour ce nombre, dont les chevaliers du Temple étaient restés fidèles. Jacques Molay, l'un de leurs grands-maîtres, pauvre chevalier bourguignon, était originaire de cette contrée. Sa famille y possédait des bois situés entre Dornecy et Vézelay, connus encore sous le nom des Molay.

Charles V, roi très chrétien, imbu de ces idées, en l'honneur de la Sainte-Trinité, réduisit à *trois* les fleurs de lys des sceaux.

On en trouve la preuve dans le catalogue du musée

des archives nationales dressé par Jules Guiffrey, le savant directeur de la manufacture des Gobelins. Il mentionne un document relatif à une défense d'aliéner l'hôtel Saint-Paul.

Le dessin de la lettre initiale représente le roi assis; au bas de l'acte trois fleurs de lys tracées à la plume sont invoquées comme argument en faveur de l'opinion qui attribue à Charles V la réduction au nombre de trois des fleurs de lys, auparavant illimitées.

Vers la même époque on fêtait les Kalendes, autrement fête des ânes, des fous, des innocents, selon la différence des lieux et des jours où elle se faisait. Le plus souvent c'était aux fêtes de Noël ou à l'Epiphanie.

Dans la cathédrale de Rouen, il y avait, le jour de Noël, une procession, où des ecclésiastiques représentaient les prophètes de l'ancien testament, qui ont prédit la naissance du Messie; ce qui peut lui avoir donné le nom de fête de l'âne, c'est que *Balaam* y paraissait monté sur un âne.

On a conservé dans la bibliothèque du chapitre de Sens en Bourgogne, un manuscrit en vélin, avec des miniatures où sont représentées les cérémonies de la fête des fous. Le texte en contient la description. Cette prose de l'âne s'y trouve, on la chantait à deux chœurs qui imitaient par intervalle comme par refrains le braire de cet animal.

On élisait dans les églises un évêque ou un archevêque des fous. Cette élection était confirmée par toutes sortes de bouffonneries qui servaient de sacre. Cet évêque officiait pontificalement et donnait la bénédiction au peuple devant lequel il portait la mitre, la crosse et même la croix. Tout le clergé assistait à la messe, les uns en habits de femmes, les autres vêtus en bouffons ou masqués d'une façon grotesque et ridicule.

Non content de chanter dans le chœur des chansons licencieuses, ils mangeaient et jouaient aux dés sur l'autel.

Quand la messe était dite ils couraient, sautaient, dansaient dans l'église en faisant mille postures indécentes jusqu'à se mettre presque nus, ensuite ils se faisaient traîner par les rues dans des tombereaux pleins d'ordures pour en jeter à la populace qui s'assemblait autour d'eux.

Cette fête se célébrait également dans les monastères de moines et religieuses, ainsi que le constate *Naudé*, médecin de Louis XIII, dans une plainte datée de 1645, adressée à *Gassendi*, au sujet des Franciscains d'Antibes.

On voyait à Autun, deuxième registre du secrétaire *Rotarié* qui finit en 1446, qu'à la fête des fous on conduisait un âne auquel on mettait une chappe sur le dos et on chantait : Hé ! sire âne.

Cette cérémonie se faisait dans tout le diocèse d'Autun dont Dornecy et autres paroisses voisines dépendaient. Celui qui était élu ne pouvait refuser ces fonctions.

Du Cange rapporte une sentence de l'officialité de Viviers, contre un nommé Guillaume qui ayant été élu évêque fou, en 1406, avait refusé de faire les solennités et les frais accoutumés en pareille circonstance. Un bourgeois de Melun, nommé Languille, fut élu dans une de ces fêtes pour représenter dans un mystère le rôle de Saint-Barthélemy, qui fut dit-on écorché vif. Dès que Languille aperçut le bourreau, il fut saisi d'une telle frayeur, qu'avant d'avoir été touché il poussa les hauts cris et se sauva, d'où vient le proverbe : *Il ressemble à l'anguille de Melun, il crie avant qu'on ne l'écorche.*

Les registres de Saint-Etienne de Dijon, en 1521, font foi, sans dire le jour, que les vicaires couraient par les rues avec fifres, tambourins et autres instruments et portaient des lanternes devant les préchantres des fous à qui l'honneur de la fête appartenait principalement.

Le parlement de cette ville de Dijon, par arrêt du 19 Janvier 1552, défendit la célébration de cette fête déjà condamnée par quelques conciles et par une lettre circulaire du 12 mars 1444, envoyée à tout le clergé du Royaume par l'Université de Paris.

Un docteur en Sorbonne, Jean Deslyons, dit qu'un docteur en théologie soutint publiquement à Auxerre, sur la fin du xve siècle « que la fête des fous ou de « l'âne n'était pas moins approuvée de Dieu que la fête « de la Conception immaculée de la Vierge, outre qu'elle « était d'une tout autre ancienneté dans l'Eglise. »

Dans la réunion de la Société savante tenue à Paris, le 23 mai 1888, l'abbé Arbelot a communiqué un travail sur les jeux et divertissements et particulièrement sur ceux dits de la *Quintaine* et des feux de Saint-Jean.

M. Geffray est d'avis que ceux-ci sont une tradition de l'époque payenne où les fêtes du feu étaient célébrées au moment du Solstice d'été.

Malgré la longueur de tous ces faits historiques nous devons encore les prolonger, pour rappeler d'autres idées symboliques auxquelles on doit l'usage de surmonter d'une figure de coq le haut des clochers. L'époque remonte à des temps très reculés, les écrivains du ixe siècle en font mention.

La plus ancienne représentation que l'on connaisse, d'une croix de clocher surmonté d'un coq, se trouve dans une tapisserie de Bayeux, qui date du temps de Philippe Ier (1053). Expliquons pourquoi on a autrefois jugé à propos de placer ce coq sur le haut du clocher.

L'exactitude avec laquelle le coq marque les heures de la nuit en chantant ordinairement par trois différentes fois, à minuit, à 2 heures et au point du jour, l'a fait prendre chez les anciens pour l'emblème de la vigilance et de l'activité. Les mytographes Greco-Romains (ceux qui s'occupent des sciences de la fable), racontent qu'Alectryon, favori de Mars, fut changé par ce Dieu en coq, parce qu'il s'était endormi au lieu de veiller à la porte du Palais de Vénus. Malgré le rôle que le paganisme faisait jouer au coq dans ses légendes, les chrétiens de la primitive église ne craignirent pas de le mettre au nombre des emblèmes de la vraie religion. Ainsi, on voit le coq figurer dans les Catacombes, pour signifier la vigilance chrétienne et le zèle pour le service de Dieu.

Un peu plus tard on en fit l'emblème particulier des ministres de la religion et principalement des prédicateurs, « qui, au dire de Saint-Eucher, au milieu des té- « nèbres de la vie présente s'appliquent à annoncer par « leur parole, comme par un chant sacré, la lumière de « l'éternité. »

Pour clore ce chapitre des cloches de Dornecy, disons que la plus ancienne est de 1580 et porte cette inscription :

    Je fus faicte et nommée Martin
    N° hom° Jacques de Loron, ecuyer
    N° hom° Philibert de Loron, ecuyer

Nous ferons remarquer que ce même Jacques de Loron, comparaît dans le procès-verbal dressé par Olivier Millet, au sujet des fortifications de Dornecy, pour protester et se refuser à payer, en sa qualité de noble, sa quote-part des charges imposées aux habitants pour édifier ces fortifications.

La deuxième ne porte que ceci :

JESUS-MARIA SANCTE MARTINE ORA PRO NOBIS
L'AN MIL D. I. II. II.

Voici, quant à la troisième, un Extrait du Registre des actes religieux :

1er juin 1733. — Bénédiction de la petite cloche nommée Marguerite, Simon Delinon, parrain, et Marguerite Duchaisnoy, épouse de Pierre Chappuis, marraine. La cérémonie faite par Bezanger, curé de Brèves (Boussières, curé de Dornecy, étant malade, il est mort dans la quinzaine suivante) assisté de Souard, curé d'Armes, Jamet, curé de Cuncy et Villiers-sur-Yonne, et Massé, curé de la Maison-Dieu.

L'Eglise actuelle de Dornecy a été, comme nous l'avons dit, reconstruite sur l'emplacement de l'ancienne. Voici ce que nous avons trouvé dans de vieux documents au sujet de l'ancienne église.

Le 11 juin 1464, Jean de Lanferna, écuyer, par son testament ordonna sa sépulture dans cette église, devant l'autel Saint-Ambroise.

Guyot de Merry, seigneur de Sardy, et dame Digoine sa femme, gendre et fille du testateur, sont témoins. (Archives de la Nièvre).

Dans de vieux titres, vers la même époque, on parle de Notre-Dame de Dornecy, notamment dans un inventaire des biens de l'abbaye de Vézelay, remontant à des temps reculés, on y voit que Dornecy avait un hôpital auquel un legs avait été fait.

Existait-il alors, comme on pourrait le supposer, en

dehors de l'église Saint-Martin, une autre église, ou bien une chapelle dépendant de cet hôpital dont on ne trouve nul vestige ?

Ce même inventaire parle d'un pré situé au lieu de Boingle appelé le pré des quatre prêtres. Il avait été donné à l'abbaye de Vézelay sous la condition que chaque année un service serait célébré à l'église Saint-Martin de Dornecy, par le curé de cette paroisse, avec l'assistance des curés de Brèves, Villiers-sur-Yonne et Armes (quatre prêtres), d'où est venue la qualification de pré des quatre prêtres.

On ne dit pas en faveur de qui ce service devait être célébré.

Guillaume le Bourgouin, écuyer, seigneur du Vernay et de *Larmance*, qui était en 1538 procureur du roi en l'élection du Nivernais, mourut le 27 avril 1578, et fut enterré dans l'église de Dornecy, sous une dalle portant son épitaphe et une croix fleuronnée, accompagnée de deux écussons, l'un à ses armes, l'autre aux armes de sa femme Lazare de Grautris. (*Recueil d'épitaphes avec Manuscrits de la Bibl. Nationale*).

Le 21 juillet 1612, Denys Camus, curé de Dornecy, fait un testament par lequel il lègue à la fabrique de cette paroisse une pièce de vigne d'un demi-arpent, située en Vaux Sages, sous la condition qu'il aurait droit à une *messe chantée*, suivie de *De Profundis* et *Liberas* sur sa tombe, le jour de Saint-Denys.

Plusieurs Conciles avaient défendu, avec raison, celui de Pragues en particulier tenu en 1563, d'enterrer dans les églises. Nous constatons que très peu de familles eurent *dans Rome* le privilège d'y faire élever des mausolés. La loi des 12 tables en faisait une défense expresse.

CHAPITRE XXIII

MŒURS ET ANCIENNES COUTUMES DE DORNECY
TIRÉES DES VIEILLES CHRONIQUES

> La peinture du présent n'est pas vraie sans le souvenir du passé, car aussitôt que l'on considère le passé, on est tenté de trouver le présent beau et honnête.
> (TAINE).

La communauté de Dornecy, plus heureuse que les paroisses voisines, jouissait de certaines franchises qu'elle avait conquises à force d'énergie et de ténacité.

Ainsi elle choisissait, par l'élection, les échevins et les syndics de la commune.

Elle y procédait, il est vrai, sous la présidence ou l'assistance du fonctionnaire délégué par le seigneur.

Voici un procès-verbal du 1er janvier 1694, dressé par Pierre Chapuis, lieutenant ordinaire de la ville et châtellenie de Dornecy, pour la dame du dit lieu (la duchesse de Nevers), à la requête des Eschevins, pour en nommer d'autres, qui furent Jean Lionnet et Jean Bonnotte.

Un autre du 3 novembre 1707, dressé par Edme Berryat, syndic perpétuel de la paroisse, à la requête de Jean Lionnet et Jean Magnin, assesseur et collecteur des tailles, pour choisir deux nouveaux collecteurs qui sont élus à l'unanimité, ce sont Hugues Magnin, laboureur, et Barthélemy Magnin, son fils.

Ces assesseurs et collecteurs étaient plutôt ce que l'on appelle aujourd'hui répartiteurs ou contrôleurs. Leur mission comportait la révision des listes de ceux qui devaient payer les tailles, d'ajouter des noms nouveaux et de supprimer ceux qui devaient être dégrevés de toute charge pour cause de pauvreté, de gêne ou de malheurs récents.

Le syndic convoquait la *plus grande et saine partie des habitants*, suivant l'ancienne expression, de pot à pot et au son de la cloche, au lieu accoutumé à tenir assemblée ; le plus souvent sur la place publique à l'issue de la messe, le dimanche de préférence.

On délibérait sur les choses intéressant la communauté, ainsi que le démontrent de nombreux documents des chroniqueurs du temps, que nous avons sous les yeux ; on y fixait les *bans* de vendange, de même que la date de la fauchaison des prairies de Boingle et de Villiers-sur-Yonne, dépendant pourtant, celles-ci, de la paroisse du dit Villiers.

Les comptes-rendus ou procès-verbaux de ces délibérations mentionnent que parfois les inondations ou débordements de la rivière d'Yonne causaient *la rouille* des foins. Voilà un de ces procès-verbaux entr'autres qui traite cette question de fauchaison, il est du 21 juin 1756 et a été dressé par Boucheron, juge de la chatellenie, assisté de Edme Boudin, qu'il a choisi comme greffier ou secrétaire. Ce procès-verbal, après les considérants, décide qu'il y a lieu de retarder la fauchaison à cause de la rouille des foins qui aurait pu occasionner la maladie des animaux.

On s'occupait également dans ces assemblées de l'élaguage et de la coupe des bois appartenant à la communauté dont chacun avait un droit appelé *affouage*.

L'entreprise s'en faisait aux enchères publiques et à forfait. Voici un procès-verbal du 14 septembre 1762 qui constate pareille adjudication ; il est dressé par Christophe Frottier, juge de la ville et chatellenie de Dornecy, assisté de Michel Bonhomme, procureur fiscal du dit Dornecy, à la requête de Edme Boudin, syndic de la communauté.

Il s'agissait aussi de l'entretien en bon état des chemins, des fontaines et des lavoirs à édifier ou à réparer, de la gestion de la tuilerie de la *Commange* ou de la Commune, fournissant la chaux, la tuile et la brique à chaque habitant qui en avait besoin, moyennent un prix réduit, de façon à donner le confortable de l'habitation, et en prohibant les toitures en chaume, pour éviter les incendies.

Dans ces réunions, on y agitait aussi des questions plus irritantes ou plus brûlantes. Il faut bien l'avouer, de toute ancienneté, la population de Dornecy avait la réputation, bien méritée, d'être comme celle de Vézelay foncièrement révolutionnaire, avec peu de tendance aux idées religieuses.

Un chroniqueur raconte que l'un des habitants de Dornecy, Martin Gauthier, homme fort éclairé pour l'époque, fut dénoncé, on ne sut jamais par qui malgré certains soupçons contre le curé d'alors ; il fut obligé de faire amende honorable, pour avoir eu l'audace de critiquer publiquement le vœu de Louis XIII (1638) qui consistait à mettre la couronne et le royaume de France sous la protection de la Sainte-Vierge. Les critiques étaient plutôt sur la cause de ce vœu que sur le vœu lui-même. Nous devons dire que l'amende honorable consistait dans un aveu que le coupable était tenu de faire en place publique, à haute et intelligible voix en présence de la foule assemblée, tête et pieds nus, en chemise, la corde au cou, portant un cierge de cire jaune à la main et un double écriteau fixé sur la poitrine et les épaules, sur lequel se trouvait le crime à expier. La peine de l'amende honorable fut abolie en 1791, rétablie sous la Restauration en 1825, et enfin effacée de nos Codes en 1830 seulement.

Ce malheureux Gautier n'avait pourtant dit que ce qui était vrai. Louis XIII, après 22 ans de mariage stérile avec Anne d'Autriche, revenait d'une visite faite dans un couvent, près de Bourg-la-Reine, à la sœur Louise (Mlle Lafayette); surpris par un orage et ne pouvant retourner à Saint-Germain, ni à Vincennes où il résidait alors, il alla fort à contre-cœur, demander asile, pour la nuit, à la reine, au Louvre.

De ce rapprochement fortuit, entre deux époux si mal d'accord, naquit Louis XIV. Gautier, nous le répétons, avait dit l'exacte vérité ; mais ce qui était grave, il osait émettre un doute sur la paternité du *Roi Soleil* en insinuant que le cardinal Mazarin qui était alors en pourparler au sujet de l'acquisition du duché de Nivernais, très lié avec Anne d'Autriche avait été choisi pour parrain de celui qui pouvait bien être son fils (des satires sanglantes de l'époque appelaient Louis XIV le fils de Mazarin). La marraine était la princesse de Condé, femme du Gouverneur des Etats de Bourgogne, et seigneur de Dornecy. Nous devons dire que les suppositions de Gautier étaient bien fondées; des lettres autographes d'Anne d'Autriche et de Mazarin, qui se trouvent à la Bibliothèque nationale (Manuscrits n° 177, boîte du Saint-Esprit) démontrent clairement les relations les plus intimes de ces deux personnages. L'aveu émane d'eux-mêmes.

Puisque nous citons ce vœu, ajoutons que Louis XIII avait la manie d'en faire. Le duc de Saint-Simon, dans ses mémoires, cite celui d'ériger un autel dans l'église de Notre-Dame-de-Paris, qu'il avait chargé son fils et son successeur Louis XIV d'accomplir ; celui-ci, dit le duc, n'y songeât que 50 ans après.

Ces détails historiques qui nous ont entraîné un peu loin ne doivent par faire perdre de vue qu'ils sont venus au sujet des réunions fréquentes des notables de Dornecy. Des débats étaient agités dans ces assemblées, ainsi que nous l'avons dit, tantôt pour une cause, tantôt pour une autre, soit avec le curé ou le prieur de la paroisse, soit avec le Révérendissime abbé de Vézelay. La fabrique de cette paroisse était riche en revenus. Elle avait plusieurs fermiers et tenanciers.

Nous avons sous les yeux un compte, entr'autres de l'année 1695, rendu à Claude-Nicolas Debard, prestre-baschelier en théologie, chanoine de l'église d'Authun et archidiacre d'Avallon par la fabrique de Dornecy, dans lequel on voit l'énumération des nombreux revenus qui en dépendaient. Ce compte est rendu en présence de Messire Jean Tapin, curé de la paroisse réduit à la portion *congrue* par Gond Berryat, notaire, le beau-père de Simon Boudin, lequel est le descendant de celui dont on a parlé comme filleul de Simon, le changeur de Vézelay.

Un procès eût beaucoup de retentissement l'année suivante, 1696, jusqu'au Parlement de Paris où il fut porté ; il était intenté par les eschevins contre le curé appelé Charron, homme érudit, adroit et tenace, comme le fameux abbé de Montboissier dont il a été si souvent parlé ; il était comme lui Auvergnat.

Dans l'une de ces assemblées (16 mai 1696), les habitants de Dornecy choisirent Simon Boudin, celui que nous venons de citer comme gendre de Berryat, notaire, et qui était en outre, à cette époque, lieutenant du Bailliage de Dornecy.

Dans ses notes que nous compulsons, il raconte son voyage par le coche légendaire d'Auxerre, qu'il n'a pû prendre qu'après avoir parcouru une douzaine de lieues à cheval ; il dit les démarches faites, à Paris, auprès de tel et tel avocat et procureur du Parlement, les sommes payées comme provisions ou honoraires ; notons que l'un d'eux, M. Dupin, parent de ceux de Clamecy, fut payé en bois de chauffage provenant des bois communaux de Dornecy. Il mentionne même les gratifications ou *pour boire* donnés aux huissiers et laquais.

Comme syndic, eschevins, procureur et notables habitans de Dornecy, nous voyons figurer les noms suivant : Pierre Chapuis, Machicourt, Gond et Edme Berryat, François Lemoine, Edme Boudin, Claude Tapin, Jean Lionnet, Jean Magnin, Edme Dénoux, Michel Bonhomme, Jacques Bonnotte, Pierre Barbarin, Edme Lauverlin, Charles Mussard, Jean Roche, Jean et Simon Delinon, Edme Dufour, Lazare Lionnet, François Lionnet, Edme Léger, Mathieu Poujault, Denis Thomas, Edme Padé, Loup Jacquard, Jean Doizy, François Mouillefer, Loup Baron, Jean Moriaux, Pierre Sirmain, Jean Vincent, Jean Bonnotte, Pierre Ganier, etc.

C'est dans la même année, le 14 novembre 1696, que par acte passé devant Tapin, notaire au duché de Nivernais, résidant à Villiers-sur-Yonne, François Lionnet et Edme Padé, maîtres-maçons et tailleurs de pierre à Dornecy, d'une part, et Lazare Vitureau, procureur syndic de la Maison-Dieu, Guy Labot, Nicolas Leborne, Isaac

Picard, François Garsault et Philibert Poussot, tous principaux habitants de la Maison-Dieu, d'autre part, ont fait le marché et entreprise *qui ensuit assacoir*, comme dit l'acte, que lesdits Lionnet et Padé devaient fournir et poser la quantité de vingt-cinq toises de pierres neuves dans l'église de la Maison-Dieu, provenant des perrières de l'Armance. Lesquelles pierres devant être tirées, taillées et posées par Lionnet et Padé, pour réparations de la vieille église. Les charrois devaient être faits par les habitants.

Cette église, qu'on réparait en 1696, étaient l'une des plus anciennes de la contrée; elle fut édifiée peu de temps après la Donation du Bourg de la Maison-Dieu, par Guillaume IV, comte de Nevers, au profit de l'évêché de Bethléem-lez-Clamecy, ainsi qu'il a été dit au Chapitre XII traitant de cet évêché et de l'hôpital de Pantenor.

On voyait encore dans ces derniers temps au cimetière de cette paroisse, des épithaphes, à peine lisibles, sur des pierres tumulaires, rappelant des noms célèbres autrefois, celui de Berryat notamment; mais par suite de vicissitudes humaines les derniers descendants de cette famille opulente étaient pourvus de fonctions bien humbles, celles de pâtres de la commune. Faisons remarquer au lecteur que malgré cette espèce de communauté républicaine qui existait entre les habitants de Dornecy ces derniers n'en étaient pas moins tenus à certaines redevances non seulement envers l'abbaye de Vézelay, outre son droit de four banal, mais aussi à supporter les droits seigneuriaux afférents aux ducs de Nivernais sur une partie du Bourg de Dornecy.

CHAPITRE XXIV

FAITS HISTORIQUES CONSTATÉS PAR DES ACTES RELIGIEUX DRESSÉS PAR LES CURÉS, RECOLLETS, CORDELIERS ET AUTRES MOINES QUI ONT DESSERVI LA PAROISSE DE DORNECY. — NOTICE RELATIVE AUX MAITRES D'ÉCOLE OU RECTEURS.

> L'histoire, c'est l'institutrice de la vie humaine, le flambeau de la vérité, et l'école de la vie.
> (CICÉRON).

Le premier curé dont on trouve le nom sur les registres est celui de Pierre Berriat, en 1593. Il devait être originaire de Dornecy et appartenir à cette famille Berriat dont nous avons eu plus d'une fois à citer le rôle dans diverses affaires de la communauté. L'un des descendants était médecin renommé à Auxerre. Il devint membre de l'Académie de Médecine vers la fin du règne de Louis XIV.

Le deuxième est Denys Camus, en 1607.

Le troisième est André Genet, en 1629, qui a occupé pendant vingt-cinq ans ses fonctions.

Le quatrième, pendant la vacance occasionnée par le décès de Genet, fut un Cordelier de Vézelay, du nom de Bachay, en 1654.

Notons, en passant, que c'est à Vézelay que fut fondé,

en 1219, le premier couvent de Cordeliers qui s'établit en France. Ils obtinrent de l'abbé de Vézelay l'église Sainte-Croix pour y célébrer l'office.

Nous remarquons que l'inhumation de Jean Tapin, eut lieu dans le chœur de l'église. Nicolas Badin et Pierre Chapuis, également curés, celui-ci âgé de 83 ans, furent aussi inhumés dans cette église.

En 1672, le 15 mai, Louis Fouquet, évêque et comte d'Agde, abbé et seigneur de Vézelay, tient un enfant sur les fonds baptismaux de Dornecy.

Le 21 mai 1684, le curé Charrou, dont le procès au Parlement contre les habitants de Dornecy est mentionné, constate que la Confirmation a été donnée dans l'église de Clamecy par Monseigneur Colbert, évêque d'Auxerre, à quatre-vingt-neuf personnes de Dornecy, dont il inscrit les noms sur les registres.

Le 8 février 1667, mariage de Edme Rignault, *béni par son père*, Léonard Rignault, curé de Trucy-sur-Yonne, auparavant avocat.

Et à propos de mariage, en voici deux à signaler :

L'un du 12 novembre 1793, de Jean-Baptiste Boullenot, curé de Dornecy, avec Geneviève Lamotte.

L'autre du 18 du même mois, de Louis-François Gillois, curé de Saint-Pierre-du-Mont, avec Rosalie-Tenaille de Laure.

Les deux futurs époux sont qualifiés non de curés, mais d'apôtres de la Liberté.

Nous relevons les signatures caractéristiques suivantes apposées aux deux actes : *Horace* Tenaille, *Brutus* Gobel, *Regulus* Bouvier, *Cassius* Gillois, *Diogène* Tenaille, *Aristide* Martin.

En voici un troisième, que celui qui trace ces lignes ne peut passer sous silence : c'est celui de ses père et mère, dont la célébration n'a pu être faite qu'après dispense d'âge de la future, Marie Lyonnet, âgée de 14 ans et 2 mois, avec David Boudin. Laquelle dispense a été accordée par décret de Napoléon I*er*, au quartier impérial de Moscou, le 10 octobre 1812, sur le rapport du duc de Massa, grand-juge, ministre de la Justice.

Le 14 mai 1650, on trouve un baptême de *Jean*, enfant *naturel* de Marie Petit et de Jehan de Pille, fils d'Adrien de Pille, contrôleur au Grenier à Sel de l'élection de Clamecy. Il était de la famille du fameux peintre Roger de Pille, originaire de Clamecy, qui fut massacré avec Jean Goujon, le professeur Ramus et autres le jour de la Saint-Barthélemy, le 24 août 1572.

Nous constatons, en passant, que le massacre de la Saint-Barthélemy eut lieu à La Charité-sur-Loire (Nièvre) le 26, à Bourges le 11 septembre, etc. Croirait-on qu'un lit de justice au Parlement rendit grâce à Charles IX, à ce sujet, comme sauveur de l'État et ordonna une procession annuelle en mémoire de la Saint-Barthélemy !

On sait que les registres de l'état-civil ont été tenus, jusqu'en 1789, par les curés des paroisses ou les prêtres et moines de toute sorte qui les suppléaient.

Nous ne présenterons pas le tableau des noms des maires et adjoints de la commune de Dornecy nommés par leurs concitoyens ou choisis par l'administration préfectorale, suivant les régimes qui se sont succédé : il n'offrirait pas grand intérêt, en raison de son peu d'ancienneté.

Nous devons cependant mentionner, comme singularité incompréhensible, la nomination de maire, le 5 février 1828, de M. Michelin, le propre curé de la paroisse, au grand scandale de tous les habitants de la commune, avec laquelle il fut toujours en procès.

Il ne put cumuler longtemps ces doubles fonctions : Il fut obligé de se démettre de celles de maire ; mais il ne put être chassé de sa paroisse qu'à la Révolution de 1830, qui abolit le régime du bon plaisir, où le parti clérical, qu'on qualifiait alors de parti prêtre, se croyait tout permis.

C'est vers cette époque qu'un mandement du cardinal-prince de Croï, archevêque de Rouen, enjoignait à tous les curés du diocèse d'afficher aux portes des églises les noms de ceux de leurs paroissiens qui n'accomplissaient pas leurs devoirs religieux et les noms *des concubinaires;* il désignait ainsi les personnes ayant contracté le mariage civil sans accompagnement de cérémonies religieuses.

Dans le même temps, on parla beaucoup d'un célèbre discours du général Foy, prononcé à l'occasion de deux statues, celles du maréchal Serrurier et de Gabrielle d'Estrée, offertes à la ville de Laon. Le ministre, disait-il, voulait bien autoriser la ville à placer la statue de Gabrielle d'Estrée, la maîtresse de Henri IV, sur la place publique la plus apparente, pour répandre parmi les jeunes filles l'amour des Bourbons et les engager, en cas de besoin, à n'être pas cruelles aux rois aimables et à donner des rejetons à cette illustre famille ; mais, en revanche, il refuse à cette ville de placer celle de l'illustre maréchal, qui avait commencé sa rude carrière par le métier de simple soldat.

Le nom du curé Michelin, qui est encore légendaire à Dornecy, rappelle l'aventure plaisante que voici : Le presbytère était envahi par les rats et les souris, qui dévastaient les provisions du curé et rongeaient son linge et ses vêtements. Il avait eu recours à tous les moyens usités pour les détruire, sauf l'exorcisme pratiqué par ses prédécesseurs, auquel il ne croyait pas, ni à beaucoup d'autres choses de l'Église. Il avait amené avec lui un de ses compatriotes qu'on appelait Guillaume, ancien séminariste, qui remplissait des fonctions multiples : sacristain, marguillier, secrétaire et un peu espion, pour s'enquérir de toutes choses en la paroisse.

Chaque matin, de bonne heure, le curé et son secrétaire venaient s'asseoir en face l'un de l'autre devant un vaste bureau encombré de papiers de la mairie, de l'église et de la fabrique : Registres religieux et civils, mandements d'évêques, circulaires de préfets, correspondance des grands-vicaires et du sous-préfet, etc., un véritable fouillis. Un matin, Guillaume, écrivant sous la dictée du curé, croit entendre un grignotement à côté de lui, sous un amas de papiers ; vivement il lâche sa plume et d'un vigoureux coup de poing frappe sur ce tas de papier, dans lequel, hélas ! se trouvait la montre du curé, dont le *tic-tac* ressemblait assez au grignotement, qui cessa immédiatement.

Cette montre, précieuse pour l'époque, portait le nom du fameux Lépine ; elle fut brisée, au grand mécontentement du curé.

Les archives concernant Dornecy ne relèvent aucun nom d'instituteur ou de recteur avant le 23 février 1747. A cette époque, on voit la signature d'un recteur appelé Quentin, qui paraissait instruit pour ce temps.

Il prend cette qualification dans les termes suivants :
« Je soussigné, recteur des petites écoles de la paroisse
« de Dornecy, certifie avoir copié mot à mot la présente
« reconnaissance sur la grosse qui est demeurée entre
« les mains du sieur Nicolas Dufour, syndic de la com-
« munauté. »

Il s'agissait d'un titre de recollement de limites, dont

nous parlons plus loin, entre le prince de Condé, l'abbé de Vézelay et autres.

Ce recteur, qui faisait la copie du titre en question, constate qu'en outre de la grosse restée au syndic Dufour, il en a été remis une copie à sept notables de Dornecy.

Le recteur remplissait, comme on le voit, les fonctions de secrétaire près les syndic et eschevins de la communauté.

Il est bon de rappeler que l'enseignement n'avait commencé à se répandre dans les campagnes qu'après le Concile de Trente (1545 à 1563), qui ordonnait « qu'auprès de chaque église il y eut au moins un « maître enseignant la grammaire *gratuitement* aux « clercs et aux pauvres escoliers. »

La nomination du maître d'école devait se faire par les habitants du village, à l'issue de la messe paroissiale ; mais comme dans toutes les paroisses du voisinage de Dornecy, telles que Brèves, Villiers-sur-Yonne, Armes, Chamoux, Asnières, Asnois, etc., le seul homme un peu instruit était le curé, on s'en rapportait à son jugement.

Le maître, ou instituteur, n'était engagé que pour chanter à l'église, assister le curé au service divin et à l'administration des sacrements, pour sonner l'*Angelus*, balayer l'église tous les samedis, depuis la Toussaint jusqu'à Pâques ; on ne sait pourquoi il ne devait ce balayage que pendant ce temps.

Il arrivait souvent que le maître était choisi d'après la force de ses poumons et la sonorité de sa voix. Une fois choisi, il devait faire une sorte de profession de foi entre les mains de l'évêque ou de son délégué.

Comme on le suppose bien, on ne procédait pas de

cette façon à Dornecy. Les habitants se sont de tout temps occupés de leurs propres affaires, comme nous l'avons démontré par de nombreux faits remontant à des époques reculées.

Ils n'ont jamais voulu en confier aucune aux curés de la paroisse, avec lesquels ils ont eu presque continuellement des démêlés et des procès.

On doit reconnaître cependant, à leur louange, que contrairement aux habitudes des gens de Clamecy, ils ne les ont jamais taquinés en justice pour exiger d'eux des processions. Nous devons pourtant dire, presque en rougissant, que d'après certaines notes qui sont sous nos yeux, ils étaient à la recherche d'un curé semblable à celui de la paroisse d'Empury, appelé François Grosjean, qui, pendant trente années de sacerdoce, ne fit aucune instruction à ses paroissiens; aucun d'eux ne savait, lors de sa mort, comment il prêchait.

L'élection des maîtres, ou recteurs, se faisait, comme celles des syndics et eschevins, par le suffrage des intéressés.

CHAPITRE XXV

SERVITUDES IMPOSÉES AUX MANANTS JUSQU'A LA RÉVOLUTION DE 1789. — MANANTS DE BRÈVES PRIS POUR TYPE.

> Les servitudes personnelles, c'est la partie honteuse du droit coutumier. On y trouve les derniers vestiges de cette dégradation où l'esclavage romain avait plongé une grande partie de l'espèce humaine.
> (Dupin aîné).

Nous avons expliqué que la communauté de Dornecy, plus heureuse que les paroisses voisines du *plat pays*, telles que Brèves, Villiers-sur-Yonne et autres, jouissait de certaines franchises, conquises à force d'énergie et de sacrifices. Ainsi, elle choisissait et nommait par l'élection les syndics, eschevins, collecteur des tailles et même les recteurs ou maîtres d'école. Mais elle n'en était pas moins tenue à des servitudes nombreuses.

Nous avons cru devoir mettre en parallèle les misères et les souffrances beaucoup plus dures des paroisses voisines, afin de faire apprécier aux générations actuelles toutes les douleurs éprouvées par leurs ancêtres.

Nous prendrons pour type la paroisse de Brèves, la plus rapprochée de Dornecy, et pour date authentique un procès-verbal de 1748, c'est-à-dire quarante et un ans avant la grande Révolution de 1789, énumérant *les droits et priviléges* de la seigneurie de cette paroisse.

Les voici :

1° Droit de justice, haute, moyenne et basse ;

2° Droit de bailliage, avec institution d'officiers comme bailly, lieutenant, procureur fiscal, greffier, notaire et sergents, tant ordinaires que blayers, prévost et autres officiers de justice, avec trois tenues d'assises par an, au dit Brèves, par les dits officiers avec tous les autres, droits de confiscation, amende et autres, suivant la coutume ;

3° La propriété d'une place publique au-dessus du pont qui traverse la rivière d'Yonne, dans laquelle place il y a un poteau où est attaché un carcan. Dans cette place, se tiennent les foires établies à Brèves au nombre de trois par an : l'une, le lendemain de la fête des Rois ; l'autre, le 15 juillet, jour de la Commémoration du Saint-Sépulcre, et la troisième (la seule qui existe maintenant), le jour de la Saint-Simon-Saint-Jude, le 28 octobre, ès quelles le seigneur a tous droits de vente et visite par ses officiers, comme il est accoutumé en fait de police, plaçage, aunage, longuiage, mesurage et vente de bestiaux et denrées ;

4° Droits de fours, moulins et pressoirs banaux, où les habitans de la dite justice et bannies de vignes sont *tenus* et *obligés* d'aller moudre, cuire leur pain et faire le pressurage de leurs vendanges et de payer le septième seau au seigneur ;

5° Une autre place au devant de la grande porte de l'ancien château et proche la place publique où autrefois était une halle pour la commodité du public ;

6° Droit de rivière banale dans l'étendue de la terre de Brèves, *sans qu'aucun habitant puisse y aller pêcher,* sinon à l'étiquet et ligne ayant tuyeau de plume, à peine d'amende, confiscation, dommages-intérêts au seigneur ;

7° Droit de faire tirer les bois, canards et foudriers après quarante jours des flots de bois des marchands passés ;

8° Droit de garenne fossoyée et non fossoyée et de blairie ;

9° Droit d'étalonage, d'aunage, pots, pintes et mesurage à vendre vins et huiles, boisseaux, cartes et écuelles de meunier ;

10° Droit de bannie dans toutes les vignes de l'étendue de la terre et seigneurie de Brèves, lesquelles vignes ne peuvent être vendangées *qu'après* celles du seigneur étant dans son parc l'auront été entièrement, à peine d'amende et confiscation de la vendange.

Et pour prendre le ban à tel jour que bon lui semblera pour faire la vendange, à l'effet de quoi les habitans sont obligés de s'assembler en la manière accoutumée, au temps des dites vendanges, pardevant les officiers du bailliage, en présence du procureur fiscal. Et le jour pris, publié de la part des officiers ;

11° Les habitans sont tenus de faucher, serrer et charroyer, faire les foins et vendanger les prés et vignes appartenant au dit seigneur, situés en la dite terre, annuellement et encore les vins. Pour cet effet, les laboureurs et ceux qui ont des harnais de chevaux et bœufs les fournissent et conduisent. Les manœuvres, chacun un chef de maison capable à ce faire, aussi à peine d'amende contre chacun des défaillants, tant que les devoirs durent, suivant *que de toute ancienneté ils ont accoutumé ;*

12° Les habitants sont tenus faire par an, pour le dit seigneur, chacun deux journées où bon lui semblera les employer; les laboureurs avec leurs harnais et charrois.

Et pendant les dites corvées, foins, vendanges et autres susdits, les dits ouvriers, leurs chevaux et bœufs sont nourris dans la maison du seigneur;

13° Les dits habitants doivent chacun an au seigneur, à cause de l'affranchissement de main mortable (il est fameux, cet affranchissement!), cinq sols par chacun, au jour et fête de Saint-Remy, pour droit de bourgeoisie, et en outre cens et rentes foncières et seigneuriales, tant en argent, en blé froment, avoine, seigle, poules, poulets, chapons, qu'autre nature.

Ce relevé suffit pour démontrer que si les habitants de Brèves n'étaient plus serfs, ils n'en étaient pas moins à la merci de leur seigneur. 1789 arriva fort à propos pour mettre fin à tous ces abus.

Ajoutons que la terre de Brèves a été vendue en détail et a fait la fortune de cette contrée. Le château démoli (le dernier) fut édifié en 1618 par François de Savary, ancien ambassadeur à Constantinople du temps de Louis XIII. C'est lui qui envoya, au dire de Saint-Simon, cent-huit beaux manuscrits syriaques, arabes, persans et turcs, qui sont à la Bibliothèque nationale.

Ce Savary fit l'acquisition de la seigneurie de Sardy-les-Forges de Paul de Ramon, comte d'Anlezy. Il obtint, on ne sait comment, le 25 août 1621, par acte devant Claude Vesle, notaire à Saint-Pierre-le-Moutier, la vente par les habitants et manants de Brèves, Sur-Yonne, Sardy et la Maison-Dieu, représentant la fabrique de l'église, de cent arpents de bois, appelés les Bois de l'Eglise, *pour éviter les dégats et dégradations, ruines et démolitions qui s'y commettaient,* moyennant le *prix dérisoire de 40 livres de rente annuelle* et perpétuelle, qui serait employée à la réparation de l'église et à subvenir à la réédification du bafroy et du clocher, ce qu'il ne fit pas ; plus 200 livres qu'il promit de payer, et il n'en fit rien.

Les vendeurs reconnurent bien leur maladresse, mais trop tard. Ils tentèrent, à plusieurs reprises, de revenir sur ce marché de dupes. Le diplomate Savary s'en moqua.

Le 15 juin 1675, le pressoir banal fut loué 25 livres, plus la charge de pressurer gratuitement la vendange du seigneur.

Pour terminer ce qui concerne Brèves, ajoutons que Sardy-les-Forges, dépendant actuellement de cette commune, était autrefois une seigneurie en toute justice relevant des comtes de Nevers et s'étendait sur les paroisses de Brèves, Dornecy et la Maison-Dieu.

« La seigneurie consistait en droit de haute, moyenne
« et basse-justice, droit de four, pressoir et un moulin
« banaux. Ce moulin était situé sur l'Armance, 10 livres
« de menus cens assis sur la côte de Mandre. La dite
« assiette étant d'environ 300 hommes de vigne. »

En outre :

1° Le domaine de Sardy, proche le four banal de Brèves, plus 210 journaux de terre, 3 hâtes de pré finage de Villiers ;

2° Le domaine de Dornecy, 53 journaux de terre, 4 hâtes de pré, un terrier de 110 sols, 10 deniers et une obole de menus cens et rentes sur plusieurs héritages assis en la justice de Dornecy ;

3° Le droit de bourgeoisie que chaque habitant doit au seigneur de Sardy, à raison de cinq sols par chacun feu et lieu ;

4° Plus les droits d'usage, suivant la coutume du Nivernais.

Jean Desbarres a été le premier seigneur de Sardy qui soit connu. Ce seigneur, et Marguerite de Sallières, sa femme, ont, le 15 juillet 1335, « afin d'accroissement « et multiplication des habitans de personnes et par « aucuns bons services, donné à tous les habitans une « pièce de bois tenant *ès usages* de Cret et Chamoux, « pour prendre tout bois pour leur nécessité, droit « d'usage pour pacager toutes bêtes en tout temps de « l'an; pour ce, paieront les dits habitants tous les ans, « le jour des *Trépassés*, chaque feu en suivant la cou- « tume des francs-bourgeois du château de Metz-le- « Comte. Ne pourrons, nous seigneur et dame, aux dits « bois amener porcs que pour notre nourriture et notre « maison et château-fort. »

CHAPITRE XXVI

RETRAIT LIGNAGER. — HISTORIQUE DES FAITS Y RELATIFS. VOYAGE A PARIS DE DEUX DÉLÉGUÉS. — HÔTELLERIE DE LA RUE GALANDE. — LEUR RETOUR, GRANDE FÊTE A CE SUJET. — ANECDOTES, PROCESSIONS, ETC.

> Cicéron, en l'oraison « Pro cornelio balbo », dit qu'à Rome les héritages n'étaient sujets à lignage.

Le 12 juillet 1652, par contrat passé devant les garde-notes du Roy au Chastelet de Paris, en vertu de la procuration de Son Altesse le duc de Mantoue et de Nivernais, il y eut vente faite au nom de Sa dite Altesse à Samuel de Grantry, escuyer, seigneur de Cuncy-sur-Yonne, de la part et portion qui appartenait à Sa dite Altesse de Mantoue, comme duc de Nivernais, en la terre et seigneurie de Dornecy, moyennant la somme de cinq mille livres tournois.

Notons, en passant, que c'est l'un des premiers actes qui fut soumis à l'impôt du timbre, « marque sur le papier ou le parchemin, pour la validité des actes ».

Fouquet et Mazarin avaient emprunté à l'Espagne cette fiscalité, qui a toujours existé depuis.

PAGE D'HISTOIRE

Il y eut grand émoi au bourg de Dornecy, lorsque la nouvelle y fut apportée que le seigneur de Cuncy, qui avait à tort la réputation d'homme dur et redouté dans la contrée, deviendrait le seigneur en partie de Dornecy.

En compulsant de vieux documents, nous avons acquis la preuve que les habitants de Dornecy s'étaient effrayés sans raison du caractère et des mœurs du seigneur de Cuncy. Nous croyons, au contraire, qu'il avait beaucoup de douceur et de bienveillance pour les manants qui étaient sous sa dépendance.

Ce qui a pu grandement les effaroucher, ainsi que toutes les paroisses voisines, à une époque où l'Eglise dominait de toutes parts, en voici les motifs :

Le seigneur de Cuncy avait eu l'audace singulière de faire signifier, au grand étonnement de toute la contrée, par un sergent ou huissier, au curé de sa paroisse un exploit dont nous sommes heureux de pouvoir reproduire les termes, empreints d'une haute sagesse, ainsi qu'on peut en juger ; le voici textuellement :

« Que le dit sieur curé ait à se départir, en ce qui le
« concerne, de l'usage de nommer le dit seigneur aux
« prières publiques de l'église, parce que Dieu, quoi
« qu'on puisse dire, étant juste, accorde infailliblement
« ce qui est juste, sans en exiger la demande, et refuse
« pareillement tout ce qui est injuste, quand même on
« le lui demanderait. Et parce que, d'ailleurs, il est
« manifeste que la prière procède du vouloir être obéi
« et, par conséquent, s'offense du refus de l'obéissance,
« ce qui est précisément le déni du vrai culte ; car le
« vouloir de l'homme doit se conformer au vouloir
« divin et non le vouloir divin au vouloir de l'homme.
« d'où il résulte que la prière est un acte de rébellion
« contre la divinité, puisqu'elle tend à conformer le

« vouloir divin au vouloir de l'homme. En conséquence,
« le dit seigneur de Cuncy, sans s'arrêter à l'usage de
« l'Europe entière et même de toutes les nations sur
« la prière, déclare au dit sieur curé qu'il ne consent
« point que personne prie pour lui, ni de prier lui-même
« pour les vivants ni pour les morts, se reposant entière-
« ment sur la toute science, la toute sagesse et la toute
« puissance de la Divinité en ses jugements; pareille-
« ment, qu'il ne consent pas que le dit sieur curé le
« nomme en prières publiques et s'y oppose formelle-
« ment ; à ce qu'il n'en prétende cause d'ignorance,
« dont acte signé, etc., signifié, etc., contrôlé, etc. »

Quoi qu'il en soit, il paraît que la désolation était grande parmi les habitants de Dornecy à cause de ce nouveau seigneur auquel désormais ils seraient soumis ; le syndic se hâta de les convoquer suivant l'usage.

Au nombre des notables composant cette assemblée, il y en avait pourtant de remarquables par l'honorabilité, le talent et les services rendus à la communauté; quelques-uns, notamment messire Philibert Berryat et messire Jean Dufour, avaient occupé et occupaient encore des postes importants, tels que lieutenant au bailliage et procureurs fiscaux. Ils avaient, conséquemment, une longue expérience des affaires et connaissaient à fond le droit Romain, qu'ils avaient étudié en Italie.

Il est bon de rappeler que l'Italie était alors, plus que la France, le centre des brillantes études. Des Universités, depuis longtemps fameuses, y attiraient les étrangers. Le XVIe siècle fut remarquable par le mouvement des esprits vers les idées morales et politiques, et surtout par le développement que prit l'étude du droit et les travaux d'un grand nombre de jurisconsultes.

Le corps des lois romaines, retrouvé en 1137, après six siècles d'oubli, livré à l'enseignement public, expliqué par de savants interprètes, avait engendré successivement les écoles d'Irnerius, de Barthole et celle de Cujas, qui surpassa tous ses devanciers.

Berryat et Dufour étudiaient en même temps que Guy Coquille, cité plusieurs fois dans ces pages, et aussi avec de Thou, Jean Bodin et Lamoignon. Le droit coutumier, le seul qui existât dans le Nivernais, n'avait point de secret pour eux.

On décida en principe et à l'unanimité que la communauté de Dornecy ferait tous les sacrifices possibles pour empêcher le seigneur de Grantery de devenir le seigneur suzerain de Dornecy.

Mais comment arriver à ce résultat ?

La tâche était difficile, en face d'un contrat de vente reçu au Châtelet de Paris avec toutes les formalités requises.

Berryat et Dufour donnèrent communication du texte de la coutume du Nivernais, Chapitre XXXI, au titre du *Retrait lignager*. Autrement dit en langage vulgaire et actuel, droit de reprendre la chose vendue en remboursant le prix payé par l'acquéreur, avec les frais et *loyaux coûts* de son acte (1).

L'article II de la Coutume dit :

« Le retrayant lignager doit faire adjourner l'acheteur
« dedans l'an et jour, à compter de la *possession réelle*
« *prise par l'acquéreur* et doit estre l'assignation dedans
« 10 jours pour le plus, le tout dedans les dits an et
« jour. »

---

(1) 811 CC. Retrait successoral.

Or, le seigneur de Grantery était entré en possession de son acquisition le 1ᵉʳ juillet 1653 seulement.

Et les habitants tenaient leur assemblée à Dornecy le sixième jour du mois d'août suivant.

On avait donc le temps d'aviser.

Une autre question plus épineuse résultait des articles 18, 20 et 25 de la Coutume :

« Retrait en vendition de rente ou autre charge sur
« héritage aussi a lieu quand l'héritage ancien est baillé
« à titre de cens, rente ou autre charge, et sera tenu le
« requérant, etc.

« *Qui n'est habile à succéder, ne peut venir à retrait.*

« *Entre gens de condition servile, retrait n'a point de
« lieu, ne pareillement en bordelage (espèce de bail).*

Il y avait donc deux empêchements.

Les habitants de Dornecy n'avaient pas la prétention d'être habiles à succéder aux ducs et duchesses de Nivernais, et en deuxième lieu ils étaient tous de condition servile, autrement dit roturiers.

On parvint pourtant à tourner la difficulté ; voici de quelle façon :

Les habitants de Dornecy, malgré les nombreuses exactions relatées de leurs seigneurs, avaient, de génération en génération, conservé une grande vénération et un dévouement sans bornes pour eux et leur famille.

Ils se rappelèrent, connaissant bien la généalogie de celle-ci, que le duc de Mantoue, qui venait de céder ses droits au sire de Grantery, avait pour tante paternelle une gracieuse princesse connue sous le nom de Princesse Palatine, surnommée *l'ange Gabriel* par le cardinal de Retz. Elle s'appelait Anne de Gonzagues de Clèves, princesse de Mantoue et de Montferrat, mariée à très haut et puissant seigneur Edouard de Bavière, comte palatin du Rhin, duc de Bavière.

Le duc de Saint-Simon parle ainsi dans ses mémoires de Anne de Gonzagues : « Elle se rendit illustre par son
« esprit et sa conduite et par sa grande cabale pendant
« les troubles de la minorité de Louis XIV ; devint
« jusqu'à sa mort la plus intime confidente et amie du
« célèbre prince de Condé, qu'elle servit plus utilement
« que personne, de *sorte qu'ils marièrent ensemble leurs*
« *enfants.*

« Elle était sœur de Marie de Gonzagues de Nevers,
« qui épousa successivement les deux frères Wladislas VII
« et Jean Casimir, qui furent rois de Pologne, l'un de
« 1632 à 1648 et l'autre de 1648 à 1668. » Marie de Gonzagues fut la protectrice du fameux Adam Billault, poète et menuisier de Nevers, l'auteur de la chanson bachique :

> Aussitôt que la lumière
> Vient redorer nos coteaux,
> Je commence ma carrière
> Par visiter mes tonneaux.
> Ravi de voir l'aurore, etc.

Anne de Gonzagues résidait alors à Paris, au château du Louvre.

Il fut décidé immédiatement et sans désemparer qu'on choisirait parmi les notables de cette assemblée deux délégués ou députés, auxquels on donnerait pleins pouvoirs, afin de se rendre à Paris près de cette princesse pour, suivant le texte de ce pouvoir que nous avons sous les yeux :

« Exposer que, puisque Son Altesse de Mantoue, qui
« est hors de France, a été obligé de démembrer de son
« duché de Nivernais les choses vendues, les dits habi-

« tants désirent se maintenir en leur position d'estre
« toujours en la seigneurie et justice des ducs et du-
« chesses de Nivernais, *et supplier humblement la Prin-*
« *cesse Palatine d'user du droit à elle appartenant d'exercer*
« *le retrait lignager sur les choses vendues.* »

Et ces pauvres manants, toujours humblement, ajoutent :

« Qu'ayant douté que la dite Princesse voulut retraire,
« *accause* qu'elles ne sont pas de *concistance* considé-
« rable pour Son Altesse, ils *offrent de payer* pour la dite
« Altesse et en l'acquit d'icelle, la somme de 5,000 livres,
« prix de la vente, et de payer pareillement les frais et
« loyaux *coupts*. La suppliant d'intenter l'action du dit
« retraict, pour *estre duement propriétaires des dites*
« *choses vendues et en jouir par elle à son hoir, ainsi que*
« *mes seigneurs les ducs de Nivernais, ses prédécesseurs.* »

Ils terminent par cette flatterie :

« Qu'en agréant leurs vœux, la princesse ferait une
« action digne de sa naissance et de sa générosité, parce
« que, de cette manière, ils demeureraient toujours en
« la seigneurie et puissance d'une princesse de la
« maison de Nivernais ; qu'il y avait plusieurs exemples,
« tant des roys que des princes, qui ont ainsi accueilli
« les supplications et *offrandes* des habitants de villes,
« terres et seigneuries, *de payer à leurs dépens* le prix
« d'icelles pour ne point changer de seigneur, ou en
« avoir de qualité plus *éminente* ou de plus *puissante pro-*
« *tection* que n'auraient été de nouveaux acquéreurs. »

Le choix des deux députés fut fait d'acclamation.

On le devine. Philibert Berryat et Jean Dufour furent nommés. On leur donna non seulement le pouvoir, au nom de la communauté, de faire les démarches dont on vient de parler, mais de plus, ce qui paraissait difficile à cette époque, de trouver les fonds nécessaires pour arriver au but désiré. A cette fin, par acte du 22 août 1653, les manants et habitants de Dornecy chargèrent messires Berryat et Dufour d'emprunter pour et au nom des habitants ou de la communauté la somme de 5,500 livres pour faire le remboursement du principal, *loyaux coupts et aultres despenses* du dit retrait.

Nous voyons que cet emprunt fut réalisé peu de temps après par contrat de constitution de rente du dernier septembre *ensuivant*, passé pardevant Burée, notaire royal à Tannay.

Pour arriver à effectuer cet emprunt, que de pas et de démarches préliminaires à faire ? A combien de portes devait-on frapper ?

L'argent était rare, le pays malheureux, fréquemment saccagé par les routiers et gens de guerre. Les récoltes avaient été très mauvaises les années précédentes, non seulement par l'intempérie des saisons, mais aussi par une espèce de nouvelle plaie d'Égypte causée par les chenilles, les rats, les souris et les mulots, qui avaient fait beaucoup de dégâts.

Les chantres et les chanoines de l'église Saint-Martin de Clamecy, sur la demande de ce qu'on appelait alors le *Bureau de la Ville*, espèce de Conseil de fabrique, avaient pourtant, avec grande dévotion, fait une procession générale à Clamecy et dans les paroisses voisines en portant de nombreuses châsses renfermant les reliques de saints renommés, le tout avec prières publiques et continues, pour l'exorcisme de ces maudites bêtes, sans aucun résultat. Quelques ermites, ceux de Sainte-Marthe près Vézelay (1), ceux de Choulot, Sembert et de

---

(1) Les ermites se sont succédé à Vézelay jusqu'en 1793 ; nous

Saint-Georges à Sardy-les-Forges, avaient multiplié les neuvaines bien inutilement.

De son côté, le curé de Cravant, appelé Salomon, homme très pieux et vénéré dans la contrée, constatait gravement sur ses registres « qu'il avait fait l'exorcisme « des rats et des souris qui gastaient les champs sans « obtenir plus de succès. »

Ces exorcismes et excommunications, toujours infructueuses, étaient pratiquées autrefois dans bien des contrées ; notons en passant :

En 1120, par l'évêque de Laon.

En 1516, par l'official de Troyes.

En 1690, à Pont-du-Château, en Auvergne.

En 1776, dans la commune de Fontenay-sous-Bois, près Paris.

On compte 90 jugements rendus contre ces mauvaises bêtes, dont 37 du xviie siècle. M. Berryat Saint-Prix a publié récemment un Mémoire qu'on peut voir à la Société des Antiquaires de France et qui raconte des choses intéressantes à ce sujet. On y trouve celle-ci :

La Sorbonne décida, en 1318, que les filles pouvaient devenir enceintes par le ministère du diable. Elle ajouta : « C'est une erreur de croire que les arts magiques et les invocations des diables soient sans effet. »

Ce qu'il y a de curieux, c'est qu'elle n'a jamais révoqué cet arrêt.

Malgré l'insuccès des processions, nous devons dire que la ville de Clamecy en avait la manie portée à l'excès. Ses archives constatent que plusieurs fois ses notables se rassemblèrent pour demander aux curés des

relevons à cette époque le nom du dernier, qui était Edme Mine. A Cervon, près Corbigny, c'était Eptade, surnommé Etoupe.

processions pour une cause ou pour une autre. Ils intentèrent même des procès devant l'Officialité d'Auxerre contre leur curé, plus sage qu'eux, qui s'y refusait, en se fondant, dans l'exposé de leurs plaintes, par la coutume d'en faire depuis plusieurs siècles; surtout, disent-ils, dans la Semaine sainte, aux Rogations, etc. Croirait-on qu'à la veille de la Révolution une délibération fut prise par les notables, le 23 avril 1781, par laquelle il fut décidé qu'on intenterait un nouveau procès contre le curé pour avoir ces processions.

L'évêque d'Auxerre, homme de mérite et de bon sens, supprima ce procès par une ordonnance du 21 novembre 1782. On raconte, d'après de vieux documents, que dans certaines processions, les filles, femmes, hommes, prêtres, moines étaient presque nus. Pareils scandales avaient lieu à Paris et dans bien d'autres localités. En 1348, à la suite d'une grande calamité qui affligea le monde pendant trois ans, pour apaiser la colère de Dieu, d'ignobles processions d'hommes et de femmes demi-nus et se battant le corps à coups de fouet, parcoururent les villes qu'ils effrayèrent de leur frénésie sauvage.

Saint Augustin et saint Epyphane disent que les Adamites et les Abeliens s'assemblaient tout nus pour chanter les louanges de Dieu.

Du temps de Louis XIV, d'après ce que rapporte le duc de Saint-Simon dans ses Mémoires, 7e volume, les grands dignitaires du clergé de Paris, en 1652 et plus tard en 1709, allaient nu-pieds à la procession de Sainte-Geneviève.

Tout récemment, le 14 septembre 1889, près de Naples, dans une paroisse appelée Mangiuffi-Melia, 200 exaltés religieux, à peu près nus, ont parcouru processionnellement le pays en se lacérant le corps. Ils se sont ensuite rendus à l'église, dont ils ont léché le pavé pour le polir ; ce spectacle se renouvelle chaque année, sous la protection des autorités.

Les tribunaux d'alors, on peut s'en assurer, ordonnaient le dépouillement de vêtements ou les nudités, notamment pour les adultères surpris en flagrant délit ou convaincus comme tels ; dans ce cas, ils étaient contraints de courir nus par la ville. (Arrêt du Parlement de Paris, 1373. Lettre de février 1357, etc.)

Pour en finir sur la manie processionnelle de Clamecy et sur sa versatilité d'opinions, citons qu'en 1719, monseigneur de Caylus, évêque d'Auxerre, était venu donner la bénédiction au nouvel Hôtel-Dieu de Clamecy en présence d'une foule pieuse, et que le lendemain même, la ville, à sa grande joie, avait le spectacle, dans cet Hôtel-Dieu, d'un exorcisme opéré avec une grande pompe par le vicaire épiscopal, appelé Moucheron, sur un nommé Simpol, menuisier, qui se prétendait possédé du démon.

On ne doit pas trop s'étonner de ces pratiques. On lit dans la *Vie de M. de Turenne* que le feu ayant pris dans une maison, la présence du Saint-Sacrement arrêta soudain l'incendie. Mais Diderot dit aussi qu'un moine ayant empoisonné une hostie consacrée, un empereur d'Allemagne ne l'eut pas plutôt avalée qu'il en mourut.

Ajoutons qu'en 1661, le 6 février, le roi Louis XIV et la reine firent apporter le Saint-Sacrement de l'église Saint-Germain-l'Auxerrois pour éteindre le feu au palais du Louvre, galerie des peintres. L'usage des pompes à incendie n'était pas encore connu. C'est précisément à cette époque qu'on reconstruisait la façade de ce Louvre et que Louis XIV publiait cette ordonnance, qu'on dirait émanée de Constantinople ou du Maroc, par laquelle il défendait à toute personne d'élever aucun bâtiment sans sa permission, sous peine de 10,000 livres d'amende, et à tous ouvriers d'y travailler, sous peine de prison pour la première fois et de galère pour la deuxième fois, afin de n'éprouver aucun obstacle.

Nous pourrions ajouter bien d'autres faits historiques, bornons nous seulement, parce que cela concerne le Nivernais : 1° à une lettre de Philippe Lelong « au comte « de Nevers, son gendre, qui fut tué à la Bataille de « Crécy, recommandant la punition de Hugues de Bois- « jardin, parce que ce dernier, tant par invocation et « commerce du Diable, et comme par aucune voie « défendue et *cœux de cire* baptisés de mauvais prêtres, « tendaient à faire mourir plusieurs personnes de la « famille du comte de Nevers ; » 2° à la comparution de Marie-Anne Mancini, l'une des cinq nièces de Mazarin, mariée au duc de Bouillon, devant la Chambre ardente, comme accusée d'avoir acheté du poison à La Voisin. Cette chambre était présidée par La Reynie qui eut la sottise de lui demander si elle avait vu le Diable, elle répondit : « Je le vois en ce moment, il est vieux et fort laid et il est déguisé en Conseiller d'État. »

Après cette disgression qui nous a déjà mené trop loin racontons la position des malheureux habitants de Dornecy, obligés de faire face au paiement du retrait lignager dans un moment de disette et de malheurs de toute espèce.

Le dernier hiver de l'année dont nous parlons avait été très rigoureux et très prématuré, ainsi nous voyons qu'à cette même époque, le vieux tabellion Delaveau, que nous nous plaisons à citer, a mentionné sur son cahier de minutes ces réflexions naïves et pleines de résignations :

« La vendange gèle à la perche. De 18 livres, la feuil-
« lette monte à 40.

« *Que Dieu, en sa grâce, veuille conserver ce qui reste.* »

Malgré toutes ces difficultés l'emprunt fut contracté, comme nous l'avons dit, devant Burée, notaire à Tannay. C'était, pour l'époque et les malheurs du temps, un véritable tour de force accompli par les deux délégués Berryat et Dufour dont l'énergie et le savoir étaient de notoriété publique.

Ce ne fut qu'après la fête patronale de Dornecy à la Saint-Martin d'hiver, le onze novembre, que les deux députés partirent pour Paris. Ce petit retard était de rigueur à cause des formalités prescrites par le droit coutumier pour la régularisation de l'emprunt en question. Elles étaient longues et devaient être naturellement accomplies avant la remise des fonds.

Le voyage de Dornecy à Paris (60 lieues) était autrefois bien difficile. Il était d'usage de faire son testament avant de l'entreprendre. On suivait une partie de la route de Paris à Lyon, par la Bourgogne, mal entretenue alors et sillonné d'ornières profondes et de fondrières.

Il n'y avait, en ce temps, aucune diligence. Les pataches employées depuis étaient peu connues. Le fameux coche d'Auxerre, n'existait pour ainsi dire qu'à l'état d'embryon, gêné par des redevances continuelles et des exactions de toutes sortes commises par les seigneurs féodaux avoisinant la rivière d'Yonne. On l'utilisait donc rarement pour les voyageurs. Il servait cependant déjà, malgré toutes ces servitudes, au transport des bois et des vins descendant l'Yonne et la Seine jusqu'à Paris

C'est vers cette époque qu'eut lieu l'invention du flottage par Jean Rouvet, dont la statue a été érigée sur le pont de Bethléem, à Clamecy.

On sait que ce flottage ingénieux et très économique consiste à jeter dans l'Yonne le bois de *moule* destiné à l'approvisionnement de Paris. Il descend avec peu de frais jusqu'aux ports de Clamecy et Coulanges où on le tire pour former ce qu'on appelle des *trains*, que les flotteurs descendent à Paris. Avant cette époque on ne pouvait avoir de produits des forêts du Morvan, si ce n'est qu'en les convertissant en cendres qu'on envoyait à Paris. En 1641, les Registres des délibérations de la ville d'Auxerre font mention que 6,000 muids de cendres du Morvan ont passé sur des bateaux sous le pont de cette ville.

Les deux délégués de Dornecy, Berryat et Dufour, firent leur voyage au moyen d'une petite charrette à deux roues, couverte d'une toile, dite bâche, avec deux bancs de bois, bourrée de paille pour se garantir du froid; attelée de deux chevaux de labour, non de front mais l'un devant l'autre.

Ce voyage dura quatorze jours. Ils arrivèrent enfin à Paris, après avoir été durement cahotés et descendirent rue Galande, près la place Maubert, paroisse Saint-Séverin, dans une hôtellerie ayant une large enseigne de tôle suspendue à une tige de fer artistement forgée. Sur cette plaque était peint un cerf dont la tête portait entre les andouillers une croix flamboyante, et au dessous en lettres d'or : *A la Croix de Saint-Hubert*. A cette auberge on logeait à pied et à cheval; elle était bien tenue et d'une façon confortable par un nommé Hubert, fils d'un meunier du village de Voûtenay, près de Dornecy et pour ainsi dire sous Vézelay.

L'hôtelier Hubert avait pendant quelques années rempli avec distinction les hautes fonctions de cuisinier en chef de son Eminence le Révérendissime abbé de Vézelay, qui, en sa qualité de prince de l'église, comme cardinal, avait une table renommée dans toute la chrétienté par ses mets choisis, copieux et succulents. Ce cardinal était un fin gourmet, c'est lui qui le premier a su distinguer la quintescence de l'aile gauche de l'aile droite d'une poularde et la cuisse la meilleure du canard; celle sur laquelle il s'appuye est plus nerveuse et moins savoureuse que l'autre.

Jean Dufour l'un des délégués était, on doit le rappeler, lieutenant et procureur fiscal du seigneur Abbé en la justice et seigneurie de Dornecy, et comme tel admis, c'était un insigne honneur, à la table de Monseigneur. Il avait connu Hubert dès son jeune âge, son père tenait un des moulins de l'abbaye.

L'hôtellier Hubert, étant cuisinier en chef de l'abbaye, avait inventé une sauce de grande renommée pour la venaison, elle est très usitée en Bourgogne et porte son nom.

Les deux députés de Dornecy furent accueillis avec joie et grande cordialité, se reposèrent des fatigues du voyage, entourés de soins et de prévenances, mentionnés dans leur notes de voyage.

Il s'agissait, pour remplir leur mission, d'obtenir audience de la princesse Palatine qui habitait en ce moment, nous l'avons dit, le château du Louvre, paroisse de Saint-Germain-l'Auxerrois, comme alliée aux rois de France; cela n'était pas facile pour de simples roturiers autrement dit manants.

Philibert Berryat n'avait pas oublié en partant de Dornecy, qu'il avait un camarade d'enfance occupant déjà, quoique jeune, une certaine position près du ministre dirigeant; c'était le fils d'un marchand de drap de Reims, tenant boutique à l'enseigne du *Long Vêtu* et qui joignait à ce commerce celui des toiles, du vin et du blé. Ce commerçant avait pour ami intime le père de Philibert Berryat, avec lequel il faisait beaucoup d'affaires à Dornecy, Vézelay, Avallon et Auxerre.

Les deux pères avaient des relations continuelles et se visitaient fréquemment, il en était de même pour leur famille très unie, on se recevait mutuellement, surtout lors des vendanges; c'était des jours de fêtes qu'on célèbre de nos jours dans beaucoup de contrées de la Bourgogne.

Ce commerçant de Reims s'appelait Colbert et était le père de celui qui, plus tard, est devenu ministre de Louis XIV, poste qu'il a occupé pendant 22 ans, et on peut le dire à sa louange, époque la plus belle du règne et de la prospérité publique. C'est lui qui, pour favoriser la population, publia une ordonnance accordant une exemption de tailles pour 5 ans à quiconque se marierait à 20 ans, et une exemption perpétuelle des tailles aux ménages qui auraient dix enfants. C'est également de lui l'institution de deux registres d'état civil, l'un dans les églises et l'autre aux greffes des sénéchaussée et bailliages. Par une autre ordonnance il interdisait de fonder de nouveaux ordres religieux et la défense de léguer à fonds perdu aux ecclésiastiques. Le fils Colbert après avoir été d'abord clerc de notaire et clerc de procureur au Châtelet, où il avait fait venir son camarade Berryat, était devenu ensuite commis au ministère. Il n'était alors « qu'un fort petit compagnon, dit le duc de Saint-Simon, mais qui n'avait pas oublié Reims, sa patrie, ni ses environs. Berryat était parti en Italie; pour y compléter, suivant l'usage, ses études sur le droit Romain. Les deux jeunes amis ne s'étaient pas pour cela perdus de vue, ils avaient continué, par correspondance, leurs relations amicales.

Philibert Berryat s'empressa donc de voir Colbert et de lui exposer le but de son voyage. Celui-ci qui avait déjà des rapports journaliers avec de grands personnages ayant leurs *grandes* et *petites entrées* au Louvre, comme on le disait alors, fit de suite appuyer une demande d'audience auprès de la princesse.

Nous remarquons qu'il s'adressa de préférence à un personnage qui était allié à la famille Berryat, et avec lequel il mit de suite les deux députés en rapport. Il les aida cordialement; c'était un savant médecin du roi, doyen de la faculté de Paris, nommé Boudin, celui dont parle Saint-Simon dans ses mémoires. Voici ce qu'il en dit :

« Bel et bon esprit extrêmement orné de littérature et
« d'histoire et qui savait s'en servir d'un ton naturel,
« plein d'agrément, de vivacité, de réparties. Si plaisant
« que personne n'était plus continuellement divertissant
« sans jamais vouloir l'être.

« Il avait subjugué Fagon, le tyran de la médecine et
« le maître absolu des médecins. Ce dernier haïssait le
« tabac jusqu'à le croire un poison. Boudin lui dédia
« une thèse de médecine contre le tabac et la soutint en
« sa présence, se crevant de tabac dont il eût toujours
« les doigts pleins, sa tabatière à la main et le visage
« barbouillé; cela eût mis Fagon en fureur d'un autre,
« de lui tout passait. Il fut des soupers familiers du
« Prince de Condé, seigneur en partie de Dornecy, du
« duc d'Orléans, du prince de Conti. C'était à qui l'aurait,
« hommes et femmes du plus haut parage et de la

« meilleure compagnie, et ne l'avait pas qui voulait.
« Gourmand à faire plaisir à table et tout cela avec une
« vérité et un sel qui ravissait. Compagnon hardi, au-
« dacieux qui se refusait peu de choses à l'égard des
« grands, on cite sa vive répartie au tout puissant maré-
« chal de Villeroy qu'il mit à sa place, etc. »

Les délégués obtinrent donc très facilement et à bref délai, une entrevue avec la Princesse qui les accueillit, disent-ils, avec une gracieuse bienveillance. Elle écouta avec bonté leurs doléances au nom des pauvres manants de Dornecy. Elle fut sensible et très flattée de leur affectueux attachement pour sa famille et pour elle, leur sut gré des sacrifices énormes qu'ils faisaient pour rester ses humbles serviteurs et sujets.

La supplique, comme on le suppose bien, fut agréée avec empressement sans restriction, on s'offrait, répétons-le, de payer pour elle le retrait lignager sans bourse délier et de plus on se reconnaissait tenu des droits seigneuriaux anciens, envers elle et *ses hoirs*.

Les deux délégués furent chargés de s'entendre au plus tôt avec les notaires du Châtelet, pour rédiger tous les actes utiles afin d'exercer ce droit lignager.

C'est ainsi que dès le 20 décembre 1653, un acte fut dressé par les notaires, au Châtelet, dont on trouvera le texte au complet à l'appendice n° 8.

Il porte que la très haute et très puissante princesse de Gonzagues, de Clèves, de Mantoue et de Monferrat, épouse autorisée du prince Palatin du Rhin, duc de Bavières, et messire Berryat et Dufour en leurs propres et privés noms et aussi comme ayant charge et pouvoir de la communauté des habitants de Dornecy, sont convenus :

Les prince et princesse d'autoriser les deux délégués

d'intenter et poursuivre jusqu'à sentence définitive inclusivement, au bailliage du duché et pairie du Nivernais, pour et au nom de ladite princesse, contre ledit sire de Grantery, l'action et demande en retrait lignager des choses vendues par son Altesse de Mantoue à ce dernier, par le contrat du 12 juillet 1652. Et messires Berryat et Dufour ès-noms, de leur côté promirent de rembourser le prix principal de ladite acquisition et les frais et loyaux coûts, plus toutes les dépenses de l'instance jusqu'à sentence définitive et en cas d'appel, aussi jusqu'à arrêt définitif.

Le tout, on le répète, des deniers et aux frais des dits Berryat et Dufour ès dits-noms, sans que ladite dame princesse Palatine, fut tenue à quoi que ce soit. On devait, en outre, justifier à celle-ci, dans les trois mois, non seulement de la sentence dudit Bailliage, adjudicative du retrait lignager, mais aussi de quittances des paiements faits. Et encore sous la condition par la princesse, que les habitants de Dorncey continueraient à lui payer les redevances d'autrefois, mentionnées dans la transaction du 7 avril 1607.

Les choses furent réalisées ponctuellement comme il avait été convenu. Samuel de Grantery fut remboursé du prix de la vente qui lui avait été faite par l'altesse de Mantoue, en principal et accessoires et par suite dépossédé de tous droits seigneuriaux sur Dorncey. Justification de la sentence et des quittances fournie à la princesse Palatine qui fut ainsi gratuitement subrogée aux droits cédés à de Grantery. En conséquence, c'est à elle et à ses *hoirs* que les habitants de Dorncey continuèrent le service des redevances.

Quoique les habitants de Dorncey fussent dans un bourg fortifié et qualifiés par les chartes de manants, ils avaient depuis de longues années le droit de Bourgeoisie qu'ils avaient acquis et dont ils payèrent annuellement la redevance qui était de trois deniers d'abord et ensuite de dix-huit, par chaque tête, à la Saint-Remy. Ils jouissaient, en outre, de certaines libertés ou franchises que les malheureux manants des paroisses voisines, dites du plat pays, n'avaient pas.

Leur commune ou communauté, malgré les redevances imposées et les exactions trop fréquentes, était relativement dans l'aisance. Elle en donnait la preuve nouvelle par l'exercice du droit lignager payé de ses deniers.

Ils furent très satisfaits du voyage de leur deux délégués et de ses heureux résultats. Ils jugèrent à propos de fêter pompeusement ce retour.

L'annonce de cette fête combla de joie toute la paroisse.

La communauté pourvut largement aux réjouissances par des denrées de toute espèce et par des vins du cru déjà renommés.

On offrit aux députés un banquet somptueux pour l'époque.

L'un des convives en a fort heureusement laissé un récit détaillé, il en donne le menu qui nous paraît plus plantureux que délicat, le voici :

Chaque convive, dit-il, était muni d'une fourchette. Ce détail préliminaire paraît singulier au premier abord, mais en y réfléchissant on voit que le renseignement avait son importance ; en effet cet instrument qu'on trouve maintenant très utile, n'avait été mis en usage, et encore que sur certaines tables, sous le règne de Henri III. Jusqu'à cette époque on portait les aliments à la bouche, avec la fourchette du père Adam, en se servant des doigts. En Orient on ne se sert encore que de cette primitive fourchette. Avant d'arriver au menu, disons avec Balzac qu'on dine mieux en province qu'à Paris. Il y a, dit-il, des génies ignorés qui savent rendre un simple plat de haricots digne des hochements de tête.

Voici ce menu. Il se composait précisément :

1° De haricots rouges, renommés en Bourgogne, cuits lentement avec un peu de vin rouge et tranches de salé de porc ou de sanglier ;

2° De deux marcassins rôtis en entier (deux jeunes sangliers) duement rembourrés d'un hachis fortement épicé, de foie de héron et des abats ou entrailles des sangliers ;

3° D'omelettes aux fines herbes mélangées aux œufs battus avec du sang de sanglier ;

4° Et jambons de porc et de sanglier fumés de longue date, dans l'âtre, avec du bois de génévrier qu'on trouve en quantité sur les coteaux dominant les vignes. Brillat-Savarin a depuis vanté beaucoup cette manière de préparer les jambons de sanglier, il dit que c'est un mets de haute saveur. Le tout était arrosé copieusement d'excellents vins dont le narrateur cite la provenance, La Chapotte, Maudre, Vaufilloux. Grâce à ces bons crûs, la gaieté fut bruyante et excita la verve gauloise.

Aussi M. A. Mezières, de l'Académie, a-t-il raison de dire que les Bourguignons doivent souvent aux bons crûs de leur province cette gaieté et cette verve qui laisse sa trace dans des écrits *fort libres*.

Les femmes des notables, il y en avait dès lors de fort aimables, et dom Hennequin, prieur de Dornecy, y furent conviés, ce prieur était originaire du pays ; nous voyons qu'il était, comme dit Beaumarchais, né natif de Sur-Yonne, petit village situé au bord de l'Yonne comme l'indique son nom. Le prieur était comme ses confrères et les curés de cette époque, réduit à la *portion congrue* c'est-à-dire que les revenus de son prieuré étaient touchés par le Révérendissime abbé de Vézelay qui ne lui laissait qu'une faible rétribution.

Un chroniqueur célèbre de l'époque dit :

« Les abbés de ces grasses abbayes étaient appelés les
« *gros décimateurs*. Ils allouaient à chaque curé, ou
« Prieur, comme salaire, 40 à 50 livres tournois pendant
« toute l'année. Ces derniers allaient à deux ou trois
« lieues de leur maison, le jour, la nuit, au soleil, à la
« pluie, dans les neiges, au milieu des glaces, exercer
« les fonctions les plus désagréables et souvent les plus
« inutiles. Pendant que le *gros décimateur*, le seigneur
« abbé, buvait son vin de Coulanges et d'Irancy, man-
« geait des perdrix, des cuisseaux de venaison et dormait
« sur le duvet, *rarement seul*, ajoute-t-il. La dispropor-
« tion était grande, on prétend cependant qu'elle était
« fondée sur un troisième concile de Latran. »

Cette disproportion n'a été abolie qu'en 1789 ; nous exposerons à la suite, au chapitre des Etats généraux, les doléances très intéressantes du curé de la paroisse d'Asnan, disant que les religieux bénédictins de Corbigny, au nombre de quatre, possédant plus de 25,000 livres de revenus n'avaient pas honte de toucher tout le bénéfice de sa cure.

Ceci dit, revenons à Dom Hennequin qui était un homme très érudit, bon vivant, gracieux, aimé et estimé de ses compatriotes avec lesquels il ne dédaignait pas de prendre part aux festins de famille, baptêmes, mariages qu'il réjouissait par sa présence.

Quoique profondément religieux, mais d'une religion très tolérante, il ne craignait pas de tenir des propos, comme le dit Sainte-Beuve, assaisonnés de gros sel et en homme qui aime les petits pois au lard, aussi disait-il en souriant, au dire du chroniqueur dans les notes duquel nous glanons ce détail, qu'il avait certaine tendance aux doctrines de Pythagore sur la Métempsycose. Il croyait avoir été autrefois carpe ou brochet parce qu'il éprouvait une telle répugnance pour l'eau, qu'il en avait sans doute trop bu alors. Il en mettait pourtant dans son vin, mais si peu qu'une carafe lui suffisait, comme au marquis de Livry du temps de Louis XIV, pour toute l'année.

Il disait plaisamment que les femmes n'iraient pas au Paradis, parce qu'il est écrit : « A ce moment, il se fera dans le Ciel, un long silence. »

Comment, ajoutait-il, concilier l'idée du silence avec la présence des femmes ?

Il ajoutait, en provoquant les rires et les exclamations de ses auditeurs et surtout des dames présentes à ce banquet, qu'il était impossible de connaître le caractère des femmes, que cela ne devait pas surprendre puisqu'elles ne se connaissaient pas elles-mêmes et que le bon Dieu lui-même s'était trompé sur le compte de la seule qu'il ait eu à gouverner et qu'il avait pourtant pris soin de faire lui même.

Il ne faut pas s'étonner que dans ce repas pantagruélique on n'y voit figurer que ce que l'on appelle vulgairement de la cochonaille ; on ne pouvait pas y servir de dindes, ils n'étaient pas encore connus en France. Le premier dindon qui fut servi sur une table, ce fut aux noces de Charles IX, roi de France. Le maréchal Montluc, son ministre, qui était évêque de Valence et eut, disons le en passant, un bâtard connu sous le nom de Balagny, raconte que le roi mangea d'abord l'aile gauche de ce dinde, qu'il trouva succulente et voulut ensuite goûter de l'aile droite.

On ne pouvait non plus varier les haricots par certains plats de pommes de terre puisque ce précieux tubercule n'apparut en France et ne fut employé à la nourriture de l'homme que 118 ans plus tard, en 1771, par le célèbre Parmentier.

Le sanglier, comme du temps où les Romains occupait la Gaule, était et est encore commun dans les bois de la contrée. Quant au cochon son congénère, l'illustre Vauban, de ce pays, disait qu'il n'y avait point de ménage qui ne pût en nourrir un. Le procureur-général Dupin, son compatriote, dit de son côté dans ses études morvandelles, en parlant de Germenay, commune dans laquelle on élève et on engraisse des bœufs pour l'approvisionnement de Paris, que cette riche commune forme une *République agricole, bovine et porcine*. Il ajoute que les porcs sont les favoris de tous les habitants du Morvan. Ils peuvent bien, dit-il, se regarder comme les naturels du pays, une commune entière porte leur nom et semble leur avoir été dédiée, *Villa-pourçon*, la ville des porcs. Il a omis de dire qu'il y a près de là un village appelé *Préporché*, le pré des porcs.

Il aurait pu ajouter qu'aux Etats-Unis la ville de Chicago s'appelle *Porcopolis* parce qu'elle sale et expédie chaque année près de cinq millions de porcs pour l'Europe.

Monselet, dans un accès de lyrisme gourmand, chantait ainsi le sonnet célèbre :

> Mérites précieux et de tous reconnus
> Morceaux marqués d'avance, innombrables, charnus
> Philosophe indolent qui mange et que l'on mange,
> Comme, dans notre orgueil, nous sommes bien venus
> A vouloir n'est-ce pas, te reprocher ta fange,
> Adorable cochon, animal, roi, cher ange

A propos de la république agricole, bovine et porcine de Germenay, sans trop nous écarter de notre sujet, disons que M. Dupin parle aussi *des oies socialistes* qui pullulent dans ces contrées au grand détriment des propriétaires dont elles souillent les herbages. Pour éviter leurs déprédations on s'est avisé, dit-il, de leur attacher au cou et en travers, un bâton ou espèce de bridon qui les empêche de passer sournoisement dans les haies et clôtures. C'était sans doute la manière usitée au temps de Rabelais qui parle souvent *d'oisons bridés*.

Dans les anciennes provinces de la Bourgogne et du Nivernais, il existe plusieurs églises et chapelles érigées sous le vocable de Saint-Antoine et on n'ose dire de son fidèle compagnon, dont l'amitié est légendaire.

Il y avait notamment une chapelle à la Coudraye, commune de Lys, qui appartenait à la famille de celui qui écrit ces lignes.

Le vénérable Saint et son compagnon y avaient été sculptés à une date reculée et assez grossièrement par un artiste qui était en même temps charron.

Mais, comme le dit Martial : *L'artisan ne fait point les Dieux, c'est celui qui les prie.*

Que le lecteur ne se scandalise pas à ce sujet.

Un savant professeur de littérature en langue celtique à l'école des hautes études, M. Henri Gaidoz, a publié récemment un livre (1) sur la rage et Saint-Hubert. Il a fouillé les vieux documents, a vu et constaté les croyances, les pratiques et les superstitions du peuple des âges précédents. Il raconte les pèlerinages, les rites et les cérémonies relatives à Saint-Hubert.

Il affirme qu'on célébrait la *messe aux cochons* en

---

(1) Picard, un Vol. à Paris.

l'honneur de Saint-Antoine, mais que la messe des chiens est la plus étrange et la plus monstrueuse, pour peu qu'on réfléchisse un instant à ce qu'est, ou plutôt à ce que devrait toujours être, la messe pour un catholique.

Rien ne montre mieux la persistance inouïe des croyances païennes, même au sein de la société moderne et chrétienne la plus raffinée, que la fameuse *messe des chiens de Chantilly*. M. Gaidoz en cite une description empruntée au *Bulletin de la Société protectrice des animaux*.

« En présence des levriers, braques, bassets, chiens courants, baubis, bigles, chiens trouveurs, batteurs, babillants, corneaux, clabauds, chiens de tête et d'entreprise et de toute la populace des chiens, » — car les chiens ont leur populace qui se tient aux places inférieures, aux derniers rangs près de l'entrée — on prie le ciel de préserver les chiens des morsures dangereuses.

L'aumônier qui célébrait la messe, selon la relation de la *Société protectrice*, prononçait, devant la meute pieuse, un panégyrique du grand saint de la chasse.

De tout temps les cochons, grâce à Saint-Antoine, ont joui de faveurs particulières. Nous voyons que du temps de Louis Legros, en 1381, les religieux de Saint-Antoine étaient les seuls de tous les habitants de Paris qui eussent le droit de laisser aller leurs cochons dans les rues, mais à la condition de leur mettre une sonnette au cou. Tous autres cochons trouvés errants dans les rues étaient capturés au profit du bourreau par suite d'un droit ridicule appelé *Hacage*.

CHAPITRE XXVII

FAITS PARTICULIERS CONCERNANT LE NIVERNAIS ET SURTOUT DORNECY. — RÉFLEXIONS SUR LES FAITS HISTORIQUES, — ANECDOTES SUR LES CONDÉ.

> Les souvenirs anciens ont leur éloquence si on les compare aux événements et aux mœurs contemporains. Le lecteur est mis à même d'apprécier l'énorme différence qui existe à son profit.
> (DUPIN aîné).

Le maréchal d'Ancre, Concini, florentin d'origine, jouissait à la Cour d'une faveur inouie comme favori de Marie de Médicis, femme de Henri IV. En l'année 1617, la noblesse mécontente s'était retirée en partie dans ses terres, le prince de Condé, les ducs de Nevers, de Mayenne, de Rohan et autres notamment.

L'arrestation du prince de Condé provoqua les hostilités. Catherine de Lorraine, duchesse de Nevers, celle dont nous avons déjà parlé, soutenue par quelques seigneurs de la province, parvint à soulever le Nivernais.

Le duc de Guise commandait l'armée de Marie de Médicis et s'empara du Rethelois appartenant au duc de Nevers, de Gonzague, prince de Mantoue, et ensuite de Clamecy où il fit prisonnier l'un des fils de ce duc.

Dornecy, Tannay, Corbigny et autres villes tombèrent en son pouvoir, de sorte qu'il ne restait plus à la duchesse que la seule ville de Nevers qui fut assiégée par le maréchal de Montigny pendant plusieurs jours; mais prévoyant bien qu'elle ne pourrait résister longtemps à une armée disciplinée elle offrit de laisser rendre sa petite garnison, à la condition qu'elle serait libre d'aller résider à Decize. Le maréchal consulta la cour, mais la reine-mère, très vindicative, refusa toute capitulation et donna l'ordre de continuer le siège.

La mort du maréchal d'Ancre, assassiné sur le pont du Louvre par un affidé du duc de Luynes fit mettre bas les armes. Le maréchal de Montigny leva le siège de Nevers qui durait depuis 16 jours.

Les échevins de Nevers, en souvenir de la délivrance de la cité, fondèrent en 1619, la chapelle de Saint-Marc (actuellement paroisse Saint-Pierre).

C'est cette duchesse Catherine de Lorraine qui a rançonné les habitants de Dornecy au sujet de leurs bois et au mépris des transactions, ainsi qu'on l'explique au Chapitre XX.

Le 1er janvier 1694, devant Pierre Chapuis, lieutenant ordinaire de la ville et châtellenie de Dornecy, pour *Madame* du dit lieu (la duchesse de Nevers), ont comparu Edme Denoux et Nicolas Boyault, eschevins de cette ville et communauté, et ont dit avoir fait convoquer tous les habitants de cette communauté de *pot à pot* et au son de la *clauche*, en la manière accoutumée, pour nommer et *eslire* deux eschevins pour l'année présente.

Lesquels habitants comparants par Me Charles Mussard, procureur fiscal du dit Dornecy et autres.

Ils élurent François Lyonnet et Jean Bonnotte.

Le 3 novembre 1707, Edme Berryat, syndic perpétuel

de Dornecy, convoque la plus grande et saine partie des habitants, au lieu accoutumé à tenir assemblée, sur la place publique, pour, en présence de deux collecteurs des tailles, Jean Lyonnet et Jean Magnin, composer la liste de ceux qui devaient payer ou en être déchargés.

Comme on le voit, les habitants de Dornecy étaient plus heureux que ceux de Vézelay qui n'avaient jamais pu obtenir de leur abbé, de choisir eux-mêmes les répartiteurs des tailles, ce qui était une garantie contre l'arbitraire.

Il est vrai, nous le répétons, que les habitants de Dornecy n'en étaient pas moins tenus à des servitudes nombreuses qui n'ont pris fin qu'à la grande révolution de 1789, à preuve, c'est qu'à la veille pour ainsi dire, le 18 juin 1782, nous voyons un procès-verbal dressé par un prêtre du diocèse d'Auxerre, appelé Frotier de la Messelière, de plus avocat au Parlement, chapelain de la chapelle Notre-Dame-de-Pressure, près Clamecy, et en outre juge ordinaire civil et de police de la ville et châtellenie de Dornecy pour le très haut et très puissant seigneur prince de Condé, prince du sang, etc., et de plus seigneur de Dornecy.

Le 28 août 1703, une sentence qui n'a été signifiée que le 28 novembre 1708, par exploit d'un sergent, à François Lyonnet, qui au lieu de confier ses brebis, cochons et bourriques à la garde du pastre ordinaire de Dornecy, les fait garder par un berger particulier.

On devait sous peine d'amende, comme cela existait encore dans certaines communes il y a quelques années, confier la garde des bestiaux à un pâtre communal, choisi et rétribué par la commune.

Nous avons sous les yeux une délibération du Conseil municipal de la commune de Dornecy du 5 avril 1831, nommant Pierre Bachelier comme vacher de cette commune; on y relate les charges et conditions inhérentes à ces modestes fonctions.

En voici les principales :

1° Tout habitant ne pourra confier sa vache à un autre gardien, à moins qu'il ne la fasse conduire dans sa propriété;

2° Tout habitant qui confiera sa vache à la garde du vacher communal paiera par mois, une *quarte* de blé et une *quarte* d'orge, chaque année, après moisson. Il lui fournira en outre un faix de paille et une botte de foin pour nourrir un taureau dans la saison d'hiver; lequel taureau était acheté aux frais de la commune.

Le vacher, de son côté, devait avoir soin du taureau et le rendre en bon état, ou le prix évalué lors de la remise qui lui en était faite.

Il était en outre responsable de tous dommages qui pourraient se commettre par les vaches confiées à sa garde.

En 1709 l'hiver fut très rigoureux, disent les curés de Dornecy et de Brèves, celui-ci mentionne par ses registres cette note : « Le froid commença vers la Saint-
« Nicolas jusqu'à la fin de décembre et reprit après
« l'épiphanie. Les grands arbres craquaient sous le
« poids de la neige et du verglas, et le malheureux roidi
« sur son pauvre grabat. Combien, hélas! ont succombé
« dans les bois ou le long des routes, dont les noms sont
« restés ignorés. »

Pour comble de malheurs il y avait une disette de grains et Louis XIV et ses intendants, au dire de Saint-Simon, 7e vol., p. 126, trafiquaient sur ces grains.

« Les sommes, dit-il, qu'il produisit sont innom-
« brables et aussi innombrable le peuple qui en mourut

« de faim réelle et à la lettre de ce qu'il en périt après,
« de maladies causées par l'extrémité de la misère et les
« cascades de maux de toutes espèces qui en dérivè-
« rent. »

Ce roi, qu'on qualifiait de grand, pour avoir de l'argent établit un impôt sur les baptêmes et sur les mariages, vendit 500 lettres de noblesse à 2,000 écus, des titres, des fonctions de maire, d'échevin etc., 40,000 offices nouveaux furent créés en 30 ans. Il y ajouta la refonte de la monnaie et son rehaussement d'un tiers plus que sa valeur intrinsèque. Cette opération funeste causa la ruine des particuliers et un désordre dans le commerce qui acheva de l'anéantir, mais fit profiter le roi de bénéfices énormes employés comme le constate l'histoire à des prodigalités pour ses maîtresses et ses nombreux bâtards.

L'une de ces maîtresses Madame de Montespan, fille du duc de Mortemart du Nivernais, qui avait abandonné son mari, eut du roi trois bâtards : 1° une fille mariée au neveu du Roi, le duc d'Orléans plus tard régent ; 2° le duc du Maine ; 3° et le comte de Toulouse.

La sœur de cette Montespan, mariée au marquis de Thianges, du nom de Damas, duchesse de Nevers, elle aussi abandonna son mari, pour s'attacher à la haute faveur de sa sœur « dont elle partagea, dit le même
« Saint-Simon (3ᵉ vol., p. 402), l'autorité et la confiance,
« sans que leur intimité en fut jamais blessée ; elle
« l'imita en n'entendant jamais plus parler de son mari
« dont elle quitta les armes et la livrée pour porter les
« siennes seules comme la Montespan avait fait.

« Sa faveur auprès du roi a duré autant que sa vie qui
« a dépassé de plusieurs années le renvoi de la Mon-
« tespan.

« Saint-Simon nous dit que celle-ci, dans les dernières
« années de sa vie, était tellement tourmentée des affres
« de la mort qu'elle payait plusieurs femmes dont
« l'emploi unique était de la veiller. »

Un compagnon imprimeur et un garçon relieur furent pendus en Grève pour avoir débité un pamphlet : L'ombre de M. Scarron, avec une gravure de la statue de Louis XIV, place des Victoires, où au lieu des quatre figures d'angle du piédestal c'était quatre femmes qui tenaient le roi enchaîné, Mesdames de Lavallière, de Fontanges, de Montespan et de Maintenon.

On a vu par le trop long exposé qui précède, quels étaient les nouveaux sacrifices que les manants et habitants de Dornecy avaient faits pour exercer le droit lignager en faveur de la princesse Palatine, afin d'éviter d'avoir pour seigneur Samuel de Grantery.

Ces droits concédés si bénévolement à la princesse, ont été dévolus plus tard en héritage aux Condé, gouverneurs des États de Bourgogne et seigneurs en partie de Dornecy.

Bien loin d'en faire la moindre remise aux manants, ils tentèrent toujours d'augmenter les redevances et y réussirent, ainsi qu'on le démontrera par les actes qui passeront plus loin sous les yeux du lecteur.

L'un de ces Condé qui était doûton et avait la tête renfermée dans les épaules, le père de celui qu'on appela le Grand Condé, était rapace et méticuleux. Il allait souvent, au dire de Mme de Motteville, dans les places publiques et dans les marchés pour demander lui-même le prix des denrées, voulant savoir le détail de toutes choses.

Cela ne doit pas étonner, l'avidité était héréditaire dans cette famille. Malgré les revenus immenses de ce

Condé, Louis XIV lui donna 90,000 livres de pension et 100,000 à son fils encore enfant. Ajoutons au sujet de ce Condé, qu'il était marié avec la sœur de ce brillant duc Henri de Montmorency, décapité le 30 octobre 1632, parce qu'on avait saisi sur lui, disait-on, un portrait de la reine Anne d'Autriche. Il avait tenté, non sans succès, de lui faire oublier Buckingham, ministre favori de Charles Ier roi d'Angleterre, qui vint en France chercher Henriette, fiancée à ce roi. Il s'attira la haine du roi et de Richelieu par la passion qu'il afficha pour Anne d'Autriche.

« Il était beau, bien fait, libéral, magnifique. Richelieu était aussi amoureux d'Anne d'Autriche, mais sans succès : il eut recours à la fameuse Marion Delorme, qu'il eût pour maîtresse avouée, et qui était, au dire du cardinal de Retz, un peu moins qu'une prostituée. On ne sait si son bâtard Chavigny avait pour mère cette Marion Delorme.

Ce prince de Condé avait montré beaucoup de colère à cause de la manière dont la régence avait été donnée par le Parlement à la mère de Louis XIII.

Mais ce n'était, dit Bassompierre, que pour se faire mieux acheter. Il demeura fort soumis tant que l'argent de la Bastille lui fut libéralement départi aussi bien qu'à ses amis ; mais quand il vit la Bastille presque vidée, il commença à se plaindre de la marche du Gouvernement.

En moins de 10 ans, on donna à Condé, Longueville, Mayenne, Vendôme, Epernon et Bouillon, plus de 12 millions, sans les appointements de leurs charges.

Les biens de cet infortuné prince de Montmorency furent confisqués, mais rendus en majeure partie à ses sœurs. L'on vit avec indignation les bassesses par lesquelles son beau-frère Condé, ce seigneur de Dornecy, acheta cette faveur.

Peu de jours après le supplice de Montmorency, il présidait les États de Bourgogne et consacra sa harangue d'ouverture à célébrer les louanges du cardinal de Richelieu qui avait ordonné cette décapitation. Il le qualifiait du plus grand génie du monde, dont la faveur l'avait fait gouverneur de Bourgogne.

Le frère de ce Condé, Henri de Bourbon, prince de Condé, était marié à Charlotte de la Trémouille. Pendant une longue absence du prince elle eut des relations avec un page appelé Belcastel, devint enceinte, et craignant les reproches de son mari, elle le fit empoisonner le lendemain de son arrivée. Elle fut condamnée à rester 7 ans en prison, mais Henri IV qui avait eu part aux faveurs de cette dame, fit lorsqu'il fut roi, rapporter la procédure; et par la Cour du Parlement, cette femme fut proclamée innocente et son fils légitimé.

Le tout est raconté avec détails par Dulaure.

Ajoutons qu'Henri IV laissa trois fils et trois filles, plus huit enfants naturels, sans compter celui de Charlotte de la Trémouille qu'on lui attribuait.

Le plus célèbre des enfants naturels fut le duc de Vendôme.

Louis XIII légitime n'avait que 9 ans à la mort de son père.

En 1640, le duc d'Enghien, prince de Condé, sortait comme on disait, de Page, il n'avait que 16 ans et demi, ce qui n'empêcha pas le roi Louis XIII de le désigner pour exercer le gouvernement de Bourgogne. D'après ce que raconte M. le duc d'Aumale dans son *Histoire biographique de Condé*, cette désignation de ce tout jeune prince pour un si important emploi avait eu lieu en l'absence du père qui commandait l'armée de Guyenne. C'est ce Condé père qui fut cause que Philippe de Jaucourt, seigneur de Bonneson et de Changy près Dornecy, fut pendu le 13 décembre 1639, pour avoir pris part à la résistance dans l'affaire dite des *Sabotiers*, près de Sully-sur-Loire et Donzy, en Nivernais. Il essaya en vain, il faut le dire, de sauver Jaucourt; il fit emporter son cadavre dans un carrosse et pourvu à son inhumation à Changy.

Ce Jaucourt avait un frère, seigneur d'*Hubans*, en Nivernais, galant chevalier qui fut surpris un jour chez une grande dame. Il se cacha à la hâte au fond d'un cabinet. La femme de chambre lui brisa deux doigts dans la jointure de la porte, sans qu'il poussa le moindre cri.

Citons encore à propos des Condé ce que le duc de Saint-Simon raconte et qui rappelle la maxime de Diogène : « Traite les grands comme le feu, n'en sois jamais ni trop éloigné ni trop proche ».

« En 1697, M. le prince de Condé ne voulant pas prési-
« der les Etats de Bourgogne, il y envoya son fils.
« Celui-ci y donna un grand exemple *de l'amitié des*
« *princes et une belle leçon à ceux qui la recherchent.*

« Santeuil, chanoine régulier de Saint-Victor, connu
« dans le monde et dans les lettres, était le plus grand
« poëte latin qui ait paru depuis plusieurs siècles, plein
« d'esprit, de feu, de caprices les plus plaisants, qui le
« rendaient d'excellente compagnie ; bon convive sur-
« tout, aimant le vin et la bonne chère, le prince de Condé
« l'avait presque toujours au château de Chantilly quand
« il y allait. Son fils, le duc, le mettait dans toutes ses
« parties. En un mot princes et princesses, c'était de toute
« la maison de Condé, à qui l'aimait le mieux. Le duc
« voulut l'emmener en Bourgogne, Santeuil s'en excusa,

« allégua tout ce qu'il put ; il fallut obéir et le voilà chez
« M. le duc établi pour tout le temps des Etats. C'était
« tous les soirs des soupers que le duc donnait ou rece-
« vait, et toujours Santeuil à sa suite, qui faisait tout le
« plaisir de la table ».

Ils allèrent ensemble et toute leur suite à Avallon, Vézelay et Dornecy, où ils restèrent deux jours. Santeuil visita la vieille église de cette paroisse, qui avait pour curé le fameux Charron dont nous avons parlé à cause de ses tracasseries avec ses paroissiens. Cette église était trop petite. Santeuil dit : — Monsieur, vous méritez un plus grand vaisseau. — Mon Dieu, répondit finement le curé, je me contenterais volontiers de la barque de Saint-Pierre.

« Un soir que le duc soupait chez lui, il se divertit à
« pousser Santeuil de vin de Chablis, et de gaité en
« gaité, il trouva plaisant de verser sa tabatière pleine
« de tabac d'Espagne dans un grand verre de vin et de
« le faire boire à Santeuil pour voir ce qui arriverait. Il
« ne fut pas longtemps à en être éclairé. Les vomisse-
« ments et la fièvre le prirent et le malheureux mourut
« dans des douleurs de damné » (1).

C'est ce fils, duc de Condé, qui succéda au régent duc d'Orléans, pendant la minorité de Louis XV ; il était, dit le même saint Simon, « d'une bêtise presque stupide,
« d'un intérêt insatiable, et des *entours* aussi intéressés
« que lui, nombreux et éclairés, avec lesquels toute la

---

(1) Santeuil était l'auteur des inscriptions de toutes les fontaines anciennes de Paris.

Son portrait acheté récemment par le Conseil municipal de Paris, est au Musée Carnavalet.

De plus, on a donné son nom à une rue du V° arrondissement.

« France avait à compter, ou plutôt à subir toutes les
« volontés uniquement personnelles. En *fait d'entours*,
« c'était notamment la jeune marquise de Prie qui le
« possédait aveuglement ».

C'est cette marquise, lasse d'entendre les prédicateurs pendant la semaine sainte, qui fonda les *Concerts spirituels*, qu'elle trouvait plus gais que les sermons.

Le célèbre abbé Prévost, auteur de Manon Lescaut, fut nommé aumônier de ce prince de Condé. « Monsieur l'abbé lui dit-il, vous voulez être mon aumônier, mais je n'entends pas de messe ». — « Et moi, Monseigneur, je n'en dis jamais », lui répondit-il.

Tels étaient ceux qui avaient hérité des redevances seigneuriales acquises par de Grantery et remboursées par les habitants de Dornecy. C'est donc en pure perte que des sacrifices énormes ont été faits. Les redevances bien augmentées ont continué jusqu'en 1789 ainsi qu'on le verra. Disons, en terminant, que le dernier des Condé, l'un des chefs de l'armée de Condé, qui vivait publiquement avec sa maîtresse, la baronne de Feuchères, qu'il avait ramenée d'Angleterre, fut trouvé, dans la nuit du 26 au 27 août 1830, pendu à l'espagnolette d'une croisée de son château de Saint-Leu-Taverny, au moyen de deux mouchoirs passés l'un dans l'autre, et dont celui qui avait dû opérer la strangulation n'était pas même serré autour du cou. Chose bizarre, les genoux touchaient le carreau de la chambre, si bien que pour mourir il avait fallu à ce vieillard une rare et persistante énergie, on disait même qu'une infirmité des bras ne lui eut pas permis de mettre le mouchoir autour de son cou.

On conclut que sa mort n'était pas naturelle ; un procès scandaleux eut lieu au sujet de son immense fortune dont une grande partie était léguée au duc d'Aumale, quatrième fils de Louis-Philippe et le surplus à sa maîtresse, qui recueillit un legs considérable. Telle fut la fin du dernier représentant de la maison de Condé.

CHAPITRE XXVIII.

RECOLLEMENT DES LIMITES DE LA JUSTICE DE SON ALTESSE LE PRINCE DE CONDÉ AVEC LE SEIGNEUR ABBÉ DE VÉZELAY, EN PRÉSENCE DE LA MARQUISE DE BRÈVES, D'ASNIÈRES ET D'AVRIGNY, LEUR VOISINE DE PROPRIÉTÉS ET DE JUSTICE, ET AUSSI EN PRÉSENCE DES NOTABLES HABITANTS DE DORNECY.

> L'arbitrage est vieux comme le monde.
> (Saint MATHIEU).

Des conflits de juridiction et des difficultés fréquentes étaient soulevés entre les gens de justice du prince de Condé et ceux de l'abbé de Vézelay; quelquefois aussi avec ceux de la marquise de Brèves qui exerçait la justice sur trois paroisses limitrophes (Brèves, Asnières, Avrigny).

On ne connaissait pas d'une manière certaine les droits de chacun, ni leur consistance, ni leur étendue.

Il y avait de part et d'autre plaintes continuelles d'empiètement. Pour y mettre fin d'une façon durable et authentique, voici comment il fut procédé à un arbitrage amiable :

Le 27 octobre 1745, pardevant le notaire royal Moreau, de Château-Chinon, ont comparu à Dornecy, heure de huit du matin :

1° Tous les notables habitants de cette ville, entr'autres

Duchesnoy, Dauvé, Boucheron, Rocher, Dufour, Lionnet, Guénot, Gagné, Bachelier, Boyau, Barbaran, Nicolas, Dufour, Simon, Léger, Gagné, Pierre Dufour, Edme Guenot, Claude Dufour, etc.

2° Messire Camille Hanin, procureur fiscal de son altesse sérénissime Monseigneur le prince de Condé.

3° Messire Claude Parent de Fougère, lieutenant au bailliage de Dornecy, à la part de son Eminence Monseigneur Pierre Guérin de Tancin, cardinal de la sainte Eglise romaine, archevêque de Lyon, prince d'Embrun et abbé de Vézelay.

4° Messire Jean Dauvé, procureur fiscal au bailliage de Dornecy.

5° Messire Jean-Baptiste Bezanger, procureur fiscal de la justice de Brèves, Asnières, Avrigny et dépendances, pour Mme veuve Camille Savary, marquise de Brèves.

Tous lesquels ont dit avoir été avertis pour assister au recollement des limites de la justice de son Altesse le prince de Condé, pour la terre de Dornecy, *chacun en droit soy*, et qu'ils sont tout prêts à y assister. Afin d'y mieux procéder, messire Dauvé a fait venir Pierre Gagné, garde de la terre et seigneurie de Dornecy, pour son Emminence l'abbé de Vézelay.

Messire Bezanger a aussi fait venir Guillaume Gagné, garde bois de Mme la marquise de Brèves, et François Joly, aussi garde bois de la terre d'Avrigny et Asnières, pour ladite marquise.

Messire Hanin a fait venir Jean Barbaron, garde des bois de la communauté de Dornecy, qui est au fait des limites et a requis qu'avec tous les comparants et avec lesdits gardes, on eut à dresser procès-verbal des limites. Ce procès-verbal a en effet été dressé, et un extrait se trouve à l'appendice n° 9.

CHAPITRE XXIX

TRAFIC HONTEUX DE LA JUSTICE SEIGNEURIALE

> La justice, c'est l'égoût de toutes les infamies.
> (BALZAC).

On a peine à croire aujourd'hui, qu'autrefois et jusqu'en 1789, les seigneurs laïcs ou religieux ayant la haute, moyenne et basse justice, en ont trafiqué suivant leur bon plaisir. On n'exigeait alors aucune condition de capacité, ni même de moralité pour de semblables magistrats. Il suffisait de payer sa charge, son titre de judicature, c'était l'essentiel. Le plus souvent on en faisait *l'amodiation*, c'est-à-dire l'affermage, le bail. Cette judicature était souvent comprise comme dépendances d'une ferme ou d'un domaine, d'une seigneurie. Dans la seule province du Nivernais, il y avait, outre le bailliage *royal* de Saint-Pierre-le-Moustier et le bailliage *ducal* de Nevers, près de 1,800 juges particuliers, dont les sentences pouvaient être déférées par voix d'appel à Saint-Pierre-le-Moutier, à Nevers, au Parlement de Paris, ou évoquées devant le Roi en son conseil. Les limites territoriales de ces juridictions étaient à peine indiquées, les attributions mal définies, la compétence incertaine. Il en était de même en tout le royaume. Montaigne avait raison en disant : « C'est une mauvaise provision de païs que tous ces jurisconsultes ».

Peu importait au seigneur que la justice fut bien ou mal rendue aux justiciables, aux manants, il n'en avait pas le moindre souci.

Ceux-ci, on le suppose bien, n'étaient pas habitués à bonne justice. Ils auraient préféré qu'on mit en usage le système de Rabelais :

« Attendre la sentence du sort des dés », ou bien comme le dit le même Montaigne à cette occasion, qu'il vaudrait autant soumettre sa cause au premier passant, qu'à des juges armés de grand nombre d'ordonnances.

Elle eut été préférable à celle autorisée en 902, par le concile de Narbonne, et en 925, par celui de Tours, en employant comme jugement de Dieu les épreuves par le feu, le fer chaud et l'eau bouillante, et même en dernier lieu, à l'ordonnance du mois d'août 1670, de Louis XIV, qui armait les juges d'un pouvoir terrible dans la poursuite et le jugement des crimes et des délits. Aucune garantie n'était donnée aux accusés ; l'instruction était secrète, le jugement avait lieu à huis-clos, l'accusé n'avait pas le droit de se faire assister d'un défenseur.

Lorsque les preuves n'étaient pas suffisantes pour justifier la condamnation à mort, le juge avant de la prononcer était autorisé à faire torturer l'accusé par le feu, le fer et l'eau, afin de lui arracher l'aveu du crime.

Chaque siège de justice était à cet effet pourvu d'un outillage complet de torture à l'aide duquel les exécuteurs exercés, brisaient, broyaient, disloquaient les membres du patient, labouraient sa chair avec des fers rouges, gonflaient son corps en lui entonnant de force une énorme quantité d'eau.

Le supplice n'était suspendu qu'au moment où le médecin expert assistant la justice, déclarait que l'accusé, si cruellement torturé, était au moment de trépasser. C'était ce qu'on nommait alors *la question préparatoire*.

L'accusé qui avait souffert la question sans mourir et sans rien avouer, ne pouvait pas être condamné à mort, mais le juge avait la ressource de le condamner à toute autre peine afflictive, au fouet, à la marque, au bannissement, aux galères.

Rappelons que ce droit de justice étant devenu la propriété du seigneur justicier, celui-ci avait pour principal intérêt d'en tirer le meilleur revenu possible. Son fermier ou son cessionnaire agissait de même et souvent avec plus d'âpreté. De là vient que dans le droit coutumier, à sa première époque surtout, *les amendes* prédominaient sur les peines corporelles. Pour celles-ci, la faculté de rachat ou de s'y soustraire en payant fut admise presque toujours.

Nous avons jugé à propos de mettre sous les yeux du lecteur la preuve authentique de cette juridiction honteuse qui a pesé si lourdement et si longtemps sur le pays.

Le 4 octobre 1756, un procès-verbal fut dressé par Jacques-François de Machicourt, ancien Procureur au bailliage de Dornecy, faisant fonctions de juge, assisté de Edme Boudin, praticien, qu'il a choisi pour greffier, constatant qu'au château du révérendissime abbé de Vézelay, seigneur en partie de Dornecy, est comparu François Lemoine, bourgeois dudit lieu, assisté de Claude Tapin, son procureur; lequel a dit : « Qu'il était subrogé « aux droits de François Robin et Pierre Vaillant, fer- « miers de l'abbé de Vézelay, pour sa ferme de Dor-

« necy avec dépendances, *y compris les greffes dudit*
« *Dornecy et de Villiers-sur-Yonne.*

« Qu'il était troublé dans sa jouissance de greffier,
« et demandait son installation avec prestation de ser-
« ment, conformément aux édits du Roi.

« C'est ce qui lui fut octroyé, le Procureur fiscal du
« révérendissime abbé entendu.

« Toujours pour la part dudit abbé de Dornecy ».

Voici pour une autre part au duc de Nivernais.

En 1780, devant Michel Bonhomme, notaire à Villiers-sur-Yonne, résidant à Clamecy, *bail à ferme des justices de Dornecy et Clamecy*, consenti pour un cours de neuf années par le Procureur fiscal du duc de Nivernais, à Clamecy, juge justicier de ces deux localités, *mais en partie pour Dornecy*; à André Binet, bourgeois à Clamecy, moyennant une redevance annuelle de 280 livres. C'est le dernier bail de cette nature, à notre connaissance, qui ait été passé dans cette contrée. 1789 arrivait à propos à son expiration.

CHAPITRE XXX.

LETTRES PATENTES DU ROI POUR L'ÉTABLISSEMENT A DORNECY DE SIX FOIRES PAR AN ET D'UN MARCHÉ CHAQUE SEMAINE

> Pour certaines gens la richesse n'a fait
> qu'élargir les âpres désirs et rétrécir les idées.
> (Anonyme).

On remarquera dans ces lettres, les charges imposées au profit du prince de Condé qui les avait sollicitées du roi, plutôt pour lui que pour les habitants de Dornecy ; c'est ce même prince de Condé qui était demeuré chef des émigrés et qui fut déclaré rebelle par l'Assemblée législative le 1er janvier 1792, comme prévenu d'hostilité contre la France. En effet, l'armée dite de Condé, envahit plusieurs fois le territoire français avec l'étranger. Ses biens furent mis sous séquestre et la perception de ses revenus fut faite au profit de l'Etat.

Nous avons cru devoir transcrire textuellement ces lettres, parce qu'elles font connaître la nature des denrées et marchandises diverses sur lesquelles on opérait alors.

« Louis, par la grâce de Dieu, Roi de France et de
« Navarre, à nos amez et féaux conseillers, les gens
« tenant notre Cour du Parlement de Paris, salut.

« Notre très cher et très amé cousin Louis-Joseph de
« Bourbon, Prince de Condé, Prince de notre sang,
« Pair et Grand Maître de France, Gouverneur et Lieu-
« tenant général pour nous en nos provinces de Bourgo-
« gne et de Bresse, Seigneur de Dornecy en Nivernois,
« et nos biens amez les syndics, habitans et communauté
« dudit lieu, nous ont fait exposer que par arrêt rendu
« en notre Conseil le 30 juin 1767, sur la requête des
« dits syndics et habitans, nous aurions permis l'établis-
« sement audit lieu de six foires annuelles pour être
« tenues les 8 février, 12 mai, 17 juin, 3 juillet, 11 sep-
« tembre et 8 novembre de chaque année ; que notre dit
« cousin le Prince de Condé, en ayant eu connaissance,
« *aurait bien voulu y acquiescer et même concourir audit*
« *établissement, à la condition et non autrement qu'il*
« *percevrait les jours de la tenue des foires ainsi que le*
« *jour du marché de chaque semaine, les droits suivant les*
« *anciens tarifs, ou les us et coutumes* (1). Que le com-
« merce n'étant plus le même que dans les temps passés,
« et les prix des marchandises ayant varié, les exposants
« ont pensé, pour éviter toutes discussions, devoir faire
« un nouveau tarif et nous le présenter pour le confirmer
« et l'autoriser et nous ont requis, notre dit cousin le
« prince de Condé et les dits syndics et habitans, qu'il
« nous plût en confirmant en tant que de besoin l'arrêt
« de notre Conseil du 30 juin 1767, *autoriser notre*
« *cousin à percevoir les jours de foires et marchés, tous*
« *les mardis de chaque semaine de l'année, et pour les foi-*
« *res ci-dessus indiquées comme devant se tenir aux dites*
« *époques de chaque année.*

« Par chaque chariot ou charrette, attelés de deux

(1) Dans le préambule de la charte de François Ier, de 1513, déjà

« chevaux ou de quatre bœufs, chargés de vin ou autres
« marchandises, comme navette, huile, cidre, bierre,
« poiré, vinaigre, houblon, fromage, écorce de chêne,
« fers en barre et autres fers ouvrés, bois ouvrés, à
« l'exception du charbon de bois à brûler, *quatre sols.*

« Par charrette attelée d'un cheval et de deux bœufs,
« *deux sols* ».

« Par cheval de bât ou sommier chargé de marchan-
« dises, en cas de vente, *un sol.*

« Par meule à moulin percée, *quinze sols,*

« Par meule à moulin non percée, *sept sols six deniers.*

« Par cheval, jument, poulain, bœuf, taureau et vache
« qui seront vendus, *deux sols.*

« Par porc qui sera vendu, *un sol.*

« Par chaque tête de bête à laine, *six deniers.*

« Par *Porte-à-Col* posant sa marchandise à terre pour
« être vendue, *six deniers.*

« Par cheval, dans le même cas, *un sol.*

« Par chaque place d'étal, *cinq sols.*

« Et pour le hallage des grains, *le 96ᵉ* de la mesure
« lorsqu'ils seront vendus.

« Et ordonner que le tarif des dits droits serait trans-
« crit sur une pancarte attachée au poteau planté dans
« l'endroit le plus apparent du lieu des dites foires et
« marchés. Ce que nous aurions octroyé aux exposants,
« par arrêt du 9 septembre dernier, voulant que sur
« icelui toutes lettres nécessaires fussent expédiées, les-
« quelles ils nous ont très humblement fait supplier de
« leur accorder.

« A ces causes, de l'avis de notre Conseil qui a vu les

relatée, il est dit que Dorncey avait dès cette époque un marché
chaque semaine et trois foires l'an.

« arrêts des 30 juin et 6 septembre dernier, dont expédi-
« tions sont cy-attachées, sous le contre-scel de notre
« chancellerie, nous avons en confirmant en tant que
« besoin notre dit arrêt, portant établissement de six
« foires annuelles à Dornecy, autorisé et par ces présen-
« tes signées de notre main, autorisons notre dit cousin
« le prince de Condé à faire percevoir à son profit, tant
« les jours des dites foires que le jour du marché qui
« se tiendra audit lieu, le mardi de chaque semaine (les
« taxes sus mentionnées et énumérées à nouveau), fai-
« sons défense aux fermiers des dits droits, de percevoir
« autres ni plus forts droits que ceux ci-dessus exprimés,
« à peine d'être poursuivis comme concussionnaires et
« punis comme tels, suivant la rigueur des ordonnances.
« Si vous mandons que ces présentes vous ayez à faire
« registrer et du contenu en icelle, jouir et user lesdits
« exposants, pleinement et paisiblement, cessant et fai-
« sant cesser tous troubles et empêchements et nonobs-
« tant toutes choses à ce contraire, *car tel est notre plaisir.*
« Donné à Versailles, le 17e jour de novembre, l'an de
« grâce 1768, et de notre règne le 54e. Signé : Louis, et
« plus bas est écrit : Par le Roy, signé, Philippeaux. Au-
« dessous, enfin est écrit : Registré, ouy le Procureur
« général du Roy, pour jouir par les impétrants de l'effet
« contenu en icelle et être exécutées selon leur forme et
« teneur, *à la charge néanmoins que dans les années où la*
« *foire fixée par lesdites lettres patentes au 11 septembre*
« *se trouvera concourir avec celle qui se tient à Clamecy*
« *le 1er samedi, suivant la fête de la Nativité de la Sainte-*
« *Vierge, ladite foire du 11 septembre sera tenue le 10 du*
« *même mois, suivant l'arrêt de ce jour, à Paris, au Par-*
« *lement, le 27 février 1769* ».

Profitons de cette restriction dernière mentionnée,

pour dire que les habitants de Clamecy, jaloux de ce qu'ils qualifiaient de faveur, pour la communauté de Dornecy, se réunirent plusieurs fois et sommèrent le Bureau de la ville de s'assembler, ce qui eut lieu le 3 janvier 1781, pour demander quatre foires nouvelles à Clamecy, en faisant valoir que Dornecy, bien moins important, en avait obtenu six en outre des trois qu'il avait précédemment. Le jour même que Louis XV signa ces lettres, le Nonce du Pape et le cardinal de la Roche-Aymon, reçus en audience privée, s'agenouillèrent dévotement tous deux et chaussèrent en présence de sa Majesté, chacun d'une pantoufle, les deux pieds nus de Mme Dubarry, maîtresse du Roi sortant du lit, ce qui fit beaucoup rire le Roi, d'après ce que rapporte Victor Hugo.

CHAPITRE XXXI.

DÉLIBÉRATION DES NOTABLES HABITANTS DE DORNECY CONSTATÉE PAR ACTE NOTARIÉ, POUR LA NOMINATION D'UN DEUXIÈME GARDE FORESTIER ET D'UN SYNDIC, ET SUR LE PARTI A PRENDRE POUR LA CONSERVATION DE DEUX ANCIENS TITRES DE PROPRIÉTÉ DES BOIS DE LA COMMUNE.

> L'exemple et les paroles des saints pères de l'Eglise ordonnent que toutes les bonnes choses doivent être confiées à l'écriture, de peur d'oubli.
> (BAUDAY, év. de Noyon).

Le 7 mars 1784, après-midi, au lieu de Dornecy, en l'Auditoire de ladite ville, endroit ordinaire à tenir les assemblées et pardevant nous, notaires royaux résidant à Clamecy, soussignés. Sont comparus les sieurs maire, receveur, syndic et habitants de la communauté dudit Dornecy, tous dénommés comme faisant et représentant la plus grande et saine partie des habitants de ladite communauté.

Lesquels nous ont dit avoir été convoqués au son de la caisse en la manière accoutumée, de la part du sieur Tenaille Delaure, maire, à l'effet de délibérer :

1° Sur l'établissement qui a été fait d'un nouveau garde, pour veiller à la conservation des bois de la communauté ;

2° Sur la continuation du syndic actuel ou nomination d'un nouveau ;

3° Sur le parti à prendre pour la conservation de deux anciens titres de propriété concernant les bois de ladite communauté ;

4° Enfin sur la nécessité qu'il y a de faire procéder au bornage des dits bois, pour éviter toutes contestations avec les propriétaires qui avoisinent ces bois.

Sur quoi la matière mise en délibération, les suffrages recueillis, l'Assemblée, sur le 1er objet, a approuvé et approuve le choix qui a été fait de la personne de François Delume, pour 2e garde des bois de la communauté, aux gages de 250 livres par an, et en conséquence promet d'allouer dans les comptes du sieur receveur, ce qu'il en a coûté pour sa réception à la maîtrise des eaux et forêts de Nevers, ainsi que le paiement de ses gages sur le pied ci-dessus, à compter du 1er janvier dernier.

Sur le 2e objet, ladite assemblée a déclaré qu'elle continue Gabriel Bonnotte pour syndic de la communauté.

Sur le 3e objet, ladite assemblée a déclaré être unanimement d'avis que les deux anciens titres de propriété des dits bois de la communauté pour leur conservation, soient et demeurent déposés, joints et annexés à ces présentes, pour être mis au rang de nos minutes, *et en être délivré des expéditions aux dits habitans, au nombre de douze, pour être distribuées aux principaux d'entr'eux*, et en conséquence lesdits deux titres étant en parchemin, et qui sont ; le 1er la transaction passée devant Charpy, notaire, le 7 avril 1607, et le 2e l'acte de retrait lignager exercé par la princesse Palatine, et dont nous avons rendu compte (Voir le texte appendice n° 8).

Enfin sur le 4e objet, l'Assemblé a autorisé les sieurs maire, receveur et syndic de la communauté à faire procéder, autant que faire se pourra, au bornage de leurs bois communaux, pour éviter contestation dans la suite avec les voisins et à faire dresser procès-verbaux des dits bornages, promettant allouer en dépense ce qu'il en coûtera pour lesdites opérations.

Les habitants de Dornecy, comme on le voit, avaient après tant de vicissitudes et d'ennuis causés pour la conservation de la propriété de leurs bois, qui leur avait été disputée si souvent, user prudemment du véritable moyen de placer en lieu sûr le dépôt très précieux des actes relatés, avec la précaution d'en faire délivrer douze copies ou expéditions aux principaux de la communauté.

Un siècle plus tard, le 6 avril 1888, au Congrès de la Ligue de l'Enseignement tenu à Lyon, le docteur Beauvisage, au nom de la commission du centenaire a émis le vœu qui a été adopté à l'unanimité : Que les Conseils généraux fassent rechercher les documents intéressant chaque commune, de même que tous ceux historiques touchant l'époque de la Révolution. Ces documents, dit le vœu, pourraient être soit imprimés, soit gravés et publiés dans les communes d'où ils seraient tirés, afin que, par la lecture de ces cahiers, les populations puissent faire la comparaison de l'état des personnes et des biens à l'époque de la Révolution et à la nôtre.

CHAPITRE XXXII.

CONVOCATION DES ÉTATS GÉNÉRAUX. — PRÉLIMINAIRES DE LA CONVOCATION

> On ne fait point reculer les générations qui s'avancent en leur jetant à la tête des fragments de ruines. Les insensés qui prétendent mener le passé au combat contre l'avenir, sont les victimes de leur témérité : Les siècles en s'abordant les écrasent. (CHATEAUBRIAND).

Mon parent, M. Labot, ancien avocat au Conseil d'État et à la Cour de cassation, a publié en 1866, chez Gourdet, imprimeur-éditeur à Nevers, un livre très intéressant, surtout pour le Nivernais. Il contient le recueil de documents curieux, presque oubliés sur la première phase de la Révolution française et le compte-rendu des travaux de la deuxième assemblée des notables réunie spécialement pour préparer, sur la base du suffrage universel, la législation électorale d'où allait sortir la première, la plus illustre et la plus respectable de toutes nos assemblées délibérantes; elle fut la libre émanation de la volonté nationale. Ce livre contient en outre l'exposé des opérations électorales de 1789 dans les deux bailliages (Nevers et Saint-Pierre-le-Moustier) et le compte-rendu d'incidents nombreux causés par les réclamations des paroisses du Donziois et de l'élection de Clamecy, qui ressortissait du bailliage d'Auxerre. Nous puiserons dans ce recueil et dans les notes qu'il nous a laissées, des documents d'un vif intérêt.

Dès la première année du règne de Louis XVI qui n'avait que 20 ans lorsqu'il montait sur le trône (1774), la société française était, il faut le dire, en travail de cette grande révolution de 1789.

Le jeune souverain manifestait le désir de réformer les nombreux abus signalés par les écrivains du XVIIIe siècle.

Turgot, puis Necker, désignés au choix du roi par des écrits auxquels la science moderne rend justice, avaient été appelés à réaliser leurs projets de réforme. Mais ces deux ministres célèbres avaient succombé tour à tour, sous l'hostilité de la Cour et des Parlements, après avoir appliqué toutefois des principes et adopté des mesures dont la sagesse est aujourd'hui reconnue. Au moment où M. de Calonne arriva (1783) au ministère, les caisses de l'Etat étaient vides et la dette publique effrayait les amis les plus confiants de la monarchie.

Par un de ces mouvements d'opinion si fréquents en France, et dont l'observation la plus attentive ne peut pénétrer les causes, toutes les classes de la société demandaient la convocation des Etats généraux, dont le président Hainaut a dit avec naïveté : *Les Etats généraux de 1614 sont les derniers qu'on ait tenus, parce qu'on en reconnaît l'inutilité.*

Quel procédé, dans les temps anciens, était en usage pour convoquer les Etats généraux ?

Quel était leur mode de délibérer et de voter ? Leurs attributions, etc. ? Les plus érudits l'ignoraient, et le Gouvernement lui-même, qui faisait rechercher dans les archives les rares procès-verbaux de ces assemblées, en était réduit à des conjectures.

On savait bien que le roi seul avait le droit de convoquer les États généraux. Il adressait à cet effet des lettres patentes aux gouverneurs des provinces ainsi qu'aux baillis et sénéchaux qui, sous leur autorité, étaient chargés de l'administration provinciale. Elles indiquaient l'époque et le lieu où devaient se réunir les députés. En vertu des ordres du roi, les ecclésiastiques et les nobles étaient nominativement convoqués pour l'élection de leurs députés; les gouverneurs et baillis envoyaient copie des lettres-patentes aux maires et échevins des villes, ainsi qu'aux juges et curés des villages. Les bourgeois et villains étaient avertis au prône, à son de trompe, par affiches apposées au pilori (ancienne machine à pivot où l'on exposait les coupables), et à la porte des églises.

Les nobles et ecclésiastiques nommaient directement les députés qui devaient les représenter aux États généraux.

Il n'en était pas de même pour les bourgeois et les paysans. Réunis dans les villes et villages, sous la présidence des baillis, sénéchaux, vicomtes, viguiers, prévôts, lieutenants des baillis, etc., ils nommaient les électeurs. Ceux-ci se réunissaient au chef-lieu du bailliage et procédaient à l'élection des députés aux États généraux.

Ils rédigeaient aussi des cahiers de doléances pour exprimer leurs besoins et leurs vœux. Le nombre des députés qui devaient être élus dans chaque bailliage *n'était pas déterminé*. Cette question alors n'avait que peu d'importance, puisque dans l'assemblée des États généraux, on votait par ordre et non par tête.

Tout en cherchant à résumer et à ramener à des

règles uniformes la nomination des députés aux Etats généraux, il faut reconnaître que les usages variaient souvent de province à province.

Les paysans ne prenaient pas toujours part aux élections.

En Auvergne, par exemple, le clergé, la noblesse et la bourgeoisie, nommaient seuls les députés aux Etats généraux.

Dans plusieurs circonstances, des corps comme la commune de Paris en 1356, l'université en 1413, le parlement en 1559, obtinrent un représentant spécial.

En 1786, clergé, noblesse, magistrature, avocats, bourgeois des villes, marchands, laboureurs, tout le monde proclamait la nécessité de la réunion des Etats généraux. La Cour elle-même, reconnaissait que la nation, assemblée en la personne de ses représentants, pouvait seule améliorer une situation dont il n'était plus possible de contester les périls.

A diverses époques et à de longs intervalles, la nation avait été consultée par la monarchie, tantôt dans une assemblée de députés élus par les *trois ordres* (clergé, noblesse, tiers-état), et qui s'appelait Etats généraux; tantôt dans une *assemblée de notables*, dont les membres tenaient de leur naissance ou du choix du roi le droit d'y siéger; c'était toujours dans des circonstances critiques et lorsque le trésor était vide; il y avait nécessité d'augmenter les impôts existants ou d'en créer d'autres.

La dernière assemblée des Etats généraux remontait à 1614. La dernière assemblée des notables à 1626.

Il s'était donc écoulé en 1787, cent soixante-treize ans depuis que le pays avait été consulté sous la première forme, et cent soixante un ans depuis qu'il avait été consulté sous la deuxième.

C'est après une aussi longue interruption de la représentation nationale que le roi Louis XVI *ordonna la convocation des notables.*

On avait pour ainsi dire oublié l'institution des États généraux ; elle était tombée en désuétude. Ceux de la fin du xvie siècle et du commencement du xviie étaient restés si incomplets confinés dans des visées politiques, si étrangères aux préoccupations populaires et si parfaitement stériles en somme, qu'ils n'avaient point laissé de trace dans les mémoires.

Durant cet intervalle, Richelieu en matant la noblesse, Louis XIV en la domestiquant, avaient créé l'absolutisme royal, la monarchie pure de tout mélange. *Le bon plaisir* était le suprême recours, la source des faveurs et des disgrâces. Le pouvoir royal n'éprouvait le besoin de consulter pas plus l'un que l'autre des ordres traditionnels. Il avait le sentiment des difficultés qu'on se crée, dès qu'on réunit le clergé en corps ; il n'avait aucun intérêt à substituer les prétentions de l'église aux appétits particuliers des cadets de famille, qui n'attendaient guère que de leur habileté à capter la bienveillance du roi, de la famille royale, d'un ministre, ou *ce qui valait mieux que tout, d'une favorite, d'une maîtresse du Roi*, la manne des bénéfices et des prébendes, évêchés, canonicats, prieurés et abbayes commandataires. Encore moins se souciait-on de raviver les ambitions domptées au prix de tant d'efforts des hauts barons de l'ancien temps, d'appeler dans un champ de mai des orgueilleux qui pourraient se souvenir de l'insolence du *Leude* barbare et répéter le « *Qui t'a fait Roi* », de reconstituer une noblesse à la place de la cohue de nobles qui se pressait dans les antichambres, attendait à *l'œil-de-bœuf* un sourire du maître et dont les plus enviés avaient donné un nouveau lustre à leur maison, s'ils avaient fini par conquérir une place dans la garde-robe ou dans la grande écurie. C'est peut-être, en somme, le Tiers-Etat qu'à son apogée le pouvoir monarchique aurait eu le moins de répugnance à interroger. Il était plus loin de la Cour, on l'y connaissait moins ; il était paisible et bon sujet de longue date ; on s'était accoutumé à penser qu'il n'aurait pas la hardiesse d'élever la voix plus qu'il ne convient aux gens de peu en face des puissants. C'était d'ailleurs sa coutume quand il souffrait trop durement des tyrannies toutes proches, de tenter un appel vers le trône, d'invoquer celui dont la domination était le moins immédiatement visible et sensible : celui qui pouvait tout, et quand le gagne-denier ployait et succombait sous une surcharge qui l'achevait, lui fût-elle imposée par les gens du Roi, son cri de détresse qu'il retenait encore et qui parfois ne s'exhalait que comme un murmure, c'était : « *Ah ! si le Roi le savait* ». C'est que la royauté s'était affranchie, mais n'avait guère affranchi qu'elle même. Il n'y avait plus de féodalité en présence de l'autorité suprême, et de ce côté là, le lien était tranché. Par en bas elle pesait d'un poids à peine allégé par l'action des siècles, tandis que les fiscalités s'aggravaient sans cesse. Versailles engouffrait toujours et sans compter ; il fallait de l'argent à discrétion, non seulement pour les fastes de la Cour, mais pour les bontés du Roi, fontaine inépuisable de grâce et que ne sollicitaient pas en vain les gens bien nés en situation de s'ouvrir un accès.

Au loin, on ne voyait que les exactions des commis, des traitants et des sous-traitants, des receveurs, des fermiers généraux, chargés de remplir le trésor royal, mais aux mains de qui s'arrêtait en chemin la plus grande partie et dont le train s'égalait au moins à celui des seigneurs ; avec plus de tapage, de scandale bien souvent, et cette démangeaison de faire sonner ses écus aux oreilles des pauvres diables où se complaisaient les parvenus de fraîche date.

Il y avait longtemps que le régime *sentait le vermoulu*, et dès le déclin du règne de Louis XIV, des esprits clairvoyants laissaient échapper des pronostics dans lesquels on peut voir sans trop forcer les termes, la prophétie de la Révolution ; ils n'ont fait que se multiplier au cours du XVIIIe siècle ; mais dans ces prévisions d'une dislocation finale, il n'était jamais fait allusion à la procédure. Le gaspillage imprévoyant alla toujours croissant le long des 60 ans de règne de Louis XV ; les ministres n'étaient guère appréciés du maître que d'après l'étendue de leurs complaisances. Personne n'attendait d'allégeance de l'amant épuisé de la Du Barry. La mort de celui qu'on avait appelé, sans l'ombre d'ironie, *le Bien aimé*, et dont les moindres épreuves avaient autrefois plongé la nation dans des transes nullement jouées, causa partout un soulagement ; l'étiquette seule tenait mal à distance de son cercueil les ricanements et les insultes. La royauté était dégradée, la noblesse vicieuse et poussant à la décomposition sociale le clergé sans vertu, sans zèle et sans savoir.

Le bas peuple des villes et des campagnes était ignorant, brutal, misérable, et plus misérable à certains égards qu'il n'avait été dans le moyen-âge. L'industrie gênée par les corporations, les jurandes ; l'agriculture embarrassée par les redevances féodales, les dîmes, les corvées, le droit de chasse et une foule d'absurdes privilèges.

Le nouveau règne devait être celui des ministres réformateurs, Turgot et ensuite Necker, dont nous avons parlé et qui échouèrent.

Turgot parce qu'il prenait trop au sérieux sa tâche, il était trop emporté par son idéal austère, trop peu négociateur, trop peu soucieux d'exempter de réformes les gens dont l'appui lui était nécessaire pour ne pas succomber bien vite sous la coalition de tous ceux dont il menaçait l'opulence conquise sous le règne précédent.

Necker remédia peu au mal, mais le dénonça avec une netteté mal sonnante, et puis on reprit bientôt la routine accoutumée, n'ayant en guise d'institution protectrice que les vertus privées du prince. Cela devenait un rôle de plus en plus ingrat, que celui d'économe des deniers royaux. Une fantaisie de la Reine, une libéralité du roi envers quelques vieux serviteurs de la monarchie, venaient à chaque instant vider une caisse péniblement remplie, compromettre des échéances, obliger même à ajourner le paiement des rentes. Tous les hommes à projets ne consacraient plus leur veille qu'à des plans pour restaurer les finances royales; il fallait écarter les courtisans et chercher les hommes ingénieux.

On passa par Calonne qui ne farda pas le déficit et prononça le mot terrible : « Que reste-t-il pour le combler? Les abus! »; par l'archevêque de Toulouse, Loménie de Brienne, à qui son incrédulité sous la mitre, avait valu des recommandations des philosophes, mais qui était bien le plus forcené *cumulard* des bénéfices, mal porté pour conseiller des renoncements dont il ne pensait pas à donner l'exemple, et en désespoir de cause on rappela Necker.

Les États généraux furent, en réalité, convoqués par le déficit et la disette; la disette rendant le déficit irrémédiable. Il y avait dans la misère du temps une part des duretées accidentelles des saisons, une part aussi de la décadence de l'agriculture découragée par l'alourdissement de la fiscalité et des redevances, et qui délaissait une portion de plus en plus large du territoire tombé en friche.

CHAPITRE XXXIII

DOCUMENTS HISTORIQUES SUR LES ANCIENS ÉTATS GÉNÉRAUX.

> C'est une puissante douceur que de sentir revivre en soi les vieux âges. Il est vrai qu'il faut posséder cette ardente patience, cette curiosité toujours vive, cet amour ingénieux du passé qui sont récompensés par des visions admirables.
> (Anat. FRANCE).

Il nous a paru intéressant de rechercher quelques détails historiques sur les États généraux en ce qui concerne surtout la contrée dont nous nous occupons.

En 1302, une assemblée des États généraux représentant, par le nombre et la condition de ses membres, les trois Ordres, eut lieu sous le règne de Philippe le Bel comme un corps constitué à l'église Notre-Dame de Paris.

On peut citer comme preuve « la supplication *du pueuple* de France au Roy contre le pape Boniface VIII pour maintenir les libertés de l'Église gallicane. »

En 1308, le même roi convoqua les États généraux à Tours pour avoir jugement et approbation des hommes de toute condition touchant les Templiers. Ils prononcèrent que les Chevaliers étaient dignes de mort.

En 1317, les États furent convoqués sous Philippe V, deuxième fils de Philippe le Bel, pour la loi salique.

En 1355, sous le roi Jean, les trois États furent encore assemblés à Paris pour le secourir contre les Anglais. Ils lui accordèrent une somme considérable, à 5 livres 5 sous le marc, de peur que le roi n'en changeât la valeur numéraire. Ils réglèrent l'impôt nécessaire pour recueillir cet argent. Le roi promit, pour lui et pour ses successeurs, de ne faire, dans l'avenir, aucun changement dans la monnaie, promesse qui ne fut pas tenue. Avec cet argent, on forma une armée qui n'empêcha pas le roi Jean d'être fait prisonnier à la bataille de Poitiers.

En 1426, les États furent convoqués et tenus à Mehun-sur-Yèvre. Le Tiers-État disait aux deux ordres privilégiés : « Que dans le temps où il soutenait leur vie à la « sueur de son corps, ils attaquaient la sienne ; et que « tandis qu'ils vivaient de lui, il mourait pour eux. »

Il fut reconnu par Philippe de Valois, en 1339 ; par le roi Jean, en 1355, 1356 et 1357, et par Charles VI, en 1380, que les impôts portant atteinte au droit de propriété ne seraient légitimes qu'autant qu'ils seraient *désormais librement accordés.*

En 1381, sept fois les notables ou les États furent assemblés, sous Charles VI, âgé de 12 ans, ayant pour régent son oncle, le duc d'Anjou. Ils refusèrent toute espèce d'impôts en demandant le rétablissement des libertés naturelles. En 1382, le 15 avril, les États de Compiègne déclarèrent, à l'unanimité, que le peuple ne veut plus entendre parler d'impôts. Les États furent aussi convoqués à Chinon et votèrent les subsides pour sauver Orléans, assiégé par les Anglais. En 1468, États généraux à Tours, sous Louis XI ; en 1471, convocation des notables.

En 1484, sous le règne de Louis XII, nous voyons qu'un gentilhomme, le sire de la Roche, député de la noblesse de Bourgogne, s'exprimait en ces termes :

« La royauté est *un office*, non *un héritage* ; c'est le
« peuple souverain qui, dans l'origine, créa le Roi.
« L'État est la chose du peuple. La souveraineté n'appar-
« tient pas aux princes, qui n'existent que par le peuple.
« Ceux qui tiennent le pouvoir par force, ou de toute
« autre manière, sont usurpateurs du bien d'autrui. En
« cas de minorité ou d'incapacité du prince, la chose
« *publique retourne au peuple*, qui la représente comme
« sienne. Le Peuple, c'est l'universalité du Royaume,
« etc. »

Nobles et généreuses maximes proclamées, non par un mandataire des classes plébéiennes, mais par un gentilhomme, et d'où devaient sortir nos révolutions modernes. En effet, cet énergique langage, qui semble devancer les temps de trois bons siècles et appeler comme conclusion immédiate la réunion des trois ordres et le vote par tête, n'a pu manquer d'arrêter l'attention de quiconque compulse nos annales.

Les États auxquels il assistait étaient convoqués, après la mort de Louis XI, dans le but de parer à l'affaiblissement du pouvoir royal et de constituer le Conseil de Régence de Charles VIII. La cour résistait à ce qu'elle considérait comme un empiètement. Le sire de la Roche alla d'emblée à la souveraineté du peuple.

Nous sommes heureux d'annoncer que le Musée du Louvre vient d'acquérir une œuvre historique de sculpture de grande valeur ; c'est précisément le tombeau du sire de la Roche (Philippe Pot), grand sénéchal du duché de Bourgogne, mort en 1494. Il y est représenté armé de pied en cap, couché sur une dalle qui porte huit « pleurans » en costume de deuil, tenant chacun à la main un écusson des alliances du défunt. C'est une des œuvres les plus importantes de la sculpture bourguignonne.

En 1528, l'assemblée des notables fut convoquée pour approuver la violation du traité fait avec Charles-Quint.

En 1561, les États généraux furent tenus à Orléans.

Guy Coquille, dont nous avons souvent parlé et qui n'avait alors qu'une trentaine d'années, fut élu d'une voix unanime député du Tiers-État.

Cette assemblée s'ouvrait au milieu des circonstances les plus graves, qui étaient :

1° L'ambition des Pontifes romains : elle n'avait plus de bornes ; parce qu'ils étaient à Rome, ils se croyaient des Césars et avaient la prétention d'assujétir tous les trônes à la tiare et soumettre partout les pouvoirs civils à l'autorité spirituelle. Ce qu'on a nommé les *exactions* de la cour de Rome, annates, décimes, denier de Saint-Pierre, etc., étaient devenues une surcharge intolérable pour les peuples ;

Les richesses du clergé, acquises par toutes sortes de moyens, accumulées sans mesure et dissipées sans raison, avaient engendré parmi ses membres tous les abus du luxe et y entretenaient une profonde corruption. L'action simultanée de deux papes, prétendant en même temps à l'infaillibilité pour des actes contradictoires, avait jeté le schisme au sein même de la catholicité ;

2° La résistance des rois contre les papes pour la défense de leur autorité temporelle et l'indépendance de leur couronne ;

3° La résistance des églises particulières contre l'usurpation de leurs franchises et de leurs privilèges et contre l'affectation d'un pouvoir absolu, se prétendant au-dessus de l'église universelle et disposant capricieusement des bénéfices et des dignités ecclésiastiques du royaume au profit des étrangers ;

4° Enfin la résistance de l'opinion publique et des individus contre les divers genres d'abus, de vexations, de tracasseries dont ils étaient victimes.

Avant la réunion des États généraux d'Orléans, les États provinciaux s'étaient assemblés et s'accordèrent à demander que les biens ecclésiastiques fussent employés au service de l'État. Le Vierg, ou maire d'Autun, en fit nettement la proposition dans un discours énergique.

Le cahier des États, qui fut remis au roi après cette séance, indique cette ressource parmi les *voies et moyens*.

« Si le roi, y est-il dit, veut acquitter ses dettes et
« soulager son peuple, il doit d'abord revenir sur les
« folles prodigalités de ses prédécesseurs, *dépouiller les*
« *favoris et les maîtresses des rois;* en second lieu, s'aider
« des vases, pierreries et ornements précieux d'or et
« d'argent étant ès temples et églises du royaume. Enfin,
« s'il veut un moyen plus prompt et plus facile pour
« moyenner deniers, *il peut vendre le temporel des gens*
« *d'église mourant de leurs bénéfices.* Cette vente, en réser-
« vant pour chaque prélat, bénéficier ou chapitre une
« maison convenable, produirait cent vingt millions de
« livres. Quatre millions par an suffiraient pour *doter le*
« *clergé* et seraient fournis par les intérêts du tiers de la
« somme totale placé avec garantie, ou se *prélèveraient*
« *facilement chaque année sur les revenus de l'État.* Cette
« mesure écarterait tous les périls, *sans blesser aucun*
« *intérêt légitime.* »

Voilà ce que l'on demandait en 1560, au sein des États généraux et ce qu'a fait bien plus tard l'Assemblée Constituante en 1790.

Dans cette assemblée de 1560, le clergé accuse la noblesse avec une amertume qui fait encourir à son auteur un rappel à l'ordre.

La noblesse récrimine contre le clergé et accumule les griefs.

Aucun d'eux, toutefois (chose digne de remarque), ne se plaint du Tiers-État, qui, au contraire, se plaint douloureusement des deux autres, alléguant qu'il est en butte à toutes sortes d'oppressions et qu'il supporte à lui seul toutes les charges de l'État, demandant que pour le soulager on s'en prenne au superflu du clergé. Jamais peut-être la prétention de faire payer par le *Tiers-État seul* toutes les charges de l'État ne fut professée avec plus d'impudeur que lors d'un incident qui s'éleva pendant la tenue des États généraux de 1483.

En principe, la fonction de député était gratuite.

« Cette charge en soi, dit Guy Coquille, leur est oné-
« reuse et ne leur en revient et n'en espèrent aucun
« profit ; le seul zèle du bien public les y convie. »

Cependant, il était d'usage d'accorder aux députés une simple indemnité pour frais de séjour et de déplacement. A cette occasion un des députés du clergé aux États de Tours (Guillaume Boulle, docteur en théologie et doyen de l'église de Noyers) s'exprima en ces termes :
« Je demande donc que, *suivant la coutume*, nos jour-
« nées soient taxées, afin que le travail qu'on a imposé
« ne tombe pas à notre charge et que nous n'ayons pas
« fait la guerre à nos dépens. » Huyard, avocat de Troyes, tomba d'accord du principe de l'indemnité, mais ajouta qu'il fallait que chaque ordre payât ses députés sur ses propres fonds. « Il est juste, dit-il, que le clergé
« paie sur ses immenses richesses le salaire de ceux qui
« ont défendu ses intérêts. J'en dis autant pour les

« nobles. Ce serait le comble de l'iniquité si l'Église et
« les nobles faisaient leurs affaires avec les deniers du
« peuple, et si les plus pauvres payaient pour les plus
« riches. »

À ces mots, Philippe de Poitiers, gentilhomme champenois, éclata avec colère et prit comme une insulte la proposition de l'avocat plébéien, « qui avait l'outrecuidance de prétendre que le clergé et la noblesse *devaient supporter servilement le poids des impôts* », il rappela le privilège des deux ordres. « C'est là, dit-il « dédaigneusement, c'est là ce que M. l'avocat voudrait « affaiblir et renverser. » Et, après une longue déclamation, il conclut en ces termes :

« Nous demandons, redoutables seigneurs, moi et les
« nobles qui sont avec moi, lorsque tant de raisons
« puissantes, l'ordre de la nature et la coutume la mieux
« établie, la plus enracinée, nous apprennent *que le
« devoir du peuple est d'acquitter tous les impôts*, nous
« demandons que vous lui ordonniez *de payer encore et
« de payer seul.* »

Ce discours produisit une vive agitation parmi les membres du Tiers-État. On allait répliquer, mais la Chambre fit ajourner le débat; et comme il n'apparut pas de décision contraire, le Tiers-État *paya encore et paya seul* 50,000 livres. Mentionnons qu'en 1563, une assemblée des *notables* fut convoquée à Rouen et fit la déclaration de la majorité de Charles IX à l'âge de 14 ans à peine commencés.

En 1564, une assemblée des notables fut convoquée à Moulins pour confirmer les changements opérés par Lhopital (le chancelier), notamment la fixation au 1er janvier du commencement de l'année au lieu du jour variable de Pâques, et la fondation de tribunaux de commerce à Paris et dans douze autres villes.

En 1576, les États furent convoqués à Blois.

Guy Coquille y fut encore envoyé comme député du Tiers-État.

Il fut élu, avec Martin Roy, avocat au bailliage du Nivernais « par les gens du Tiers-État de ce pays pour « les représenter à Blois, où nous demeurâmes, dit-il, « quatre mois entiers, depuis le 8 novembre 1576 jus- « qu'au 8 mars 1577. Et de rechef je fus député pour les « deuxièmes États commencés en octobre 1588 et finis « en janvier 1589. »

Le duc et le cardinal de Guise, son frère, furent assassinés au château de Blois en décembre de cette année 1588. L'indemnité de déplacement et de séjour fut ainsi réglée : 25 livres par jour pour les archevêques, 20 livres pour les évêques, 15 livres pour chaque abbé chef d'ordre ou archidiacre, 12 livres pour chaque abbé commandataire, et seulement 8 livres pour les autres députés. Le tout payé par le peuple.

Le même Guy Coquille a fait des remarques sur les États tenus à Moulins en 1566. Il en a suivi tous les actes quoiqu'il n'y eut pas été député.

Quelques assemblées tenues depuis 1484, époque à laquelle le Tiers-État y était convoqué, n'ont pu mériter le nom d'États généraux ; ce n'étaient pas des réunions *de députés élus par les trois ordres*, mais seulement des réunions de notables désignés et choisis par la couronne. De ce genre sont les assemblées de 1506, 1510, 1525, 1526, 1527 et 1528.

En 1587, le 16 octobre, convocation des États à Blois.

En 1593, une assemblée factieuse, décorée du nom d'États, avait été convoquée à Paris : ce furent les États de la Ligue. Les esprits s'en inquiétaient dans les provinces. Guy Coquille, pour éclairer ses concitoyens, eut recours à la méthode socratique et publia un *Dialogue ou Decis entre un citoyen de Nevers, y demeurant, et un citoyen de Paris retiré à Nevers, sur le sujet des États de Paris en 1593.* Le Niverniste, qui n'est autre que l'auteur, démontre aisément au Parisien réfugié que ces États sont sans pouvoir, quoique soutenus par le légat du pape et par des princes étrangers, qui, dit-il, *n'ont rien à voir dans nos affaires.*

En 1614, le 14 octobre, à la majorité de Louis XIII, les États généraux furent convoqués à Paris *pour chercher un remède aux dilapidations commises pendant les quatre ans de régence écoulés depuis le dernier règne.*

C'est au couvent des Augustins de Paris que 484 députés se réunirent. 140 du clergé, 132 de la noblesse et 192 du Tiers-État.

La convocation du Tiers-État pour nommer les députés est du 24 juillet 1614 ; elle fut faite, pour la province du Nivernais, par le bailly, afin de se réunir les uns à Saint-Pierre-le-Moustier et les autres à Nevers.

Les villes de Saint-Pierre, Sancoins, la Charité, Pouilly, Prémery, Lormes, Château-Chinon, Saint-Léonard (Corbigny), Tannay et Dornecy y furent représentées dans la réunion tenue à Nevers.

Le duc et la duchesse de Nevers y figuraient, de même que l'évêque de Nevers, le prieur de la Charité, qui était alors évêque de Bethléem, et le sire de Blanchefort, seigneur d'Asnois, représentant le maréchal du Nivernais, *ayant une épée richement étoffée de perles et pierreries.* Il fut nommé député par la noblesse du Nivernois ; c'était pour la deuxième fois, parce que G. Coquille rappelle qu'aux États de Blois, étant député lui-même, ainsi que nous l'avons dit, comme représentant le Tiers-État, Pierre de Blanchefort, quoique député de la Noblesse, *avait des idées très libérales pour l'époque.*

On disait autrefois, comme un proverbe, des seigneurs d'Asnois : « *Les sires d'Asnois, la fleur du Nivernois ou la fleur des pois* ». Cette dernière expression usitée à la cour pour désigner la brillante jeunesse des beaux, dont le langage et les façons faisaient loi.

Le sire de Blanchefort résidait habituellement à Asnois ; il avait recueilli ou acquis tous les droits que possédait Jean de Clèves, seigneur d'Asnois le bourg et ceux de Annibal de Sallazar, seigneur d'Asnois le château. En 1568, ces deux seigneurs ayant pris querelle dans l'église de Saint-Loup, au sujet de droits honorifiques, se battirent au sortir de l'office divin sur la place même qui est devant cette église, et Jean de Clèves fut tué.

Cette église est entièrement isolée au milieu de la campagne et environnée de prairies et de vignes, entre la rivière d'Yonne et la route de Clamecy à Nevers. Mentionnons qu'elle est sous le vocable de saint Loup, celui dont nous avons parlé comme évêque de Troyes et qui avait eu des rapports intimes avec Hilarius, patron et gouverneur, pour les Romains, du château de Tonnerre et commandant de toute la région.

Florimont de Rapine, qui figurait comme député à la réunion des États à Paris, en a fait une relation intéressante qui se trouve à la Bibliothèque nationale.

« Je remarquai, dit-il, que M. le chancelier, parlant
« en sa harangue à messieurs du clergé et de la
« noblesse, mettait la main au bonnet carré et se dé-
« couvrait, ce qu'il ne fit point en parlant au Tiers-
« État.

« Dès la séance d'ouverture, on put voir entre les

« deux ordres laïques des signes de jalousie au sujet du
« cérémonial. »

Ce maudit cérémonial, ainsi qu'on le verra par la suite, jouera un grand rôle et sera la cause de nombreux conflits, non seulement entre les trois ordres, mais encore entre les grands dignitaires eux-mêmes.

Ajoutons, pour terminer, que le clergé de Vézelay choisit pour le représenter aux États généraux de 1614 Érard de Rochefort, célèbre cumulard, qui fut nommé par Charles de Gonzague évêque de Bethléem; il se trouve tout à la fois abbé de Vézelay, doyen d'Autun, abbé de Cervon et commandataire de Corbigny ès Léonard, dont il répara pourtant l'église ruinée pendant la guerre. Il jugea à propos d'y fonder un couvent de Capucins, après avoir résigné, en faveur de son neveu François de Rochefort, ses hautes fonctions sur l'abbaye de Vézelay.

Le 2 décembre 1626, Richelieu, pour approuver sa manière de gouverner, convoqua non les États généraux, mais une assemblée de notables. Aucun prince, ni duc n'y siégeait; il n'y avait que des magistrats, des ecclésiastiques, des gens de petite noblesse et de bourgeoisie. Nous devons signaler encore une singulière assemblée, celle du haut clergé en 1709. « Les archevêques et
« évêques, pour tâcher de se faire dire monseigneur,
« prirent, au dire de Saint-Simon, une délibération par
« laquelle ils promirent de se le dire et se l'écrire réci-
« proquement les uns les autres; ils ne réussirent à cela
« qu'avec le clergé et le séculier subalterne. Tout le
« monde se moqua d'eux et on riait de ce qu'ils s'étaient
« monseigneurisés. Malgré cela, ils ont tenu bon, et il
« n'y a point eu de délibération parmi eux, sur aucune
« matière sans exception, qui ait été plus invariablement
« exécutée. »

CHAPITRE XXXIV

CONVOCATION DE LA PREMIÈRE ASSEMBLÉE DES NOTABLES.

> *Que le salut du peuple soit la loi suprême telle est la maxime fondamentale des nations.*
> (BOSSUET).

Ainsi que nous l'avons dit, c'est après cette longue interruption de la représentation nationale que Louis XVI ordonna la convocation d'une assemblée des notables.

C'est l'an de grâce 1786, le vendredi 29 décembre, à l'issue du Conseil des dépêches, que Sa Majesté a déclaré que son intention était de convoquer une *assemblée de personnes de diverses conditions et des plus qualifiées de son État, pour leur communiquer les vues qu'Elle se propose pour le soulagement de son peuple, l'ordre de ses finances et la réformation de plusieurs abus.*

Sa Majesté avait fait elle-même une première liste de ces personnes qu'elle a remise aux secrétaires d'État chargés du département des provinces, afin qu'ils expédiassent des lettres de convocation.

Composition de l'assemblée.

La liste dressée par le roi comprenait :

7 Archevêques : ceux de Narbonne, Toulouse, Aix, Arles, Reims, Paris et Bordeaux ;

7 Évêques : ceux de Nevers, Langres, Nancy, Blois, Alais, Rhodez et Le Puy ;

9 Pairs de France, dont voici les noms par rang de pairie : de Talleyrand-Périgord, archevêque, duc de Reims, premier pair de France ; de La Luzerne, évêque, duc de Langres ; de Montmorency-Luxembourg, duc de Luxembourg, premier baron et premier baron chrétien ; de Béthune, duc de Béthune-Charost ; Leclerc de Juigné, archevêque de Paris, duc de Saint-Cloud ; duc d'Harcourt, garde de l'oriflamme de France ; duc de Nivernais ; duc de Larochefoucault ; duc de Clermont-Tonnerre, connétable, grand maître héréditaire du Dauphiné ;

7 Maréchaux de France ;

22 Membres de la haute noblesse ;

8 Conseillers d'État ;

4 Maîtres des Requêtes ;

17 Premiers présidents de Parlement ;

3 Présidents du Parlement de Paris ;

17 Procureurs généraux ;

12 Députés des pays d'États ;

27 Officiers municipaux représentant les principales villes de France.

Voici les qualifications données dans le procès-verbal à l'évêque de Nevers et au duc de Nivernais :

Messire Pierre de Seguiran, Conseiller du roy en tous ses conseils, évêque de Nevers, comte de Prémery.

Messire Louis-Jules Barbon Mazarini-Mancini, duc de Nivernais et Donziois, pair de France, chevalier des Ordres du roi, grand d'Espagne de la 1re classe, prince du Saint-Empire, noble Vénitien, baron romain, gouverneur pour le roy des provinces du Nivernais et Donziois, ville, bailliage, ancien ressort et enclave de Saint-Pierre-le-Moustier, lieutenant général des duchés de

Lorraine et Bar, ci-devant ambassadeur extraordinaire de Sa Majesté auprès du Saint-Siège et des cours de Prusse et d'Angleterre, brigadier des armées du roy, l'un des quarante de l'Académie française et de celle des Inscriptions et Belles-Lettres.

A M. le duc de Nivernais et à M. l'évêque de Nevers comme députés, on peut ajouter comme appartenant à la province du Nivernais :

1° Messire Charles Andrault de Langeron, chevalier, marquis de Maulevrier, baron d'Ogé, lieutenant général des armées du roy, chevalier de ses Ordres, chevalier de l'Ordre royal et militaire de Saint-Louis, et gouverneur des ville et fort de Briançon ;

2° Messire François-Claude-Amour, marquis de Bouillé, lieutenant général des armées du roy, chevalier de ses Ordres, et son gouverneur de la ville de Douai ;

3° Messire de Chastellux, premier chanoine héréditaire de l'église cathédrale d'Auxerre, mestre-de-camp, commandant du régiment d'infanterie du Beaujolais, élu général des États de Bourgogne.

Tous ces notables, convoqués par lettres du roi, se rendirent à Versailles le 29 janvier 1787, et lui furent individuellement présentés.

L'assemblée des notables dura trois mois, sans qu'aucune délibération eut lieu en séance générale sur les objets soumis à son examen.

Un procès-verbal dressé par ordre du grand maître des cérémonies s'exprime ainsi :

« L'assemblée s'est terminée sans avoir délibéré
« encore sur aucun des objets soumis à ses observations.
« Le gouvernement s'en est tenu aux avis particuliers
« pris dans les différents bureaux. »

Les questions les plus importantes pour ces notables

et grands dignitaires n'étaient pas, comme on pourrait le supposer, celles concernant le bien public, mais celles beaucoup plus intéressantes pour eux des préséances, qui ne sont pas encore, hélas! complètement éteintes aujourd'hui ; elles étaient alors, en 1787, très vivement débattues : les maréchaux de France prétendaient le pas sur les pairs, le rang des villes entr'elles était l'objet de grands débats.

Les prélats n'étaient pas moins ardents que les autres à réclamer des honneurs et des préséances. Pour obvier aux conflits qui pouvaient surgir de ces prétentions diverses, le roy avait pris soin cependant d'assigner à chacun sa place, son siège, banc, carreau, tabouret, chaise ou fauteuil.

Ces choses futiles paraissaient tellement graves alors, que par lettres patentes du roy, données à Versailles le 22 janvier 1787, Sa Majesté disposait expressément « que « les places données aux notables dans la salle des « séances ne préjudicieraient à aucun droit pour l'ave- « nir. » Le roy ordonna qu'il fût donné lecture de ces lettres patentes avant la clôture de la séance.

Un procès-verbal *manuscrit du cérémonial* de l'assemblée des notables forme un assez gros volume, dans lequel sont consignés, avec le plus grand soin, tous les détails concernant le costume des assistants, la place occupée par chacun d'eux, l'ordre d'entrée, de sortie, etc.

Des plans coloriés représentent la salle des séances, avec une légende explicative pour indiquer la place de chacun et l'espèce de siège attribué à chaque membre, suivant ses fonctions et sa qualité.

On recueillait les signatures, suivant l'ordre des préséances, sur des feuilles spécialement affectées à chaque condition : une pour les princes, l'autre pour les archevêques, les pairs, les maréchaux, etc., chacun signant suivant la place qu'il occupait aux séances. Il est arrivé que tel membre de l'assemblée, voyant déjà occupée par une autre signature la place qu'il prétendait appartenir à la sienne, a signé en quelque sorte de vive force dans le court espace laissé libre entre deux signatures, au risque d'entremêler les initiales et les paraphes ; ainsi le duc d'Harcourt a placé sa signature au-dessous de celle du duc de Béthune-Charost et au-dessus de celle du duc de Nivernais qui avait signé avant lui ; l'archevêque de Paris a essayé de placer la sienne au-dessus de celle du duc d'Harcourt, dont le rang de pairie était inférieur au sien.

De même le feuillet destiné aux officiers municipaux ; M. le vicomte du Hamel, lieutenant du maire de Bordeaux, a placé sa signature en interligne au-dessous de celle du maire de Marseille (M. d'Isnard) et au-dessus de celle de M. Duperré du Veneur, maire de Rouen, afin de bien constater que si la ville de Bordeaux venait après Marseille, elle était au-dessus de Rouen.

Les maréchaux avaient été placés, aux séances royales, à droite et à gauche du trône, mais derrière les pairs de France. Ils rédigèrent une protestation collective pour dire *qu'étant en toute occasion les chefs de la noblesse*, ils avaient droit, après les princes du sang, à la place la plus rapprochée du roy.

C'est ainsi qu'au lieu de pourvoir aux réformes des nombreux abus signalés, l'assemblée des notables s'occupait de semblables puérilités. Chacun d'eux, cependant, reçut un bon de 4,320 livres, signé Louis, sur le Trésor royal, pour indemnité de ses frais de voyage et de séjour. Le tout payé sur les impositions roturières, suivant l'usage.

CHAPITRE XXXV

PRÉLIMINAIRES DES ÉTATS GÉNÉRAUX. — DROIT ÉLECTORAL ACCORDÉ AUX FEMMES, ETC.

> Le peuple souhaite une Constitution nouvelle pour être mieux nourri, mieux vêtu, dut-il être moins riche en bénédictions. (VOLTAIRE).

On avait réveillé la tradition des États généraux à la Cour des Aides et dans des Parlements de province. On en parla dans l'assemblée des notables de 1787. Les États provinciaux du Dauphiné et de Bretagne apparurent comme des précurseurs. En Bretagne, on n'aboutit pas ; la noblesse s'était montrée rebelle à toute condescendance envers le Tiers-État. Mais en Dauphiné, les trois ordres donnèrent l'exemple de l'union, adoptèrent le vote par tête et non par ordre.

Ils inscrivirent sans ambages, en tête de leurs vœux, la convocation d'États généraux. Quand Lhoménie de Brienne fut contraint de céder la place sans avoir rempli aucune des espérances qu'il avait fait naître, que Necker fut rappelé pour ainsi dire avec excuses et en exigeant de travailler directement avec le roi, sans dépendre du ministre principal, le recours aux États généraux fut arrêté comme le plus nécessaire des remèdes à la situation.

Les princes du sang organisèrent une protestation, mais qui resta sans effet. C'est dans un rapport au Conseil du 27 décembre 1788 que Necker en traça l'organisation.

Il s'en référait pour la désignation des collèges électoraux aux précédents de 1614 qui déterminaient les grands bailliages et les sénéchaussées appelés à se faire représenter. Une porte était pourtant ouverte aux réclamations de bailliages d'une formation plus récente et qui pouvaient se faire reconnaître malgré leur rang de bailliages secondaires. Voici, du reste, ce qui fut ordonné par le roi en son conseil :

1° Que les députés aux prochains Etats généraux seront au moins au nombre de 1,000;

2° Que ce nombre sera formé, autant qu'il sera possible, en raison composée de la population et des contributions de chaque bailliage ;

3° Que le nombre des députés du Tiers-État sera égal à celui des deux autres ordres réunis et que cette proportion sera établie dans les lettres de convocation.

Cet accroissement de la proportion des députés du Tiers-État était présenté par Necker comme un moyen de donner satisfaction à un vœu généralement exprimé et dont la pratique était d'ailleurs de droit pour un certain nombre de provinces (le Languedoc, la Provence, le Dauphiné, le Hainaut), en vertu de leurs constitutions particulières, ayant, en outre, l'avantage « de rassem-
« bler toutes les connaissances utiles au bien de
« l'État » ; mais il avait soin aussi de faire observer que cette concession était sans portée décisive, « l'ancienne
« délibération par ordre ne pouvant être changée que

« par le concours des trois ordres et par l'approbation
« du roi ». Il avait encore trouvé un correctif en examinant la question de savoir si chaque ordre devait être restreint à ne choisir des députés que dans son ordre.

Il se décidait contre la restriction : il ne prévoyait pas que les ordres privilégiés pussent avoir l'idée de se faire représenter par des hommes du Tiers ; mais si quelque part le Tiers avait trouvé bon de confier ses intérêts à des nobles ou à des prêtres, il n'y voyait qu'avantage et il faisait cette prédiction rassurante : « Il n'entrera jamais dans l'esprit du Tiers-Etat de chercher à diminuer les prérogatives seigneuriales ou honorifiques qui distinguent les deux premiers ordres, ou dans leurs propriétés, ou dans leurs personnes ; il n'est aucun Français qui ne sache que *ces prérogatives sont une propriété aussi respectable qu'aucune autre, que plusieurs tiennent à l'essence même de la monarchie, et que jamais Votre Majesté ne permettra qu'on y portât la plus légère atteinte.* »

La préparation des lettres de convocation dura près d'un mois, à cause du travail à faire sur la répartition du nombre des députés. Pendant ce temps, les bruits les plus contradictoires avaient cours. On avait de la peine à s'imaginer que les députés de toutes les provinces fussent appelés à Versailles, dans la ville de Louis XIV, mêlés aux courtisans qui étaient en possession de la peupler. On conjectura un moment que le choix pourrait se porter sur Noyon et que la cour pourrait faire un séjour à portée, dans le palais de Compiègne. Quant à la date, on la considérait comme indiquée à la fin des dévotions de Pâques et du chômage dont elles étaient l'occasion ; ce serait pour le lundi de la Quasimodo, soit, cette année-là, le 20 avril. Puis on réfléchit que ces fêtes elles-mêmes pouvaient être une cause de retard pour un certain nombre de députés, de ceux du clergé notamment, et qu'il faudrait bien leur laisser une semaine de répit pour arriver.

Un Édit donné à Versailles en juin 1787 posa les principes généraux qui devaient régir l'organisation provinciale ; des réglements particuliers furent faits pour chaque province, dans le but d'aviser aux détails de cette organisation, « conformément à ce que pourraient « exiger les besoins particuliers, coutumes et usages de « chaque province. »

Le règlement particulier pour les assemblées du Nivernais est du 13 juillet 1788. Il parle d'abord de la composition des assemblées municipales dans toutes les communes de la province.

Comme on doit le supposer, cette assemblée municipale était composée du seigneur de la paroisse et du curé, d'un syndic choisi par la communauté et de trois, six ou neuf membres également choisis par elle, c'est-à-dire de trois, si la communauté contenait moins de cent feux ; de six, si elle en contenait moins de deux cents, et de neuf, si elle en contenait deux cents et davantage.

La présidence de l'assemblée appartenait au seigneur, le curé siégeant à sa droite et le syndic à sa gauche. *En cas d'absence du seigneur, son siège devait rester vacant.*

Et ensuite de la composition des assemblées provinciales du Nivernais, elles devaient être présidées du sieur évêque de Nevers, que le roi avait nommé président.

La législation électorale de 1789 appelait la nation tout entière, prêtres, communautés religieuses d'hommes et de femmes, nobles, bourgeois des villes, corporations de marchands et artisans, propriétaires, laboureurs, manœuvres et journaliers des paroisses rurales, à faire connaître par écrit leurs vœux et leurs griefs en dressant jusque dans les moindres villages *un cahier de plaintes, doléances et remontrances.*

« Cette convocation des États généraux de 1789, dit
« Michelet, est l'ère véritable du peuple ; elle appela le
« peuple entier à l'exercice de ses droits. Il put, du
« moins, écrire ses plaintes, ses vœux, élire les élec-
« teurs. La chose était nouvelle, non seulement dans
« nos annales, mais dans celles mêmes du monde. Aussi
« quand pour la première fois, à la fin du temps, ce mot
« fut entendu : *tous* s'assemblèrent pour élire, *tous*
« écrirent leurs plaintes, ce fut une commotion immense,
« profonde, comme un tremblement de terre ; la masse
« en tressaillit jusqu'aux régions obscures et muettes
« où l'on eut moins soupçonné la vie. »

Nous avons jugé à propos de citer, pour ce qui concerne Dornecy et certaines paroisses voisines, les noms de ceux qui ont pris part aux délibérations tenues au chef-lieu du bailliage comme faisant partie des trois assemblées générales de la province, sous le nom de *Chambre du Clergé, Chambre de la Noblesse* et *Chambre du Tiers-État.*

Nous mentionnerons aussi quelques-uns des vœux exprimés. Leur lecture prouvera que le célèbre Vauban, l'auteur de la dîme royale, basée sur des chiffres puisés alors dans l'élection de Vézelay, son pays, avait grandement raison de dire à Louis XIV : « Je me suis obligé
« d'honneur et de conscience de représenter à Sa
« Majesté qu'il m'a paru que de tout temps on n'avait
« pas eu assez d'égard en France *pour le menu peuple*
« et qu'on en avait fait trop peu de cas ; aussi, c'est la

« partie la plus ruinée et la plus misérable du royaume ;
« c'est elle, cependant, qui est la plus considérable par
« son nombre et par les services réels et effectifs qu'elle
« lui rend, car *c'est elle qui porte toutes les charges, qui a*
« *toujours le plus souffert et qui souffre encore le plus,*
« *et c'est sur elle aussi que tombe toute la diminution des*
« *hommes qui arrive dans le royaume.* »

Il ajoutait : « Les tailles sont devenues arbitraires,
« n'y ayant point de proportion du bien du particulier à
« la taille dont on le charge. Elles sont, de plus, exigées
« avec une extrême rigueur et de si grands frais, qu'il
« est certain qu'ils vont au moins à un quart du mon-
« tant de la taille. Il est même assez ordinaire de
« pousser les exécutions jusqu'à dépendre les portes des
« maisons après avoir vendu ce qui était dedans ; et on
« en a vu démolir pour en tirer les poutres, les solives
« et les planches, qui ont été vendues cinq ou six fois
« moins qu'elles ne valaient, en déduction de la taille. »

Il est bon de rappeler que ces généreuses paroles n'ont pas été favorablement accueillies par celui qu'on appelait le Roy Soleil ou le Grand Roy ; elles ont, au contraire, mérité l'exil de Vauban dans sa propriété de la Tour-d'Epiry, près Corbigny (Nièvre) et son livre brûlé par le bourreau en place de grève.

Reprenons notre récit sur les États généraux.

Les baillis et sénéchaux furent assignés à la requête du procureur du roy, par exploit d'huissier, de même que les évêques et les abbés, tous les chapitres, corps et communautés ecclésiastiques rentés, réguliers et séculiers *des deux sexes*. Et généralement tous les ecclésiastiques possédant bénéfice ou commanderie, à l'effet de comparaître à l'assemblée générale du bailliage principal.

Dans chaque chapitre séculier d'hommes, il était tenu une assemblée qui se séparait en deux parties ; l'une desquelles composée de chanoines nommait un député à raison de dix chanoines présents et au-dessous, deux au-dessus de dix jusqu'à vingt et ainsi de suite ; et l'autre partie composée de tous les ecclésiastiques engagés dans les ordres, attachés par quelque fonction au service du chapitre, nommait un député à raison de vingt desdits ecclésiastiques présents et au-dessous, deux au-dessus de vingt jusqu'à quarante, et ainsi de suite.

Les corps et communautés ecclésiastiques d'hommes, ne pouvaient être représentés que par un seul député.

Les abbesses, les chapitres de communautés de filles ne pouvaient être représentés à l'assemblée du bailliage que par un *procureur fondé* pris dans l'ordre ecclésiastique séculier ou régulier.

Tous les ecclésiastiques assignés au principal manoir de leur bénéfice « seront tenus de se rendre en personne « à l'assemblée ou de se faire représenter par un pro- « cureur fondé pris dans leur ordre ».

Tous les nobles non possédant fief, ayant la noblesse acquise et transmissible, âgés de 25 ans, nés Français ou naturalisés, domiciliés dans le bailliage, seront tenus de se rendre en personne à l'assemblée sans pouvoir se faire représenter par procureur.

Les nobles qui posséderont des fiefs situés dans plusieurs bailliages, pourront se faire représenter dans chacun de ces bailliages par un procureur pris dans leur ordre, mais ils n'auront qu'un suffrage, quel que soit le nombre de fiefs qu'ils possèdent dans le même bailliage.

DROIT ÉLECTORAL DES FEMMES ET DES MINEURS DE LA NOBLESSE.

Les femmes possédant divisément, les filles et les veuves, ainsi que les mineurs jouissant de la noblesse, pourvu que lesdits femmes, filles, veuves et mineurs possèdent des fiefs, pourront se faire représenter par des procureurs pris dans l'ordre de la noblesse.

CONVOCATION COLLECTIVE DES ÉLECTEURS DU TIERS-ÉTAT.

« Les baillis et sénéchaux feront, à la réquisition du
« procureur du roy, notifier les lettres de convocation,
« ainsi que le présent règlement, par un huissier royal,
« aux officiers municipaux des villes, maires, consuls,
« syndics, préposés ou autres officiers des paroisses et
« communautés de campagne situées dans l'étendue de
« leur juridiction, pour les cas royaux, une sommation
« de les faire publier au prône des messes paroissiales,
« et à l'issue desdites messes, à la porte des églises,
« dans une assemblée convoquée en *la forme accou-*
« *tumée.* »

ASSEMBLÉE DES VILLES, BOURGS ET VILLAGES. — RÉDACTION DES CAHIERS PARTICULIERS. — ÉLECTION DES DÉPUTÉS POUR L'ASSEMBLÉE DU BAILLIAGE.

Huitaine au plus tard après la publication des lettres de convocation, il sera tenu devant le juge du lieu ou en son absence devant tout autre officier public, une assemblée à laquelle auront droit d'assister « tous les habitants
« composant le Tiers-État, nés Français ou naturalisés,
« âgés de 25 ans, domiciliés *et compris au rôle des con-*
« *tributions.* »

Cette assemblée rédigera « un cahier de plaintes et

« doléances » et nommera des députés pour porter ce cahier à l'assemblée générale du bailliage.

Faisons remarquer de nouveau que le *Tiers-État nomme, dans ses assemblées de ville ou de campagne, des députés qui formeront l'assemblée du bailliage, tandis que les membres du clergé et de la noblesse ont individuellement le droit de faire partie de cette dernière assemblée,* qui rédigera les cahiers et élira les députés aux États généraux.

L'Édit de juin 1787 parle :

1° Du mode d'élection pour Paris et les grandes villes;

2° De l'éligibilité des nobles, comme nous l'avons dit, dans l'assemblée du Tiers-État;

3° Des électeurs de l'ordre de Malte : baillis, commandeurs, novices, servants de cet ordre;

4° De l'assemblée préliminaire du Tiers-État au bailliage principal et secondaire;

5° De l'assemblée générale des trois États au bailliage principal, des préséances qui jouent encore un grand rôle, de la présidence et du serment;

6° Des assemblées particulières du clergé, de la noblesse et du Tiers-État;

7° Des limites du droit de voter par procuration;

8° De la rédaction des cahiers du bailliage;

9° De l'élection des députés aux États généraux;

10° Des procès-verbaux des assemblées; du jugement des protestations contre les opérations;

11° Des lettres de convocation;

12° Des dépenses électorales, frais de voyage et de séjour des députés aux assemblées bailliagères.

L'élection générale de 1789 nécessitait des dépenses considérables. Imprimer une masse énorme d'affiches, de modèles d'exploits et de procès-verbaux, envoyer ce matériel électoral par des courriers à cheval jusqu'aux localités les plus reculées, mettre en campagne tous les huissiers de chaque contrée pour porter les assignations aux châteaux, aux couvents, aux presbytères, aux officiers municipaux des moindres villages ; puis préparer dans chaque chef-lieu de bailliage des locaux assez vastes pour y faire siéger des assemblées de sept à huit cents députés ; enfin, pourvoir au logement et à la nourriture de tous les membres de ces assemblées pendant les douze ou quinze jours que devaient durer leurs délibérations.

Tels étaient les frais auxquels il fallait pourvoir.

Le Trésor prit à sa charge la fabrication et le transport de tous les imprimés. Les villes furent invitées à fournir les locaux et à les garnir de sièges et meubles suffisants.

Quant aux frais de voyage et de séjour des députés, il fut décidé que ceux d'entr'eux qui en demanderaient le remboursement l'obtiendraient d'après la *taxe* arrêtée dans chaque bailliage. Cette taxe comprendrait, outre les frais de voyage et de séjour, *un prix de journée* pour chaque député ayant assisté à l'assemblée du bailliage.

A leur retour du chef-lieu du bailliage, les députés devaient être réunis chez les officiers municipaux et là « chaque député écrira et signera s'il requiert taxe ou « s'il y renonce ».

Ce moyen ingénieux obligea un grand nombre de députés des villes et paroisses à refuser la taxe ; mais il resta, néanmoins, une assez forte somme à payer. Elle fut acquittée « *au marc la livre des impositions roturières.* » Ce qui veut dire *que la noblesse et le clergé n'en supportèrent aucune part, c'était l'usage.*

La publication des actes relatifs aux élections, produisit, dans le pays, une grande agitation. En plusieurs lieux, on organisa des comités pour diriger l'opinion publique, émettre des vœux, des plaintes, des critiques, préparer des projets de constitution et rédiger par avance des cahiers qui seraient présentés pour la forme, à l'approbation des assemblées de paroisse et de bailliage. Le Gouvernement essaya d'empêcher ces manifestations.

Le 25 février il fut rendu un arrêt du Conseil, portant :

« Art. 1er. — Annulation de toutes délibérations, qui
« pourraient être prises de la sorte.

« Art. 2. — Défense, par Sa Majesté, sous peine de
« désobéissance, à tous ses sujets indistinctement, de
« solliciter des signatures et d'engager d'une ou d'autre
« manière à adhérer à aucune délibération relative aux
« États généraux, concertée avant les assemblées. »

ASSEMBLÉES DES VILLES, PAROISSES ET COMMUNAUTÉS.

Les assemblées préliminaires dans lesquelles les habitants du Tiers-État, ainsi que les couvents d'hommes et de femmes, devaient rédiger leurs cahiers et nommer leurs députés, furent convoquées dans les premiers jours de mars.

Nevers et La Charité, considérées comme grandes villes, suivirent les formes prescrites pour Paris. Les corporations d'avocats, notaires, procureurs, huissiers ; celles des marchands, bateliers, cordonniers, tailleurs etc., formèrent d'abord des assemblées particulières où fut dressé le cahier de plaintes et nommé le député de la corporation.

Ceux des habitants composant le Tiers-État des deux villes, qui n'appartenaient à aucune corporation, s'assemblèrent à l'Hôtel-de-Ville, au jour indiqué par les officiers municipaux pour élire « des députés dans la proportion de deux députés pour cent individus et au-dessous, présents à l'assemblée, quatre au-dessus de cent, six au-dessus de deux cents et toujours en augmentant dans la même proportion. »

Les députés ainsi choisis, dans ces différentes assemblées particulières et préliminaires, formèrent ensuite à l'Hôtel-de-Ville de Nevers et La Charité, sous la présidence des officiers municipaux, l'assemblée du Tiers-Etat de chacune de ces deux villes.

C'est dans cette seconde assemblée, composée de députés nommés dans les assemblées partielles, que furent discutés et rédigés les cahiers de plaintes, doléances et remontrances et nommés les députés (16 à Nevers, 6 à la Charité) pour l'assemblée générale du Tiers-Etat de la province. Dans toutes les autres villes et paroisses du Nivernais, la rédaction des cahiers et la nomination des députés pour l'assemblée générale du Tiers-Etat de la province, eurent lieu dans une assemblée à laquelle assistèrent tous ceux des habitants âgés de 25 ans, *compris au rôle des contributions, pour une cote quelconque* qui n'appartenaient ni au clergé, ni à la noblesse.

Les villes autres que Nevers et La Charité, ne pouvaient élire, quelle que fut leur population, que quatre députés ; mais les campagnes avaient le droit d'élire deux députés à raison de deux cents feux, quatre au-dessus de quatre cents feux et ainsi de suite. Un paroisse rurale composée de cinq cents par exemple aurait donc un plus grand nombre de députés que les villes de Clamecy, Corbigny, Château-Chinon, Moulins-Engilbert, etc.; mais cette faveur accordée aux paroisses rurales ne profita à aucune de celles du Nivernais parce qu'aucune n'avait plus de quatre cents feux.

Chaque paroisse ayant procédé à la nomination de ses députés, les habitants ont remis à ceux-ci leur cahier de doléances, afin de le porter à l'assemblée qui devait se tenir à Nevers, le 14 mars, devant M. le Bailly d'épée de Nivernais et Donziois, et leur ont donné tous pouvoirs requis et nécessaires, à l'effet de les représenter en ladite assemblée, pour toutes les opérations prescrites, comme aussi de donner pouvoirs généraux et suffisants, de proposer, remontrer, aviser et consentir tout ce qui peut concerner les besoins de l'Etat, la réforme des abus, l'établissement d'un ordre fixe et durable, dans toutes les parties de l'administration, la prospérité générale du royaume et la prospérité de tous et de chacun des sujets de Sa Majesté.

Et de leur part, lesdits députés se sont chargés du cahier de doléances et ont promis de le porter à ladite assemblée et de se conformer à tout ce qui est prescrit et ordonné par les lettres du roy.

Le procès-verbal constatant ces faits restait déposé aux archives de la paroisse, après en avoir délivré duplicata aux députés pour constater leurs pouvoirs.

ASSEMBLÉE DES COMMUNAUTÉS RELIGIEUSES.

Les Chapitres *séculiers* furent assignés au domicile du procureur-syndic ou *Baile* du Chapitre; les corps ou communautés *séculiers* ou *réguliers rentés*, au domicile du procureur ou du gérant des affaires temporelles de la Maison.

L'assignation destinée aux communautés de filles, fut remise à *la dépositaire* de la communauté.

Les Chapitres séculiers d'hommes avaient le droit de nommer, comme nous l'avons dit, un député sur dix chanoines, etc. Les autres communautés d'hommes, qui n'avaient pas le titre et le rang des Chapitres, ne pouvaient point envoyer de députés à l'assemblée du bailliage. Ils avaient seulement le droit de désigner parmi les ecclésiastiques membres de cette assemblée, un mandataire pour les représenter. Le même droit de se faire représenter par un mandataire de l'ordre du clergé, appartenait aux communautés *régulières* ou *séculières* de filles.

Les Chapitres et communautés des deux sexes, étaient tenus de s'assembler capitulairement et extraordinairement dans leurs maisons « *au son de la cloche dans le lieu ordinaire et accoutumé.* »

L'exploit d'assignation portait que dans cette assemblée, il serait donné lecture des lettres du roi, du règlement du 24 Janvier, de l'ordonnance du bailly, ainsi que du présent exploit et que les religieux ou religieuses après en avoir délibéré, et avoir recueilli les voix, en la manière usitée, auraient à nommer leurs députés ou mandataires, pour, au nom dudit Chapitre ou communauté, comparoir à l'assemblée générale des trois états du Nivernais et Donziois, et là, représenter ledit Chapitre ou communauté, et concourir avec les autres membres de l'ordre du clergé, à la rédaction du cahier des plaintes et doléances qui sera rédigé conjointement ou séparément, suivant que les trois ordres l'auront délibéré séparément, procéder au nom du Chapitre ou de la communauté, conjointement ou séparément, à l'élection des députés qui seront envoyés aux Etats généraux.

Le procès-verbal de l'assemblée devait être signé par tous les assistants.

Des assemblées particulières d'ecclésiastiques *non rentés* eurent lieu, à Nevers, La Charité, Clamecy et Corbigny. Le plus grand nombre des abbesses ou supérieures des couvents de femmes déclinèrent l'exécution des ordres du roi, en s'abstenant de convoquer l'assemblée capitulaire de leurs communautés, pour la rédaction des cahiers de doléances et la désignation des mandataires chargés de les soutenir dans l'assemblée du clergé de la province. Il en fut de même dans la plupart des couvents d'hommes, les Pères supérieurs disant *avoir seuls le droit de représenter leurs communautés, de parler et d'agir pour elles.*

INCIDENT RELATIF A LA CHARTREUSE DE BELLARY.

Les Chartreux de Notre-Dame de Bellary (près Donzy) (1), résistèrent avec énergie à cette prétention du vénérable Dom Jérôme Simonin, leur prieur. Ayant appris que ce personnage avait été assigné, aux fins de faire nommer un député par la communauté, et voyant qu'il gardait l'exploit dans sa cellule, il se présentèrent tous ensemble devant lui, demandant la réunion de l'assemblée capitulaire. Refus du prieur. Les Chartreux annoncent qu'ils vont requérir un notaire, pour prendre acte de ce refus. « Faites en venir deux si bon vous semble », répond l'obstiné prieur ; et pour leur prouver qu'il n'a nul souci de ce que pourront faire ou dire les gens de loi, il offre de mettre à la disposition de ses religieux, un domestique de la maison pour aller chercher à Donzy, un ou plusieurs notaires. Les Chartreux le prennent au mot, un domestique part à l'instant même pour Donzy et en ramène deux notaires et un avocat qui arrivent en toute hâte et rédigent un procès-verbal, assez intéressant pour en rappeler les termes.

(1) C'est à Donzy que se tint un Concile, le 6 septembre 871, du temps du pape Adrien II, où fut déposé Hincmar, évêque de Laon.

« Cejourd'hui 1er mars 1789, heure de six du soir,
« nous notaires au duché de Nivernais et Donziois, nous
« sommes transportés avec Me Edme-Etienne de la Faye
« de Champromain, avocat au Parlement, demeurant
« en la ville de Donzy, en la Maison Chartreuse de
« Notre-Dame de Bellary, située en la paroisse de Cha-
« teau-Neuf, au Val de Bargis, généralité de *Bourges*,
« diocèse d'*Auxerre*, à la réquisition de Dom Vincent
« Esnault, vicaire en ladite Maison, Dom René Gabout,
« sacristain, Dom Philippe Jouan, Dom Louis-François
« Bonguelet, Dom Bruno Maire, Dom Jean-Marie Noël,
« tous religieux en la même maison et où, étant arrivés,
« nous nous sommes fait conduire, par un des domestiques
« de ladite maison, en la demeure dudit Dom Esnault,
« vicaire, y étant entrés et y ayant trouvé tous les reli-
« gieux comparants sus-nommés, qui à l'exception des
« deux premiers officiers de ladite maison, formant et
« composant la communauté de ladite Chartreuse de
« Bellary, nous notaires soussignés, leurs avons de-
« mandé quel était le sujet de notre transport, à quoi
« ayant répondu qu'il nous ont requis parce que dans la
« circonstance ils avaient besoin de notre ministère. Ils
« nous ont ensuite dit et déclaré :

« Que leur prieur, sans s'arrêter aux instances réité-
« rées de la part des comparants, pour obtenir la tenue de
« l'assemblée qu'ils demandaient, leur a dit que l'assi-
« gnation qu'il avait réellemet reçu, pour paraître à l'as-
« semblée générale des trois états, indiquée à Nevers,
« au 14 de ce mois, le regardant seul, eux religieux
« n'avaient nullement besoin d'y prendre part, qu'au
« surplus, ni lui prieur, ni personne de la maison, n'irait
« à cette assemblée générale des trois états, que telle
« était son intention.

« Que malgré cette déclaration prononcée avec fer-
« meté de la part du sieur prieur, les comparants ont
« cru devoir lui observer que le règlement rendu par Sa
« Majesté à l'occasion de la convocation des États géné-
« raux intéressait trop puissamment la Nation pour que
« chacun des sujets qui la composait restât indifférent
« sur son exécution; que ce serait manquer de recon-
« naissance envers Sa Majesté dont les vues sont si bien-
« faisantes, que de ne pas concourir de la part des reli-
« gieux de Notre-Dame de Bellary, avec les autres
« sujets de Sa Majesté, au bien général du royaume;
« qu'en conséquence lesdits sieurs comparants ont de
« nouveau prié leur prieur de convoquer une assemblée
« capitulaire dans laquelle il serait procédé à la nomi-
« nation du député de la commune de Bellary.

« Que ledit sieur prieur, persistant à soutenir que l'as-
« signation qu'il avait reçue, le regardait seul, a déci-
« dément déclaré aux comparants, que c'était peine
« inutile qu'ils s'attendissent à une assemblée de ladite
« communauté, pour la nomination d'un député, qu'il
« n'y en aurait point, qu'il l'avait ainsi résolu.

« En conséquence, nous notaires soussignés, pour sa-
« tisfaire au réquisitoire des comparants, nous sommes
« fait conduire par le domestique du sieur prieur, à la
« porte de son appartement; ayant frappé à différentes
« reprises à ladite porte, sans que personne nous ait
« répondu et nous l'ait ouverte, et même le domestique
« dudit sieur prieur, ayant essayé de l'ouvrir avec une
« clef qu'il en avait, sans avoir pu y parvenir, nous,
« après la déclaration que ledit domestique nous a faite
« que la porte était fermée en dedans, nous sommes fait
« conduire par le même domestique, par une suite du
« réquisitoire des comparants, à la porte de Dom Phi-

« lippe Fabry, procureur de ladite Chartreuse, pour
« également lui apprendre le sujet de notre transport.

« Étant arrivés à ladite porte et y ayant frappé, sans
« que personne aussi nous ait répondu et soit venu nous
« l'ouvrir, nous nous en sommes retournés chez ledit
« Dom Esnault, vicaire, et là ayant rapporté aux com-
« parants, qui y étaient toujours assemblés, que nous
« n'avions pu rencontrer lesdits dom prieur et dom pro-
« cureur, iceux comparants nous ont déclaré qu'ils
« entendaient en tous cas procéder entr'eux, par devant
« nous, à la nomination du député.

« En conséquence et pour y parvenir sur le champ,
« ils ont convoqué une assemblée, au son de cloche,
« dans le lieu ordinaire où se font les délibérations, et
« où se sont trouvés les comparants, pour, en exécution
« des ordres du roi, donnés à Versailles, le 24 janvier
« dernier, être procédé à la nomination du député de
« ladite communauté de Notre-Dame de Bellary.

« Lesquels comparants, après avoir délibéré et avoir
« recueilli les voix, en la manière usitée, ont nommé et
« député ledit Dom François Bouguelet, à l'effet de pour
« et au nom de ladite communauté, comparoir à l'as-
« semblée générale des trois états et là, représenter la
« communauté et concourir avec les autres membres du
« clergé à la rédaction du cahier des plaintes, doléances
« et remontrances qui sera rédigé conjointement ou sé-
« parément suivant que lesdits ordres l'auront délibéré
« séparément ; procéder au nom de la communauté con-
« jointement ou séparément, à l'élection des députés qui
« seront envoyés aux États généraux, dans le nombre et
« proportion déterminés par la lettre du roi et leur donne
« tous pouvoirs généraux et suffisants, etc.

« De tout quoi, les comparants ont requis acte aux dits

« notaires qui leur ont octroyé le présent, pour servir et
« valoir ce que de raison.

« Fait et arrêté en ladite assemblée capitulaire, etc. »
Suivent les signatures de tous les comparants et celles
de M° de la Faye, leur conseil, et Leclerc et Rameau,
notaires.

« Et le 2° jour dudit mois de mars, audit an, nous
« notaires audit duché, nous sommes transportés, à la
« réquisition des religieux dénommés en l'acte du jour
« d'hier, dans l'appartement dudit Dom Simonin, prieur,
« ledit jour, huit heures du matin, pour lui donner con-
« naissance de l'acte d'hier et lui en faire lecture s'il
« voulait l'entendre. Nous l'avons prié de vouloir bien
« nous dire quelle était son intention à cet égard, et
« nous ayant déclaré qu'il n'entendait nullement prendre
« connaissance dudit acte, ni vouloir en entendre la
« lecture, nous lui avons dit que nous allions prendre
« acte de sa déclaration et le prier de la signer; à cela
« ayant répondu qu'il ne signerait rien *et que l'on verrait*
« *par la suite comment les choses se passeraient*. Nous,
« notaires soussignés, avons pris congé du sieur Prieur
« et avons dressé le présent acte en la demeure dudit
« Dom Esnault, vicaire, en présence des religieux dé-
« nommés comme portés en l'acte du jour d'hier, etc. »

Comme on le voit les moines de Bellary s'étaient
trouvés unanimes pour nommer leur député *par devant
notaire*. Ils furent de même unanimes pour dresser leur
cahier de doléances. Mais comment faire pour porter ce
cahier à l'assemblée du clergé de Nevers ? Dom Boguelet, élu député par ses confrères, n'aura pas d'argent
pour faire le voyage; le vénérable père Prieur, pourra
l'emprisonner, le faire enlever de force, pour le transporter dans une autre maison de l'ordre des Chartreux.

Les religieux imaginent de transmettre secrètement le cahier de la communauté à M. Necker, en se mettant *sous la sauvegarde du roi*, et en priant son ministre des finances, d'envoyer l'argent nécessaire au voyage de Dom Boguelet; mais ils ont peur que l'argent ne soit confisqué par le redoutable prieur, et ils supplient M. Necker de leur répondre sous le couvert de M. Rapin, sub-délégué à Donzy.

CAHIER DES CHARTREUX DE BELLARY.

Voici sommairement ce qu'il porte :

« 1er Mars 1789, supplions en toute humilité et res-
« pect,

« Nous, les frères Vincent Esnault, vicaire, etc., etc.,
« formant toute la communauté votante de Notre-Dame
« de Bellary, à l'exception des vénérables prieur et pro-
« cureur.

« Disons que tous les faits déposent que nos supérieurs
« se sont toujours attachés à nous dérober la connais-
« sance des ordonnances du roi, qui nous concernent et
« que ce n'a jamais été que d'après des ordres itératifs
« et souverains que quelques-uns sont parvenus jusqu'à
« nous, pénétrés du plus profond respect pour la volonté
« de Sa Majesté et recevant avec les transports de
« l'amour et de la bénédiction, l'invitation gracieuse et
« paternelle qu'elle daigne faire à tous ses sujets, de
« concourir avec elle à la formation des Etats généraux
« de son royaume et d'y venir déposer leurs doléances, et
« voyant que notre supérieur ne nous communiquait pas
« à l'heure des délibérations capitulaires, l'assignation
« que nous savions lui avoir été donnée à cet effet, nous
« nous sommes transportés auprès de lui pour savoir s'il
« ne comptait pas convoquer le Chapitre pour procéder

« à la nomination d'un député, qu'ayant répondu à nos
« demandes et représentations et malgré que l'huissier
« lui eût remis copie du règlement et de la forme des
« assemblées capitulaires, qu'il avait été véritablement
« assigné *mais que cette affaire ne nous regardait pas,*
« qu'il se rendrait, s'il le voulait, à l'assemblée ordonnée
« à Nevers, pour le 14 de ce mois, mais qu'il n'irait pas,
« ni aucun autre et que finalement il ne permettrait pas
« la convocation du Chapitre, ni la nomination d'un
« député.

« Nous nous sommes retirés sur cette réponse à la-
« quelle nous nous attendions *d'après les principes par*
« *lesquels on ne nous a que trop longtemps gouvernés jus-*
« *qu'à ce jour,* et préférant d'obéir plutôt à la volonté
« de notre souverain que de les avouer; nous avons
« mandé des notaires, pour, après les formalités usitées,
« procéder par devant eux à l'élection d'un député ; ce
« qui a été exécuté ainsi qu'il paraît par l'acte qui ac-
« compagne cette humble supplique.

« Nous sommes, Monseigneur, *des hommes isolés dans*
« *un désert, enfermés dans un cloître, toujours gardés à*
« *vue et sans défense.*

« Par cette raison nous devons bien véritablement
« être comptés dans cette portion des sujets du Roy
« auxquels les regards de Sa Majesté ne parviennent
« que par l'amour qu'il leur porte. Nous osons nous
« dire d'excellents français. Si le bonheur n'est pas tou-
« jours dans nos retraites nous n'en levons pas moins,
« chaque jour, les mains au Ciel pour la félicité du
« père de la patrie et la prospérité de l'empire et nous
« avons cru que la loi était pour nous comme pour les
« autres citoyens.

« Nous avons des griefs qui nous concernent comme

« religieux, nous en avons sur l'administration temporelle
« de nos maisons, nous en avons qui sont essentielle-
« ment liés à l'intérêt public.

« La loi est positive sur la manière de porter nos do-
« léances aux pieds du trône et à l'assemblée nationale.

« C'est pourquoi, Monseigneur, nous osons vous sup-
« plier très humblement à ce qu'il plaise à votre excel-
« lence, nous recevoir d'abord, et sur l'usage qu'ont
« pris nos supérieurs majeurs, *d'enlever dans la minute,
« et sans forme de procès, les religieux, dans des chaises de
« postes*, nous recevoir sous la sauvegarde du roy, en
« laquelle nous avons déjà recouru ès-mains du sieur
« Rapin, sub-délégué à Donzy, confirmer l'élection que
« nous avons faite de notre confrère, le vénérable père
« dom Bouguelot, pour notre député et ordonner quelle
« sorte son plein et entier effet, lui accorder un ordre
« qui enjoigne à nos supérieurs de lui fournir de l'argent
« et de le laisser se rendre librement à l'assemblée in-
« diquée, le 14 courant à Nevers, pour y porter notre
« obéissance, nos vœux et nos très respectueuses do-
« léances, et encore qu'ils lui permettent comme nous l'y
« autorisons, toutes démarches qu'il jugera nécessaires
« pour les appuyer par de nouveaux mémoires, solli-
« citations et recherches, tant à ladite assemblée, qu'à la
« suite des Etats généraux et jusqu'à ce que lesdits
« Etats y aient fait droit ou les aient rejetées, et ferez
« bien.

« Nous vous supplions aussi, Monseigneur, de nous
« adresser votre réponse sous l'enveloppe de M. Rapin,
« sub-délégué à Donzy, par Cosne-sur-Loire.

« Nous demandons à Dieu tout puissant de répandre
« ses plus abondantes bénédictions sur vos travaux et
« sur votre personne, etc. »

Avant d'analyser divers cahiers très intéressants des villes, paroisses et communautés, ainsi que ceux des curés et de simples particuliers, nous devons rendre compte de la lutte entre les deux bailliages de Nevers et Saint-Pierre-le-Moustier.

CHAPITRE XXXVI

LUTTE ENTRE LES DEUX BAILLIAGES DE SAINT-PIERRE-LE-MOUSTIER ET DE NEVERS.

> Le changement est la loi des hommes comme le mouvement est la loi de la terre.
> (VAUVENARGUES).

La lettre royale de convocation et le règlement général sur les élections du 24 janvier 1789 furent apportés à Nevers et à Saint-Pierre-le-Moustier dans les premiers jours de février.

L'état de répartition des députés à élire, annexé au règlement du 24 janvier, faisait droit aux désirs du bailliage de Nevers et du duc de Nivernais. Ce bailliage, en effet, quoique non *royal*, était conservé au nombre de ceux auxquels était attribué le droit de convoquer les assemblées électorales. Il devait, d'après l'état annexé au règlement, nommer deux députations aux Etats généraux ; chaque députation composée de quatre députés, un du clergé, un de la noblesse et deux du Tiers-Etat. Les deux députations accordées au bailliage de Nevers équivalaient donc à huit députés, dont moitié à nommer par le Tiers-Etat.

De son côté le bailliage *royal* de Saint-Pierre obtenait

une députation composée aussi de quatre députés, dont un du clergé, un de la noblesse et deux du Tiers-État.

C'était donc pour la province du Nivernais un total de douze députés dont six à élire par le Tiers-État, mais il faut remarquer que le bailliage *secondaire* de Cusset était annexé au bailliage *principal* de Saint-Pierre-le-Moustier avec lequel il devait voter conformément *au règlement général*. Toutefois, comme un certain nombre de paroisses du Nivernais ressortissaient aux bailliages d'Auxerre, et de Moulins, où elles furent appelées à voter, on peut dire que malgré l'adjonction du bailliage de Cusset, le territoire qui devait être représenté par ces douze députés aux États généraux, était, toute compensation faite, à peu près équivalent à la contenance actuelle du département de la Nièvre.

Deux villes seulement du Nivernais étaient désignées dans l'état annexé au règlement, comme devant envoyer à l'assemblée du bailliage plus de quatre députés. C'était Nevers d'abord, qui était appelée à nommer seize députés au bailliage, puis La Charité-sur-Loire qui en nommait six. Les autres villes, Clamecy, Château-Chinon, Decize, Corbigny etc. ne pouvaient envoyer chacune que quatre députés à l'assemblée électorale de Nevers. Cosne vota à Auxerre.

La lettre royale de convocation et le règlement général sur les élections furent lus et publiés le 15 février 1789, avec toute la solennité de l'appareil judiciaire, dans les salles d'audience de Nevers et de Saint-Pierre-le-Moustier, et le même jour enregistrés aux greffes des deux sièges. MM. les baillis d'épée de Nevers et de Saint-Pierre, rendirent chacun de leur côté une ordonnance pour prescrire les détails d'exécution.

L'ordonnance du bailli de Saint-Pierre proteste amèrement contre la faveur accordée au bailliage de Nevers; elle fut expédiée dans toutes villes et paroisses de la province avec ordre de la publier avec le plus grand éclat et de l'afficher à la porte des Églises, des Hôtels-de-Ville et des Maisons communes. A Nevers, la publication en fut faite avec un appareil inusité.

Quatre huissiers escortés de quatre cavaliers de la maréchaussée parcoururent les rues et places publiques de la ville, s'arrêtant aux endroits les plus fréquentés, appelant la population au bruit du tambour, pour lui donner lecture de la lettre du roi et de l'ordonnance du bailly de Saint-Pierre.

Les affiches furent ensuite apposées sur la maison même du bailly de Nevers et sur celle de son lieutenant-général, aux abords du Palais-Ducal et jusque sur la porte de l'auditoire du bailliage. La justice seigneuriale de Nevers était ainsi hautement bravée dans son propre palais par la justice *royale* de Saint-Pierre.

Tous les huissiers royaux furent mis en réquisition par le bailli de Saint-Pierre avec ordre de porter les exploits d'assignation dans toute la contrée chez les ecclésiastiques, les nobles et les représentants du Tiers-État.

Il était possible d'assigner *individuellement* les curés dans leurs presbytères, les communautés religieuses d'hommes ou de femmes dans leurs couvents, les nobles au principal manoir de leurs fiefs, les femmes, filles majeures ou fils mineurs de nobles, dans leurs seigneuries; mais comment faire pour assigner *individuellement* les *gens du Tiers-État*? Il était matériellement impossible d'envoyer un huissier *royal* (l'assignation donnée au nom du roi ne pouvait être posée par un simple huissier *ducal*) aux bourgeois, marchands, artisans, laboureurs, vignerons, manœuvres, que le roi conviait à lui adresser *leurs plaintes, doléances et remontrances* et à nommer des députés qui, réunis au chef-lieu du bailliage devaient en nommer d'autres ayant mission de représenter le Nivernais dans l'assemblée des États généraux du royaume. N'oublions pas que chaque copie d'exploit coûtait *douze sous* et que ces douze sous étaient payés à l'huissier par celui auquel s'adressait l'assignation. Des nobles et des ecclésiastiques en plus grand nombre, pour ne point payer le coût de l'exploit, refusèrent de le recevoir le tenant pour signifié, sans qu'il leur en fut *baillé copie*.

Dans les villes et les campagnes les huissiers royaux auraient rencontré un plus grand nombre de récalcitrants. A défaut d'assignation individuelle, voici comment il fut procédé à l'égard de MM. du Tiers-État.

Un huissier *royal* se présenta dans chaque ville, bourg ou paroisse et alla frapper à la porte du représentant de la communauté d'habitants. Ce représentant était désigné alors par un titre, qui n'était pas comme aujourd'hui, partout le même.

Dans un petit nombre de localités, il s'appelait déjà le *maire*, ailleurs *maire perpétuel* possédant titre et charge transmissible à prix d'argent ou par héritage, *échevin*, le plus souvent *syndic* ou *syndic annuel*, quelquefois *consul*, *fabricien* et enfin *préposé* ou *officier municipal*.

A ce représentant de la ville, du bourg ou du village, quelque fut son titre local, l'huissier remettait la lettre de convocation signée du roi, le règlement relatif aux élections et l'ordonnance du bailli.

De toutes ces pièces il devait remettre autant d'exemplaires imprimés qu'il y avait de paroisses dans la ville ou le bourg où il instrumentait et en outre une copie collationnée *certifiée véritable* par le greffier du bailliage.

Cette copie devait être déposée dans le *greffe* de la ville, bourg ou village, les exemplaires imprimés étant destinés à être lus d'abord au prône, puis à la porte de l'église pour y rester ensuite affichés. L'huissier constatait l'accomplissement de ces diverses formalités et assignait tous les habitants, bourgeois, marchands, corporations d'ouvriers et d'artisans, laboureurs, propriétaires etc., par un exploit collectif.

Pendant que le bailli d'épée de Saint-Pierre faisait publier partout son ordonnance et délivrer, à la requête du procureur du roi de son bailliage, des assignations dans les presbytères, les couvents, les châteaux et les maisons communes, le bailli de Nevers rendait de son côté une ordonnance par laquelle, sans contester le droit du bailliage de Saint-Pierre, il prescrivait les mesures nécessaires pour la convocation des assemblées de paroisses et des assemblées des trois ordres dont il indiquait la réunion pour le 14 mars à Nevers.

Dix-sept huissiers, la plupart à cheval, partirent de Nevers dans les derniers jours de février 1789, munis d'une forte provision de formules d'exploits qu'ils devaient déposer de ville en ville et de village en village, à la requête du procureur-général du roi aux bailliages et duché-pairie de Nivernais et Donziois.

Les prêtres, les nobles, les gens du Tiers furent donc doublement assignés à comparaître à Nevers le 14 mars et à Saint-Pierre-le-Moustier le 16, pour prendre part aux opérations des assemblées de leurs ordres respectifs. A laquelle de ces deux assignations devait-on déférer ? La situation était embarrassante pour les électeurs des trois ordres. *Comparaître sous les peines qu'il appartiendra*, disaient les exploits d'assignation ! Quelles étaient ces peines ? on l'ignorait, mais on savait que les juges, en ce temps où la pénalité n'était point soumise à des règles fixes, avaient le droit de prononcer des *amendes arbitraires.* L'inquiétude se répandit dans la province.

De leur côté les juges rivaux, de Saint-Pierre et de Nevers tenaient à leurs prérogatives. Saint-Pierre ne voulait pas que Nevers eut l'honneur de convoquer les assemblées électorales. Nevers, désigné nominativement dans l'état annexé au réglement, voulait conserver cette appellation de *bailliage principal,* qui cependant ne lui appartenait pas d'après le texte du réglement. La lutte entre les deux bailliages était ancienne; elle avait été très vive à diverses époques. On s'était battu à coups d'exploits et de jugements. Le bailliage royal de Saint-Pierre avait souvent prononcé des condamnations *personnelles* contre des officiers du bailliage ducal de Nevers, leur avait fait des injonctions, sommations ou défenses, le tout avec amendes et dépens contre les juges et le greffier.

Ainsi nous voyons que le 8 mai 1618, Michel Paulet, conseiller au bailliage et siège présidial de Saint-Pierre-le-Moustier, chanoine et doyen en l'église cathédrale de Nevers, avait décerné une *permission d'informer* contre la servante du procureur de la ville de Nevers, à raison d'un *prétendu larcin* par elle commis; et contre un nommé Leroux, demeurant à Nevers, à raison *d'injures par lui dites.*

La justice locale s'émut de cet acte du Conseiller-chanoine, et prétendit avoir seule le droit de juger les faits punissables commis dans l'intérieur de la ville de Nevers et dans l'étendue du duché.

Le lieutenant-général de ce duché prit une ordonnance pour défendre à tous officiers et suppôts de justice de mettre à exécution les permis d'informer décernés par M⁰ Paulet. Mais sur requête du substitut du procureur général de Saint-Pierre, les officiers du siège présidial rendirent, le 16 avril 1619, un jugement qui levait les défenses faites par la justice du duché-pairie, et en outre « faisait défense aux officiers de ladite pairie de prendre « connaissance des différents mus ou à mouvoir entre « marchands et pour faits de marchandises, à peine de « 3,000 livres d'amende et à tous marchands de la pro-« vince de plaider par devant autres juges que par de-« vant ledit présidial, pour fait de marchandises, à peine « de 500 livres d'amende par corps, etc. »

La justice seigneuriale de Nevers ne pouvait accepter une condamnation qui frappait personnellement ses deux chefs; elle se pourvut devant le roi en son parlement. La requête fut présentée au nom de « notre très cher et amé cousin Charles de Gonzagues de Clèves, duc de Nivernais et pair de France, de M. Henri Bolacre, lieutenant-général, M⁰ Florimond Rapine, procureur fiscal du dit duché et pairie de Nivernais et autres officiers en la dite pairie appelants, tant comme de juges incompétents qu'autrement etc. »

Furent intimés sur l'appel M. Jean Crochet, président au présidial de Saint-Pierre, Etienne Gascoing, lieutenant-général et autres.

Ce procès commencé en 1618 ne fut terminé qu'en 1624, le 7 septembre par un arrêt qui ne contient pas moins de vingt-trois articles énumérant la juridiction et connaissance de tous cas royaux afférents à Saint-Pierre-le-Moustier et les autres au duché-pairie de Nevers.

La rivalité entre les deux bailliages survécut à ce long débat.

Les deux juridictions ne vécurent jamais en paix et

continuèrent à se disputer les procès et les plaideurs. La lutte se ralluma plus vive à l'occasion des élections de 1789 et il fallut un arrêt du Conseil du roi pour y mettre un terme.

Dès le 15 février 1789, le bailli d'épée de Nevers, au moment où il recevait les instructions du Garde des sceaux pour les opérations électorales, s'était empressé d'écrire à ce ministre pour le prévenir qu'il pourrait s'élever de grands inconvénients de la rivalité des deux bailliages ; que pour éviter le désordre et l'incertitude où se trouveraient plongés des individus qui se trouveraient assignés doublement, il le suppliait de vouloir bien, par une décision ou une lettre quelconque au bailliage de Saint-Pierre, arrêter des prétentions qui ne pourraient que nuire au bien général.

Quelques jours plus tard le même bailli d'épée M. de Prunevaux écrivait de nouveau au garde des sceaux :

« Monseigneur, ce que j'avais prévu par la lettre que
« j'ai eu l'honneur de vous écrire le 15 février est arrivé,
« le bailliage de Saint-Pierre a fait afficher et publier à
« Nevers l'ordonnance cy-jointe, *par quatre huissiers*
« *escortés de la maréchaussée*, ce qui mériterait punition
« comme chose attentatoire à la volonté du roi et aux
« droits du duc et duché de Nivernais et Donziois, ainsi
« qu'une censure du Gouvernement qui a suivi et respecté
« les anciens usages et la marche prescrite jusqu'à ce
« jour.

« J'ai l'honneur, Monseigneur, de vous supplier de me
« tirer de peine et d'embarras, les trois ordres étant dans
« la plus grande indécision, puisqu'ils ont reçu à leur
« manoir comme à leurs fiefs, double assignation pour
« comparaître doublement le 14 à Nevers et le 16 à
« Saint-Pierre. Je ne puis avoir, Monseigneur, aucune

« autorité ni force de décision si vous n'avez pas la bonté
« de m'envoyer une lettre ou ordre provisoire, en atten-
« dant un arrêt du Conseil qui casse l'ordonnance de
« Saint-Pierre et lui enjoigne de ne pas s'immiscer dans
« les fonctions du baillage du Nivernais et Donziois. »

Pendant que le bailli d'épée de Nevers adressait ainsi de pressantes supplications au Garde des sceaux, le Grand bailli d'épée de Saint-Pierre répandait à profusion des assignations et des affiches dans toute la province. Il n'avait point « osé interdire l'assemblée indiquée pour le 14 mars, à Nevers, mais il annonçait hautement l'intention de renouveler ses protestations à l'ouverture de cette assemblée si elle avait lieu. »

L'abbé Viodé, curé de Sauvigny, prend parti pour le bailli de Nevers et dans sa lettre à M. Necker nous relevons ces paroles :

« En réprimant l'audacieuse entreprise du bailliage de
« Saint-Pierre qui se permet d'arrêter le cours des as-
« semblées pour les trois états qui devaient se tenir dans
« la ville de Nevers et auxquelles j'ai été convoqué ainsi
« que les autres, mais dont la tenue vient d'être an-
« noncée de nouveau dans la très petite ville de Saint-
« Pierre-le-Moustier, pour le 16 de mars prochain, ainsi
« qu'il appert par le deuxième exploit d'assignation que
« je viens de recevoir, préférence qui met le trouble
« parmi le peuple, déconcerte toutes les mesures, ren-
« verse tous les projets que les députés de l'assemblée
« avaient déjà pris, n'étant nullement d'avis de s'assembler
« dans une ville, disons mieux *dans un trou, une bicoque,*
« *un vrai village où la cherté des denrées, la disette des*
« *vivres, l'insalubrité de l'air, le petit nombre d'hôtelle-*
« *ries et d'auberges absolument insuffisantes pour contenir*
« *la plus petite partie des députés, ajoutez à cela la rapacité*

« de ses habitants qui, comme autant de vautours ou
« d'oiseaux de proie formés par les leçons de l'irritante et
« insatiable chicane et cherchant continuellement à sucer
« la moëlle et le sang de leurs semblables, rendent le séjour
« de cette ville non seulement désagréable mais même
« impraticable aux étrangers. »

M. le curé demande en conséquence qu'il soit rendu
« sur le champ une ordonnance qui casse et annule les
« prétentions mal fondées du Présidial de Saint-Pierre-
« le-Moustier, rétablisse les choses dans le même état
« que ci-devant, autorise la ville de Nevers, comme
« capitale du Nivernais, *où toutes les aisances se trouvent
« réunies*, à tenir les assemblées sans qu'il lui soit fait
« aucun trouble ou empêchement. »

L'expédient indiqué par le curé de Sauvigny était
précisément celui auquel avait recours le duc de Nivernais qui était ministre d'État, gouverneur de la province
et qui avait pris l'affaire fort à cœur.

Des mémoires et des réclamations de chacun des deux
bailliages furent soumis au Conseil d'État et le 2 mars
1789 l'ordonnance du bailli de Saint-Pierre fut cassée
avec défense aux trois états de se rendre au bailliage de
Saint-Pierre-le-Moustier s'ils ne possédaient pas dans ce
bailliage des bénéfices ou des fiefs qui leur donnent le
droit d'y comparoir. Le jour même où cet arrêt était reçu
à Nevers, il était imprimé et un exprès partait pour
Saint-Pierre avec mission de le faire signifier le jour
même par un huissier *royal* à M. Vyau de Baudreuille,
lieutenant-général du bailliage de Saint-Pierre. Puis
l'arrêt imprimé en affiche était placardé dans toutes
les rues et places de Nevers, après avoir été lu à haute
voix par un huissier escorté des six archers du duché.
En même temps des exemplaires étaient expédiés dans

toutes les villes, bourgs et communautés de la province, dans les châteaux, presbytères et couvents d'hommes et de femmes. Nevers à son tour triomphait de Saint-Pierre-le-Moustier.

Ainsi se termina la lutte entre les *deux bailliages* dont le nom même devait bientôt disparaître. Elle avait été vive et les dames y avaient pris part. On a conservé aux archives une lettre très spirituelle de Madame Barentin de Maumigny, à M. le Garde des sceaux son parent, en faveur du bailliage de Nevers et la réponse de celui-ci.

Par suite de la cassation de l'ordonnance du bailli de Saint-Pierre-le-Moustier, ce bailliage *royal* ne pouvait plus persister dans sa prétention d'exclure le bailliage *ducal* de Nevers de toute participation à la rédaction des cahiers et à la nomination des douze députés aux États généraux. Sur ces douze députés huit devaient être nommés à Nevers, quatre seulement à Saint-Pierre; l'arrêt était formel, il portait, comme on l'a dit, « défense « aux sujets des trois états du ressort de se rendre au « bailliage de Saint-Pierre-le-Moustier, s'ils ne possé- « daient dans ce bailliage des bénéfices ou des fiefs qui « leurs donnent le droit d'y comparoir en personne ou « par procureur, etc. »

Les assignations délivrées par ordre du bailli de Saint-Pierre aux prêtres, aux nobles et aux gens du Tiers-État, d'un bout du Nivernais à l'autre, les affiches placardées dans les villes, bourgs et villages, pour enjoindre aux trois ordres de se rendre à Saint-Pierre le 16 mars ; cette publicité inusitée donnée à l'ordonnance du bailli ne pouvait plus servir qu'à constater d'une manière éclatante la victoire du bailliage de Nevers sur celui de Saint-Pierre.

Les chefs de la haute magistrature de Saint-Pierre

étaient profondément blessés dans leur amour-propre ; mais la blessure devint plus douloureuse encore lorsqu'il leur fut démontré que les habitants des trois ordres de la province à peine avertis de l'existence de l'arrêt du 2 mars ne répondraient qu'en très petit nombre à leur appel.

CHAPITRE XXXVII

ASSEMBLÉE DES TROIS ORDRE A NEVERS. — NOMS DES DÉPUTÉS.
LEURS CAHIERS. — CÉRÉMONIAL.

Le bailli constate que des assignations à *comparoir*, ont été données par exploits d'huissiers royaux, aux paroisses et communautés de campagne, en la personne de leurs maires ou syndics, ainsi que l'explique un tableau dans lequel nous voyons figurer, pour la communauté de Dornecy, le sieur Davy, comme syndic.

Les députés du Tiers-Etat de cette commune, pour aller à Nevers, étaient :

1° Tenaille Delaure, maire ;
2° Pierre Léger, bourgeois.

Le clergé comprenait :

Boullenot, curé, qui s'est marié, ainsi que nous l'avons dit ;

Et dom Paradis, prieur.

On voit aussi le nom de dom Jacque Monteangreau, prêtre religieux de la Congrégation de Saint-Maur, ordre de Saint-Benoît, prieur titulaire de Saint-Georges, de Sardy-les-Forges.

Il n'est pas question d'autre représentant de l'abbaye de Vézelay.

Quant à la noblesse, elle est représentée par le comte de Rafélis, seigneur de Doreaux en Nivernais, chargé des pouvoirs de Monseigneur le prince de Condé, seigneur de Dornecy.

Le clergé de cette région était représenté à Clamecy par Camille Durantin-Lironcourt, évêque de Bethléem. François Charmoy était son fondé de pouvoirs;

Limanton, chapelain des chapelles de Saint-Jacques et de Saint-Cydérouenne fondées à Clamecy;

Les chanoines du chapitre de Clamecy.

A Tannay, par les chanoines du chapitre de cette ville et le curé Bourgier, on y voit figurer aussi la dame de Duvernac, abbesse de l'abbaye royale du Recomfort.

De Gaudry, abbé de Bourras;

De Bast, prieur commandataire de Notre-Dame-de-Saisy;

Dom Auguste Gogois, prieur de la Chartreuse de Basseville;

Roux de Bonneval, abbé de l'abbaye de Saint-Léonard de Corbigny;

Les abbés et chantres, chanoines de Chastel-Censoir.

Comme on l'a déjà constaté, plusieurs paroisses ou communautés, faisant actuellement partie du département de l'Yonne, y figuraient par leurs représentants, telles que Châtel-Censoir, Mailly-la-Ville, Méry-sur-Yonne, Lucy, Druyes-les-Belles-Fontaines, Coulanges-sur-Yonne, etc.

La veille de la réunion, les auberges et les maisons particulières se remplissaient de prêtres, de gentilshommes, de bourgeois et de campagnards venant à pied, à cheval, en pataches ou en charrettes. Les députés des paroisses au nombre de 535, ne trouvèrent pas tous à se loger dans les auberges alors connues sous les noms et les enseignes *du Cheval Blanc, du Bœuf couronné, des Trois Roys, du Poids de la ville,* ni dans quelques autres d'un ordre moins élevé.

Les prêtres, plus heureux, avaient un refuge assuré dans les réfectoires et les dortoirs des couvents et des séminaires.

Les Gentilshommes étaient reçus dans des maisons particulières.

Mais un assez grand nombre des gens du Tiers-État passaient la nuit sans abri.

Le 14 mars au matin, l'assemblée prend séance dans l'Église des Récollets. « Il n'y a jamais eu, à Nevers, « d'assemblée aussi belle que celle du 14 et aussi nom- « breuse. L'église des Récollets était entièrement garnie « des membres des trois ordres. » (Lettre du Procureur général Chaillot de la Chasseigne, *à l'intendant* du duc de Nivernais).

Comme on le voit ces 535 députés, élus dans les assemblées municipales des villes, bourgs et villages de la province, avaient répondu à l'appel dans la séance générale des trois ordres, tenue à Nevers le 14 mars 1789. Tous avaient déposé les procès-verbaux, constatant leur élection, remis au bailli d'épée les cahiers de plaintes adoptés par l'assemblée de la paroisse qui les avait élus, et prêté serment « *de procéder fidèlement à la rédaction du cahier général et à la nomination des députés aux États généraux. Le serment* n'était prêté ni au Roy, ni à la monarchie, *mais aux électeurs eux-mêmes.*

Aux termes du règlement général sur les élections, ces 535 députés auraient dû, dans une réunion préliminaire, élire parmi eux 200 membres qui resteraient seuls chargés de fondre en un seul cahier tous les cahiers particuliers des villes, bourgs, et paroisses, et d'élire les députés auxquels serait donné la mission de porter aux États généraux du royaume et de soutenir dans cette grande assemblée le cahier général des plaintes, doléances et remontrances du Tiers-État de la province.

Mais il ne paraît pas que cette prescription du règlement général ait été exécutée à Nevers. Il n'existe pas, du moins dans les archives, aucun procès-verbal de cette opération préliminaire.

Les procès-verbaux des séances de l'assemblée du Tiers-État, que nous allons faire connaître, semblent indiquer, au contraire, que malgré les difficultés et les dépenses du séjour à Nevers, ces 535 propriétaires, avocats, notaires, procureurs, marchands, laboureurs, vignerons, manœuvres, etc., dont nous avons la liste sous les yeux, étaient présents aux premières séances qui, à raison du nombre des assistants, se tenaient dans l'église des Récollets. Lorsqu'une commission de 73 membres eut été nommée pour dresser le cahier général, les campagnards en grand nombre reprirent le chemin de leurs maisons; mais à la fin de la session, qui dura douze jours, il se trouvait encore dans la capitale de la province un nombre très respectable de députés des villes et villages, pour procéder à l'élection des députés aux États généraux qui fut très vivement et très longuement disputée.

L'assemblée du clergé se composait de 287 membres présents en personne ou représentés par mandataires choisis dans l'ordre du clergé.

Dans ce nombre de 287, il se trouvait 31 communautés dont *huit* étaient des communautés de femmes.

Dom Simonin, prieur de Notre-Dame-de-Bellary, comme il l'avait dit à ses religieux, n'assista point et ne voulut point se faire représenter à l'assemblée; Dom

Bouguelet, nommé député par ses confrères, soit que l'argent lui eût manqué pour faire le voyage, soit que le père prieur y ait mis bon ordre, ne vint pas à Nevers, ne se présenta point à l'assemblée et son nom ne figure pas parmi les comparants.

En parcourant les procès-verbaux des séances nous noterons les choses les plus intéressantes.

Le 15 mars 1789, M. Guillier de Mons, *Lieutenant général civil, criminel et de police du bailliage*, et en cette qualité, président les députés du Tiers-Etat, se rendit en l'Église des Recollets assisté de l'un de ses officiers ordinaires, d'un commis greffier, précédé d'un huissier audiencier et des six archers du bailliage, fait procéder à l'appel des membres « par les huissiers. » Le procès-verbal ne fait pas connaître les noms des présents. Quelques bourgeois, se disant ou se croyant gentilshommes avaient essayé de prendre place dans l'assemblée de la noblesse. Le Tiers-Etat, à l'ouverture même de sa première séance, proteste contre la prétention de ces bourgeois qui veulent devenir gentilshommes.

« Il ne peut douter qu'à l'avenir il n'existera plus de
« *distinction d'impôts entre les trois ordres qui composent*
« *la nation*, mais comme la différence des conditions leur
« impose un tribut moral, dont il ne cherchera jamais à
« s'affranchir, il croit devoir protester contre tout appel
« ou admission qui aurait pu être fait *d'aucuns*
« *membres de son ordre* au rôle de la noblesse et qu'en
« cela ce rôle ne pourra produire contre le Tiers-Etat
« aucune sorte d'effet. »

Le lieutenant général annonce ensuite que le clergé a l'intention d'envoyer à l'assemblée une députation de quatre de ses membres, et il invite l'assemblée à *régler le cérémonial* qu'il convient d'observer dans cette occasion ; c'était comme nous l'avons dit déjà, une grosse question alors que celle du cérémonial. Quelques froissements réciproques d'amour-propre s'étant manifestés la veille dans des réunions partielles à l'Hôtel-de-Ville, au Palais Ducal et à l'Évêché, le Tiers-État pensait, à tort ou à raison, que le clergé et la noblesse s'accorderaient entr'eux des politesses et des honneurs qu'ils refuseraient aux gens du Tiers ; aussi pour ne point exposer ses commissaires à être en aucun cas traités dans les assemblées du clergé et de la noblesse sur un pied d'infériorité, il décide tout d'abord et par précaution, qu'il ne fera pas aux commissaires du clergé, ni à ceux de la noblesse, *les honneurs du fauteuil.*

« La matière mise en délibération, il a été arrêté qu'il
« serait placé quatre chaises au devant de nos greffiers
« pour lesdits députés, que les sieurs Guinet, maire de
« cette ville, noble Jacques-Jean Vyau de la Garde,
« conseiller assesseur général, un des échevins, et tous
« deux députés de cette ville ; sieur Renault, lieutenant
« colonel de cavalerie, chevalier de l'ordre royal et
« militaire de Saint-Louis, maire et un des députés de la
« ville de Decize ; M⁰ Faulquier de Saint-Léger, avocat
« pour la ville de Clamecy ; M⁰ Guiller de Montchamois,
« avocat au parlement, lieutenant, et un des députés de
« la ville de Moulins-Engilbert ; M⁰ Coquille de Ponjux,
« avocat au parlement, juge de la ville de Saint-Saulge
« et un de ses députés ; sieur Perrier, maire et député de
« la ville de Corbigny, et en outre un des députés de la
« ville de Luzy, iraient les recevoir à la porte d'entrée de
« ladite salle d'assemblée et les accompagneraient jus-
« qu'au bureau et que les députés du clergé se retirant,
« ils seraient reconduits par lesdits sieurs Guinet et
« autres sus-nommés du Tiers-État. »

La députation du clergé ne tarda pas à se présenter. Elle fut reçue avec le cérémonial qui venait d'être fixé. Elle apportait une délibération de l'assemblée du clergé qui, dès sa première séance, avait pris le titre de *Chambre ecclésiastique* et déclaré qu'au lieu de se réunir à la noblesse et au Tiers-État, pour procéder en commun à la rédaction des cahiers et à la nomination des députés aux États généraux elle rédigerait séparément son cahier et nommerait aussi séparément ses députés.

« A l'arrivée de ladite députation, les sieurs députés
« ci-devant nommés ont été la recevoir ainsi qu'il a été
« convenu à ladite porte et l'ont accompagnée jusqu'au
« bureau et là le sieur abbé Desprès, vicaire général, qui
« avait pour co-députés MM. Grillot, curé de Saint-Arigle
« de cette ville, Limanton chantre de la collégiale de la
« ville de Clamecy et dom Jean-Pierre Rogelet, de l'ordre
« de Prémontré, prêtre, prieur et curé de Frasnay-le-
« Ravier.

« Après les civilités de part et d'autre mes dits sieurs
« députés se sont assis sauf ledit sieur abbé Desprès,
« qui étant resté debout, nous a annoncé qu'ils venaient
« faire part à notre ordre d'une délibération prise par le
« sien dont il nous a mis l'objet sous les yeux et a
« déposé cette délibération sur le bureau.

« Lecture faite d'icelle, en présence desdits sieurs
« députés, nous avons dit que nous délibérerions sur son
« objet, et lesdits sieurs députés s'étant retirés accom-
« pagnés comme dessus, nous avons fait de nouveau la
« lecture de ladite délibération, disant notamment
« qu'elle doit essentiellement s'occuper de plusieurs
« questions intéressantes pour la religion qui ne peuvent
« être solidement examinées que dans une assemblée
« ecclésiastique, et sur lesquelles plusieurs membres

« de la noblesse et du Tiers-État croiraient devoir s'abs-
« tenir de porter un jugement, que les autres objets à
« traiter ne lui sont pas assez connus pour qu'elle puisse
« déterminer si un examen conjoint serait plus propre
« qu'un examen séparé à entretenir l'harmonie, qu'il
« serait affligeant et dangereux de se séparer après s'être
« réunis, etc., enfin elle arrête qu'elle travaillerait sépa-
« rément à la rédaction de son cahier et à la nomination
« de ses députés, que néanmoins, la chambre désirait
« vivement conserver la plus grande union avec les
« autres ordres, se concerter avec eux par des corres-
« pondances amiables, par des commissaires respectifs,
« et qu'elle ne négligerait rien de ce qui dépendrait d'elle
« pour concourir dans les mêmes vues. »

À ce message du clergé, l'assemblée du Tiers-État décide immédiatement qu'il sera répondu en ces termes :

« Le Tiers-État, sensible à la démarche que vient de
« faire le clergé, se hâte de lui exprimer le vif désir, de
« pouvoir faire naître, maintenir l'harmonie et l'union
« entre les ordres. Il y eut coopéré de toutes ses forces,
« il eut accepté les voies et moyens qui eussent pu en
« accélérer l'effet et la durée. Comme l'ordre du clergé,
« il s'occupera seul de la rédaction de ses cahiers, il
« nommera seul ses députés, et dans tous les temps il
« saisira avec le plus grand empressement toutes les
« occasions qui lui seront offertes pour le maintien de
« cette union qui fait le vœu général de tous les ordres,
« et que cette réponse serait portée sans retard à l'ordre
« du clergé par les mêmes sieurs Guinet et autres ci-
« devant nommés, et avons ordonné que lesdites déli-
« bérations et réponses seraient jointes au présent.

« Ayant appris dans ces entrefaites que l'ordre de la
« noblesse nous envoyait à son tour une députation de

« quatre de ses membres, nous avons également arrêté
« que ceux du Tiers qui avaient reçu et accompagné la
« députation de l'ordre du clergé recevraient et accompa-
« gneraient celle de l'ordre de la noblesse. Aux appro-
« ches de celle-ci les membres de l'ordre du Tiers-État, ci-
« dessus désignés, ont été la recevoir à la porte d'entrée
« de l'assemblée et l'ont accompagnée jusqu'au bureau
« de nos greffiers où M. Nault de Champigny, maréchal
« des camps et armées du Roy, qui avait MM. le marquis
« de Bonnay, le marquis Desprez de Roche, le vicomte
« de Damas, colonel, pour co-députés, nous a dit qu'il
« venait apporter à notre ordre le vœu du sien consigné
« dans la délibération qu'il nous remettait. Et lesdits
« sieurs de la députation *s'étant assis sur des chaises*
« *placées devant le bureau de nos greffiers*, lecture en a
« été faite. »

En voici la teneur :

« L'ordre de la noblesse, empressé de témoigner à
« l'ordre du Tiers-État, le désir qu'il a de voir régner
« entre tous l'harmonie et l'union la plus parfaite se fait
« un devoir de lui en porter solennellement le vœu, tel
« que quelques-uns de ses membres assemblés prélimi-
« nairement, l'avaient déjà annoncé aux commissaires de
« la ville nommés pour la rédaction de ses cahiers. Il
« désire, il espère que le Tiers-État pensera comme lui,
« et que tous les intérêts seront confondus ensemble ;
« mais comme il est des objets particuliers à chaque
« ordre, tel que celui de la religion pour le clergé, qui
« ne lui permettent pas de s'en occuper en commun avec
« les deux autres, et comme le travail ne saurait être
« commun que du consentement des trois ordres, la
« chambre de la noblesse a arrêté qu'elle travaillerait à
« ses cahiers et qu'elle nommerait ses députés séparé-

« ment, mais qu'elle a le désir d'établir des communica-
« tions entre les commissaires respectifs.

« Nous lui avons répondu, mentionne le procès-verbal,
« que nous étions sensiblement touchés de sa démarche ;
« que nous délibérerions sur son objet. »

La députation de la noblesse se retire accompagnée comme elle l'a été à son entrée. On décide qu'il sera immédiatement porté à l'assemblée de la noblesse un message en réponse au sien, et que la députation qui portera ce message sera composée de MM. Gauthier, un des députés de Nevers; Robert, un des députés de Saint-Parize-le-Châtel, Prysie, aussi un des députés de Nevers, Tenaille du Lac, un des députés de Clamecy, Dameron, un des députés de Donzy, Limanton et de Santilly, députés de Tannay, et Morin un des députés de Marzy.

Voici le texte de ce message :

« Le Tiers-État, sensible à la démarche que vient de
« faire la noblesse, se hâte de lui exprimer le vif désir
« de pouvoir faire naître et maintenir l'harmonie et
« l'union entre les ordres, il y eut coopéré de toutes ses
« forces, il eut accepté les voies et moyens qui eussent
« pu en accélérer l'effet et la durée.

« Comme l'ordre de la noblesse, il s'occupera seul de
« la rédaction de ses cahiers. Il nommera seul ses
« députés, et dans tous les temps il saisira avec le plus
« grand empressement toutes les occasions qui lui seront
« offertes pour le maintien de cette union qui fait le vœu
« général de tous les ordres.

« En conséquence le Tiers-État a nommé huit de ses
« membres pour aller faire part à l'ordre de la noblesse,
« de son arrêté. »

Ces deux messages sont immédiatement transcrits et signés par le Lieutenant-général président et son greffier.

Les commissaires se mettent en mesure de partir pour l'évêché et le palais ducal, précédés d'un huissier et accompagnés de deux archers ; mais sur l'observation faite par un des commissaires que l'assemblée de la noblesse et celle du clergé ont peut-être levé déjà la séance, il est décidé qu'il sera préalablement vérifié si les commissaires ne sont pas exposés à faire une démarche inutile.

« En conséquence nous avons envoyé un de nos huis-
« siers s'informer aux deux ordres du clergé et de la
« noblesse s'ils pouvaient recevoir nos députations ;
« mais de ces deux ordres, celui du clergé n'étant pas
« assemblé, nous avons envoyé vers la noblesse la dé-
« putation qui la concernait, et remis au mercredi sui-
« vant à députer vers le clergé.

« Notre députation vers la noblesse, de retour à la
« salle de l'assemblée, nous a dit qu'elle avait été reçue
« avec toutes les marques de distinction qu'un ordre
« puisse attendre d'un autre, et que le président de la
« noblesse lui avait témoigné, au nom de son ordre, tous
« les sentiments qui doivent amener la conciliation des
« intérêts particuliers au bien général, ce dont nous
« avons fait acte, etc. »

La séance du 16 mars était aussi nombreuse que celle de la veille, aucun député de la campagne n'avait encore quitté Nevers.

Les quatre députés de Clamecy protestèrent contre l'assignation donnée à cette ville de comparoir à l'assemblée de Nevers, prétendant que la ville de Clamecy aurait dû être assignée à Saint-Pierre-le-Moustier, et à l'appui de cette protestation ils font valoir diverses considérations.

Il fut décidé dans cette séance qu'il serait formé neuf

bureaux d'arrondissement pour la rédaction et réunion des cahiers en un seul du Tiers-État du bailliage.

Le 3e arrondissement comprenait : Clamecy, Surgy, Armes, Chevroches, Dornecy, Villiers-sur-Yonne, Brèves, Beuvron, Rix, Ouagne, Trucy-l'Orgueilleux, Pousseaux, Lichères (Yonne), Chaseuil, Treigny, Corvol-d'Embernard, Changy, Authiou, Saint-Germain, Marcy et Cuncy-les-Varzy.

Ce 3e arrondissement composé de vingt-et-une paroisses avait sept commissaires. A la séance du 17 mars il se produisit une nouvelle réclamation des mêmes députés de Clamecy, qui demandaient, suivant le vœu des habitants, exprimé dans l'assemblée de Clamecy, que deux des huit députés à élire pour les États généraux fussent choisis dans la circonscription de Clamecy, l'un dans l'ordre du clergé ou de la noblesse et l'autre du Tiers-État.

Le lieutenant général, sans avoir égard à ce réquisitoire, ordonne que les commissaires se retireront, savoir :

« Ceux élus pour Nevers, Donzy, Clamecy, Corbigny
« et Decize, en l'Hôtel-de-Ville de Nevers, et ceux de
« Moulins-Engilbert, Saint-Saulge, Tannay et Luzy en
« notre auditoire pour y procéder, sans interruption et
« sans délai, à la rédaction du cahier général de l'ordre
« du Tiers-État sans pouvoir, par lesdits commissaires,
« s'occuper de ladite rédaction dans aucune maison par-
« ticulière, ce qui sera exécuté sans opposition ou appel-
« lation quelconque. »

Il est bon de faire connaître les noms de ces commissaires, les voilà :

Pour *la ville de Nevers* : MM. Marandat-d'Olivan, avocat au Parlement; Gauthier, avocat général au siège de Nevers; Bouard du Cholet, lieutenant particulier de l'élection; Vyau de la Garde, conseiller assesseur au siège de Nevers; et Barreau, conseiller du roi, notaire.

Arrondissement de Nevers : MM. Robert, Turgan; Gonnot, avocat au Parlement; Froizet, maître de forge; Morin, avocat au parlement; Pagnon, bourgeois; Frébault, notaire à Saint-Sulpice; Bellanger, notaire à Pougues; Gourliau, maître de poste à Nevers; Languinier, notaire à Saint-Sulpice et receveur du chapitre de Nevers.

Arrondissement de Donzy : MM. Dameron, Dupin de Villeneuve; Frappier de Saint-Martin, avocat; Jourdain, Baudel, Chenon, marchands et négociants; Amelot, notaire; Maréchal, notaire; Chegain des Laures, bourgeois.

Arrondissement de Clamecy : MM. Tenaille, avocat; Faulquier de Saint-Léger, substitut du procureur du roi de l'élection de Clamecy; Tenaille du Lac, ancien gendarme de la garde du roi; Chevanne; Cordonnier; Arnout; Place.

Arrondissement de Saint-Saulges : MM. Coquille de Paugeux juge de Saint-Saulges; Ravizy; Michelet de la Ronde; Cassard d'Oury: Frébault, notaire à Chevannes; Gazeau, Goguelat, et Prévost un des députés de Bona.

Arrondissement de Decizes : MM. Decray, juge de Decize; Guenot du Pavillon, avocat au Parlement; Leverrier; Mathieu; Desnoyers; Garat.

Arrondissement de Moulins-Engilbert : MM. Guiller de Montchamoy, lieutenant de Moulins-Engilbert; Isambert, notaire; Reuillon-Guiller; Dufour; Ferrand; Robert de Versille.

Arrondissement de Corbigny : Parent de Chassy, avocat aux Conseils; Perrier, des Molins, notaire à Montceaux-le-Comte ; Barbier de Chantery ; Billardon ; Magnan, notaire ; Desmolins, contrôleur pour la ville de Corbigny.

Arrondissement de Luzy : MM. Caillery, de Montreuillon, avocat ; Courraud, notaire à la Roche-Millay ; Bertrand de Rivière ; Bourgeois ; Bertrand ; Bailly de la Roche-Millay ; Cortet, notaire à Lauty ; Dubosq père ; Lault de la Vernière, bourgeois.

Arrondissement de Tannay : Brotier, procureur fiscal de Tannay ; Perrot, notaire ; Limanton, avocat ; Desbordes ; Perreau, notaire ; Charbonneau ; Goby, notaire à Beaulieu.

Du 17 au 24 mars il n'y eut point de séance générale.

Les commissaires examinaient les cahiers particuliers des paroisses afin de les réunir et les fondre en un seul.

Cette commission très nombreuse (73 membres) travailla pendant sept jours à lire tous les cahiers rédigés dans les paroisses et adoptés par les assemblées générales des habitants, les demandes particulières des corporations des marchands et artisans, les écrits ou mémoires individuels, enfin une masse énorme de documents de toutes sortes que les 535 députés avaient apportés à Nevers de tous les points de la province.

Ces documents furent lus et analysés pendant plusieurs longues séances du matin et du soir, et la commission adopta successivement les divers articles du *cahier général*. Travail du reste un peu confus où les questions ne sont point classées dans un ordre méthodique mais dont la rédaction est néanmoins claire et précise et où se trouvent formulées, sur la politique et l'administration, des solutions qui pouvaient *paraître alors étranges et audacieuses*, mais qui aujourd'hui sont adoptées par la raison publique.

Aussi le procureur général Chaillot de la Chasseigne écrivait-il, le 5 avril 1789, au garde des sceaux : « Mon- « seigneur, il n'est pas posssible d'imaginer rien de plus « extravagant et de plus contraire à l'autorité du roy et « au bien de l'État. »

Ceux des députés des villes, bourgs et paroisses qui n'avaient point été appelés à siéger dans la commission avaient, pour la plupart, quitté Nevers où leur séjour était difficile et coûteux. Cependant l'assemblée du 24 mars, convoquée pour entendre la lecture du cahier et nommer les députés aux Etats généraux était encore très nombreuse puisque 149 députés y assistaient.

Les 24 et 25 mars, après avoir procédé à différentes formalités, notamment au choix de scrutateurs, quatre députés et deux dits de remplacement furent élus :

1º Etienne Gonnot, avocat au Parlement et l'un des députés de Gimouille ;

2º Louis Parent de Chassy, avocat aux Conseils, député de Teigny ;

3º Charles Marandat d'Oliveau, avocat au siège de Nevers ;

4º Guillaume-Amable Robert, avocat au siège de Saint-Pierre.

Les deux députés de remplacement ne furent élus qu'au quatrième tour de scrutin. Ce sont :

1º Vyau de la Garde, conseiller assesseur général du siège de Nevers, l'un des eschevins et députés de cette ville ;

2º Et Hugues-Cyr Chambrun, l'un des députés de Donzy.

Les députés du clergé furent nommés par voies de scrutin.

Le premier choix fut celui de Pierre de Seguiran, évêque de Nevers.

Le deuxième fut Philippe Fougère, curé de Saint-Laurent de Nevers.

Enfin comme député de remplacement, Benoit-Jean-Remy Combet de Peca de la Renne, chanoine régulier de la congrégation de France, prieur curé de Saint-Martin de Nevers.

L'évêque de Nevers ne put remplir son mandat, *il avait,* suivant une lettre du même procureur général Chaillot de la Chasseigne, *gagné un gros rhume en allant présider l'assemblée du clergé à Saint-Pierre-le-Moustier et en mourut à Nevers.*

Quant aux députés de la noblesse voici leurs noms :

1° Le comte de Serent (Armand-Sigismond-Félicité-Marie), seigneur de Mhere et Vauclay, colonel du régiment du duc d'Angoulême, infanterie.

2° Et le comte de Damas d'Anlezy (Jean-Pierre), maréchal des camps et armées du roy, seigneur du comté d'Anlezy, Fleury-la-Tour, Ville-les-Anlezy, Tinguy, Sassangy, Cessot et autres lieux.

3° Et le marquis de Bonnay, député suppléant, mestre de camp de cavalerie, seigneur de Lucenay-les-Aix et la Grange.

Le cahier des remontrances et doléances du Tiers-Etat, dont nous avons la copie sous les yeux, contient certains vœux qui pourront intéresser le lecteur; c'est pourquoi nous en ferons une courte analyse :

1° Les Etats généraux devraient être réunis plus souvent, au moins tous les cinq ans. Le Tiers-Etat *s'y tiendrait dans la même posture* que les deux autres ordres et observerait le même cérémonial. C'est une allusion à l'ancien usage d'après lequel les députés du Tiers-Etat, aux États généraux, *devaient rester à genoux devant le roi*. Malgré la suppression de ces signes de servitude par la Révolution de 1789, croirait-on que sous le règne de Charles X, le 2 mars 1830, avant de prononcer le discours du trône, le roi, voulant les faire renaître, dit : « Messieurs les pairs, *asseyez-vous*. » Et le chancelier : « Messieurs les députés, le roi *vous permet de vous asseoir*. »

2° La puissance législative devrait appartenir à la Nation qui ne pourrait jamais être réputée régulièrement assemblée et représentée qu'autant que le Tiers-État serait toujours en nombre égal à celui des deux autres ordres réunis.

3° Liberté individuelle assurée à tout citoyen, *sans distinction d'ordre*.

4° Égalité de la répartition de l'impôt, *consenti par les États généraux* sans nulle distinction d'ordre, de qualité et de condition.

Suppression de tous autres impôts existants, tel que la taille et ses accessoires, la capitation, les corvées, le droit de franc-fief et autres dont le Tiers-État *est seul chargé*. Suppression également des gabelles et des aides, comme charges des plus onéreuses aux peuples, par les frais de perception et la gêne qu'ils occasionnent. Abolition de toutes les servitudes personnelles.

5° Votation par *tête* et non par *ordre* comme le voudraient les ordres du clergé et de la noblesse.

6° Le roi ne devrait plus avoir la faculté d'aliéner les biens de la couronne.

7° Les fêtes, excepté les fêtes solennelles et patronales, devraient être supprimées et renvoyées au dimanche. (Il y avait alors un nombre prodigieux de fêtes).

Le cahier de la noblesse mentionne le même vœu et s'exprime ainsi :

Art. VIII. — « Les députés représenteront avec force
« le tort qui résulte pour la province du Nivernais, de la
« multiplicité des fêtes qui y sont observées, et ils de-
« manderont qu'à l'exception des fêtes annuelles et so-
« lennelles, elles soient toutes remises au dimanche. »

Le cahier du clergé est naturellement d'un avis contraire aux deux autres ordres.

Voici ce qu'il dit :

Art. IX. — « Les fêtes et les dimanches sont les jours
« spécialement destinés au Seigneur, que les chrétiens
« doivent honorer *par la cessation du travail* et par la
« prière. »

« L'obligation de les sanctifier est presque méconnue
« dans la capitale du royaume et bien négligée dans les
« villes un peu considérables des provinces. Dans les
« campagnes il se tient quelques fois des foires et surtout
« des assemblées connues sous le nom *d'apport*, qui sont
« des rendez-vous de scandale et de licence. *Les ordon-
« nances rendues sur ces objets forment une chaîne respec-
« table depuis les premiers rois français jusqu'au règne de
« sa Majesté. Le clergé de ce bailliage en réclame l'exécu-
« tion*, avec d'autant plus de confiance que des lettres
« patentes données en 1778, enjoignent en termes exprès
« de tenir la main à ce que les ordonnances et régle-
« ments concernant l'observation des fêtes et dimanches
« soient exécutées ; qu'en conséquence, hors le cas
« d'une nécessité publique et urgente, tout travail cesse
« ès-dits jours, même dans les maisons royales et autres
« lieux privilégiés. Il devient d'autant plus nécessaire de
« réveiller sur cet objet la vigilance des magistrats, que
« le nombre des non-catholiques augmentant dans le ro-

« yaume, en conséquence de l'édit de novembre 1787,
« ils ne seront tenus à la sanctification des fêtes; qu'en
« vertu des lois civiles pour écarter de ses sujets catho-
« liques un danger évident de séduction elle a ordonné
« que les non-catholiques rendraient à la religion domi-
« nante l'hommage de se conformer aux lois de police
« pour l'observation des fêtes. Sa Majesté ne permettra
« pas que les ordonnances de ses prédécesseurs et les
« siennes demeurent sans effet (1). »

Continuons l'analyse du cahier du Tiers-État :

8° Nul ne pourra désormais posséder deux bénéfices, comme aussi nul ne pourra en posséder un *s'il n'est engagé dans les ordres.*

9° Les annates et grâces expectatives de la cour de Rome seront supprimées.

10° Le Tiers-État sera admis à tous grades militaires, sans distinction.

L'honneur, la bravoure et les bonnes mœurs y conduisent ! *il y a droit.*

Il le sera également à posséder toutes les charges de la magistrature, mêmes celles qui donnent la noblesse. Toutes charges qui la confèrent seront supprimées. Il n'y aura plus de noblesse que celle qui sera accordée par le roi au sujet qui aura bien mérité, sur la présentation des États généraux, faite à la réquisition des États provinciaux.

11° Le Tiers-État sera jugé par ses pairs. Les parlements seront composés à l'avenir d'un quart d'ecclésiastiques, d'un quart de nobles et de moitié pris dans le

---

(1) Un homme gardant son chapeau sur sa tête, devant une procession, tenait une attitude huguenote. On l'envoyait aux galères.
Voir les ordonnances du grand règne, du grand siècle de Louis XIV.

Tiers-État, choisis ces derniers parmi ceux qui auront rempli des charges de magistrature dans la province ou exercé la profession d'avocat, pendant dix ans, dans le parlement, et ce, sur la présentation des États généraux.

12° Les municipalités seront composées, à l'avenir, de personnes nobles et du Tiers-État, *dont les élections seront faites par la commune entière.*

13° La dépense qu'il plaît au roi de faire pour *l'éducation des enfants des nobles* est faite au dépens des revenus publics. Les enfants du Tiers-État devront participer à cette éducation et pourront concourir pour les places, dans les maisons d'institutions, comme les enfants des nobles.

14° Il devra être pourvu à la dotation des cures de campagne *insuffisamment dotées, par réunions ou pensions sur bénéfices simples,* de façon que *tous droits casuels* dans l'administration des sacrements et sépultures *soient supprimés.*

15° Les maîtrises et jurandes d'arts-et-métiers et marchandises seront supprimées comme nuisibles aux arts, à l'industrie et au commerce. Tous privilèges exclusifs devront pareillement être abolis.

16° Chercher les moyens propres à empêcher que la foi publique ne soit violée, comme elle *l'est journellement*, par la communication qui se prend au bureau des postes de Paris, des secrets les plus intimes des citoyens. L'ouverture de toutes lettres et paquets *devra être absolument et rigoureusement prohibée au bureau.*

17° Il devra être ordonné un nouveau code civil et criminel, pour la forme et l'abréviation des procédures, la célérité des jugements et la diminution des frais. Nul ne puisse être désormais distrait de son juge naturel et compétent. Suppressions des *committimus*, de toutes évocations, privilèges d'ordre, attributions au scel du Châtelet, grand conseil et autres.

18° Aviser aux moyens de faire, dans les campagnes, *avec le moins de frais possible*, les tutelles, curatelles, appositions, reconnaissance, levée de scellés et inventaires.

Le cahier du clergé réclame :

1° *La religion d'État*. Les rois, lors de leur sacre, promettent de la maintenir. Le clergé forme un ordre, le premier de l'État. Il y délibère séparément.

2° Plainte relative à un édit de novembre 1787, par lequel le roi a permis à *différents sectaires* et à des ennemis du nom chrétien de s'établir en France et d'y avoir des ministres de leur culte.

Il avait accordé en outre aux hérétiques, au grand déplaisir du clergé, de constater par d'autres moyens que le baptême, la naissance de leurs enfants, avec l'autorisation, ou plutôt le devoir, aux curés, de recevoir la déclaration de mariage de non catholiques, avec injonction de déclarer aux parties que leur mariage est légitime quoique contracté contre les lois de l'Église.

Les non-catholiques pouvant occuper à l'avenir des places dans les assemblées municipales et nationales

3° Le clergé réclamait la *direction* de l'instruction publique et les *tribunaux d'exception*, comme autrefois, pour les prêtres et moines, et aussi, nous ne devons pas l'omettre, que les ecclésiastiques puissent être officiers municipaux.

Le cahier de la noblesse est conçu à peu près dans les mêmes termes que celui du Tiers-État, mais beaucoup plus laconique.

Il demande comme ce dernier :

1° Le pouvoir législatif à la nation ;

2° Le droit de consentir, répartir et percevoir les impôts ;

3° La liberté individuelle et sacrée de tous les citoyens.

Et ajoutons à sa louange :

Le vœu solennellement exprimé de partager avec les deux autres ordres et dans la proportion exacte de la fortune, toutes les impositions générales de la province et de renoncer formellement à tout privilège pécuniaire.

Cependant, il défend à ses députés *de se relâcher jamais* sur l'opinion *par ordre*, que si l'opinion *par tête* venait à être admise, ils devraient déclarer qu'en se réservant le droit de délibérer et d'opiner sur les différentes matières soumises à l'examen et à la décision des États généraux, ils s'interdiraient de donner leurs voix dans une autre forme que celle prescrite par leur cahier.

CHAPITRE XXXVIII

ASSEMBLÉES PRÉLIMINAIRES DES TROIS ORDRES A SAINT-PIERRE-LE-MOUSTIER.

Le lundi 9 mars, il se tient à Saint-Pierre l'assemblée préliminaire du Tiers-État, prescrite par le règlement général pour réduire à 200 le nombre des députés élus par les paroisses. On pensait alors que ces députés viendraient au nombre de plusieurs centaines, mais il s'en présenta au plus 60.

Le procès-verbal de cette assemblée préliminaire constate « qu'on a fait appeler les villes et paroisses de notre
« ressort, pour lesquelles il n'est comparu que les dé-
« putés de cette ville (Saint-Pierre), ceux de Sancoins,
« Prémery, Pouilly et Lormes, et les députés des pa-
« roisses d'Angland, Argenvières, Challement, Bulcy,
« Chalin, Chevannes-sous-Moutenaison, Cours-les-Bar-
« res, Dompierre-sur-Nièvre, Givardon, Guérigny, La
« Chapelle-Hugon, La Chapelle Montlinard, Langeroz à
« *la part de Saint-Pierre*, Chantenai, Livry, Marceille-
« les-Aubigny, Mennetou-Châtel, Narcy, Murlin, Patin-
« ges, Poiseux, Raveaux, Saint-Aubin et Franay, Saint-
« Bonnot-les-Forges, Saint-Germain-sur-l'Aubois, Saint-
« Léger-le-Petit, Saint-Parize-en-Viry *à la part de cette*

« *ville*, Satinge, Sauvigny-les-Chanoines, Soulangy, Chau-
« mard, Ouroux et Saligny. »

« Ce fait avons donné acte aux comparants de leur
« comparution, après quoi il a été procédé à la vérification
« des pouvoirs de tous les députés présents. Les députés,
« dont le procès-verbal ne fait pas connaître les noms,
« prêtent serment de procéder fidèlement sur leur hon-
« neur et conscience, à la rédaction et réunion de tous
« les cahiers en un seul. » Puis ils nomment parmi eux
12 commissaires pour préparer ce travail.

L'assemblée générale des trois ordres eut lieu le
16 mars 1789, elle était peu nombreuse. Le grand bailli
ne déploya pas un grand appareil, il n'avait point, comme
le bailli de Nevers, six archers du duché et les cavaliers
de la maréchaussée pour lui faire escorte.

« Ce jourd'hui 16 mars 1789, par-devant nous, Jean-
« Joseph-Pierre Salonnier, chevalier, seigneur d'Arvilly,
« Tamnay et autres lieux, ancien mousquetaire de la garde
« ordinaire du roi, grand bailli d'épée au bailliage de
« Nivernais et siège présidial de Saint-Pierre-le-Mous-
« tier, étant dans l'église de Saint-Babil de cette ville,
« lieu destiné pour tenir l'assemblée générale des trois
« ordres de ce bailliage, avec M. Pierre-Gabriel Vyau
« de Baudreuille notre lieutenant-général audit siège,
« assisté de M. Joseph Jourdier procureur du roi, *après
« nous être assis* et avoir fait placer le clergé à notre
« droite, la noblesse à notre gauche et le Tiers-État en
« face, *tous assis*, les discours préliminaires faits par
« nous et notre lieutenant, *le clergé et la noblesse ayant
« voulu en faire*, ouï le procureur du roi, nous lui avons
« donné acte des protestations par lui faites contre *l'arrêt
« provisoire* du Conseil du 2 de ce mois et avons ordonné
« l'appel des trois ordres, ce qui a été fait. »

Parmi les comparants du clergé :

Monseigneur l'évêque de Nevers comparait en personne ;

M. Rousseau, tant comme député du chapitre de Nevers que pour les Bénédictins de la Charité ;

M. Decante, trésorier, tant pour lui que pour les religieuses Ursulines de cette ville, etc.

Parmi ceux de la noblesse :

Mme la marquise de Saint-Sauveur, et la veuve de Châteauvert y sont représentées par procuration.

Pour l'ordre du Tiers-état, le procès-verbal, à la différence de ce qui s'est pratiqué à Nevers, ne fait pas aux députés des paroisses l'honneur de les désigner par leurs noms, il cite seulement les communes représentées avec le nombre de leurs députés.

Après la prestation de serment, de procéder fidèlement, en leur honneur et conscience, tant à la rédaction des cahiers des trois ordres, en commun ou séparément et à l'élection de leurs députés aux Etats généraux et pour délibérer à cet effet le bailli a indiqué à l'ordre du clergé *la salle des Bénédictins* de cette ville pour tenir leur assemblée, à l'ordre de la noblesse *la chambre du Conseil* et à l'ordre du Tiers-Etat *la salle de l'auditoire du palais* de ce siège.

Le procès-verbal de ces opérations fait imparfaitement connaître ce qui se passa dans l'assemblée des trois ordres à Saint-Pierre. Elle fut agitée et tumultueuse, un long discours de M. Vyau de Baudreuille, lieutenant général, donna lieu à de vives récriminations de la noblesse et du clergé.

L'assemblée du clergé de Saint-Pierre, comme celle de Nevers décide qu'elle rédigera seule son cahier de plaintes et doléances. La noblesse adhérait avec regret à cette

décision. Le Tiers-État n'était point de cet avis, il se plaignait d'ailleurs du mode de communication adopté par la chambre ecclésiastique vis-à-vis de lui, la délibération relative au vote par ordre séparé n'était signée de personne. Le clergé répondait « que la copie de la délibéra-
« tion a été remise par quatre commissaires et par une
« communication amiable, que cette communication se
« trouvait suffisamment constatée par la présence de
« quatre commissaires de son ordre dont le caractère ne
« peut faire la matière du plus léger doute. »

Mais le Tiers-État, persistant dans son opinion, répondait dans la soirée du 17 mars à une nouvelle députation du clergé « que la chambre regarderait toujours comme
« non avenues pour elle des délibérations non signées et
« simplement communiquées par écrit et portées par des
« commissaires; ladite chambre estimant qu'il fallait,
« dans ces circonstances, des expéditions conformes et
« dont la légalité fut constatée. »

L'évêque de Nevers avait présidé la première séance et il était retourné à Nevers où il présidait comme à Saint-Pierre l'assemblée du clergé. Son état de maladie l'obligea de s'abstenir de siéger même à Nevers. Le 24 mars l'assemblée réunie à Saint-Pierre avait appris qu'elle ne pouvait plus compter sur la présence de l'évêque. Elle nomma par acclamation le plus ancien pour la présider, à ce titre le R. P. Pinguet, prieur des Augustins, fut appelé à occuper le fauteuil.

On proposa d'élire au scrutin, mais M. Decante, en sa qualité de premier dignitaire du chapitre, M. Desprès, comme archidiacre, M. Molin, en sa qualité de grand chantre, élevèrent la prétention d'avoir la présidence.

La chambre ayant refusé d'agréer aucun des trois, envoya quatre commissaires auprès du bailli d'épée pour lui soumettre la question. Ce dernier vint dans l'assemblée et prend place dans *un fauteuil* à la droite du président d'âge.

La chambre décide qu'elle se nommera un président au scrutin.

Le bailli d'épée se retire accompagné des quatre commissaires qui l'avaient amené.

Comme on allait procéder au scrutin de nouvelles réclamations sont faites :

« M. Rousseau, en sa qualité de plus ancien député
« du Chapitre, a réclamé pour lui la présidence au nom
« de son corps.

« M. le curé de Montigny, l'a réclamée pour le plus ancien des curés.

« M. le curé de Saint-Pierre, l'a réclamée en sa qua-
« lité d'archiprêtre et de curé du lieu.

« Mais ces messieurs, nonobstant leurs réclamations
« et en se réservant leur droit, ont concouru au scrutin
« décidé par la chambre. »

Dom de Lespinasse, prieur titulaire de Saint-Pierre, ayant réuni la pluralité des suffrages, prit place au fauteuil et invita les commissaires à donner lecture de leur projet de cahier qui fut adopté par la chambre et dont le procès-verbal ne relate point le texte.

Le 25 mars, il fut procédé par la voie du scrutin à la nomination d'un député aux Etats généraux et d'un suppléant.

La majorité des voix fut pour M. François Damas de Crux, doyen de l'église cathédrale de Nevers, présent et acceptant.

Quant au suppléant la pluralité des voix s'est réunie sur le président de la séance Dom Abel de Lespinasse, prieur titulaire de Saint-Pierre, conseiller né au bailliage royal et siège présidial.

ASSEMBLÉE DE LA NOBLESSE DE SAINT-PIERRE-LE-MOUSTIER.

Séance du 16 mars (matin).

L'assemblée générale des trois ordres avait duré moins d'une heure. La séance ne fut pas plutôt close que les dix-neuf gentilshommes qui composaient l'ordre de la noblesse se réunirent dans leur local particulier, pour se constituer en *Chambre de la noblesse* et commencer leurs délibérations, qui furent très animées, l'assemblée se partageant en deux fractions égales.

M. le vicomte de Bar est élu député et M. le baron d'Allarde suppléant.

Les députés élus par le Tiers-Etat du Bailliage de Saint-Pierre, sont :

1° Vyau de Baudreuille, lieutenant-général ;

2° Charles Picard, lieutenant de la vénerie du roi, demeurant en sa terre de La Pointe, paroisse de la Charité.

Et les deux suppléants :

Claude-François Rollot, juge du marquisat de la Tournelle ;

Et Jean Sautereau, avocat, demeurant à Saint-Pierre-le-Moustier.

Le cahier des doléances du clergé de Saint-Pierre n'est point aux archives. Dix pages blanches destinées à le recevoir, ont été laissées telles.

Ceux de la noblesse et du Tiers-Etat sont rédigés dans le même sens que ceux du bailliage de Nevers.

BAILLIAGE SECONDAIRE DE CUSSET.

De longues et vives discussions s'étaient élevées à Cusset, dans le clergé, la noblesse et le Tiers-Etat, relativement à l'exécution du réglement qui prescrivait la convocation des trois ordres du pays à Saint-Pierre-le-Moustier. Une partie de la population prétendait appartenir à l'Auvergne et voulait en conséquence voter à Riom, d'autres disaient appartenir au Bourbonnais. Des réclamations en sens divers furent adressées à Paris.

Personne de Cusset n'assista aux séances de Saint-Pierre, mais le 6 avril, 15 jours après la clôture des opérations des trois ordres de Saint-Pierre, MM. Desbret, médecin, Dufloquet, avocat, Desbret, notaire royal, Martinet aîné, bourgeois, et Pierre Charasse, laboureur, « se disant députés du Tiers-Etat de Cusset » déposèrent le cahier de leur ordre entre les mains de M. Dollet de Chassenet, doyen des conseillers au bailliage de Saint-Pierre, qui en dressa procès-verbal et donna acte aux députés de leur réquisition, tendant à ce que le cahier de Cusset fut joint et annexé au cahier général de Saint-Pierre.

CHAPITRE XXXIX

CAHIERS INTÉRESSANTS DRESSÉS PAR DE SIMPLES PARTICULIERS ET PAR CERTAINES VILLES.

En outre des cahiers des trois ordres, des villes, des bourgs, des paroisses et même de simples particuliers, en avaient rédigé séparément.

En voici un notamment des plus intéressants; il est de M. l'abbé Gasté, curé de la paroisse d'Asnan. Ce curé n'avait pas le droit d'assister à l'assemblée de sa paroisse. Domicilié à plus de deux lieues de Nevers et n'ayant pas de vicaire, il ne pouvait pas non plus siéger dans l'assemblée du clergé, à laquelle, toutefois, il avait droit de se faire représenter par un mandataire, comme nous l'avons exposé.

L'abbé Gasté, animé du désir de contribuer efficacement au bien de ses paroissiens, rédigea en leur nom, un cahier qu'il transmit directement à M. Necker et que ce ministre paraît avoir remarqué comme l'indique une annotation écrite en marge de ce document conservé aux archives.

C'est en effet une pièce curieuse et qui fait parfaitement connaître les abus de toute sorte qui pesaient si lourdement sur les populations rurales.

Voici comment il s'exprime :

« Monseigneur, les habitants d'une paroisse de campagne, n'ont que leur curé pour confident de leurs peines. La mienne n'a de personne d'un peu de considération, *que des gens de justice qui sont ceux dont elle a le plus à se plaindre.* Je prends la liberté, Monseigneur, de vous adresser ses doléances dont je suis le dépositaire secret. J'ai la confiance de croire que cette paroisse qui n'est qu'un très petit coin, dans l'immense étendue d'un royaume, dont les grands intérêts vous occupent, n'échappera ni à votre pénétration, ni à votre zèle patriotique. Je suis, etc. Signé : Gasté, curé d'Asnan. »

Ce cahier se trouve en entier appendice n° 9.

Comme le roi avait invité même les simples particuliers à formuler par écrit leur opinion sur toutes les questions de politique et d'administration, nous relèverons notamment les suivantes :

Jean Bonnotte, de Dornecy, formule cette demande : suppression des pigeons, des lapins et des moines.

C'est un rapprochement assez singulier, dit-il, mais qui est cependant fort simple.

> Les premiers nous mangent en grain,
> Les seconds en herbe,
> Et les troisièmes en gerbe (la dîme).

M. Guiller de Chalvron, habitant de Vézelay, qui appartenait à la province du Nivernais mais ressortissait pour la justice au bailliage d'Auxerre, adressa un cahier particulier au ministre des finances. Cette pièce contient de curieuses indications sur le désordre qui régnait alors dans l'administration des établissements charitables.

Il se plaint, avec preuves à l'appui, de la mauvaise

administration du maire et des officiers municipaux de la ville de Vézelay.

« Nous n'avons, dit-il, les notables du pays ainsi que
« moi, d'autre désir, pour le bien général, *que celui du
« remboursement de la charge de maire*, afin de rendre
« cette place élective et que par une suite également
« avantageuse, l'échevinage, selon l'usage *de nom-
« bre de villes, soit dès ce moment et à l'avenir, électif
« tous les deux ans*. Nous vous observons donc, monsei-
« gneur, à cet effet, que les deux échevins tiennent leur
« commission de M. l'intendant, que l'un des deux, dans
« six années, en a passé cinq à Paris, où il est encore, que
« la ville, pendant ce laps de temps, ne peut se faire
« rendre aucun compte et qu'elle se trouve absolument
« liée par cette mauvaise gestion.

« Je puis particulièrement vous surprendre en vous
« annonçant qu'elle s'étend même sur les pauvres. Leur
« première qualité entraînant avec elle celle d'adminis-
« trateurs *nés* de l'hôpital, ils y ont poussé la négligence
« à un tel point qu'ils n'ont pas exigé les comptes du re-
« ceveur, depuis 23 ans, et qu'ils ignorent encore quels
« peuvent être les revenus et la dépense de l'hôpital.

« La ville vient de me nommer administrateur, c'est
« aujourd'hui une première opération et pour laquelle
« j'ai déjà employé la voie judiciaire. »

La ville de Pouilly-sur-Loire avait envoyé un cahier particulier de ses doléances. Nous y remarquons entr'autres choses qu'elle est entourée de huit paroisses qui renferment environ *trente justices seigneuriales*, dont les officiers sont les mêmes que ceux de Pouilly.

Elle disait qu'il *y avait moins d'un siècle qu'elle était gouvernée et représentée par un corps municipal*. On en désirait ardemment le rétablissement.

La ville de Tannay répondit à l'appel.

Voici le résumé de la délibération de l'assemblée municipale :

Cejourd'hui 8 février 1789, les maire et échevins ayant convoqué les membres *de la municipalité* et encore par Jean-Isaac Ardent, bourgeois, Adrien-Jacques Gaillon, notaire, Etienne Brotier, huissier, Michel Berthellemot, menuisier, Etienne Perrin, cordonnier, Philibert-André Sery, taillandier, Léonard Narcy, tonnelier, Gabriel Perraud, tisserand, Philibert Bideux, préposé aux vingtièmes, Michel Phéloux, tonnelier, Claude Maclos, vigneron, François Courceron, tonnelier, Léonard Belu, vigneron, Messire Pierre-César de la Venue-Desbordes, lieutenant de la châtellenie, Edme Cordier et autres, tous habitants de la ville de Tannay.

Entr'autres considérations, celle-ci :

C'est une dette d'honneur que tout français doit acquitter l'impôt au soutien et à la gloire de l'Etat ; il est inconcevable que le clergé et la noblesse, ayant fait jusqu'à présent les plus puissants efforts pour faire supporter au Tiers-Etat seul tout le fardeau des impositions, et ne venir que faiblement au secours de l'Etat et comme par grâce, dans les besoins les plus pressants et les temps les plus calamiteux.

Ont unanimement arrêté :

Que Sa Majesté sera humblement suppliée d'ordonner que les députés du Tiers-Etat ne pourront être choisis que parmi les citoyens qui sont véritablement du Tiers-Etat et qui n'auront aucune affinité, ni avec le clergé, ni avec la noblesse.

Que dans les délibérations qui auront lieu aux Etats généraux assemblés et dont les députés du Tiers-Etat seront en nombre égal à ceux du clergé et de la noblesse réunis, les voix y seront comptées par tête et non par ordre pris collectivement, et de substituer des États particuliers aux administrations provinciales.

La délibération est signée en outre des comparants susnommées, par Santilly, maire, Brottier, échevin, Roy, Fournier, Devoyenne, Grasset, Chaix, Rivière, Limanton et Deménée secrétaire.

Les curés du département de Clamecy adressèrent à *la commission intermédiaire* de cette ville des observations qui furent transmises à M. Necker. On voit dans la lettre qui les transmet, signée Limanton, Teraille-Delaure et Dupin, qu'à la date du 14 février 1789, ce cahier était déjà signé par trente curés, qu'il était déposé au secrétariat de la commission où il recevait tous les jours de nouvelles signatures. En voici quelques extraits que nous avons cru devoir mettre sous les yeux du lecteur afin de faire connaître les prétentions singulières de ces curés.

« Dans un siècle éclairé, à la veille d'une assemblée
« qui doit réunir toutes les lumières et traiter tous les
« intérêts qui pourraient avoir à craindre de n'être pas
« accueillis !

« Les curés sont *de droit divin*, il sont les successeurs
« de Jésus-Christ au même titre que les évêques le sont
« des apôtres.

« Si quelque fois on s'est efforcé d'obscurcir ou de
« jeter quelques nuages sur ces vérités, elles ont cepen-
« dant toujours paru incontestables quand elles ont été
« examinées sans partialité et de bonne foi.

« Et d'abord c'est Jésus-Christ qui le dit, que pour
« continuer l'œuvre qu'il avait commencée, de la ré-
« demption des hommes, il s'était choisi des disciples; il
« s'en choisit jusqu'au nombre de 84. Les 12 premiers

« portèrent le nom d'apôtres et les 72 derniers, celui de
« disciples. Mathias, Joseph et Silas, dont il est parlé
« dans l'évangile de Saint-Luc étaient sans doute du
« nombre des 72 disciples de Jésus-Christ qu'il envoyait
« prêcher devant lui dans toutes les villes où il devait
« passer.

« Ça toujours été l'enseignement de l'Eglise que les
« curés étaient les successeurs des disciples et en consé-
« quence, elle a toujours appliqué aux disciples ce que
« Jésus-Christ a dit à ses apôtres : *Je vous envoie comme*
« *des agneaux au milieu des loups..... celui qui vous*
« *écoute, m'écoute.* »

A l'appui de cette thèse que les curés sont les successeurs des disciples, les curés du département de Clamecy, invoquent le *Pontifical romain*, Saint-Chrisostôme,
Origène, Saint-Jérôme, Saint-Thomas, le concile d'Aix-
la-Chapelle en 836.

« Dans l'ordre hiérarchique, il n'est point d'état
« intermédiaire entre les évêques et les curés. C'est
« ainsi qu'ont parlé et ont écrit les Godeau, les Bossuet,
« les Fénelon, les Massillon ; et ce dernier parlant lui-
« même à ses curés, s'exprimait de la sorte : Ranimons-
« nous ensemble comme chargés du même fardeau. La
« providence vous a associés à moi comme les coopéra-
« teurs de mon épiscopat et de mon ministère.

« Les curés invoquent ensuite une lettre adressée en
« 1456, par la Sorbonne à tous les archevêques et
« évêques, dans laquelle les curés sont désignés comme
« *prélats inférieurs ayant succédé au ministère des dis-*
« *ciples.* »

De toutes les autorités par eux invoquées, les curés
du département de Clamecy concluent que les curés, de
même que les évêques, sont les *Lieutenants de Dieu sur la*

terre. *Ils représentent Dieu dans leurs fonctions pastorales aussi parfaitement qu'il est possible à la créature de représenter son créateur. Leur état est de faire ce qu'il a fait, de dire ce qu'il a dit,* de continuer son œuvre, en un mot, on voit *dans leur ministère et le sien* l'analogie la moins équivoque.

La ville de Château-Chinon remontre très humblement qu'elle est le chef-lieu du Morvan, contrée assez étendue pour former une province séparée et qui fait partie du Nivernais, dont elle n'est distinguée que par la stérilité de ses terres. Ce pays est éloigné de plus de vingt-cinq lieues du bailliage de Saint-Pierre-le-Moustier; il est hérissé de montagnes élevées, couvert de bois, coupé en tous sens par des routes escarpées et des rivières profondes dont le volume et la rapidité augmentent tout d'un coup tant en été qu'en hiver, soit par la chute des pluies, soit par la fonte subite des neiges, interrompant, faute de ponts, toute espèce de communication.

C'est à travers les obstacles, les difficultés que présentent à chaque pas les chemins toujours périlleux, souvent impraticables, que la mauvaise foi après avoir fatigué les parties en première instance les traîne à grands frais devant le tribunal d'appel, où, en les engageant dans des dépenses ruineuses elle achève d'épuiser en pure perte leurs facultés.

Cet inconvénient est d'autant plus dangereux que les propriétés du Morvan sont extrêmement morcelées, qu'elles sont divisées à l'infini, circonstance qui lui est commune avec tous les intérêts ingrats, tous les sols arides dont la culture exige des forces nombreuses, des bras multipliés.

Cette diversité de possessions est le germe d'innombrables procès, sommaires à la vérité, mais qui ne peuvent, si modiques soient-ils, être décidés en dernier ressort dans les justices seigneuriales et donnent ordinairement naissance à des procédures dispendieuses, lorsque la partie qui succombe a l'imprudence de se pourvoir par la voie d'appel.

L'avantage que l'État trouverait à épargner à la classe malheureuse des laboureurs des dépenses inutiles et surtout la perte d'un temps précieux, indique de la manière la plus pressante la nécessité de rapprocher les justiciers des justiciables en créant pour toutes les villes susceptibles de cet établissement et notamment pour Château-Chinon, des bailliages royaux qui jugeraient en dernier ressort jusqu'à concurrence de 100 livres.

Les mêmes raisons qui déterminent la ville de Château-Chinon à solliciter la création d'une justice royale lui donnent lieu d'espérer que Sa Majesté ne lui refusera pas celle d'une justice consulaire, ce siège n'ayant été institué que pour rendre une justice moins coûteuse, plus expéditive, et Nevers où est établi celui dont relèvent les commerçants du Morvan étant éloigné de plus de treize lieues de la capitale de ce canton.

Mettre ces sortes de tribunaux hors de la portée de ceux qui leur sont sujets, c'est s'écarter du but de leur établissement.

(Jamais Château-Chinon n'a obtenu de tribunal consulaire ou de commerce, c'est le tribunal civil de 1re instance qui y supplée).

La ville de Clamecy a fait aussi son cahier.

Il contient d'abord une protestation de la convocation faite à Nevers et non à Saint-Pierre-le-Moustier, la ville désire faire partie, soit de l'assemblée provinciale de l'Orléanais, soit des États du même pays.

La ville de Clamecy est accoutumée au régime de

l'Orléanais, elle ne veut quitter ce régime qu'elle connaît pour se soumettre à un autre qu'elle ne connaît pas et qui pourrait moins lui convenir.

Tout le commerce de Clamecy autre que celui des bois fournis pour l'approvisionnement de Paris se fait avec Orléans (1), cela multiplie les relations des deux villes, plus faciles d'ailleurs que la communication (souvent impraticable) de Clamecy avec Nevers, *dont la poste n'arrive qu'une fois par semaine à Clamecy.*

Clamecy et Nevers n'ont d'autres relations que celle des affaires contentieuses.

La ville de Clamecy requiert en terminant :

1° Que les députés aux États généraux soient expressément chargés de demander, que préalablement à toutes choses, l'assemblée arrête qu'il y sera délibéré par *tête* et non par *ordre*.

2° Que dans toutes les audiences accordées par le roi les députés du Tiers-État ne soient pas dans une position autre que celle des députés des deux autres ordres (c'est-à-dire à genoux).

3° Et que les députés *ne puissent voter pour l'établissement d'aucune imposition nouvelle qu'après qu'il aura été statué sur tous les articles des demandes de la Nation et qu'après qu'il aura été arrêté que tous les ordres de l'État contribueront au paiement de toutes les impositions actuellement subsistantes et de celles à établir, soit par addition, soit par substitution aux précédentes,* mais que dans ce cas là même, les députés ne puissent voter pour l'imposition qu'après que par une juste réduction de toutes les dépenses de l'État dont le détail sera rendu public par la voie de l'impression (afin que chaque canton du royaume puisse là-dessus, faire à ses députés les observations convenables).

(1) Ceci n'est pas exact, c'est plutôt avec Auxerre.

ASSEMBLÉE DES TROIS ORDRES

Une assemblée générale des trois ordres eut lieu le 27 mars 1789, à 4 heures du soir, dans l'église des révérends pères Recollets, elle était peu nombreuse. Les gentilshommes et les curés de campagne, les propriétaires, marchands, artisans, manœuvres avaient successivement regagné leurs demeures; il ne restait à Nevers que les membres qui avaient fait partie des commissions pour la préparation des cahiers, les prêtres, nobles et députés du Tiers-État qui résidaient dans la ville ou dans les environs. Il ne paraît pas que M. le bailly d'épée, qui la présidait, ait déployé un grand appareil, ni même qu'on se soit conformé au cérémonial observé dans l'assemblée générale du 14 mars.

Le procureur-général fit ses réquisitions et protestations, *dont il lui fut donné acte* et chaque député élu prêta serment de fidélité non au roi, ni à la loi, mais *aux électeurs qui l'avaient nommé*.

Les députés des trois ordres auxquels le bailly d'épée remit le cahier de leurs ordres respectifs, pour être par eux déposé au secrétariat de leur ordre aux États, lesquels cahiers vérifiés par le bailly, qui le constate, contiennent pouvoir de se conformer chacun à leur égard aux articles desdits cahiers et d'en suivre l'effet et pouvoirs généraux suffisants pour proposer, remontrer, aviser et consentir tout ce qui peut concerner les besoins de l'État, la réforme des abus, l'établissement d'un ordre fixe et durable dans toutes les parties de l'administration, la prospérité générale du royaume et le bien de tous et un chacun des sujets de Sa Majesté.

Une copie de ce procès-verbal fut remise à chacun des députés des trois ordres.

CHAPITRE XL

BAILLIAGE D'AUXERRE.

Les circonscriptions des bailliages n'étaient point, en 1789, exactement délimitées comme le sont aujourd'hui celles des départements, des arrondissements, des cantons et des communes par des lignes reconnues et des bornes plantées.

Où finissait le bailliage de Nevers ?
Où commençait le bailliage d'Auxerre ?

Cette question dont la solution serait aujourd'hui si facile, avait soulevé, entre les deux juridictions de nombreux conflits ; chacune d'elle revendiquait l'exercice de son droit de justice sur des paroisses, des seigneuries et des villes où les justiciables eux-mêmes, suivant qu'ils préféraient les juges de l'un ou l'autre siège secondaient ou combattaient, par de longues et coûteuses procédures, ces prétentions rivales.

La convocation des États généraux ne pouvait manquer de susciter de nouvelles querelles entre les deux bailliages. Nobles, prêtres, villes et paroisses des territoires contestés furent doublement assignés et par les huissiers du bailly de Nevers et par ceux du bailly d'Auxerre, à comparaître aux assemblées de l'une et de l'autre de ces deux villes.

Nous n'avons point à reproduire ici le cahier de l'assemblée du Tiers-État d'Auxerre, rédigé dans le même esprit que celui de Nevers, traitant à peu près les mêmes questions, donnant les mêmes solutions.

L'article 6, de ce cahier, témoigne de l'état d'hostilité qui existait entre les officiers du bailliage d'Auxerre et ceux du bailliage de Nevers.

« Les députés feront en pleins états, lors de la vérifi-
« cation des pouvoirs des députés du Nivernais, si au-
« cuns s'y présentent, toutes protestations conservatoires
« contre l'entreprise des gens d'affaires de M. le duc de
« Nivernais qui, au préjudice de tout droit, ont fait com-
« prendre, dans l'état annexé au réglement du 24 jan-
« vier, la baronnie du Donziois, dans le duché pairie du
« Nivernais, tandis que le Donziois est une baronnie
« mouvante de l'évêché d'Auxerre, ce qui lui ôte tout
« caractère de pairie. »

Disons en outre que le Tiers-État d'Auxerre choisit une partie de ses élus dans le Nivernais. Nous y voyons figurer Paultre des Epinettes, bourgeois, demeurant à Saint-Sauveur, et Rameau de Montbenoit, avocat en parlement, demeurant à Cosne, suppléant. L'autre député (Auxerre n'en nommait que deux) fut Delaforge, conseiller au bailliage et juge présidial d'Auxerre, et comme adjoints, Manjot, avocat en parlement, demeurant à Vermenton, et Rémond, procureur du roi au bailliage d'Auxerre.

A l'exception de MM. de Montcorps et de Villenot, aucun nom appartenant à la noblesse du Nivernais ne figure sur la liste de l'assemblée d'Auxerre. Le domicile de ces deux gentilshommes n'étant point indiqué dans les procès verbaux, on peut croire que leurs seigneuries étaient situées hors du Nivernais et qu'ils n'avaient aucun motif pour refuser d'obtempérer à l'exploit d'assignation décerné par le bailli d'Auxerre.

Le bailly de Nevers avait fait assigner le seigneur de Courson, celui-ci se plaignit au ministre qui blâma le procureur général de Nevers (lettre du 18 mars 1789); par cette lettre ce dernier mit l'erreur sur le compte des huissiers, promettant qu'il ne serait pas donné défaut contre M. de Courson et qu'il ne serait pas fait mention de l'assignation qui fut ainsi rétractée.

Parmi les comparants à l'assemblée du clergé à Auxerre, figurent le chapitre de Saint-Jacques de Cosne, représenté par M. Vauthier, *chantre de la cité d'Auxerre*; M. Teniers, chanoine, député du chapitre de Varzy; M. Laurent, curé de Varzy, fondé de pouvoirs de M. Evrard, curé de Saint-Pierre du Mont; M. Robée, chanoine, fondé de pouvoirs de l'abbaye de Saint-Julien et de M. Chevrier, curé de Donzy; M. Lerasle, chanoine, fondé de pouvoirs des Bénédictins de Cosne et de M. Pyrent, chantre-curé de Cosne; les curés de Billy, Oisy, Corvol-l'Orgueilleux et un certain nombre de chapelains auxquels les prieurs et les curés contestèrent le droit de comparaître en personne, prétendant qu'ils auraient dû se réunir avec d'autres prêtres *non bénéficiers* comme eux pour nommer un député chargé de les représenter à l'assemblée.

C'était le baron d'Avigneau qui était le grand bailli d'épée. Sur une requête à lui présentée par plusieurs prieurs et curés au nombre desquels figurent ceux de Varzy et d'Entrains, se transporta dans la salle de l'évêché où siégeait réunie l'assemblée sous la présidence de l'évêque.

A son arrivée l'évêque se lève et toute l'assemblée l'imite.

« M. l'évêque nous a demandé, dit-il si nous étions
« porteur d'ordre de Sa Majesté, à quoi nous aurions fait
« réponse. Nous nous sommes transporté en ladite
« chambre en exécution de notre ordonnance du jour
« d'hier, étant au bas de la requête à nous présentée par
« les sieurs curés, pour procéder au jugement de con-
« testations d'entr'eux et les chapelains et autres contes-
« tations dont nous sommes établi juge, en y appelant
« quatre ecclésiastiques, par l'article 42 du règlement du
« 24 janvier dernier.

« Sur quoi mon dit sieur l'évêque a dit qu'il ne pouvait
« se dispenser de faire, tant au nom de la chambre qu'au
« sien, toutes protestations et réserves pour la conserva-
« tion des droits et de la liberté de l'assemblée d'autant
« qu'il ne paraît pas même par la teneur de l'article 42
« du règlement de Sa Majesté que les décisions que nous
« pouvons rendre sur les difficultés de l'espèce dont il
« s'agit, soient dans le cas d'exiger notre transport au
« milieu même de l'assemblée.

« Surquoi, nous grand bailly, juge sus-dit avons donné
« acte audit sieur évêque des réserves et protestations
« par lui ci-dessus faites, et sans y avoir égard, ordon-
« nons qu'il sera par nous présentement procédé au ju-
« gement des contestations dont il s'agit et pour entendre
« la discussion des moyens des parties, ordonnons que
« nous nous retirerons avec M. le doyen, M. l'abbé
« de Villetard, M. le prieur de Saint-Pierre-en-Vallée et
« M. le curé de Saint-Mamert, dans une chambre parti-
« culière dudit palais épiscopal pour, après avoir ouï la
« discussion des moyens des parties, être notre jugement
« par nous prononcé, en présence des parties, en l'as-
« semblée de l'ordre du clergé, ce qui sera exécuté par
« provision conformément au règlement du conseil de
« Sa Majesté.

« Et à mon dit sieur l'évêque audit nom déclaré qu'il
« persistait dans les réserves et protestations ci-dessus
« faites.

« Le grand bailly se retire avec les quatre ecclésiasti-
« ques désignés par lui, dans une salle attenante à celle
« dite du Synode où se tenait l'assemblée. Les curés plai-
« dent leur cause, les chapelains se défendent, les cha-
« noines interviennent, puis le bailly prononce et décide
« notamment « que les sieurs Rollin, chapelain de la
« chapelle Notre-Dame de Varzy; Fougère, chapelain
« de la chapelle de Saint-Regnobert au château de
« Varzy; Curt, chapelain de la chapelle Saint-Antoine
« de Château-Neuf, qui, suivant leurs provisions et actes
« de prise de possession desdites chapelles, à nous
« représentés, ne sont attachés par aucunes fonctions aux
« chapitres desdites cathédrales, collégiales et paroisses,
« peuvent se présenter en personne aux assemblées du
« clergé ou s'y faire représenter par procureur fondé
« de leurs pouvoirs, pris dans leur ordre.

« Que les chapelains des chapelles de la paroisse de
« Corvol-l'Orgueilleux ou leurs représentants, seront
« tenus de s'abstenir de paraître aux dites assemblées. »

Le bailly rentre, prononce sa sentence et constate
dans son procès-verbal *qu'il a reçu les honneurs qui lui
sont dus.*

Les procès-verbaux de l'assemblée du Tiers-État rela-
tent que dix-neuf villes ou paroisses du Nivernais ont
comparu par députés et qu'elles ont protesté en ces
termes contre l'assignation qui leur avait été donnée de
comparaître à Nevers : « Que les habitants avaient été
« à leur grand étonnement, assignés de l'ordre du grand
« bailly du duché-pairie de Nevers, mais que reconnais-
« sant qu'ils sont justiciables du bailliage d'Auxerre et

« qu'ils sont en possession de porter leur cause pour
« appel audit siège, il n'ont point hésité à paraître devant
« nous comme leurs juges naturels. »

Voici les noms des dix-neuf villes ou paroisses :

Arquian, Billy, Bitry, Bouhy, Breugnon, Champlemy, Cosne, Entrains, La Chapelle-Saint-André, Menou, Oisy, Parigny-la-Rose, Saint-Amand, Saint-Cyr-les-Entrains, Sainte-Colombe-en-Puisaie, Saint-Sauveur, Treigny, Varzy, Villiers-le-Sec.

Il fut en outre donné défaut contre les communautés et paroisses de Château-Neuf au Val de Borgis, Corbelin, Corvol-l'Orgueilleux, Corvol-d'Embernard, Courcelles, Cours, Donzy, La Celle-sur-Loire, Marcy, Myennes, Neuvy, Perroy, Pougny, Sainte-Colombe-des-Bois, Saint-Malo, Saint-Pierre-du-Mont, Saint-Verain, Sully-le-Verger, Trucy-l'Orgueilleux « qui ne comparaissent point ni personne pour elles, bien que duement assignées. »

Il y avait dans l'assemblée un grand nombre de députés ne sachant ni lire ni écrire. Pour leur faciliter le moyen de voter on adopta le procédé que voici :

« Le procureur du roi ayant proposé à l'assemblée
« que ceux des députés des communautés qui ne savent
« point écrire fussent tenus de se retirer, auprès de
« M. le président, à l'effet de lui indiquer les noms des
« scrutateurs et députés qu'ils entendaient nommer,
« lesquels noms seraient inscrits par le scrutateur de
« l'assemblée sur les billets qui leur seraient présentés
« par le procureur du roi, puis remis aux dits députés
« pour les déposer ostensiblement dans le vase à ce
« destiné, à laquelle proposition quelques membres de
« l'assemblée s'étant opposés et ayant prétendu que les
« dits députés qui ne savent écrire devaient se retirer de
« l'assemblée et être privés du droit de nommer lesdits

« scrutateurs et députés ; il en aurait été, sur ce, référé
« à M. le grand bailly, M. le procureur du roi et les
« opposants à sa proposition s'étant retirés auprès de
« mon dit sieur le grand bailly, il a, par son ordonnance
« d'aujourd'hui, ordonné que ceux desdits députés qui
« ne savent signer, se retireraient auprès du président
« de l'assemblée qui inscrirait lui-même les noms qui
« lui seraient indiqués par lesdits députés et remettrait
« ensuite les billets ainsi remplis à l'électeur pour, par
« lui, les déposer dans le vase à ce destiné. »

Nous mentionnerons pour ordre que les premiers arbres de la liberté furent plantés à Auxerre.

CHAPITRE XLI

LES DÉPUTÉS DES TROIS ORDRES SE RENDENT A VERSAILLES.
— INCIDENTS NOMBREUX. — TOUJOURS LE CÉRÉMONIAL.
— LE TIERS-ÉTAT ENVOYAIT COMME DÉPUTÉS CERTAINS
HOMMES ALORS OBSCURS DEVENUS CÉLÈBRES.

Nous avons rendu un compte détaillé des opérations électorales des bailliages de Nevers et Auxerre, mais la bizarrerie des divisions électorales, les difficultés des distances, la diversité des coutumes dans tout le royaume, n'avaient pas permis d'ordonner une date uniforme pour toutes ces opérations; on se réunissait dès qu'on était prêt et, à partir de la première quinzaine de mars, on commençait à apprendre les résultats. Au fur et à mesure qu'ils arrivaient, ils présentaient des particularités frappantes et qui déconcertaient les prévisions. On sentait une poussée générale et mystérieuse.

Necker n'avait pas trop de peine à présenter les choses du bon côté.

Quel était le problème? Remplir le trésor. La gent taillable et corvéable à merci et miséricorde, était à bout d'haleine, on pressurait un marc épuisé; c'était pitié et les ais du pressoir en criaient, mais rien ne coulait plus.

On avait tout à espérer d'une concession des ordres privilégiés, qu'ils voulussent renoncer à l'exemption totale de l'impôt, en accepter une part, et sans rien outrer, on voyait des ressources toutes nouvelles affluer dans les coffres.

Des bonnes volontés se manifestaient çà et là qu'il importait de ne pas décourager, mais l'entente était malaisée. Des grands seigneurs, des évêques en petit nombre se montraient disposés à faire des sacrifices à la situation pénible de la couronne, à lui venir en aide, mais, pour la plupart, ils étaient peu empressés à laisser entamer les sources de revenus qu'ils tiraient de l'exploitation de leurs domaines.

Sur beaucoup de points on était arrivé par des avances réciproques à réaliser des assemblées communes des trois ordres, mais ce n'était que fort exceptionnellement qu'on avait réussi à rédiger des cahiers en commun.

Le Tiers n'était pas disposé à limiter ses préoccupations aux convenances du fisc royal; il avait l'occasion de réclamer contre tous les abus dont il pâtissait, quelle qu'en fut la provenance, et il montra bien qu'il lui entrait dans l'esprit de diminuer les prérogatives seigneuriales.

L'accord des vœux, parfois même l'identité des formules, aux extrémités du pays, tiennent du miracle pour qui n'est pas familiarisé avec les antécédents et les sources.

On trouva presque partout des tribuns ou des greffiers, stylés par les philosophes qui se chargèrent de traduire en revendications saisissantes la plainte confuse des déshérités. Des doléances particulières à chaque localité, d'une sorte d'enquête de répartition, on passait, sans presque marquer de transition, à travers des aspirations à la fraternité dans la grande patrie française, à la définition des droits de tout homme vivant en ce monde.

Dans le résultat des élections tout était surprise. Ni le roi ni les ministres ne savaient à beaucoup près quel était le nombre des électeurs appelés à exercer leurs droits; dans Paris pas plus, moins peut-être qu'ailleurs.

Les choix de la noblesse étaient imprévus, ici dans un sens, là dans l'autre. On n'avait certes pas affaibli l'esprit de caste, parce qu'on n'avait stipulé aucune hiérarchie dans l'aristocratie; les hobereaux gueux et sans terre, d'une part, et, de l'autre, les anoblis de fraîche date, ceux qui avaient acheté beaucoup de terres ou rendu beaucoup de services pour se faire conférer un titre disparu étaient souvent les plus prompts à s'offenser des réclamations des gens de rien, pendant que les grands seigneurs de vieille souche, se piquaient d'être de leur siècle. Il en résulta une représentation peu traitable dans son ensemble, mais les déboires de certains personnages connus pour le débordement de leur arrogance, comme ceux du prince de Condé, seigneur de Dornecy, battu à Clermont-en-Beauvoisis, par le duc de Liancourt dont les idées étaient plus avancées, du duc du Châtelet, à qui la noblesse du bailliage de Melun, préférait le Conseiller au parlement, Freteau, ne laissaient pas d'être significatifs et mortifiants.

Bien plus intéressantes étaient les élections du clergé. On ne peut pas dire que les évêques étaient partout candidats, ils ne condescendaient pas à se proposer, mais à peu près tous ils se considéraient comme les élus de droit. Cependant beaucoup échouèrent; d'autres dont l'amertume fut peut-être plus irrémissible, dans des grands bailliages ou de vastes sénéchaussées, arrivaient au dernier rang après quatre ou cinq prêtres de paroisses ou curés de campagne. Il y avait une démocratie ecclésiastique dans laquelle se recrutaient même de véritables démagogues, au sens littéral et honorable du mot, une grande partie du bas clergé était en proie à des exploitations éhontées et couvait de terribles colères. Il y avait des curés qui rongeant leur frein de ne pouvoir se rendre à l'assemblée de leur ordre et dire leur fait aux princes des prêtres, rédigeaient pour le délégué du Tiers des doléances de la bonne encre.

En somme, quelques difficultés qu'il eut à surmonter, le bas clergé avait fait passer à peu près deux cents des siens, ou de ses défenseurs volontaires, contre une centaine des affidés du haut clergé.

Les nouvelles n'étaient pas de nature à désarmer les répugnances des petits maîtres de la cour, ni celles des princes du sang. Depuis le commencement de l'année, le prix élevé du pain faisait apparaître chaque matin sur les murs de Paris des placards grossièrement injurieux. Des nouvelles tragiques arrivaient des provinces, la cherté, pour appeler les choses par leur nom, *la famine*, était un excellent allié pour les véritables talons-rouges, les futurs voltigeurs de Coblentz. Déjà les nobles de Bretagne ont réussi à faire échouer les Etats de Bretagne, en jetant quelques affamés sur les entêtés du Tiers-Etat de la province.

Ce sont, d'ailleurs, les troubles du marché aux farines qui ont été, il n'y avait pas longtemps, le meilleur auxiliaire pour débarasser la vieille cour de Turgot. Les ducs et pairs se souviennent qu'ils sont de droit membres du Parlement de Paris, ils l'assiègent, provoquent des conciliabules de nuit, à l'improviste. Le 17 avril, il s'agit de « décréter » le ministre Necker comme auteur des troubles de la province ; les quelques conseillers avertis trouvent la proposition vive; on s'ajourne au lendemain samedi, pour élaborer une protestation contre la convocation même des États généraux et l'on délibère encore le lundi sans aboutir. A Paris, les instructions ont été aussi peu précises que possible et d'ailleurs les électeurs du Tiers, difficilement recensés, sont décidés à nommer eux-mêmes, en tenant compte ou sans tenir compte des désignations royales, les présidents de leurs districts. Dans les ministères, on est occupé de régler le *cérémonial*, les précédents sont anciens; c'est de la besogne pour les commis appliqués. Un avis du 15 avril a fait connaître aux badauds parisiens les démarches à faire pour contenter leur curiosité. « Les demandes de places pour la séance de l'ouverture des États généraux doivent être adressées à M. le duc de Guiche, à l'hôtel Matignon, rue Saint-Dominique. Le grand-maître des cérémonies disposera d'un tiers des billets. » L'échéance approche, et l'on ne sait plus que dire.

La vicomté et prévôté de Paris, hors les murs dont fait partie la ville même de Versailles, ne fait que commencer ses opérations; on ne voit pas quand Paris aboutira, il n'est pas possible que la France soit prête. C'est pour le 15 mai au plus tôt, dit-on, et on attend le contr'ordre qui ne vient pas. Les affaires se gâtent à Paris, il y a du bruit au faubourg Saint-Antoine, on n'en a pas seulement aux boulangers, mais à des fabricants, dont l'un, coïncidence singulière, était fort ardemment occupé à la formation du Tiers-État de la capitale; on racontait bien des propos colportés pour irriter les ouvriers contre Réveillon, mais hors du quartier, à Versailles surtout, on croyait à des motifs et à des instigateurs cachés. On retarda, on étouffa l'enquête; on ne voulut pas avoir le fin mot.

Pendant ce temps à Versailles, de très bonne foi, les députés arrivaient, ceux qui passaient par Paris trouvaient bien un peu insolite le mouvement des rues et l'abondance des patrouilles ; chez eux aussi il y avait à redire et même ils avaient mission d'en témoigner. On leur disait : Les États généraux sont ajournés. Ils répondaient qu'il n'en avaient reçu aucun avis.

Mais Paris n'avait pas ses députés et on ne savait quand il les aurait. Eux ne connaissaient que leur commission. Et de tous les côtés, dans la soirée du 26, dans la nuit, le 27 au matin, par toutes les routes, les députés arrivaient à Versailles, se réveillant, s'ébrouant, s'époussetant, au sortir des carosses, chariots, coches et chaises de poste, et fort en peine d'une bonne auberge mais résolus avant tout à ne pas manquer un si solennel rendez-vous. Ils étaient cinq cents, dit un nouvelliste, près de huit cents dit un autre. Ils ont été grandement surpris en arrivant de voir le roi partir pour la chasse ; on avait attendu le dernier moment pour annoncer la remise de cette solennité. C'était tellement tardif en effet que le *Journal de Paris* n'a que pour son numéro du mercredi 29 l'avis destiné à prévenir des gens dont quelques-uns avaient douze ou quinze jours de route sans s'arrêter.

Le contr'ordre, qui avait à peine croisé en route le grand nombre, disait : « Le roi étant informé que plu-
« sieurs députés aux États généraux ne sont point encore
« rendus à Versailles, qu'il y a même quelques élections,
« notamment celles de sa bonne ville de Paris qui ne
« sont point consommées, Sa Majesté a pris la résolution
« de différer jusqu'au lundi 4 mai, l'ouverture des États
« généraux, et elle a déterminé qu'il serait célébré une
« messe solennelle, précédée d'une procession générale
« pour implorer l'assistance divine dans une si grande et

« si importante circonstance. » Les députés qui n'avaient plus rien de mieux à faire, à moins d'aller goûter les plaisirs de Paris, étaient engagés à remettre chez M. le marquis de Brezé, grand maître des cérémonies de France, une note contenant leurs noms, qualités, demeures à Versailles. Tous les députés du même bailliage, sénéchaussée ou pays, devaient être inscrits ensemble sur la même note signée de l'un deux, pour avoir audience ensemble. Pour guider ces nouveaux arrivés, on les prévenait que l'appartement du grand maître était « au château, cour du Puits, rue de la Surintendance, vis-à-vis les affaires étrangères. »

Aussitôt après ce renseignement on faisait connaître à MM. les députés quel était leur costume de cérémonie, réglé suivant chaque ordre. Celui du clergé ne mérite pas d'être cité ; c'est celui qui a repris vigueur et que nous avons sous les yeux depuis que les articles organiques sont tombés, à cet égard, en désuétude. Pour les deux autres ordres voici l'étiquette :

« Tous les députés de l'ordre de la noblesse porteront
« l'habit à manteau d'étoffe noire de la saison. Un pare-
« ment d'étoffe d'or sur le manteau, une veste analogue
« au parement du manteau, culotte noire, bas blancs,
« cravate de dentelle, chapeau à plumes blanches re-
« troussés à la Henri IV, comme celui des chevaliers de
« l'ordre. Il n'est pas nécessaire que les habits soient
« d'or.

« Les députés du Tiers-État porteront habit, veste et
« culotte de drap noir, bas noir, avec un manteau court,
« de soie ou de voile, tel que les personnes de robe sont
« dans l'usage de le porter à la cour, une cravate de
« mousseline, un chapeau retroussé de trois côtés, sans

« ganses ni boutons, tel que les ecclésiastiques le por-
« tent lorsqu'il sont en habit court. »

L'avis était plus long encore et plus détaillé en ce qui concernait les deuils, pour chaque ordre, deuil ordinaire ou grands deuils dit deuils drapés, et ce n'était pas une petite affaire que l'étiquette des deuils. Des privilèges avaient été bâtis rien que sur le droit de la réimprimer. M. le marquis de Brezé avait tellement peiné pour donner à des députés convoqués pour le 27, la façon de se costumer qu'il n'en était venu à bout que le 27 au soir. C'était, autant qu'on peut en juger, un excellent homme attaché comme il convenait aux devoirs de sa charge et l'on peut discuter sur la fameuse séance où plus tard il vint signifier au Tiers-État la volonté royale et trouva Mirabeau pour interlocuteur. Ils ont symbolisé deux façons de penser qu'un abîme inopiné séparait, n'y eut-il là qu'un symbole, il est plus vrai que les procès-verbaux. *C'était bien, en effet, pour savoir comment ils devaient se vêtir, à quelles plumes et à quel linge ils avaient droit, que la nation avait envoyé ses députés.*

Comme il fallait occuper la semaine, « le roi désirant
« connaître les députés qui se trouvent réunis auprès de
« sa personne et les admettre à lui être présentés, Sa
« Majesté a fixé la journée d'aujourd'hui samedi pour
« cette cérémonie ». Vu le grand nombre elle a convoqué dans le salon d'Hercule les députés du clergé à onze heures du matin, ceux de l'ordre de la noblesse à une heure après-midi, les députés du Tiers-État à quatre heures après-midi, tous en habit de cérémonie. Ce règlement est l'occasion de quolibets : à onze heures, disent les mauvais plaisants, le clergé est venu dire au roi *d'aller à la messe*; à une heure, la noblesse l'a prévenu

qu'il était l'heure de dîner, et à quatre heures, le Tiers-État l'a envoyé se promener.

Il reste quelques vides dans les États. La noblesse de Bretagne, se conformant à l'attitude opposante des ducs et pairs, a refusé de nommer des députés.

De véritables sommations lui ont été adressées de la part du Gouvernement du roi ; on dit qu'elle se décide à faire acte de soumission mais on n'en est pas du tout sûr. Dans d'autres provinces, il y a eu des divisions. Ainsi dans l'Artois, une partie des électeurs des deux premiers ordres se sont récusés et retirés, ont laissé nommer des députés aux États, et, par manière de protestation, ont nommé, de leur côté, des députés « au roi. »

Une effervescence suprême se manifeste parmi les gens de cour. Encouragés par quelques anciens conseillers de Louis XV, ils font voir les conseils que portait à sa reine et dont se glorifie Augeard, secrétaire des commandements de Marie-Antoinette ; c'est très simple, le roi écrit aux députés à peine débarqués à Versailles :

« Je suis dans l'usage, messieurs, de passer une partie
« de cette saison dans ma maison de plaisance, je par-
« tirai dans quatre jours pour Compiègne. Je serais
« fâché de m'éloigner de vous, vous me ferez donc le
« plaisir de vous rendre à Soissons, pour être là plus à
« portée les uns des autres. »

Cinq ou six jours après, lettres patentes enregistrées pour transférer les États de Soissons à Noyon, et dans l'intervalle, on ferait « former sous Compiègne un camp de plaisance de 30,000 hommes », tels étaient les rêves d'Augeard.

On ne va ni à Soissons, ni à Noyon, mais le roi, « voulant implorer les bénédictions du Ciel » fixe au lundi 4 mai la procession générale du Saint-Sacrement.

Le rendez-vous des députés des trois ordres est à sept heures du matin ; les députés du clergé se rendront dans la maison de la mission, les deux autres ordres à Notre-Dame, les députés de la noblesse prenant place au bas côté droit et ceux du Tiers au bas côté gauche. La procession, après avoir entendu le *Veni Creator*, se développa sur tout le parcours jusqu'à l'église Saint-Louis défilant entre deux haies de gardes françaises et de gardes suisses, la foule amassée dans les larges rues, les fenêtres et les balcons surchargés d'élégantes. Après l'escorte et les massiers qui précédaient le cortège, le Tiers ouvrait la marche, car l'étiquette mettait en tête les personnages de moindre importance comme dans toutes les processions. Cinq ou six cents hommes vêtus de noir défilaient ainsi au milieu des applaudissements, des cris : « Courage, braves citoyens ! » Parmi eux, on se montrait, avec une curiosité mêlée d'enthousiasme et d'effroi, un renégat de l'autre caste, le Bouffi, chevelu, grêlé, le grave comte de Mirabeau. Les députés de la noblesse suivaient, puis ceux du clergé ; mais ces derniers ne faisaient pas un corps ; les prélats, les prébendiers opulents et titrés, n'avaient pas toléré l'idée d'être mêlés à des gens de peu ; ils ne l'admettaient pas en politique, encore bien moins dans une procession ; ils avaient exigé d'être séparés par un long intervalle du bas clergé envoyé devant. L'espace, si l'on s'en rapportait à une estampe connue et qu'on peut voir au Louvre, à la salle des États, n'aurait été rempli que par une compagnie de gardes du roi. Il semble bien avéré pourtant, par des récits d'origine variée, qu'il y avait en outre des musiciens, et les curieux disaient :

« *Le bas clergé trouvera bien le moyen de faire payer ces violons là à Messeigneurs.* »

Les princes du sang suivaient, puis le roi et la reine. On cria « Vive le Roi ! » pas du tout « Vive la Reine ! » Des murmures difficiles à saisir s'efforçaient même de distinguer, et des femmes se firent un jeu, du moins Marie-Antoinette le crut, de lui crier aux oreilles des vivats au nom de l'homme qu'elle détestait le plus, du duc d'Orléans. Elle tomba en faiblesse, et, soutenue par ses femmes, ne reprit la route qu'à grand peine.

Le lendemain, le 5 mai, véritable jour d'inauguration, les députés des Etats étaient réunis aux Menus, avenue de Paris. Il est inutile de chercher aujourd'hui la salle que l'on peut appeler sans trop d'emphase le berceau de nos libertés. C'était une construction improvisée et fragile très vaste puisqu'il y avait de la place pour les douze cents et quelques membres élus et pour deux ou trois mille curieux dans les galeries. L'hôtel des Menus, où l'on a posé récemment une plaque commémorative, donnait asile à tous les services accessoires; mais on n'y retrouvera pas plus la salle des Etats de 1789, qu'on ne trouverait au Palais-Bourbon la salle où les constituants de 1848 se sont abrités et qu'on a appelée du nom pittoresque de salle de carton.

Une estrade était à l'extrémité pour le trône du roi, le fauteuil de la reine et les sièges des membres de la famille royale. La reine arriva un peu en retard et visiblement troublée. Le roi prononça un discours, un véritable discours de la couronne au sens parlementaire, qui débutait ainsi : « Messieurs, ce jour que mon cœur attendait depuis longtemps est enfin arrivé. » La suite ne parlait guère que des moyens de modérer la dette de l'Etat *et de la nécessité, pour couper court à un désir exagéré d'innovations, de se hâter* de fixer les esprits « par une réunion d'avis sages et modérés. »

Quand le roi se rassit, il y eut des vivats pour lui et même pour la reine, mais presque uniquement dans les rangs du Tiers et sur les bancs du bas clergé toujours évité comme un pestiféré par les prélats. Messieurs de la noblesse se couvrirent en même temps que le roi. Là-dessus, près de la moitié des députés du Tiers-État, fit de même et se couvrit. Des regards pleins de défi s'échangeaient à travers la salle, le roi alarmé, prit le parti de retirer lui-même son chapeau, ce qui donnait l'exemple à tout le monde. La séance fut continuée par un exposé du très insignifiant garde des sceaux de Barentin, et Necker, qui avait écrit le reste, donna enfin communication d'un travail remarquable, mais sans accent, qui prit un peu plus de deux heures de lecture et qu'on ne peut mieux comparer qu'à un rapport à une assemblée d'actionnaires; ce fut une déception. Le parti de la Cour reprenait courage et le Tiers-État attendait d'autres accents de l'homme qui lui avait paru au début de la campagne un patron, un initiateur. Et la différence de langage n'était pas grande entre le manifeste du 27 décembre 1788 et celui du 5 mai 1789; l'effet n'avait pas de rapport. Necker avait, sans se douter des vertus du talisman, envoyé à la nation des bottes de sept lieues et avait, depuis ce temps-là, ruminé en bon banquier les moyens de balancer son compte dans des pantoufles brodées par la vertu. Il s'était produit, en quatre mois, un de ces malentendus que dix ans expliquent à peine en temps ordinaire.

Il est délicat de chercher les personnages en vue dans cette vaste réunion du 5 mai 1789. Il y a là des hommes, dont la réputation antérieure expirait en quelque sorte; d'autres, obscurs alors, que personne ne se fut avisé de distinguer des balcons de Versailles, et qui se sont fait connaître bien ou mal par la suite.

Si l'on veut trouver rétrospectivement des noms familiers dans ce défilé d'un millier d'hôtes improvisés de Versailles, l'avantage est de beaucoup pour le Tiers.

Les Etats du Dauphiné ont commencé la réputation de Mounier, secrétaire des Etats et de Barnave fils, avocat à Grenoble; on peut ajouter Beranger, procureur du roi, à Valence, qui a fondé une véritable dynastie parlementaire. La sénéchaussée d'Anjou envoie Chassebœuf de Volney, bourgeois d'Angers, (reconnaissez sous ce nom l'auteur *des Ruines*) et La Revillière-Lépeaux; Pamiers Vadier, conseiller en la sénéchaussée. La sénéchaussée de Rennes, l'avocat Le Chapelier et le professeur en droit Lanjuinais; Nemours envoie l'économiste Dupont; le bailliage de Bar-sur-Seine, Bouchette, procureur du roi, celui de Vitry-le-François, un autre ministre futur de la guerre, Dubois de Crancé, ancien mousquetaire; la sénéchaussée d'Auvergne, Malouet, intendant de la Marine à Toulon; la sénéchaussée d'Annonay, Boissy d'Anglas; celle de Carcassonne, Ramel-Nogaret; Nîmes, Rabaut-Saint-Etienne; Ustaritz en pays basque, les frères Garat; le bailliage de Bugey, le magistrat Brillat-Savarin, destiné à se rendre illustre autrement que par la politique, ne serait-ce que par son ouvrage intitulé *La physiologie du goût*; la sénéchaussée de Poitou, le notaire de Montaigu, Goupilleau; celle de Lyon, l'avocat Bergasse, l'adversaire bruyant de Beaumarchais; le bailliage d'Evreux, l'avocat Buzot; le bailliage de Roney, l'avocat Thouret; le bailliage d'Aval-en-Franche-Comté, l'avocat Christin, le défenseur des serfs de Saint-Claude; le bailliage de Douai, l'avocat Merlin; la province d'Artois, l'avocat de Robespierre; la sénéchaussée d'Arles, l'avocat

Durand de Maillane ; enfin la sénéchaussée d'Aix, le comte de Mirabeau.

On trouvera peut-être qu'il y a dans cette énumération beaucoup d'avocats et de légistes. Il faut dire que la proportion était beaucoup moindre dans le choix du Tiers, on y rencontre une foule de marchands et de laboureurs ; aucun, il faut l'avouer, n'a laissé de trace sérieuse dans les affaires publiques, sauf le père Gérard, laboureur, député de la sénéchaussée de Rennes, plus connu par la légende que d'autres ont faite plus tard autour de son nom que par son rôle propre. Si l'on ne fait pas dans l'ordre du clergé la distinction qui s'y introduisait d'elle-même, les noms connus y sont encore nombreux : on y rencontre l'archevêque d'Aix, Boisgelin ; l'évêque de Langres, La Luzerne ; les deux Champion de Cicé ; l'évêque d'Auxerre et l'archevêque de Bordeaux ; l'archevêque de Vienne, Lefranc de Pompignan ; le cardinal de Talleyrand-Périgord, archevêque de Reims, et son neveu destiné à une illustration plus durable ; le jeune évêque d'Autun et l'abbé de Pradt, du bailliage de Caux ; l'abbé Maury, du bailliage de Peronne ; un curé du bailliage de Nancy, Grégoire, curé d'Embermenil, un autre de la sénéchaussée de Poitou, Jallet, curé de Chevigné. A vrai dire c'est la représentation de la noblesse qui était la plus médiocre. Un seul homme, ayant quelque vernis romanesque, le jeune marquis de La Fayette, maréchal de camp ; le duc d'Orléans et ses amis, le marquis de Sillery et le duc de Biron ; les deux Lameth, le duc de Liancourt, le chevalier de Boufflers, un d'Aguesseau, Bureau de Pusy ; on a bien vite fait le tour des noms qui rappellent des personnalités distinctes et non de simples renvois aux blasons.

Il manquait d'ailleurs encore un nombre important

des personnages qui ont marqué dans l'assemblée constituante, d'abord tous les représentants de la ville de Paris, Bailly, Camus, Tronchet, le docteur philanthrope Guillotin, l'abbé Sieyès, pour le Tiers ; Adrien Duport, le président de Saint-Fargeau, pour la noblesse, et puis Cazalès, qui arrive de loin pour représenter la noblesse du pays et jugerie de Rivière, Verdun, Ganre, Leonac et Marestaing ; dom Gerle, à qui David a donné une place en vue dans le *serment du Jeu de Paume* et qui n'est venu que comme député suppléant du clergé de la sénéchaussée d'Auvergne. Beaucoup n'ont aussi fait leur entrée qu'après la séance d'inauguration.

Un dernier trait n'est pas inutile à la physionomie de la journée. Le rapport de Necker annonçant les États généraux avait fait entrevoir, non seulement la suppression des lettres de cachet, mais la liberté de la presse, comme arrêtée dans les intentions du roi. Le libraire Le Jay, qui venait d'avoir des démêlés sérieux avec le Parlement de Paris, pour *l'histoire secrète de Berlin*, de Mirabeau, et de se dérober par la fuite à une ordonnance de prise de corps, fit vendre le 5, à Versailles, une feuille intitulée : *Les États généraux*, qu'il proposait en souscription.

Dès le 6, le roi en son Conseil se déclara résolu à réprimer « un abus aussi contraire au bon ordre qu'aux
« règlements de la librairie, dont Sa Majesté entend
« maintenir l'exécution, jusqu'à ce que, d'après les ob-
« servations qui lui seront présentées par les États géné-
« raux, elle ait fait connaître ses intentions sur les modi-
« fications dont ces règlements peuvent être suscep-
« tibles. »

Le Conseil d'État rendit en conséquence un deuxième arrêt portant la suppression du N° 1 de la feuille intitulée

Les États généraux et défense d'en publier la suite. Telle est la part de la presse dans cette journée mémorable. Or, l'auteur de cette feuille, dont un deuxième et dernier numéro avait paru dans l'intervalle, était Mirabeau, décrété lui-même et à qui on ne laissait pas ignorer qu'on attendait la fin des États généraux, deux mois peut-être, pour exécuter les sentences, s'il s'était rendu trop désagréable.

C'était le commencement de la lutte.

CHAPITRE XLII

RÉUNION DE LA NOBLESSE ET DU CLERGÉ. — DISSENTIMENT AVEC LE TIERS-ETAT. — CONSTITUTION DE L'ASSEMBLÉE NATIONALE.

Deux salles particulières avaient été préparées pour les séances du *clergé* et pour celles de la *noblesse*. Une troisième, assez vaste pour recevoir les trois ordres lorsqu'il se réuniraient en séance générale, était affectée aux réunions journalières du Tiers-Etat.

Dès le lendemain de la séance royale d'ouverture, un grave dissentiment éclate entre les trois ordres. Le Tiers voulait que les pouvoirs des députés, quelle que soit leur origine, soient vérifiés en assemblée générale. La noblesse et le clergé soutenaient que chaque ordre devait vérifier les pouvoirs de ses membres et se constituer séparément.

Plus d'un mois s'écoule en vaines tentatives de rapprochement, auxquelles prend part le roi lui même. Le clergé se montre disposé à la conciliation, mais la noblesse y résiste.

Pendant ce temps, les députés du Tiers-Etat restent impassibles dans la salle commune, s'abstenant de se constituer en ordre séparé, refusant même d'ouvrir les lettres adressées à *Messieurs du Tiers-État* et faisant dire à plusieurs reprises aux membres de la noblesse et du clergé, que l'assemblée les attend dans la salle des Etats pour procéder à la vérification des pouvoirs. Le 10 juin Sieyès appuyé par Mirabeau, proposa de sommer les deux ordres privilégiés de se présenter dans le délai d'une heure.

Cette sommation est faite le 12, et une heure après on commence l'appel général des bailliages pour la vérification des pouvoirs de tous les députés sans distinction d'ordres.

Cette vérification occupe quatre jours pendant lesquels un certain nombre de curés viennent successivement prendre séance et sont accueillis par de vifs applaudissements à leur entrée dans la salle.

Le 17 juin, les députés du Tiers-Etat se constituent en *Assemblée nationale*, à la majorité de 490 voix contre 90.

Les événements marchent vite, la grande Révolution s'avance, la rue s'émeut, s'agite et dénonce déjà ses folies et ses fureurs. Après le *fameux serment du Jeu de Paume* (20 juin) Louis XVI tient encore une séance royale (23 juin) pour déclarer qu'il a, par arrêt pris en son Conseil, cassé les arrêtés de l'assemblée et qu'il saurait faire seul le bien de ses peuples, si les moyens termes qu'il propose n'amènent pas la conciliation des trois ordres.

« Je vous ordonne MM. de vous séparer tout de suite
« et de vous rendre, demain matin, chacun dans les
« chambres affectées à votre ordre pour y reprendre vos
« séances. J'ordonne en conséquence au grand maître
« des cérémonies de faire préparer les salles. »

Après avoir prononcé ces paroles le roi se retire, il est suivi de la noblesse et d'une partie du clergé. Tous les députés du Tiers-État et le plus grand nombre de ceux du clergé restent immobiles sur leurs sièges, observant le plus profond silence.

Tout-à-coup l'éloquence de Mirabeau éclate dans une foudroyante harangue dont le souvenir vivra aussi longtemps que celui de la Révolution française.

« Je demande qu'en vous couvrant de votre dignité,
« de votre puissance législative vous vous renfermiez
« dans la religion de votre serment ; il ne vous permet
« de vous séparer qu'après avoir fait la Constitution. »

Et s'adressant au Marquis de Dreux-Brezé, grand maître des cérémonies, qui rappelait au président Bailly les ordres du roi :

« Allez dire à votre maître que nous sommes ici par
« la puissance du peuple et qu'on ne nous en arrachera
« que par la puissance des bayonnettes. »

Des ouvriers arrivent pour enlever les banquettes, des soldats armés traversent la salle, des gardes du corps se montrent à la porte ; l'assemblée est cernée par des troupes. Chaque député reste à sa place, on opine avec calme, on vote avec ordre. A l'unanimité, les arrêtés que le roi vient de casser sont maintenus par l'assemblée.

Sur la proposition de Mirabeau, un arrêté, pris à l'unanimité, déclare :

« Infâmes et traîtres envers la Nation et coupables de
« crime capital, tous particuliers, toute corporation,
« tribunal, cour ou commission, qui oseraient pendant
« ou après la session, poursuivre, rechercher, arrêter
« ou faire arrêter, détenir ou faire détenir un député ;
« pour raison d'aucune proposition, avis, opinion ou
« discours par lui fait aux Etats généraux, de même que
« toutes personnes qui prêteraient leur ministère à aucun

« desdits attentats de quelque part qu'ils fussent or-
« donnés. »

Le lendemain (24 juin) la majorité du clergé et 47 membres formant la minorité de la noblesse viennent à la séance.

Trois jours plus tard (27 juin) soit désir sincère de conciliation, soit espoir secret que l'assemblée ne tarderait pas à être dissoute et dispersée par la force, la majorité de la noblesse elle-même, à la prière du roi, se rendait dans la salle commune, et sans dissimuler ses regrets et ses répugnances, se laissait présider par le plébéien Bailly qui, pendant ces deux mois de négociations et de luttes, avait montré beaucoup de sang-froid, de modération et d'habileté.

CHAPITRE XLIII

DÉMISSION DE DÉPUTÉS DE LA NOBLESSE ET DU CLERGÉ DU NIVERNAIS QUI N'AVAIENT PAS LE POUVOIR DE DÉLIBÉRER EN COMMUN. — ÉLECTIONS NOUVELLES.

Dès le lendemain (28 juin) un des députés de la noblesse du Nivernais, le comte de Serent, écrit au garde des sceaux :

« La délibération prise hier par l'ordre de la noblesse, « de se réunir à celui du Tiers pour délibérer en « commun, exige que j'obtienne de mes commettants de « nouveaux pouvoirs. J'ai donc l'honneur de vous sup- « plier de vouloir bien obtenir du roi une nouvelle con- « vocation de la noblesse du bailliage du Nivernais et « Donziois et l'urgence des circonstances me fait désirer « que ce soit le plus tôt possible. »

La *Chambre de la noblesse de Nevers* avait défendu à ses députés « *de ne se relâcher jamais sur l'opinion par ordre.* » La noblesse de la plupart des autres bailliages avait donné sur ce point des mandats impératifs et, suivant l'expression employée à Nevers, *des instructions de rigueur.*

Par une déclaration du 23 juin, le roi avait « cassé et « annulé comme anti-constitutionnelles, contraires aux

« lettres de convocations et opposées à l'intérêt de l'État,
« les restrictions de pouvoir qui, en gênant la liberté des
« députés aux États généraux, les empêcheraient d'adop-
« ter les formes de délibération prises séparément, par
« ordre ou en commun, *par le vœu distinct des Trois
« ordres.* » Il avait en conséquence permis aux députés
qui se croiraient gênés par leur mandat, de demander
un nouveau pouvoir.

Un règlement du 27 juin, autorisa les baillis à convoquer de nouveau les assemblées sur la réquisition de
ceux des députés qui, liés par leur serment, voudraient
recourir à leurs électeurs.

Le comte de Serent s'empressa d'adresser sa réquisition au grand bailly d'épée du Nivernais et Donziois,
par une lettre qui donne la plus haute idée de son caractère et de sa loyauté.

Le bailly adressa un exemplaire imprimé de cette
lettre à tous les nobles de la province, les invitant par
une simple missive à se trouver le 19 juillet, à huit
heures du matin, dans la grande salle du château ducal
à Nevers, pour y former la nouvelle assemblée qui
devait être tenue sur la réquisition de M. le comte de
Serent.

Cette fois, comme on le voit, les convocations n'étaient
pas faites par ministère d'huissier.

Le 19 juillet 1789, à neuf heures du matin, la noblesse
du bailliage de Nivernais et Donziois, s'est assemblée et
un procès-verbal constate :

1° Que le comte de Damas d'Anlezy, a donné sa démission de député ; et que le marquis de Bonnay, député
suppléant est reconnu et proclamé deuxième député à
l'assemblée générale.

2° Et qu'après l'exposé clair et précis fait par le comte

de Serent, la Chambre de la noblesse, à l'unanimité, a pris l'arrêté suivant :

« La noblesse du bailliage, en remettant à ses députés
« aux Etats généraux des pouvoirs impératifs sur les
« objets qu'elle a regardés comme les bases constitution-
« nelles de la monarchie, a pensé qu'une résistance né-
« cessaire et obligatoire serait un moyen de maintenir
« avec plus d'avantage des principes auxquels elle était
« si respectueusement attachée.

« La délibération par ordre, la distribution des pou-
« voirs législatifs et exécutifs, la révision de l'état des
« finances, la réformation des abus, avant le consente-
« ment d'aucuns impôts, lui semblaient mériter une
« injonction positive et le vœu qu'elle énonçait sur ces
« points principaux, lui paraissait assez sacré pour que
« ses représentants dussent être tenus de ne jamais
« adopter des décisions qui y seraient contraires. Cepen-
« dant aujourd'hui elle consent à changer les pouvoirs
« qu'elle a donnés. Animée par des sentiments dont elle
« aime à publier l'expression, l'amour sans bornes qu'elle
« porte à son roi, l'a fait voler au devant des désirs qu'il
« annonce à cet égard. C'est cet amour seul qui l'a dé-
« terminée, persuadée qu'aucune déclaration émanée de
« l'autorité ne pouvait la contraindre à donner plus
« d'extension à des pouvoirs qui doivent être mesurés
« par la prudence. Son zèle pour le bien public, son
« empressement pour une union si désirée et l'accord des
« trois ordres lui font oublier en ce moment, et ses
« craintes sur la manière *d'opérer par tête, et celles plus*
« *vives encore sur les abus qui peuvent résulter d'une ma-*
« *jorité précue, déterminée même avant les délibérations,*
« *majorité qui semble établie en faveur de l'ordre du Tiers-*
« *Etat dans l'assemblée actuelle de la Nation.*

« La noblesse croit encore devoir donner aux députés
« qu'elle a choisis une nouvelle marque de sa confiance
« absolue. La fermeté, l'énergie avec laquelle ils ont
« rempli leur mandat, jusqu'à ce jour, justifient l'anéan-
« tissement de toutes restrictions formelles, de toutes
« conditions impératives et les pouvoirs illimités qu'elle
« va leur donner rempliront le but de cette deuxième
« assemblée. Mais les vœux particuliers et généraux de
« la province étant clairement expliqués par les cahiers
» et instructions qui leur ont été remis, ils n'oublieront
« pas sans doute que le premier tribut de reconnaissance
« qu'ils doivent à leurs commettants est de soutenir *avec
« force les intérêts qui leur sont confiés.*

« Que les dédommagements que la justice réclame en
« faveur du gentilhomme cultivateur et peu fortuné, dont
« la renonciation aux privilèges pécuniaires aggravera
« le sort, que le soulagement du laborieux habitant des
« campagnes devienne donc l'objet de leurs demandes
« les plus empressées, et que dans le cours de l'auguste
« assemblée, dont ils sont membres, ils se fassent distin-
« guer par leur respectueux attachement pour le roi,
« leur dévouement à la bonne cause, et aussi leur atta-
« chement inviolable à la province dont ils sont les re-
« présentants. »

En conséquence, la noblesse du Nivernais et Donziois, révoque autant que de besoin toutes les clauses impératives de son mandat, en date du 22 mars dernier, donne à MM. le comte de Serent et marquis de Bonnay, ses députés, pouvoir spécial d'adhérer à tout ce qui a été arrêté jusqu'à ce jour dans l'assemblée nationale, *leur permet d'y voter par tête* et de se réunir dans toutes les circonstances, à la majorité de cette asssemblée, s'en rapportant à leur prudence, pour proposer, remontrer, aviser et consentir tout ce qui peut concerner les besoins de l'État, la réforme des abus, l'établissement d'un ordre fixe et durable dans toutes les parties de l'administration, la prospérité générale du royaume et le bien de tous les citoyens. Agréant et consentant d'avance tout ce qu'ils auront statué, stipulé et consenti pour elle.

La Chambre désirant que rien n'altère l'unité et l'indivisibilité de l'ordre de la noblesse, qui ne forme qu'une grande famille dont tous les membres sont essentiellement égaux, charge ses députés de veiller à ce que, dans l'établissement d'une nouvelle organisation des États généraux, il ne soit porté aucune atteinte à ces principes *sacrés*, afin que les avantages soient égaux pour tous les gentilshommes, comme ils ont consenti à supporter également toutes les charges.

La séance alors a été terminée et la Chambre ajournée au lundi 20 juillet à huit heures du matin. Et ledit jour 20 juillet, la Chambre a arrêté qu'il sera porté au roi, par l'organe de son premier député, une adresse pour offrir à Sa Majesté l'hommage de son attachement et de son zèle, lui déclarer que c'est par son respect profond, son amour et sa confiance pour sa personne, *qu'elle vient de sacrifier* sa première opinion et qu'elle profite de ce moment, qui la réunit, pour lui renouveler le serment de sa fidélité la plus inviolable, fidélité que l'empire des circonstances ne pourra jamais altérer.

Les deux députés de l'assemblée du clergé de Nevers, obéissant aux mêmes scrupules que M. de Serent, requirent, comme lui, une nouvelle convocation de leur ordre, pour rendre compte de leur conduite et demander de nouveaux pouvoirs.

Cette convocation fut faite par simples lettres d'invitation du bailli, sans exploit d'huissier. Le 21 juillet 1789, à huit heures du matin, la chambre ecclésiastique du bailliage, assemblée dans la chambre du château ducal, « arrêté à l'unanimité des suffrages qu'elle révoque « l'impératif du cahier *quelque part où il se trouve* et « qu'elle autorise les députés à user de leurs nouveaux « pouvoirs selon l'intention de Sa Majesté et l'intérêt « commun de tous les ordres de la Nation, les conver- « tissent en pouvoirs *généraux* et suffisants, pour pro- « poser, remontrer, aviser et consentir, conformément « au Règlement du roi du 24 Janvier, s'en rapportant à « tout ce qu'ils feront en leur âme et conscience, pour « concourir promptement aux avantages de l'Etat, au « bien de la religion, à la prospérité publique et au « maintien des droits de la monarchie. »

CHAPITRE XLIV

APPRÉCIATION DES ÉVÉNEMENTS DE CETTE ÉPOQUE PAR LES CONTEMPORAINS DU NIVERNAIS ET DE PARIS. — LE DERNIER DUC DE NIVERNAIS, MANCINI.

Pour que le lecteur sache comment la première scène du drame révolutionnaire était appréciée par les contemporains, en Nivernais et à Paris, il paraît utile de lui mettre sous les yeux quelques extraits d'une correspondance confidentielle.

M. Chaillot de la Chasseigne, qui, à Nevers, prenait le titre de *Procureur général* et seulement la dénomination de *Procureur fiscal*, dans ses lettres au garde des sceaux, M. Chaillou de la Chasseigne transmettait des informations inquiétantes sur les dispositions des trois ordres :

« Il paraît aussi, Monseigneur, qu'ils ne veulent donner
« que des pouvoirs restreints à leurs députés respectifs,
« et qu'en général on intrigue sourdement et qu'on pré-
« pare de loin des manœuvres contraires à l'autorité du
« roi et au bien de l'État. (Lettre du 15 mars).

« Je ne dois pas vous laisser ignorer, Monseigneur,
« que l'on m'a assuré que les cahiers de la noblesse et du
« Tiers contenaient des prétentions essentiellement con-
« traires à l'autorité du roi, au maintien de la monarchie
« et à la tranquillité de l'État. (Lettre du 29 mars).

« Il n'est pas possible, Monseigneur, d'imaginer rien
« de plus extravagant et de plus contraire à l'autorité
« du roi et au bien de l'Etat, que le cahier du Tiers. »
(Lettre du 5 avril).

M. Despienne, procureur du roi, n'exprime point de pareilles inquiétudes :

« Tout, dit-il, s'est pratiqué de la manière indiquée
« par le règlement, avec paix et tranquillité, en l'espace
« de treize jours et maintenant l'on attend avec joie le
« grand jour où la nation française prouvera à notre
« glorieux monarque son obéissance en remplissant ses
« vues bienfaisantes pour soulager son âme noble, douce
« et sensible et en prouvant à Monseigneur les témoi-
« gnages de la plus pure amitié et reconnaissance,
« tant pour avoir préservé le royaume de perdre son
« ancien lustre, que pour avoir su si adroitement réunir
« tous les ordres en contenant les esprits par les plus
« flatteuses espérances. » (Lettre du 1er avril à M. Necker).

M. Le Roi de Prunevaux, bailly d'épée, qui correspond directement avec M. le duc de Nivernais, est parfaitement rassuré sur les affaires publiques.

M. Parmentier, procureur général à la cour des comptes de Nevers, nous apprend que déjà il existait un *club* à Nevers, et il adresse au duc de Nivernais, cette sinistre prophétie :

« Mais je crains qu'en attendant, le Censitaire ne refuse
« le *cens*, le fermier ses fermages et tout débiteur ce
« qu'il doit. Vu que les forcenés *clubistes* persuadent que
« tous les biens doivent être communs et qu'on ne se
« doit rien les uns aux autres. On a même plaidé dans
« ce tripot que les femmes et les filles, *surtout les jolies*,
« étaient le patrimoine du public. Ne viendra-t-il pas
« une loi qui supprime cette assemblée scandaleuse ?

« Les gens de Clamecy se sont présentés hier à l'as-
« semblée et ont essayé de protester. On m'assure tout
« présentement qu'ils ont été déboutés avec éclat. »
(Lettre du 18 mars 1789).

M. le duc de Nivernais, ancien ambassadeur, ministre d'État, membre de l'Académie française et par-dessus tout honnête homme et homme d'esprit, appartenait à cette minorité libérale de la noblesse française qui consentait aux réformes et les provoquait même pour éviter une révolution.

Il transmet au président de la commission du Conseil d'État, chargé du contrôle des élections, les deux lettres qu'on vient de citer en les accompagnant de ses observations.

« Du 22 mars 1789. J'ai l'honneur de vous envoyer,
« Monsieur, tout ce que j'ai de notices, sur ce qui se
« passe à l'assemblée de Nevers.

« Le procureur général de mon bailliage qui vous
« écrit tant de détails, vous les adresse à mon insu. Il
« ne m'a pas écrit un mot, depuis le commencement de
« l'assemblée, quoi que ce fut son devoir et hier je lui
« ai fait écrire pour lui en témoigner ma surprise. Au
« reste, ne vous fiez pas à ses relations ; elles peuvent
« fort bien être exagérées et, peut-être même, médiocre-
« ment de bonne foi.

« Ce n'est pas un homme sans esprit, mais ce n'est
« pas non plus un homme sans intrigue. Son silence à
« mon égard, tandis qu'il vous instruit avec tant de soin,
« peut, ce me semble, donner quelque sujet de défiance
« de ses relations.

« Au reste je ne me prononce point sur le degré de
« confiance qu'elles méritent et je me borne à vous

« communiquer l'extrait des deux seules lettres que j'ai
« reçues.

« Je les ai lues hier au soir à M. le Garde des sceaux
« et à M. de Villedeuil, vous verrez qu'elle ne se com-
« binent pas avec ce que M. de Caillot vous mande,
« mais ce n'est pas ma faute si je ne vous éclaircis pas
« mieux.

« Pour achever de vous dire ce que je sais, j'ai l'hon-
« neur de vous dire que les deux personnes dont je
« vous envoie les lettres sont parfaitement honnêtes
« gens.

« Le bailly d'épée est un ancien officier, peu rompu
« aux affaires, mais incapable d'intrigues et de mauvaise
« foi.

« Le sieur Parmentier, procureur général de la
« chambre des comptes, est un homme de mérite, fort
« estimé pour sa vertu et pour son érudition, car c'est
« peut-être l'homme de France le plus savant dans nos
« antiquités ; mais n'ayant jamais vécu qu'avec ses livres,
« il a contracté un peu de dureté et d'opiniâtreté dans
« ses principes qui sont un *peu plus féodaux* que je ne
« voudrais. Il résulte de tout cela qu'il n'est pas aimé
« dans la province ; mais il n'en est pas moins vrai que
« c'est un parfaitement honnête homme dont on ne doit
« aucunement se défier. (1)

« Voilà, Monsieur, tout ce que peut dire un gouverneur
« de province, fort mal instruit.

« Je suis beaucoup plus sûr de ne pas me tromper en
« vous assurant du sincère attachement, etc. »

(1) Parmentier, qui était fort versé dans les affaires du Nivernais
et particulièrement dans les matières féodales, fut chargé par les seigneurs de Marey de rédiger, d'après les titres de seigneurie (en 1755)

Quelques mois plus tard, M. le duc de Nivernais voyait périr son gendre, le duc de Brissac, gouverneur de Paris, massacré dans la rue.

Lui-même, alors âgé de près de 80 ans, était arrêté (13 septembre 1793) et enfermé dans la prison des Carmes d'où il sortait miraculeusement le 9 thermidor.

En rentrant dans son hôtel il le trouvait dévasté et n'avait plus ni un meuble, ni un habit. Il n'était plus Monseigneur le duc de Nivernais, mais simplement le *citoyen Mancini*, ayant perdu trois cent mille livres de rentes, son beau château ducal de Nevers, ses forêts d'Entrains et de Donzy, heureux d'avoir conservé sa tête ; il lui restait de l'esprit pour se consoler de sa grandeur passée, en faisant des chansons. En voici un échantillon :

> J'ai vu de près la Guillotine,
> Mon sort avait méchante mine,
> Et j'en avais quelque souci
> Ahi ! povero Mancini.
>
> J'ai perdu ma fortune entière,
> Ou s'il m'en reste, ce n'est guère :
> Je suis mal mis et mal nourri,
> Ahi ! povero Mancini.
>
> Je touche à la décrépitude,
> C'est une triste certitude
> Qu'il faut bientôt partir d'ici.
> Ahi ! povero Mancini.

un mémoire très curieux, que nous avons sous les yeux, pour prouver que *les habitants de Marcy étaient anciennement serfs*. Dans sa démonstration savante il remonte avant 621, du temps de Clotaire II. Il cite divers actes de Didier X° évêque d'Auxerre, le cartulaire de la Chambre des comptes de Nevers, du mois de Février 1231 et enfin des chartes de 1255, 1480 et des contrats de 1377, 1392 et 1409, etc.

Le duc de Nivernais fit imprimer, en 1796, la collection de ses œuvres.

Après sa mort on publia deux volumes d'*Œuvres posthumes*, où se lit notamment le billet en vers qu'il dicta six heures avant de mourir, pour dissuader son médecin, Caille, d'appeler des confrères en consultation.

> Hypocrate ne viendra pas,
> Et peut-être dame Nature
> A déjà décidé mon cas;
> Ah! du moins, sans changer d'allure
> Je veux mourir entre vos bras.

Dans tous ces écrits du gentilhomme, prose et vers, il ne se rencontre ni une ligne, ni un mot qui puisse donner à penser que les excès de 1793 eussent ébranlé la foi de M. le duc de Nivernais, dans les bons et solides principes de 1789.

Le 21 Janvier 1840, l'éloge de M. le duc de Nivernais, l'un des 40 de l'Académie, fut prononcé par M. Dupin aîné, alors Directeur de l'Académie.

Cet éloge biographique porte cet épigraphe :

> La vertu fut ma seule loi,
> Être aimé fut ma seule envie.
>
> (*Œuvres de Mancini, duc de Nivernais*).

« M. le duc de Nivernais, dit M. Dupin, a été le dernier
« duc de ma province, d'un pays qu'il aimait, et où il
« avait su se faire aimer ; il a honoré son rang dans le
« malheur de ses derniers jours, comme à l'époque la
« plus brillante de sa longue vie ; et il m'a semblé, au
« premier coup d'œil, que si j'étais peu propre à vous
« peindre, sous des couleurs légères, un grand seigneur
« de la cour de Louis XV, et un bel esprit du xviiie siècle,

« je saurais du moins rendre justice aux vertus de
« l'homme, aux qualités du citoyen. »

M. Dupin, après avoir tracé de main de maître les services rendus par M. le duc de Nivernais, comme colonel du régiment de Limosin, dans la pénible campagne de Bavière, en 1743, et ensuite comme ambassadeur à Rome, à Berlin et à Londres, nous le montre dans son duché, visitant chaque localité en personne.

Malgré l'obligation où il était d'économiser pendant plusieurs années ses revenus, pour payer les dettes contractées dans ses trois ambassades, partout sa présence fut signalée par des bienfaits, des remises à ses fermiers et à ses débiteurs malaisés, des secours aux malheureux et aux établissements de bienfaisance et de charité publique.

« A l'aspect du misérable état où *la main-morte* et les
« *autres servitudes personnelles* avaient réduit les habi-
« tants des campagnes, qui, dans plusieurs contrées,
« portaient encore le titre de *serfs*, il accorda des affran-
« chissements, favorisa le partage des communaux pour
« que le petit peuple devînt propriétaire, et il devança
« autant qu'il était en lui, l'époque où les droits féodaux
« allaient cesser de peser sur la Nation. »

Dans plusieurs villes, à son arrivée, les gardes civiques se formèrent spontanément, des pétitions librement rédigées, gracieusement accueillies, furent favorablement répondues. A Clamecy, par exemple, il fit don à la ville du château ducal qu'il y possédait, pour qu'elle pût y établir la mairie et les autorité judiciaires. Il le fit rebâtir en partie et agencer à cette fin, à ses dépens.

A Paris, le duc se regardait comme le patron des habitans du Nivernais. Véritable patricien, il les retenait tous dans sa noble clientèle, aidant les uns de sa fortune, les autres de ses recommandations, les plus jeunes de ses encouragements.

L'hôtel de Nivernais, rue de Tournon, aujourd'hui occupé par la garde municipale, était le rendez-vous de la bonne compagnie. Les gens de lettres, les savants, les personnes les plus renommées pour la délicatesse de leur esprit et de leurs manières, s'y pressaient avec délices. Le duc de Nivernais possédait, dans le degré le plus exquis, tous les instincts dont se compose le véritable *esprit de la société*.

CHAPITRE XLV

NE PAS CONFONDRE RÉVOLUTION ET EMPIRE.

Nous n'avons pas l'intention d'examiner ici et de raconter les créations et les réformes accomplies par l'assemblée législative et la Convention nationale, ni l'histoire militaire et la lutte de la France contre l'Europe coalisée, ni enfin celle du Directoire et du Consulat. Nous parlerons seulement de l'Empire et des régimes qui l'ont suivi.

La Révolution avait détruit complètement l'ancien régime.

A la confusion d'un pouvoir dans la main d'un seul, la diffusion des libertés entre les mains de tous. Elle n'avait pas seulement affranchi la société, elle avait en quelque sorte émancipé l'individu, de sujet devenu citoyen.

Le citoyen échappait désormais au despotisme par ses droits politiques, aux iniquités sociales par l'égalité civile, à la servitude intellectuelle par le progrès de l'instruction et la liberté de la parole et de la plume, à l'oppression religieuse par la séparation de l'Église et de l'État.

Le consulat fut la préparation savante de l'Empire et l'Empire fut un brusque retour à l'ancien régime rajeuni et transformé. L'État redevient tout, l'individu rien. Il n'y eut plus qu'un homme dans l'empire, l'empereur.

Les droits politiques furent exercés par des assemblées sans liberté qui ne purent garantir des excès du pouvoir central. L'égalité civile, en dépit du code, fut violée par la création d'une noblesse nouvelle. Le droit d'ainesse reparut dans les majorats, la liberté individuelle fut supprimée par la censure, atteinte par l'abandon de l'instruction publique ; la tolérance religieuse s'effaça dans la reconstitution d'un clergé privilégié. Enfin l'indépendance même de l'individu, Napoléon la combattit par des titres et des faveurs, par la Légion d'honneur, par l'argent même, car tous ses moyens de gouvernement furent pris parmi ceux qui rabaissent les hommes. C'est ainsi qu'on allait contre tous les résultats de la Révolution ; au-dedans, Napoléon se montrait, selon l'expression de Mme de Staël, le premier des contre-révolutionnaires.

Napoléon créa une famille impériale et des grands dignitaires civils et militaires, affublés de titres pompeux : un grand électeur, un archi-chancelier d'empire, un archi-chancelier d'État, un archi-trésorier, un connétable, un grand amiral. A côté de ces charges politiques reparaissaient des dignités de cour empruntées à l'ancien régime : un grand aumônier, le cardinal Fesch, oncle de l'empereur, un grand chambellan, Talleyrand, un grand veneur, Berthier, un grand écuyer, un grand maréchal du palais, un grand maître des cérémonies. Enfin Napoléon créa une aristocratie militaire par des maréchaux d'empire, 14 furent promus et reçurent des dotations. La liste civile de l'empereur s'élevait à vingt-cinq millions qui en vaudraient cinquante aujourd'hui. Les impôts indirects supprimés par la Constituante furent rétablis sous le nom de *droits réunis* (boissons, sel, douanes). Le produit fut employé à payer les magnificences de la cour nouvelle.

Le palais impérial eut un règlement d'étiquette, en 819 articles, que n'eut pas désavoué Louis XIV.

Le 14 juillet, fête de la République, fut célébrée pour la dernière fois en 1804.

Le Calendrier républicain fut abandonné en 1806.

Enfin, en 1808, on cessa de lire sur les monnaies *République française*.

Il sut attirer, à Paris, le Pape Pie VII et se fit sacrer par lui, avec Joséphine, sa femme, qu'il répudia depuis, dans l'église Notre-Dame le 2 décembre 1804.

En 1809, il fut excommunié par ce même pape, qu'il fit enlever de Rome et conduire à Fontainebleau.

La Révolution, pour mieux assurer sa défense, avait résolu d'étendre la France jusqu'à ses frontières naturelles. En trois ans, elle y avait réussi (1792-1795) mieux que l'ancien régime en trois siècles.

Du jour ou la paix fut rétablie sur le continent, et du jour où elle fut obtenue sur les mers par le traité d'Amiens (1802) la France ne demandait qu'à en recueillir les bienfaits ; elle voulait travailler, produire, s'enrichir ; mais Bonaparte était là, il ne demandait que la guerrre, et quelle guerre ? Non de défense, la France n'était plus menacée, mais guerre de provocation sans trêve et de conquêtes sans mesure, jusqu'au jour où il laissa retomber la France épuisée et par deux fois démembrée, aux pieds de l'Europe coalisée.

C'est ainsi qu'en poussant au dehors la Révolution et en provoquant contre elle tant de représailles, Napoléon était encore, comme au dedans, son plus funeste ennemi.

Voilà pourquoi il ne faut pas *confondre la Révolution et l'Empire*.

La Révolution reste avec ses immortels principes, ses

constitutions libérales, ses fondations sociales, ses guerres de propagande et de délivrance, son amour de la paix et de la fraternité.

L'Empire, au contraire, reste avec ses conceptions chimériques, ses institutions oppressives, ses inégalités sociales, ses guerres d'emportement et de convoitise, sa fureur de conquête et son mépris de l'humanité.

La Révolution mieux connue, se fait aimer davantage.

L'Empire étudié de plus près, n'excite que l'aversion et la haine.

C'est donc un malheur de confier nos destinées à un seul homme.

Il y a quelque chose de plus beau que le Bulletin de la grande armée, c'est la Déclaration des Droits de l'homme; il y a quelque chose de plus précieux que la gloire, c'est la liberté.

Napoléon nous a valu deux invasions en moins de quinze mois, deux traités désastreux, la France privée de ses frontières naturelles, deux millions d'hommes sacrifiés, une énorme rançon à payer et l'humiliation d'une occupation étrangère, une armée de cent cinquante mille hommes entretenue aux frais de la France qu'elle devait occuper pendant cinq ans.

CHAPITRE XLVI

LA RESTAURATION.

Avant même que Napoléon eut quitté la France, les Bourbons étaient remontés sur le trône. Louis XVIII qui suivait les alliés pas à pas, reprit possession des Tuileries qu'il avait quittées à la hâte lors des cent jours pour se retirer à Gand.

La France de 1814 ne connaissait pas les Bourbons. Les hommes, âgés alors de 40 à 50 ans, se rappelaient confusément qu'au temps de leur jeunesse, la Nation s'était levée tout entière pour mettre fin aux intolérables abus de l'ancien régime; que Louis XVI avait juré une constitution, mais que lui-même, sa femme, ses frères, toute sa famille, avaient employé tous les moyens licites et illicites jusques et y compris l'intervention des armées étrangères pour remettre la nation sous le joug; beaucoup de ces hommes avaient répondu à l'appel de la patrie en danger, à la levée en masse, à la réquisition et avaient combattu pour la République contre l'invasion qui avait pour auxiliaires des princes de la maison de Bourbon; qu'enfin le roi Louis XVI, jugé et condamné par la Convention nationale, avait été publiquement exécuté le 21 janvier 1793 et que cette date avait été célébrée assez longtemps par une fête commémorative.

On ne savait qui était ce Louis-Stanislas-Xavier que le Sénat de l'Empire venait de déclarer Roi des français.

Quelques survivants d'avant 1789, savaient seuls que ces noms étaient ceux du comte de Provence, frère de Louis XVI, prince sournois, qui avait mené de souterraines intrigues contre le roi et avait été un des plus perfides ennemis de la reine, un des plus assidus colporteurs ou inventeurs de médisances et de calomnies contre Marie-Antoinette, un de ceux qui avaient le plus contribué à perdre *l'Autrichienne* dans l'esprit public.

Ce roi mourut le 16 septembre 1824. Il eut pour successeur le comte d'Artois, son frère, Charles X, qui fut chassé par la Révolution de Juillet 1830. Il quitta la France pour n'y plus revenir, emmenant avec lui son petit-fils, Henri V. Un autre roi, Louis-Philippe, était déjà élu et intronisé.

La *Restauration* ou la royauté légitime a vécu quinze ans. Louis XVIII, par l'infirmité de son corps n'a pas pu, plus que Charles X, par l'infirmité de son esprit, se soustraire aux passions mesquines de coteries qui leur cachaient la vérité. Ils n'ont pas eu une assez haute conception de la politique nécessaire en leur temps pour être les rois de la Nation et non pas les chefs d'un parti. Ils ont mis en face l'une de l'autre deux France qu'il eut fallu fondre l'une dans l'autre. Le duel a commencé avec le premier jour de la Restauration et n'a fini que le dernier.

Le passé ne pouvait pas prévaloir contre le présent et l'avenir.

Chateaubriand avait raison de dire à cette époque :

« On ne fait point reculer les générations qui s'avancent
« en leur jetant à la tête des fragments de ruines et des
« débris de tombeaux. Les insensés qui prétendent
« mener le passé au combat contre l'avenir sont les

« victimes de leur témérité, les siècles en s'abordant les
« écrasent. »

Dans cette période de quinze années que de fautes la Restauration a commises à partir de la Chambre introuvable de 1815.

L'établissement dans chaque département des Cours-Prévôtales ; la réaction effrenée appelée *Terreur blanche*, massacres tolérés de Marseilles, Nîmes, Uzès et ailleurs, assassinat du maréchal Brune et autres, les condamnations, l'exil, les destitutions, etc.; l'influence toute puissante des *Jésuites à robe courte*, les lois religieuses dites de sacrilèges, les billets de confession, les processions, etc. On dédaigne et méprise cette période de quinze années. Cependant il faut y voir aussi ce qu'a fait la Nation et on l'admirera.

La France a été plus grandiose, plus héroïque, plus terrible pendant la Révolution ; mais à aucune époque elle n'a été plus active, plus féconde, plus vivante dans toutes les voies ouvertes à l'énergie humaine, que de 1814 à 1830. La Tribune française a eu des orateurs qu'on ne devait pas attendre après 15 ans de mutisme et dont l'éloquence a porté l'influence de notre patrie sur tous les peuples du monde ; la presse a improvisé des écrivains de premier ordre, les lettres ont eu une renaissance inespérée après l'abaissement de la période impériale, des génies nouveaux ont élevé ce monument à une hauteur que d'autres époques ont pu atteindre, mais n'ont point dépassée. L'histoire a été renouvelée avec un éclat prestigieux, les beaux-arts, les sciences ont tenté et ouvert des voies nouvelles ; l'industrie a préludé aux prodiges qu'elle devait accomplir un peu plus tard.

La France revenait à une vie nouvelle et c'est d'elle-même qu'elle la tirait sans attendre l'initiative officielle.

En résumé le gouvernement de la Restauration a servi la France par ses fautes mêmes, mais on doit dire qu'il n'a pas fait que des fautes, il a payé la rançon de l'Empire, il a mis l'ordre dans la comptabilité publique, il a fait de bonnes lois financières et commerciales, il a relevé la Marine, reconstitué l'armée, encouragé l'industrie. S'il a fait l'injuste guerre d'Espagne, il a rendu l'indépendance à la Grèce et purgé la Méditerranée des pirates barbaresques.

Ce sont là des titres d'honneur qui n'effacent pas ses fautes, mais qu'on ne doit pas lui contester.

CHAPITRE XLVII

LOUIS-PHILIPPE.

Louis-Philippe fut nommé lieutenant-général du royaume et peu de temps après Roi des français.

La charte ne fut pas octroyée à la Nation comme lors de l'avènement au trône de Louis XVIII, c'est la Nation qui l'imposait au roi comme condition de règne. Le trône, disait cette charte, était vacant en fait et en droit et il était indispensable d'y pourvoir.

On prit Louis-Philippe, comme le disait le procureur-général Dupin, *quoique Bourbon et non pas parce qu'il était Bourbon.*

C'était un contrat synallagmatique entre la Nation et le nouveau roi qui s'engageait à exécuter les conditions posées et acceptées.

On appliquait les dispositions de l'article 1184 du code civil, disant que la condition résolutoire est toujours sous-entendue dans les contrats synallagmatiques, pour le cas où l'une des deux parties ne satisfera point son engagement.

Le règne constitutionnel de Louis-Philippe finit en quelques heures, le 24 février 1848, pour inexécution de son engagement.

On a accusé Louis-Philippe d'avoir eu, dès le premier

jour, le projet prémédité de détourner la Révolution de Juillet de son cours naturel et d'avoir systématiquement poursuivi, dix-huit ans durant, l'accomplissement de ce projet. Il eut pendant tout son règne, l'idée fixe de tous les monarques venant interrompre la série antérieure des souverains de leur pays, il voulut fonder une dynastie, transmettre la couronne à son fils ; mais pour assurer le succès de cette idée, il n'eut pas d'autre pensée que de profiter, au jour le jour, des incidents et des événements qui se produisaient, en tirant de chacun ce qu'il croyait être la partie la plus favorable à sa dynastie.

Son système fut de prendre toujours des ministres disposés à suivre cette tactique empirique et de les renvoyer dès qu'il les trouvait indociles.

Au lieu de voir l'avenir entier de la France, il ne regarda que l'étroit horizon d'une dynastie ; c'est pourquoi la branche cadette tomba comme était tombée la branche ainée. Elle tomba plus vite et avec moins d'honneur. La Restauration en voulant relever les principes et les passions du temps passé, suscita contre elle les principes et les passions du temps moderne. De telles luttes élèvent les cœurs et haussent les âmes.

Louis-Philippe ne fit appel qu'à des appétits matériels qui abaissent et dégradent les hommes, aussi la période pendant laquelle il régna offre-t-elle moins de grandeur que la précédente.

Il fit descendre le niveau de la moralité publique et ouvrit la voie, où d'autres devaient aller plus bas encore ; c'est pourquoi quelques heures ont suffi à le renverser, tandis que la Restauration disputa la victoire pendant trois jours de combats acharnés.

Charles X, qui avait de vrais partisans, fut reconduit jusqu'à la frontière de l'exil par ses compagnies de gardes du corps. Louis-Philippe s'évada de France, moins comme proscrit (il ne l'était pas) que comme un coupable.

Cependant ce règne de dix-huit ans n'a pas été complètement stérile ; la monarchie de 1830 n'a pas eu, il faut l'en louer, le leurre décevant des grandes aventures militaires comme le premier Empire, elle compte cependant plusieurs brillants faits d'armes, Anvers, Lisbonne, Constantine, Tanger, Mogador, Isly, etc.

CHAPITRE XLVIII

DEUXIÈME RÉPUBLIQUE. — DEUXIÈME EMPIRE.

A Louis-Philippe déchu succéda la deuxième république avec un gouvernement provisoire ; mais, dès le 14 décembre 1848, on procéda à l'élection du Président de la République ; la France avait à choisir entre un des hommes les plus capables, les plus dignes de la gouverner, Cavaignac, et celui qui en était le plus incapable et le moins digne. Elle choisit malheureusement le deuxième, Louis-Bonaparte.

Le 20 du même mois, l'assemblée nationale ayant validé cette élection, ce dernier prêta, devant elle, le serment solennel qui suit :

« En présence de Dieu et devant le peuple français,
« représenté par l'assemblée nationale, je jure de rester
« fidèle à la République démocratique une et indivisible
« et de remplir tous les devoirs que m'impose la Constitu-
« tion. »

Il ajoute : « Les suffrages de la Nation et le serment
« que je viens de prêter commandent ma conduite future,
« mon devoir est tracé, je le remplirai en homme d'hon-
« neur, je verrais des ennemis de la patrie dans tous
« ceux qui tenteraient de changer, par des voies illégales,

« ce que la France entière a établi. Entre vous et moi,
« citoyens représentants, il ne saurait y avoir de véri-
« table dissentiment, nos volontés, nos désirs sont les
« mêmes, etc. »

Napoléon III a trahi son serment, la France l'a rejeté avec horreur, la Prusse, dont il était le prisonnier, l'a dédaigneusement laissé s'éteindre, sous la honte, dans un village d'Angleterre. La France n'a pas encore achevé d'expier une heure de lâcheté et vingt ans de servitude ; elle était corrompue et oublieuse de la liberté, c'est tout ce qu'elle demandait, comme le peuple Romain, d'après ce que dit Juvenal. L'Europe n'a pas encore commencé d'expier le supplice qu'elle a laissé infliger à la France par un vainqueur impitoyable : l'expiation viendra, toute faute se paye.

Voici comment Victor Hugo s'exprime au sujet de ce serment :

« L'homme qui fait un serment, n'est plus un homme,
« c'est un autel, Dieu y descend. L'homme cette infi-
« mité, cette ombre, cet atôme, ce grain de sable, cette
« goutte d'eau, cette larme tombée des yeux du destin ;
« l'homme si petit, si débile, si incertain, si ignorant, si
« inquiet ; l'homme qui va dans le trouble et dans le
« doute, sachant d'hier peu de chose et de demain rien,
« voyant sa route juste assez pour poser le pied devant
« lui, tremblant s'il regarde en avant, triste s'il regarde
« en arrière ; l'homme enveloppé dans ces immensités
« et dans ces obscurités, le temps, l'espace, l'être est
« perdu en elles, ayant un gouffre en lui, son âme, et un
« gouffre hors de lui, le ciel ; l'homme qui, à de certaines
« heures, se courbe avec une sorte d'horreur sacrée sous
« toutes les forces de la nature, sous le bruit de la mer,
« sous le frémissement des arbres, sous l'ombre des

« montagnes, sous le rayonnement des étoiles; l'homme
« qui ne peut lever la tête, le jour, sans être aveuglé par
« la clarté, la nuit sans être écrasé par l'infini; l'homme
« qui ne connaît rien, qui ne voit rien, qui n'entend rien,
« qui peut être emporté demain, aujourd'hui, tout de
« suite, par le flot qui passe, par le vent qui souffle, par
« le caillou qui tombe, par l'heure qui sonne; l'homme
« à un jour donné, cet être frissonnant, chancelant, misé-
« rable, hochet du hasard, jouet de la minute qui s'écoule,
« se redresse tout-à-coup devant l'énigme qu'on nomme
« vie humaine, sûr qu'il y a en lui quelque chose de
« plus grand que l'abîme, *l'honneur*, de plus fort que la
« fatalité, *la vertu*, de plus profond que l'inconnu, *la foi*,
« et seul, faible et nu, il dit à tout ce formidable mystère
« qui le tient et qui l'enveloppe : Fais de moi ce que tu
« voudras, mais moi je ferai ceci et je ne ferais pas cela;
« et fier, serein, tranquille, créant avec un mot un point
« fixe dans cette sombre instabilité qui emplit l'horizon,
« comme le matelot jette une ancre dans l'Océan, il jette
« dans l'avenir son serment.

« Oh serment ! confiance admirable du juste en lui-
« même ! sublime permission d'affirmer, donné par Dieu
« à l'homme ! C'est fini, il n'y en a plus, encore une
« splendeur de l'âme qui s'évanouit. »

L'Empire tomba non comme la Restauration vaincue à la suite d'une bataille prolongée et sanglante, non comme Louis-Philippe fuyant devant l'irritation de tous et ayant à peine disputé le terrain, mais succombant sous la responsabilité de sa trahison et sous l'écrasement de ses fautes politiques et militaires. 1848 avait été la revolution du mépris, 1870 fut la révolution du dégout.

L'empire avait duré vingt ans, long espace dans la vie humaine, dit Tacite, peu de chose dans la vie d'une

Nation. Il eut, dit-on, sa raison d'être dans l'affolement qui rendit possible le crime d'où il sortit, il eut sa raison de durer dans la terreur qu'inspira son crime originel. Pour détourner les esprits de songer à la liberté, il donna large carrière aux appétits sensuels. C'est la politique de tous les despotismes, mais, du jour où les jouissances matérielles ne suffirent plus, il fut contraint de prononcer le mot de liberté, il fut perdu. Le reflux se faisait sentir de loin, minait le sol sous ses pieds, il sentait venir l'enlizement et, pour sauver la dynastie, sans regarder s'il n'allait pas perdre la France, il eut la folie de provoquer la catastrophe, où malheureusement il ne tomba pas seul.

Napoléon III est le seul souverain qui ait rendu l'épée de la France sans du moins sauver l'honneur.

Le Sénat de l'Empire siégea le 4 septembre, il cria Vive l'empereur ! Vive l'impératrice ! et même Vive le prince impérial !

Baroche dit, avec mélancolie, : « La Révolution éclatera dans tout Paris et elle ne viendra pas nous chercher dans cette enceinte. » Elle oublia, en effet, le Sénat et pas une épée ne se leva pour défendre le trône de Napoléon III.

L'œuvre propre de l'empire, ce qui en est la conclusion et la conséquence fatale, ce qui laissera une longue, trop longue trace, c'est la séparation de l'Alsace et de la Lorraine, c'est la démoralisation d'où la France ne se relévera qu'avec de laborieux efforts et bien des années.

CHAPITRE XLIX

TROISIÈME RÉPUBLIQUE.

Pour la troisième fois, depuis un siècle, la France, perdue par la monarchie, se réfugiait dans la République qui fut proclamée à l'Hôtel-de-Ville.

Les événements qui ont suivi la guerre de 1870 et rempli les années écoulées entre 1871 et 1873 sont encore trop près de nous. Ils ont encore besoin de trop d'éclaircissement.

Bornons-nous donc à dire :

Que l'assemblée et le gouvernement s'installèrent à Versailles, ce dernier emmenant les troupes qui étaient à Paris, en appelant à lui tous les fonctionnaires publics sans prendre le temps de les avertir de ce départ précipité. Le ministre de l'Intérieur avait à la hâte délégué à la réunion des maires et adjoints des vingt arrondissements de Paris, l'administration de la ville. Ils firent de vains efforts pour apaiser la tempête qui menaçait d'éclater et furent obligés de se retirer devant la Commune élue malgré eux. La retraite administrative fut si rapide que le soir même tous les services furent privés de leurs chefs et complétement désorganisés. Paris fut sans police, sans armée, sans gouvernement, livrée aux émeutiers. M. Thiers fut surpris de sa défaite et la

Commune ne fut pas moins étonnée de sa victoire. Plus d'un vainqueur l'a dit : « Nous ne savions que faire et nous étions fort embarrassés. »

Paris, déserté par le gouvernement de la France, appartenait à la Commune qui en resta seule la maîtresse.

« Alors on vit, dit Maxime Ducamp, ce que peut faire
« un peuple sans mesure et sans instruction, lorsqu'il
« est livré à lui-même et qu'il se laisse dominer par ses
« propres instincts. L'intérêt de ceux qui avaient saisi
« la direction de ses destinées était de le surexciter, de
« l'amener à ce paroxisme inconscient, où l'homme rede-
« vient la bête féroce naturelle. Comme le combat devait
« être à outrance, on exaspéra les combattants jusqu'au
« délire ; on ne leur ménagea rien, ni les mensonges, ni
« les flagorneries, ni l'argent, ni l'eau-de-vie. »

L'insurrection disposait, après le 18 mars, d'éléments considérables qui lui permirent de soutenir deux mois de combat et la bataille pendant sept jours dans Paris. Son artillerie était forte de 1,047 pièces, 20 légions composées de 254 bataillons. La Commune avait 150,000 combattants plus 28 corps francs, agissant selon la fantaisie du moment et n'obéissant à personne. Ils choisissaient les dénominations les plus extraordinaires :

Turcos de la Commune, Éclaireurs de Bergeret, Enfants du père Duchesne, Enfants perdus, Lascars, etc.

« La Commune, dit Maxime Ducamp, que nous nous
« plaisons à citer, reste un forfait exécrable. Ceux qui
« la composaient, n'était que des malfaiteurs qui ont
« invoqué des prétextes, parce qu'ils n'avaient point de
« bonnes raisons à donner ; les assassins ont dit qu'ils
« frappaient les ennemis du peuple et ils ont tué les
« plus honnêtes gens du pays. La question politique
« était le dernier de leurs soucis ; on est surpris, dit-il

« de la quantité et même de la qualité des personnages
« qui s'arrogent le droit de supprimer la liberté indivi-
« duelle.

« Aucun des membres de la Commune et du Comité
« central ne se faisait faute de parapher les lettres de
« cachet, les délégués aux ministères, les commandants
« de la place, les commandants militaires des vingt
« arrondissements, le procureur de la Commune et ses
« substituts, les employés de la préfecture de police, les
« juges d'instruction (pris dans les ateliers de menui-
« serie) comme Guiton, etc. »

Le 18 mars, les généraux Clément Thomas et Lecomte furent assassinés. L'insurrection fut de suite propagée dans les bataillons des quartiers excentriques et même dans quelques bataillons de l'intérieur de Paris. Des arrestations nombreuses furent faites de toutes parts.

Citons entr'autres celle de Monseigneur Darboy, archevêque de Paris, Monseigneur Surat, archidiacre de Paris, Becourt, curé de Bonne-Nouvelle, Houillon, missionnaire, Deguerrie, curé de la Madeleine, les Dominicains d'Arcueil avec leur supérieur, les pères Captier et Cotrault, Bonjean, président de chambre à la cour de cassation, Gustave Chaudey, avocat.

Les pères Clerc, Allard, Ducoudray, de Bengy, Olivaint de la Compagnie de Jésus, 11 autres prêtres et on ne sait combien d'autres ôtages ; la grande et la petite Roquette seules en contenaient plus de 1,500 qui furent massacrés comme ôtages de la commune.

D'autres tels que le général Chanzy, le général Langourian, Ducauzé de Nazelles, capitaine du 5e lanciers, Gaudin de Villaine, lieutenant au 73e de marche, Icard, directeur, et Roussel, économe du séminaire Saint-Sulpice, Claude, chef de la sureté, André, Dodiau, Honorat, Thomas de Colligny, et celui qui écrit ces lignes, tous cinq commissaires de police, ont échappé miraculeusement au massacre par suites de péripéties nombreuses racontées par M. Maxime Ducamp, avec son style émouvant, dans son livre *Les Convulsions de Paris.*

Après le massacre des ôtages sans nombre, les communards laissèrent derrière eux une effroyable trace de leur passage par l'incendie des Tuileries, de l'Hôtel-de-Ville, du Palais de Justice, du Palais-Royal, du Palais de la Cour des comptes, du ministère des finances, de la Préfecture de police, de la manufacture des Gobelins et d'un grand nombre de maisons particulières.

Ces actes de vandalisme, anéantirent toutes les archives historiques de la ville de Paris et détruisirent les principaux dépôts publics contenant les documents officiels de l'administration impériale; nombre de personnes ont vu, non sans vraisemblance, dans ce dernier fait, l'indice d'une influence Bonapartiste.

On a constaté qu'aucun des membres de la Commune ne périt en combattant, malgré que pendant *la semaine infernale*, du 21 au 28 mai, on ait évalué à plus de 20,000 le nombre des communards tués en combattant.

Delescluzes fut tué, ne portant point d'armes, en traversant un champ de bataille, on suppose que sa mort fut un suicide.

Raoul Rigault arrêté à son domicile fut fusillé.

D'autres arrêtés plus tard, ont passé avec les insurgés devant les 22 Conseils de guerre institués pour les juger.

La Commune, durant son règne, n'a pas même émis une idée pratiquement utile à la population ouvrière dont elle prétendait représenter les intérêts. Elle n'a fait qu'ajouter l'horreur de la guerre civile aux désastres de la guerre étrangère.

Les pertes de l'armée ont été évaluées à 4,000 hommes; celles des fédérés ne sauraient être appréciées. La Commune n'avait pas le nombre des hommes tués dans les combats de chaque jour. On ne sut jamais le chiffre des exécutions nocturnes qu'elle ordonnait, on n'a pas davantage compté ceux qui tombaient en combattant, ou qui furent passés par les armes.

Le chiffre des arrestations, après la lutte, est de 43.522, dont 33,585 ont été relâchés après plusieurs mois de captivité, 10,137 ont été condamnés, dont 3,575 ont été transportés.

Parmi les condamnés, on compte 2,916 individus ayant subi des condamnations afflictives ou infamantes; on pourrait y ajouter les individus sans profession avouable et ceux dont les antécédents n'ont pu être constatés par suite de la destruction d'archives judiciaires soustraites ou incendiées.

La Commune emprisonnait des ôtages destinés à répondre de la vie des prisonniers faits par l'armée française, que l'on accusait de les fusiller. On fit des visites domiciliaires sous prétexte de chercher des armes; on ordonna l'enrôlement forcé des réfractaires et on organisa contre eux une véritable chasse à l'homme; on s'empara des églises, on les transforma en clubs; on arrêta les prêtres et on pilla leurs demeures. Paris et ses habitants furent livrés au caprice, à la force de l'ineptie, de l'ignorance des plus brutales passions. On décréta la confiscation des biens de M. Thiers, de M. Jules Favre et de quelques autres, on ordonna la démolition de l'hôtel de M. Thiers et cette sauvage mesure fut exécutée. On renversa la colonne Vendôme. Cet acte de barbarie accompli en présence des allemands victorieux, trouva des admirateurs et des applaudissements.

Après les désastres de la guerre et la répression de la Commune, la France fit un traité avec l'Allemagne, appelé le traité de Francfort, par lequel on arrachait à la France l'Alsace et la Lorraine, c'est-à-dire 1,487,374 hectares et 1,628,132 habitants et un sacrifice de plus de dix milliards. Cette funeste guerre avait occasionné la perte de 138,871 hommes tués ou disparus, et de 137,626 blessés qui sont, en grande partie, morts depuis; ce qui forme un total de 276,497 hommes mis hors de combat.

D'après les statistiques allemandes le nombre des tués et blessés de l'armée allemande serait de 175 à 180,000 hommes non compris les malades évacués au fur et à mesure.

La République, pour se libérer de la lourde indemnité de guerre qui lui avait été imposée et obtenir au plus tôt l'évacuation du territoire par l'armée allemande, fit un emprunt de trois milliards les 28 et 29 juillet 1872. Le crédit de la France, malgré ses désastres, fut si grand qu'il réussit au-delà de tout espoir légitime. Jamais aussi colossale opération financière ne fut entreprise. Le montant total de la souscription publique pour ces trois milliards s'éleva à plus de 41 milliards.

Tout en subissant à contre-cœur le titre de République, les partis monarchiques de l'Assemblée nationale n'avaient pas perdu l'espoir de ramener la France au régime de leur prédilection.

Ils avaient d'abord entrepris d'écarter du pouvoir tous les hommes qui pouvaient les gêner et, autant qu'ils le purent, ils forcèrent le gouvernement à remplacer tous les républicains en possession de fonctions publiques depuis le 4 septembre. Les légitimistes et les orléanistes reprirent l'œuvre de la fusion des deux branches,

L'intrigue échoua devant le refus du comte de Chambord, d'accepter le drapeau de la Révolution.

Les bonapartistes, de leur côté, osèrent lever la tête et commencèrent une œuvre de propagande au moyen de publications mensongères et calomnieuses.

Des accusations, des attaques continuelles furent portées contre le gouvernement de M. Thiers qui donna sa démission des fonctions de Président de la République. Le maréchal de Mac-Mahon fut élu de suite et séance tenante, à sa place, par 390 voix seulement; toute la gauche ne prit point part au scrutin.

Le ministère démissionnaire en même temps que M. Thiers, fut remplacée par des réactionnaires à la tête desquels était le duc de Broglie, président. Ils établirent ce qu'ils qualifiaient *l'ordre moral*. On commença aussitôt par la révocation des fonctionnaires de tous ordres qu'on remplaça en grande partie par d'anciens fonctionnaires de l'empire, préfets, sous-préfets, maires, commissaires de police, etc, et on se remit à la fusion. Le comte de Paris se rendit à Frosdorff auprès du comte de Chambord. On considérait cette visite comme une réconciliation des deux branches de la « *Maison de France.* »

Mais ceux qui avaient entrepris la restauration de la monarchie se heurtèrent aux réponses nettes et catégoriques du comte de Chambord qui ne serait, disait-il dans une lettre rendue publique, jamais le roi légitime de la Révolution, n'ayant ni sacrifices à faire, ni conditions à recevoir. Il voulait, au contraire, maintenir le rétablissement des lois religieuses de l'ancien régime.

Peu de temps après arriva la chute de ce ministère *d'ordre moral* et l'établissement de la République fut définitif.

APPENDICES

I

CHARTE DE 1137

Au nom du père, etc., Frère Albéric, abbé de Vézelay, à tous ses successeurs canoniquement substitués, salut éternel en Jésus-Christ.

La mémoire des choses passées s'efface avec le temps, nous avons jugé nécessaire de consigner dans le présent acte, pour être notoire à nos successeurs, l'exposé de certaines difficultés qui se sont élevées entre les Bourgeois de Vézelay et nous, et la manière dont elles ont été réglées.

D'abord, nous dirons que nous avons assigné un jour aux Bourgeois, pour terminer à l'amiable ces difficultés.

Au jour indiqué, se sont réunis, sur *notre invitation*, messire Hugues, évêque d'Auxerre, Hugues, abbé de Pontigny, Etienne, abbé de Rigny, Etienne, abbé de Tréfontaine et Godefroy, abbé de Clairvaux.

Devant lesquels, les Bourgeois et nous, avons exposé une partie de nos différends.

Il a été aussi convenu entre les Bourgeois et nous, que nous nous en remettrions à ce qui serait décidé, touchant ces différends, par les personnes sus-désignées et toutes autres qu'elles jugeront convenable de s'adjoindre et que ce serait chose établie à jamais.

Voici donc ce que nous avons dit contre les Bourgeois et eux contre nous.

A l'égard des *Dîmes* ou *Prémices* établis sur le vin, le blé et les autres produits, tels que brebis, agneaux, veaux et porcs, etc., nous nous plaignons de ce que les Bourgeois n'en voulaient payer qu'une faible partie, ou même quoi que ce fut.

Ils ont répondu que nous exigions d'eux plus que la Dîme puisque nous voulions avoir *un* agneau sur *quatre* et ainsi des autres produits.

A l'égard des *Gîtes*, que suivant l'ancien usage nous faisions retenir pour les hôtes que défrayait l'église et qui se rendaient à Vézelay, lors de la solennité de Pâques et de la fête de la Bienheureuse Marie-Madeleine, nous nous plaignions de ce que les Bourgeois les louent, malgré notre défense, à des forains ou à des marchands ; ce qui nous obligeait souvent à louer d'autres maisons à nos frais.

Les Bourgeois répondirent qu'ils ne devaient le logement qu'aux gens du comte, et qu'ils ne le devaient que tous les *quatre ans* ; et qu'ils prétendaient leur avoir été concédé par l'abbé Renaud, en présence de Guillaume comte de Nevers (1).

Nous insistions, au contraire, pour qu'il fussent tenus d'héberger non seulement les gens du comte, mais tous les hôtes que défrayerait l'église et toutes les fois qu'il en serait besoin, ainsi qu'il constait avoir toujours été pratiqué, par les abbés avant nous ; quant à la prétendue concession faite aux Bourgeois par nos prédécesseurs, nous déclarons la dénier formellement.

A l'égard du *Cens*, établi sur les vignes, nous reprochions aux Bourgeois de ne le payer, ni en la quantité, ni en la qualité, ni au temps qu'ils le devaient.

Les Bourgeois étaient d'accord avec nous sur l'époque du paiement, qui est avant la Saint-Martin, mais ils se plai-

---

(1) Un des droits réclamés de l'abbaye de Vézelay, par le comte de Nevers, était d'être défrayé, lui et sa suite, par le monastère pendant son séjour à Vézelay, lorsqu'il s'y rendait pour assister à la fête de Sainte Marie-Madeleine.

gnaient de ce que nous voulions être payés, non en vin, mais en argent, et au-delà même du prix que le vin se vendait à Vézelay ; ce que pourtant ils ne pouvaient nier avoir été pratiqué par nos prédécesseurs.

Nous avions contre les Bourgeois un autre grief, c'était relativement *au poids du marc* dont se servaient les changeurs, contre l'ancienne coutume, pour acheter et vendre ; lesquels différant entr'eux, donnaient prise à la fraude, et par suite, à beaucoup de récriminations contre nous, comme devant l'empêcher.

Il y avait aussi contestation relativement au *droit personnel à l'abbé*, de lever, absent comme présent, sur chaque habitant possédant un ou plusieurs prés, dans la *Poté* de Vézelay, une *trousse d'herbe*, fauchée ou non fauchée, tant qu'il y en aurait dans le pré.

Les Bourgeois disaient que le droit de l'abbé se réduisait à l'herbe et qu'il n'y pouvait prétendre que lorsqu'il était à Vézelay (1).

Les Bourgeois se plaignent aussi de ce que *les filles* en se mariant étaient obligées de payer *une taxe au Doyen et au Prévôt*.

A l'égard de la pêche dans les eaux de... les Bourgeois prétendaient avoir le droit de pêcher librement, où et quand ils voulaient, ce que nous leur contestons, comme aussi qu'ils eussent joui de ce droit sous nos prédécesseurs.

A l'égard des *Boisseaux des Moulins*, ils disaient qu'on les avait faits, de notre temps, plus grands que de coutume.

Ils se plaignaient aussi de ce que le Doyen, à leur insu, ou contre leur gré, envoyait, avant la vendange, ses serviteurs dans leurs vignes, pour y cueillir des raisins.

Ces différentes prétentions, discutées de part et d'autre, il y fut statué comme il suit :

A l'égard des *Dîmes*, il fut dit que les Bourgeois et les Vil-

---

(1) Quel est le sens attaché au mot *herbes* qu'on lit dans le texte ? Est-ce le nom particulier d'un droit seigneurial, moindre que la *trousse*.

lains les paieraient suivant la pratique universelle de l'église et des paroisses des environs.

A l'égard du droit *d'hospitalité*, il fut dit que les Bourgeois seraient tenus de loger *tous les hôtes* qu'aurait à défrayer l'abbé, attendu qu'il s'est trouvé deux témoins *idoines*, à savoir Bardelin, le forestier, et Guillaume Dupont, et plusieurs autres encore, prêts à attester, sous la foi du serment, que l'église, au temps de l'abbé Artaud et de l'abbé son successeur, était en possession annale de ce droit.

Mais, attendu que la ville s'était agrandie depuis, il fut ajouté que ceux des habitants qui auraient logé une première année aux fêtes de Pâques ou de la Madeleine, en seraient dispensés l'année suivante.

Il fut en outre enjoint au Doyen et au Maréchal, de n'écouter ni la haine, ni l'affection, pour grever les uns et décharger les autres (1).

A l'égard du *Cens* établi sur les vignes, autrement appelé *Herbage*, il fut dit qu'il serait payé en vin de bonne qualité, ou en argent, au cours *le plus élevé* dans la ville de Vézelay; qu'on aurait pour l'acquitter, jusqu'à la Saint-Martin d'hiver, et qu'en cas de retard, l'abbé pourrait exiger la peine du retard.

A l'égard du *poids de marc*, il fut dit que personne ne pourrait acheter, ni vendre, dans tout le territoire de Vézelay, autrement qu'au poids de marc de Cologne, et que tout

---

(1) Aux solennités de la Madeleine et particulièrement à celle du jour de *Quasimodo*, le concours des fidèles qui allaient à Vézelay, gagner des indulgences et des pardons accordés par les papes, était si grand, qu'autour de l'église, dans les cloitres, dans les rues, on amodiait les places à la toise, pour y mettre de la paille et y passer la nuit (Rapin Tayros, *Histoire d'Angleterre*.

Les reliques cependant n'existaient plus, on supposait qu'elles avaient été brûlées par les Huguenots, lorsqu'ils occupèrent la ville en 1569.

L'église et le couvent des Cordeliers furent précédemment trois fois détruits par l'incendie.

contrevenant paierait une amende proportionnelle à la contravention.

Il fut dit que le Maréchal de l'abbé recevrait de chacun des habitants appartenant à la *Poté* de Vézelay, et possédant un ou plusieurs prés, une *Trousse d'herbes*, tant qu'il y en aurait dans le pré, pour la nourriture des chevaux de l'abbé, que l'abbé fût ou ne fût pas à Vézelay, mais qu'il ne recevrait rien en foin.

A l'égard des *Condomines* appelées *Corcées* et attachées d'ordinaire à la *Mense* de l'abbé et des religieux, il fut ordonné à quiconque s'en trouvait en possession de s'en dessaisir pour les rendre à la Mense abbatiale, à moins qu'il n'y eut preuve certaine d'une légitime possession fondée sur la concession de l'abbé et du chapitre.

Il fut dit qu'on ne lèverait *aucune taxe sur les filles* qui se marient, *pourvu* que l'abbé ou ses officiers, à savoir le Doyen et le Prévôt, fussent informés du mariage, de peur qu'elles ne vinssent par fraude à tomber en puissance de mari appartenant à une autre *Poté* ou seigneurie, ce qu'on a vu être une cause assez fréquente de scandale.

A l'égard de la pêche dans les eaux de la rivière de... entre... et Pierre-Perthuis, il fut dit qu'à l'exception des *Gourds*, les Bourgeois et les Villains pourraient y pêcher, avec toutes sortes d'engins, les filets exceptés; *que s'ils prenaient un saumon, ils le porteraient aux officiers de l'abbé*, et quant aux autres poissons *qu'ils seraient tenus de les présenter d'abord au Célerier* et de les lui vendre au prix qu'ils auraient offert de les vendre à d'autres.

A l'égard des eaux dites du Vergy (1) achetées par l'abbé Artaud, il fut dit que personne n'aurait le droit d'y pêcher sans la permission de l'abbé. Bardelin le forestier, était prêt à

(1) Henri de Donzy et Savarie de Vergy, co-seigneurs de la Châtellenie de Châtel-Censoir, vendirent ensemble certaines terres à Artaud, abbé de Vézelay; ces terres étaient sans doute près de la rivière d'Yonne, qui passe au pied de Châtel-Censoir.

affirmer qu'il n'y a jamais vu pêcher les Bourgeois, ni les Villains, soit au temps de l'abbé Arfaud, soit depuis.

A l'égard des *Boisseaux des Moulins*, il fut dit qu'on se conformerait à l'ancienne mesure, à celle qui était en usage du temps de l'abbé Albéric.

A l'égard des *Vignes*, il fut dit que ni le Doyen, ni personne ne pourrait entrer dans les vignes des Bourgeois, à leur insu, ou sans leur permission, pour y cueillir des raisins.

Ainsi furent réglés les différends qu'on vient d'énumérer.

Pour discuter et régler le surplus, nous avons assigné un autre jour aux Bourgeois, auquel jour se sont également réunis, à notre prière, Monseigneur le Comte de Nevers et les autres personnes dont les noms sont au bas des présentes, à savoir :

Messires Hugues, évêque d'Auxerre, Hugues, abbé de Pontigny, Etienne, abbé de Rigny, Etienne, abbé de Tréfontaine, Gallois, abbé de Corbigny, Godefroy, prieur de Clairvaux et plusieurs autres; et devant eux ont été exposés et débattus, de chaque côté, les autres différends.

Nous nous sommes plaint, de ce que, pendant que nous étions en voie d'accommodement, les Bourgeois s'étaient confédérés, pour conspirer contre nous et notre église, et avaient entraîné dans leur conjuration les Villains de plusieurs de nos domaines, choses reconnues à des signes certains, par beaucoup de nos serviteurs et de nos amis, ainsi qu'ils nous l'ont rapporté et qu'ils se sont offerts d'en fournir la preuve.

Les Bourgeois ont nié du mieux qu'ils ont pu.

Les Bourgeois se plaignent de ce que, lorsqu'ils venaient à décéder sans héritiers légitimes, fils ou filles, *nous nous mettions en possession de tous leurs biens, meubles et immeubles, sans leur permettre de tester en faveur de leurs frères ou sœurs, ou de tels autres de leurs parents.*

A quoi nous avons répondu que nous ne pouvions octroyer un droit qui n'avait jamais été concédé par nos prédécesseurs, que c'était la coutume, non seulement chez les laïcs, mais chez un grand nombre d'évêques et d'abbés, de succéder à leurs hommes lorsqu'ils mouraient et que nous n'avions pas trouvé bon d'abandonner une coutume toujours observée jusqu'à nous, et qui est reçue dans tout ce pays.

Les Bourgeois se plaignent aussi qu'il ne leur fut permis de disposer en faveur des infirmes ou malades, connus sous le nom de *lépreux*, d'aucune partie de leurs terres ou de leurs vignes, tenues en *censive*.

A quoi nous avons répondu que nous ne l'avions pas permis, pour ne pas *leur fournir une occasion d'aliéner* les biens de l'église.

Ils se plaignent de ne pouvoir faire donner la sépulture à leurs morts, avant que les parents ou les amis du défunt nous eussent payé certaine rétribution.

Nous avons répondu, non seulement que cela n'était pas, mais que nous l'avions formellement défendu, *quoiqu'il fut certain que nos prédécesseurs le pratiquaient ainsi*. Toutefois, nous n'avons pas cru agir contre la justice en recevant de nos hommes une taxe modérée, après leur mort, aussi bien que pendant leur vie.

Ils se plaignaient que nous louions plus cher qu'on ne l'avait fait avant nous, les bancs destinés à l'étalage des changeurs et merciers.

Nous avons répondu que nous nous croyions permis, comme à nos prédécesseurs, d'augmenter, à raison de l'importance croissante de la ville, le *cens* non seulement des bancs des marchands, mais encore des maisons et de toutes autres choses qui se louent, d'autant que nous ne forcions personne à les louer, et que les Bourgeois eux-mêmes, sans que nous y missions empêchement, louaient également leurs maisons plus cher qu'autrefois.

Ils se plaignent de ce que nous exigions d'eux une *rétribution* pour leur permettre de placer leurs coffres, leurs bancs, ou autres choses semblables, sur les places de la ville.

Nous avons répondu, que les *places appartiennent à*

l'église, et que nous ne croyons faire tort à personne en les louant comme toutes les autres propriétés de l'église.

Ils se plaignent aussi de la *Taille* qui se lève tous les ans, suivant la coutume, à la fête de Noël sur les Bourgeois et les Villains. Ils prétendent que, pour lever cette Taille, le Doyen et le Prévôt devaient *adjoindre quatre* d'entre les Bourgeois, élus par ceux-ci, et renouvelés chaque année, et que la Taille devait être faite *d'après leur avis*, afin que chacun des Bourgeois et des Villains fût imposé selon ses facultés, celui-ci plus, celui-là moins.

Nous avons répondu que cela n'ayant jamais été fait sous nos prédécesseurs, le Doyen et le Prévôt, comme tous autres officiers munis de nos pouvoirs, *devaient procéder seuls* à l'établissement de la Taille, *ainsi qu'ils aviseraient*, toutefois en la mesurant équitablement aux facultés de chacun. Ajoutons que plusieurs de nos serviteurs étaient prêts à affirmer par serment qu'ils n'avaient jamais vu ni entendu dire qu'il eût été fait autrement.

Ils se plaignent de ce que nous exigeons d'eux pour leurs vignes, un *cens* plus élevé que celui qu'ils avaient accoutumé de payer.

Nous avons répondu, que nous ne recevions pas au-delà d'un demi-setier de vin par journal, comme il avait été toujours d'usage, mais *que nous augmentions le cens* en raison de l'extension des vignes, en n'exigeant toujours qu'un demi-setier par journal.

Ils se plaignent de ce que notre doyen et notre prévôt, faisaient arbitrairement et à *leur insu* garder leurs vignes.

Nous avons répondu que sur cela, comme pour tout le reste, *nous voulions conserver les anciens usages*.

Ils se plaignaient qu'on les eût privés de leurs pâturages pour les donner à *Cens*.

Nous avons répondu qu'à l'égard des pâturages qui sont *accensés* et qu'on pourraient prouver avoir existé de tout temps à l'état de pâturages, nous consentirions à renoncer au *Cens* qu'ils nous produisaient, si ceux-là qui les tenaient à Cens, consentaient à les délaisser eux-mêmes.

Ils se plaignaient que nous eussions mis en défense des forêts qui avaient toujours été considérées comme communes à tous.

Nous avons répondu, que si pour leurs besoins (1) nous leur avions en effet, permis l'usage de nos forêts, ils les avaient presqu'entièrement dévastées, et que nous avions dû, après réflexion, mettre plusieurs de ces forêts communes en défends, autant pour leur avantage que pour le nôtre, en leur laissant cependant une étendue suffisante.

Ils se plaignent de ce que nous usions de *traitement injuste envers nos hommes de Saint-Pierre et de nos autres domaines* (2) et voulaient que par eux, nous leur fissions justice.

Nous avons répondu que si nos hommes avaient à se plaindre de nous, ou de nos officiers, nous leur ferions justice par nous-même, attendu que *les Bourgeois n'avaient rien à voir aux affaires de nos Villains* et que nous ne voulions rien faire, à leur moyen, de ce qu'ils n'avaient pas le droit de réclamer.

De notre côté, nous nous plaignons de ce que plusieurs de nos Bourgeois avaient fait confectionner pour, en louer l'usage dans la ville, des *livres* plus fortes que celles que nous tenons dans notre sacristie, qui sont anciennes et de bon aloi, et avec lesquelles on avait accoutumé de *peser* dans la ville tout ce qui se pèse. Cette nouveauté est devenue plus abusive encore de notre temps.

Ces diverses prétentions produites de part et d'autre, messire Hugues, évêque d'Auxerre, etc. (ceux nommés plus bas) et Guillaume, comte de Nevers se retirèrent à l'écart pour régler ces différends.

Les Bourgeois et nous, nous étions convenus d'avance de

(1) Pour rétablir la ville incendiée, sous l'abbé Albéric.
(2) Probablement à cause de la conspiration dont on a parlé.

garder à toujours, nous, nos successeurs et les successeurs de nos successeurs, ce qui serait décidé, touchant ces contestations.

Le comte et les personnes prénommées s'adjoignirent Humbert de Tanlay, Hugues, vicomte de Clamecy, Hugues de Pierre-Perthuis et Renaud son frère, Gaufroy de Villars, Mathieu de Châtillon, Guillaume de Chastellux et Artaud de Châtillon, Guillaume Marchal, Adon de Montreuillon, Robert de Chamoux, Gaufroy d'Asnières et rédigèrent le pacte suivant, qu'ils lurent en notre présence et en celle des Bourgeois :

A l'égard de la *Conjuration, imputée aux bourgeois contre l'église et contre l'abbé*, il fut dit que les bourgeois éliraient sept d'entr'eux qui jureraient pour eux et pour les autres, qu'ils n'avaient fait aucune confédération, pacte, ni serment contre l'église et contre l'abbé, et qu'il n'était point à leur connaissance qu'il en eut été fait par d'autres. Furent élus pour cette opération : Aimont, fils d'Aimont de la classe des changeurs, David le changeur, Pierre Letard, Gilbert Gasteau, Durand Claynil, Durand Aubourg et Fulbert Mercier.

A l'égard de ceux *qui meurent sans laisser de fils ou filles* légitimes, il fut dit, que s'ils sont de condition libre, ils pourront tester en faveur de leurs plus proches parents légitimes et de *condition libre, pourvu que ceux-ci se fixent à Vézelay* et qu'ils *adoptent la coutume* de la ville.

Toutefois, ils ne pourront se mettre en possession des effets, ni des maisons du défunt que *par l'intermédiaire de l'abbé ou de ses officiers*.

Que s'ils ne veulent se soumettre à ces conditions, ils *seront privés de la succession et les biens retourneront à l'église*.

Quant aux hommes de l'église, il fut dit que s'ils décédaient sans laisser de fils ou de filles légitimes, *les choses qu'ils possédaient demeureraient à l'abbé*.

Que si l'un d'eux, ayant des fils ou des filles, cessait de faire avec eux ménage commun, en retenant sa portion, les biens qu'il se trouverait posséder au jour de son décès *demeureraient à l'abbé et à l'église.*

Il fut dit que les hommes de condition libre pourraient, sur leurs meubles ou leurs immeubles, faire des dons *aux lépreux*, à condition de le faire avec discrétion et en gardant *par dessus tout* les coutumes de l'abbé et de l'église ; mais que les lépreux ne pourraient ni vendre, ni engager à des individus d'une autre *Poté* ou *Seigneurie*, les terres, ni les maisons qui leur auraient été laissées.

Cette *faculté* de donner aux lépreux n'a *été concédée qu'à raison* de ce que les lépreux et leur église appartiennent en propre à l'église de Vézelay, mais il n'est pas permis aux personnes de condition libre de disposer de quoi que ce soit de leurs maisons *en faveur d'autres églises.*

Pour ce qui est des hommes de l'église, ils *ne peuvent, sans le consentement de l'abbé*, léguer ni terre, ni vigne, ni bâtiment quelconque, pas plus aux malades ou infirmes dont il vient d'être parlé, qu'à d'autres. Ils peuvent seulement prendre sur leurs meubles, pour leur faire quelques aumônes.

A l'égard de la *sépulture et des obsèques des morts*, il fut dit que ces devoirs leur seraient rendus sans aucune rétribution.

A l'égard des Comptoirs des changeurs, il fut dit qu'il était loisible à l'abbé d'en augmenter le *Cens* et de le multiplier autant que bon lui semblerait, comme édifices qui sont la libre et pleine propriété de l'église.

A l'égard *des places de la ville*, il fut dit que nul n'avait droit d'y placer des coffres, des bancs ou autres choses du même genre, sans la permission de l'abbé ou de ses officiers, les places étant la propriété de l'église.

Pour les *gardiens des vignes*, il fut dit qu'ils seraient choisis par les Bourgeois, présentés au Doyen et au Prévôt et préposés à la garde des vignes, après serment prêté *entre les mains de ces derniers.*

Il fut ajouté qu'il serait payé par *chaque garde* qui sera établi *12 deniers au Doyen.*

Pour les gardiens des pressoirs il fut dit, qu'étant à la connaissance de l'une et l'autre parties, que ces gardiens percevraient *un setier de vin*, pris sous le pressoir, *pour l'abbé et un denier pour eux.*

S'il arrivait qu'ils exigeassent davantage et que plainte en arrivât à l'abbé, celui-ci ferait justice.

A l'égard des *Pâturages* il fut dit que s'il en était d'accensés, que les Bourgeois prouvassent, sous la foi du *serment* et la peine *d'excommunication*, avoir été de toute ancienneté à l'état de Pâturage et à l'usage de tous, l'abbé ferait l'abandon du *Cens*, et ceux qui les ont *accensés* s'en dessaisiraient pour les rendre à l'usage commun.

A l'égard des *Forêts* il fut dit qu'il était loisible à l'abbé de mettre en défends celles dont il était certain que l'usage avait été interdit, longtemps avant l'incendie de la ville, mais que celles qui, à cette époque, étaient communes, devaient rester communes.

A l'égard des *Hommes de Saint-Pierre et des autres domaines de l'abbé*, il fut dit que l'abbé ne faisait aucun grief aux Bourgeois, en leur refusant toute satisfaction sur la manière dont il avait cru devoir en user envers ses Villains, *les affaires des Villains ne regardant pas les Bourgeois.*

A l'égard de la *Taille à lever sur les Bourgeois et les Villains*, il fut dit que l'abbé pouvait la faire lever par le Doyen et le Prévôt ou par tel autre de ses officiers *hors la présence et sans prendre l'avis des Bourgeois*, attendu qu'anciennement cela se faisait ainsi et qu'on n'avait pas prouvé qu'il en eût jamais été autrement.

Il fut dit encore que *non seulement les Bourgeois et les Villains* possédant maisons, seraient assujettis à la Taille, mais aussi ceux qui louent les maisons d'autrui, quels que fussent les propriétaires, après un an de séjour à Vézelay, et qu'ils seraient pareillement soumis *à toutes les autres coutumes de la ville.*

A l'égard du *Cens établi sur les vignes*, il fut dit qu'étant reconnu par les deux parties, que le Cens est d'un *demi-setier* de vin de bonne qualité par journal, l'abbé ne pouvait exiger davantage. Toutefois que celui des Bourgeois qui pourrait légalement prouver que sa vigne ou ses vignes avaient été accensées d'ancienneté par ceux dont c'était l'office, à un droit moindre, continueraient à payer moins, jusqu'à ce que son Cens eût été augmenté, étant naturel que le Cens augmentât en proportion de l'extension que ses vignes auraient prises, depuis l'établissement de la taxe primitive.

A l'égard de la *Tierce*, autrement appelée *Champart* (1) il fut dit que ceux qui la devaient ne pourraient *tiercer* leurs moissons avant d'avoir averti les officiers qui sont chargés de la lever; mais qu'après cet avertissement donné, s'il arrivait que ces officiers ne pussent assister au tiercement, ils pourraient, comme il est d'usage, appeler un de leurs voisins ayant les conditions requises, pour rendre témoignage et tiercer en sa présence, puis *transporter la tierce dans les granges de l'abbé.*

A l'égard du droit du *Ban de l'abbé* (2) il fut dit que, l'abbé jouirait du droit de ban, une fois par an, pendant un mois entier, à son choix, à l'exception pourtant de la veille et du

---

(1) On entend par *Champart*, le droit de prendre une certaine portion des fruits de l'héritage assujetti à ce droit.

(2) Il est probable qu'il s'agissait du droit qui appartenait au Seigneur de vendre seul à *pot* ou à *pinte*, pendant un certain temps de l'année (ordinairement 40 jours) le vin qu'il recueillait de son cru. Toute vente en détail était pendant le même temps interdite aux habitants de la Seigneurie.

Un arrêt de la Cour des aides du 3 juin 1697 détermine l'étendue de ce droit. Cet arrêt maintient et garde l'abbé et le chapitre en la possession et jouissance du droit de ban de vin, dans la ville et faubourgs de Vézelay, pendant le mois d'août de chaque année, fait défense au sieur de La Tour d'Auvergne, cardinal de Bouillon, fermier général des Aides, et aux fermiers des Aides de la première moitié des octrois de ladite ville de Vézelay, de troubler à l'avenir lesdits abbés et chapitre dans la jouissance de leurs droits de ban de vin, etc.

lendemain des trois fêtes de Pâques, de la Pentecôte et de la Madeleine, ce qui était reconnu par les Bourgeois. Toutefois que si l'abbé pouvait fournir la preuve juridique, qu'il devait avoir au-delà d'un mois pour exercer son droit de ban, il lui serait accordé autant de temps qu'il serait par lui juridiquement prouvé lui en être dû.

A l'égard des *livres et des poids* il fut dit que chaque Bourgeois qui voudrait en avoir pourrait les prêter, mais gratuitement, pourvu qu'ils fussent conformes aux poids anciens et de bon aloi du sacristain.

Que si quelqu'un se trouvait forcé d'en louer dans un cas pressant, *l'abbé seul* aurait la faculté de louer les siens.

Le présent accord fait à Vézelay, par les vénérables personnes sus-nommées, publiquement lu, l'an de l'incarnation de N. S., 1137, sous le règne de Louis, roi des français (1).

---

(1) Un seigneur de Bourgogne, voisin de l'abbaye de Vézelay appelé Jean de Mont-Saint-Jean, accorde de son bon gré, par une charte de 1222, une concession de privilèges aux habitants de ses terres.

Plusieurs clauses de la Charte de 1137 y sont rappelées.

II

ÉTAT DES BIENS, TERRES, SEIGNEURIES ET REVENUS DE L'ABBAYE DE SAINTE-MARIE-MAGDELEINE DE VÉZELAY

En 1161, 1538 et 1640 plusieurs inventaires et recollements des richesses de cette abbaye furent dressés.

Dans un procès-verbal de 1770, les relatant, on dit qu'un état des biens, terres, seigneuries et revenus de ladite abbaye fut dressé par Griveau et Vachat, notaires à Vézelay, dont copie fut fournie aux commissaires généraux et particuliers, députés par le Roi pour la recherche des droits d'amortissement, par Messire François de Rochefort, abbé de l'église de Vézelay, et en cette qualité seigneur *spirituel et temporel* dudit Vézelay, Asquins, Saint-Père, Fouessy, Montraoul, Fontette, Nanchièvre de la paroisse de Saint-Père, Brosse, Fontenille en partie, Asnières en partie, Cray, Chamoux Voutenay, Saint-Marc, Magny, Précy-le-Sec et Avrigny, tous lesquels lieux sont aussi dans le report du Bailliage et siège Présidial d'Auxerre, et autrefois était Bailliage et siège Présidial de Sens, Dornecy, Fleys, Villiers-sur-Yonne et autres dépendances de la terre de Dornecy, aussi dans le Bailliage de Saint-Pierre-le-Moustier.

Etat dans lequel il est dit : « Que de toutes les posses-
« sions et revenus appartenant, tant à la *Mense abbatiale*
« qu'aux officiers et religieux du couvent de ladite abbaye
« sécularisée en 1538, fut donné dénombrement, au vrai, par
« lesdits abbés et religieux du couvent de ladite abbaye en l'an
« 1161, pour satisfaire au commandement qui leur avait été

« fait, par Jean Grasset, sergent à cheval, le 15 mars 1461, en
« vertu des lettres du roi Louis, lequel dénombrement conte-
« nant *par le menu le revenu* de ladite église écrit en *612 feuilles*
« fut présenté et affirmé par devant *Etienne Darras*, clerc-
« notaire et tabellion juré en la Prévosté de Sens le 12 février
« 1461, par Révérend-Père en Dieu, monseigneur *Aubert*,
« abbé de ladite abbaye et frère Pierre Lusurier, prieur pro-
« cureur de ladite abbaye. »

L'abbé a le droit de percevoir les *dixmes* de blé et de vin dans *tous les lieux*, à raison de 16 l'un.

Tous *autres droits seigneuriaux lui appartiennent*, même la banalité des fours et moulins.

Outre la justice ordinaire, il a celle de la *Gruerie* (1), non seulement dans la *Poté* de Vézelay, *mais dans toutes les terres* dépendant de l'abbaye.

Quoique dans Vézelay, il y ait élection, grenier à sel et maréchaussée, néanmoins il *n'y a pas d'autres notaires* que ceux que l'abbé peut y establir sous son seel.

Chaque veuve, lorsqu'elle se remarie, doit à *l'abbé un marc d'argent*, estimé 25 livres, non seulement de Vézelay, *mais de toutes les terres dépendant de l'abbaye*.

Il a la collation de tous les bénéfices dépendant de l'église, qui sont *quantité de cures et chapelles* et 20 prieurés considérables et tous séculiers, dont le plus grand nombre vaut deux à trois mille livres de rente.

Pour celle des prébandes, semi-prébandes et dignités, elle lui est alternative avec le Roi.

Revenu de la terre et Poté de Vézelay.

Les dixmes de blé s'amodient par moitié *froment*, l'autre moitié orge et avoine.

La part de froment, par contrat du 10 juillet 1609, a été cédée aux chanoines et chapitre, au lieu de 700 bichets de froment qui leur estaient dûs de pension annuelle, suivant la bulle de sécularisation.

(1) C'est la justice des affaires des eaux et forêts.

Celle d'orge et d'avoine que l'abbé s'est réservée par le même contrat, a été amodiée l'année dernière 1657, sept cent deux bichets par moitié orge et avoine.

Les 700 bichets payés aux chanoines par l'abbé n'en étaient pas moins prélevés sur les Bourgeois et les Villains.

La métairie de Saint-Père, amodiée 260 bichets, moitié froment et moitié orge.

La métairie d'Asquin 100 bichets, également moitié froment et orge.

Le Moulin de Saint-Père, amodié 220 bichets froment et 140 bichets orge.

Le Moulin du Vaux de Poirier, sept vingt bichets froment et sept vingt orge.

Ces moulins, outre le blé, rendent chacun nombre *de porcs gras avec des poules et des chapons dans la saison.*

Les prés moines, affermés 20 bichets froment.

Les terres de la Madeleine, finage de Saint-Père, 4 bichets froment.

La métairie de la Borde, 6 bichets de froment.

Outre ce, il y a les grains de coustumes de *Champart et de Rentes* qui se fait à la Saint-Martin d'hiver et autres termes, dont on n'a pas connaissance.

Somme toute :

Froment	730 bichets.
Avoine.	351 —
Orge	773 —
Total	1854 —

lesquels bleds peuvent s'estimer : le froment 40 sols le bichet, l'avoine et l'orge la moitié.

Les dixmes du vin, autrefois se levaient en argent, à raison de 30 sols par chaque arpent.

Il est à noter qu'il y a bien 2,000 arpents de vigne dans la *Poté* de Vézelay, ce qui faisait (pour Vézelay seulement) 3,000 livres de rente.

Outre les dixmes, il y a un grand clos de 32 à 33 arpents, à la porte de Vézelay, *du meilleur climat*, produisant environ huit vingt muids de vin. Le muids de la province vaut de 30 à 40 livres tous les frais déduits. Ce qui vaut plus de 3,000 livres de rente.

Les prés, 400 chariots qui se fauchent, se fanent et s'enlèvent par *corvée*, c'est-à-dire gratuitement, 1,500 livres.

Revenu argent

Passage des bois sur la rivière de Cure. .	800 fr.
Amodiation de la pêche à St-Père et Asquins	100
Les Bourgeoisies de Vézelay, St-Père et Asquins.	400
Le droit de ban de vin des dits trois. . .	150
Les Cens, menues rentes et autres droits des dits trois	150
Les greffes des dits Vézelay, Saint-Père et Asquins	300

Vézelay

Le minage	140
Le four banal	300
La boucherie.	24
La Prévosté.	36
Le concierge de la prison rend.	36
Les menus droits *cens ès-foires* de Vézelay.	20
Me Pierre Colon doit pour rente . . .	18

Asquins

La Prévosté affermée.	150
La boucherie	18
La Thuillerie	80
Chaque feu ou maison d'Asquin, au nombre tout au moins de sept vingt, doit un ecu pour le droit et l'usage du bois (concession de 1635).	420
Le four banal	120

APPENDICES.

Saint-Père

La Prévosté affermée	105
La métairie de St-Père, *outre blé, poules et chapons.*	18
Le revenu de la *Poté* de Vézelay . . .	12469 livres
Dorneey est un bourg fermé à 3 lieux de Vézelay, dont le revenu est affermé . .	2375
Précy-le-Sec, bourg fermé	1300
Voutenay, Saint-Moré, Neuilly et Avrigny .	1700
Brosse et Fontenille	400
Asnières, le revenu est affermé	200

L'abbé possède ces terres en toute justice, son Bailly de Vézelay, son Lieutenant et le Procureur fiscal, peuvent aller exercer sur les lieux quand bon leur semble. Cependant l'abbé y establi des lieutenants locaux, des substituts de son procureur et des greffiers particuliers.

Les Prieurés de l'Isle et d'Argenteuil, Sarry et Soulangy.	1500
Pigny et Montigny, fermages	100
Germigny, redevance.	120
La Chapelle de Fléys.	100
La dixme de Mailly	160

Il est à observer que les baux à ferme de toutes ces terres ont été faits sans publication, et que si les choses s'étaient passées avec les formalités accoutumées, on les aurait augmentés de beaucoup.

Il se trouve encore d'autres revenus qui ne sont pas à notre connaissance.

L'inventaire de 1770 fait mention d'un acte de donation de 1178, par Guillaume, évêque d'Auxerre, à l'église de Vézelay, de 10 sols de cens, sur celle de Mailly-le-Chastel et de la moitié des offrandes des trois fêtes de la Toussaint, Noël et Saint-Adrien de septembre, plus du droit de présentation du chapelain, ainsi qu'il est exercé par l'abbé de Vézelay, dans l'église de Mailly-la-Ville.

Bois en propre, appartenant à l'abbé :

A Vézelay, les bois taillis de Chauffour et de la Fontaine Nouvelle	200 arpents
A Dornecy, aussi bois taillis	500 et plus.
A Brosses et Fontenille	200
A Asnières et Avrigny, indivis avec le Seigneur d'Avrigny	500

Bois d'usage, où l'abbé prend le tiers en cas de vente :

Les usages de Vézelay	1200
Les usages de Dornecy, aussi en bois taillis où l'abbé prend les deux tiers . . .	300
Les usages de Foissy, Précy-le-Sec, Voutenay.	600
Les usages d'Asquins.	400

L'abbé vend tous les offices, de Lieutenant, Procureur, Bailli, Notaire, Greffier, etc.

Tous les revenus ci-dessus détaillés ne forment qu'une faible partie de ceux énumérés le 15 mars 1461, par un état contenant 612 feuilles.

Quoiqu'il en soit, si on forme un total de ceux déclarés, en joignant seulement le produit de 20 prieurés et laissant les cures et chapelles, on trouve un total s'élevant à plus de cent mille livres qui, au cours actuel, vaudrait au moins *six cent mille francs* (1).

---

(1) Du temps de Louis XI, la livre tournois valait 20 sols et la livre parisis 25 sols.

III

CHARTE DE CHAMOUX ET DE CRAY.

« A tous ceux qui ces présentes lettres verront, Aubert par
« la grâce de Dieu, *humble* abbé de Vézelay, et de tout le
« couvent du même lieu, salut :
« Comme les manants et habitants des villes de Chamoux
« et de Cray, nos sujets et justiciables, en justice haute,
« moyenne et basse, nous ayant par *plusieurs et diverses fois*,
« fait dire et remontrer, que lesdites villes sont assises
« *en pauvres et maigres pays*, entre bois et hautes futaies,
« *où sont plusieurs bêtes sauvages*, qui gastent et détrui-
« sent leurs blezs, chacun an, et qu'à l'occasion de ce, et
« aussi de la main-morte réale que nous avons ès dits lieux
« et de PLUSIEURS ET INÉNUMÉRABLES SERVITUDES, desquelles les
« dits habitants desdites villes sont chargés envers nous et
« notre dicte église, iceux habitants estaient *en voye de laisser*
« *et abandonner le lieu, du tout*, et par conséquent lesdites
« villes demeurer *inhabitables*; nous requérant humblement,
« en l'honneur de Dieu et *de la benoitte Magdeleine*, qui pour
« les entretenir audit lieu de leur nativité et sous notre église,
« que icelles servitudes *voulussions modérer*, en telles
« manière qu'ils n'eussent cause de faire nouvel païs et nou-
« velle demeurance.
« Sçavoir faisons, que nous tous assemblés ensemble en
« notre chapitre, au son de cloche en la manière, que en tel
« cas accoutumée, avons, ayant considération à tout ce que
« de par les habitants nous a été dict et remontré, duement

« informé de la situation desdites villes et des charges et ser-
« vitudes que ont à supporter les habitants d'icelles, au regard
« des lieux voisins, qui sont *assis en bon et gras païs*, et trop
« plus sans comparaison que lesdites villes de Chamoux et
« Cray ; pour entretenir lesdits habitants ez dits lieux *et re-*
« *peupler les dites villes, pour le clair et évident profit de*
« *notre dite église*, de nous et de nos successeurs, bien con-
« seillez et avisez en ce faict, d'un commun accord et consen-
« tement, avons osté, et par ces présentes ostons perpétuelle-
« ment ladite main-morte réale que avons ez dits lieux, en
« tant qu'il touche ceux qui demeureront ez dits lieux seule-
« ment, soit natifs desdits lieux ou non, et avec ce, avons
« octroyé que, ils, et leurs successeurs et autres quelconques
« demeurant ez dits lieux, puissent et leur loise hayers tendre
« et chasser à cors, à cris et à toutes manières, de grosses
« bêtes, en tous leurs blez, pour la tuition défense d'iceux et
« au bois dit le Broillard et hayer selon le bout et accrues du
« Bois dit de la Forêt, du côté de leurs dits blez, depuis le
« chemin qui vient de Chamoux à Vézelay, jusqu'au chemin
« d'Asnières, venant de Vézelay seulement ; sous telle condi-
« tion, que s'il ou aucun d'eux estait trouvez chassant par les
« grands bois ou ailleurs, en quelque manière que ce soit, ils
« l'amenderont et perdront perpétuellement cette présente
« liberté à eux donnée et touchant ladite chasse.

« Item, voulons et consentons que lesdits manants et habi-
« tants leurs successeurs et autres demeurants ez-dits lieux,
« perpétuellement puissent prendre du bois *sec* ez de bois de
« Broillard et de la Forêt. Tous autres bois entre lesdites
« villes de Chamoux et de Cray et Vézelay, excepté tous *plats*
« forêts ez dits bois, pour les pouvoir faire escorcer, tant
« pour leur chauffage, comme pour vendre et faire leur profit
« où bon leur semblera, et aussi gros bois, audit bois de
« Broillard, pour maisonner et édifier ès dits Chamoux et
« Cray et non ailleurs.

« Item, avons remis et remettons l'amende de notre prévost
« ez dits lieux, qui pour le présent et pour le temps à venir

« sera, que de raison est de 60 sols tournois, à 20 sols tour-
« nois ; le défaut fait devant lui à 3 sols tournois et la clameur
« à 12 deniers tournois.

« Et pour ce, lesdits habitants, leurs successeurs et autres
« demeurant ez dits lieux, seront tenus, chacun tenant feu et
« lieu, payer à nous et à nos successeurs perpétuellement, au
« terme et feste de Saint-Martin d'hyver, cinq sols tournois
« de bourgeoisie et chacune femme vefve deux sols six deniers
« tournois, le 1ᵉʳ terme et paiement commençant à ladite feste
« qui sera l'an 1411. Et avec ce, seront tenus un chacun et
« chacune, tenant feu et lieu ez dit lieux, payer à nous et à
« nos successeurs, aux jour et terme de Saint-Hilaire, chacun
« an, pour l'usage dessus dit, à eux donné ez dit bois, quatre
« deniers tournois, devant l'église dudit Chamoux, à peine de
« payer trois sols tournois pour chacun défaillant, outre par
« dessus, un denier que jà en devaient.

« Item, seront tous lesdits habitants et chacun d'eux et
« autres labourant et demeurant ez dits lieux, payer à nous
« et à nos successeurs, perpétuellement, bien et loyalement,
« de tous les blez qu'ils laboureront ez dits lieux, finage et
« territoire, de quinze gerbes l'une, savoir : froment, seigle,
« orge, avoine et tous autres grains, avec la dixme des chan-
« vres de chénevière, et avec ce, *de toutes bêtes rousses qu'ils*
« *prendront ez dit finages et terre de Chamoux et Cray, cerf*
« *le sixième, et des biches un quartier, outre et par dessus*
« *toutes les censives, rentes, coustumes, redevances et autres*
« *charges quelconques dûes à notre dite église et à nous d'an-*
« *cienneté;* lesquelles lesdits habitants et leurs successeurs,
« seront tenus de nous payer entièrement; et ainsi l'ont
« promis lesdits habitants, réservés ce que ci-dessus leur est
« remis. Comme cet acte d'affranchissement ne concerne que
« les habitants des villages de Chamoux et de Cray, qu'ainsi
« leurs héritiers, ni parents, ni étrangers ne pouvaient parti-
« ciper à cette faveur, lesdits habitants, sur la représentation
« faite aux religieux, que ladite main-morte ainsi ôtée n'était
« qu'à leur profit seulement et que les absents ne pourraient

« venir à leur succession, s'ils ne faisaient résidence ez dits
« lieux, que pour cette cause plusieurs gens délaisseraient à
« eux alliés par mariage ; il leur plût de leur grâce pour le
« bien d'iceux faire que lesdits absents puissent succéder à
« leurs plus proches parents, nonobstant que leur plaisir ne
« serait pas de faire résidence ez dit lieux.

« Nous tous, porte un acte supplétif du 3 janvier 1443,
« assemblés, etc., consentons et accordons que, en cas que
« aucun des habitants irait ou ira de vie à trépassement sans
« hoirs habiles à lui succéder, demeurant en l'un desdits
« lieux, qui sont ses plus prochains parents, habiles à venir
« à succession, y puissent venir quelque part qu'ils demeure-
« raient, sans être tenu de faire résidence, en aucun desdits
« lieux pourvu que lesdits hoirs en acceptent la succession,
« seront tenus de payer chacun an deux sols dix deniers tour-
« nois de bourgeoisie, etc., plus la charge de bien cultiver,
« de *manière qu'on puisse toucher dixme, censive, rentes et*
« *autres revenus à nous appartenant.*

« Et avant toutes choses, venir pardevant nous, abbé, bailler
« déclaration des héritages, à défaut d'exécution, nous et nos
« successeurs pourront *bouter* en ladite hoirie et d'icelle faire
« notre profit et de notre église. »

IV

LETTRES-PATENTES DE FRANÇOIS Iᵉʳ AUTORISANT LES FORTIFICATIONS DE DORNECY.

« François, par la grâce de Dieu, roy de France, sçavoir
« faisons, tous présent et advenir, nous avions reçu l'humble
« supplication de nos chers et bien amés les manants et habi-
« tans du bourg et village de Dornecy, en Nivernais, conte-
« nant que ledit lieu et bourg est situé et assis en *bon* et
« *fertil* païs, bien accompagné, construit et édifié d'un bon
« grand nombre de maisons et habitans marchands et autres,
« ayant grande faculté de biens, pour lesquels tenir et mettre
« en *sureté*, ensemble leurs personnes, à l'encontre des ad-
« venturiers, vacabons, nos hennemis et autres gens
« sans adveu, qui ont été par ci-devant et vont ordinairement
« audit bourg, les piller, fouiller et opprimer, aussi pour aux
« autres inconvénients qui pourraient survenir ; ils nous ont
« très humblement supplié et requis leur vouloir permettre
« la closture d'y celui bourg, *attendu qu'il y a marché toutes*
« *les semaines et trois foires l'an*, assis près de la rivière
« d'Yonne, et autres grandes commodités ; lesquels manants
« et habitans dudit bourg de Dornecy, leurs femmes, enfans
« et famille, ont été cy-devant et sont souventes fois pillés,
« et gasté leurs marchandises et mangé leurs biens, tellement
« molestés et oppressés, qu'ils ne peuvent bonnement satis-
« faire aux charges qui leur convient faire et supporter, tant
« pour le paiement de nos *aydes* et *tailles*, qu'autrement leur
« dite famille et ménage, pour obvier ausquels *domages* et

« intérests, et pour tenir leur dite personne, enfans, biens et
« mesnage en sureté, ils ont advisé entr'eux de faire closre
« ledit lieu et bourg de Dornecy, de murailles, tours, por-
« teaux, boullevarts, barbacanne, pont-levis, fossés et mettre
« choses requises et nécessaires à forteresse et pour fournir et
« satisfaire aux frais des présentes, leur conviendrait mettre
« et imposer sur eux, et tous ceux de la paroisse et autres
« ayant maisons, places et héritages dedans le finage et
« justice dudit Dornecy, *sans nul excepter, le fort portant le
« faible,* tels deniers à ce requis et nécessaires ; ce que bonne-
« ment ils ne peuvent, ni ne pouvaient faire, sans authorité et
« permission de nous, humblement requérant sur ce, impar-
« tirons notre grâce, pourquoy, nous ces choses considérées,
« désirant la conservation de nos subjets et que autres voyes
« de fait, force, violence, pilleries et larcins et autres exac-
« tions indues, ne soient commises sur eux. Auxdits sup-
« pliants *avons permis et octroyé,* et par ces présentes de
« notre grâce et spécialle, pleine puissance et authorité
« royale, octroyons, permettons et nous plaist qu'ils puissent
« et leur aviser ledit lieu et bourg de Dornecy, fermer et
« closre de murailles, tours, porteaux, fossés, boullevarts,
« pont-levys et autres choses requises et nécessaires à forte-
« resse et closture de ville, et pourront faire fournir
« aux frais qu'il conviendra faire à leur aviser ; eux assemblés
« mettre, cottiser, altérir et imposer le fort portant le faible,
« telles sommes et deniers qui seront requis à faire ladite
« closture et à la recepte et distribution desdits deniers establir
« et constituer telle personne de loyauté et conscience estre à
« faire à la charge d'en rendre bon compte, et que ce ne
« préjudicie à autruy, et ce, nonobstant opposition ou appella-
« tion quelconque, faites ou à faire, et sans préjudice d'icelles,
« pour lesquelles ne voulons être différé, si donnons en man-
« dement, par ces mêmes présentes, au Bailly de Saint-Pierre-
« le-Moustier, ou son lieutenant, que de nostre présente
« grâce, permission et octroy, il face, souffre et lesse lesdits
« suppliants, jouyr et user pleinement et paisiblement, sans

« leur faire mettre ou donner, ne souffrir estre fait, mais ou
« donné aucun *arrêt d'estorbi* et empêchement, en aucune
« manière quelconque, soit fait, mis, ordonné leur escrit, le
« mettent ou fassent mettre incontinent et sans délai au pre-
« mier *estat et deu*, car tel est notre plaisir, nonobstant quel-
« conques lettres, mandement ou deffense à ce contraires, et
« afin que ce soit chose ferme et stable à toujours, nous
« avons fait mettre nostre scel à ces dites présentes, sauf en
« autres choses nostre droy et l'autry.

« Donné à Fontainebleau, au mois de décembre, l'an de
« grâce 1512; de nostre règne le vingt-neuvième. Ainsi soubs-
« scrit par le roi, en son Conseil, signé Robert, et scellé à
« las de soye rouge et verd, sur sire verte du grand scel du
« roi nostre dit sire. »

V

ENTERRINEMENT DES LETTRES PATENTES. — LETTRES DE MARIE D'ALBRET.

« Le 12ᵉ jour du mois de janvier, l'an 1513, pardevant nous
« Olivier Millet (1), escuyer, conceiller du Roy, nostre sire,
« lieutenant au bailliage de Saint-Pierre-le-Moustier, com-
« missaire du Roy, nostre dit sire, en celte partie, en nostre
« hostelle, audit Saint-Pierre-le-Moustier, est comparu en sa
« personne, Prudent homme, Martin Belin, juge et garde de
« la terre, justice et seigneurie de Dornecy, et procureur des
« manans et habitans dudit lieu et bourg de Dornecy.
« Lequel nous a présenté certaines lettres patentes du roy,
« nostre sire, en forme de chartres, par lesdits habitans de
« Dornecy, obtenus du roy nostre dit sire.
« Nous requérant vouloir procéder à l'exécution et enterri-
« nement desdites lettres, et pour ce faire, nous transporter
« audit lieu et bourg de Dornecy.
« Veu par nous ladite requête et lesdites lettres patentes
« de l'exécution d'icelles avons pris et accepté la charge, et
« *pour ladite heure, avons différé nous transporter audit lieu*
« *de Dornecy, par les grandes gelées et intempéries de temps* ;
« ce néanmoins avons entrepris avec ledit Belin, procureur

---

(1) L'année suivante, le 14 Novembre 1514, nous voyons qu'il repré-
sentait à Nevers les habitans de Saint-Pierre-le-Moustier à la rédac-
tions des coutumes nouvelles qui *devaient estre couchées en l'ancien
livre coustumier.*

« dessus dit, nous transporter audit lieu de Dornecy, le
« 15ᵉ jour du mois de febvrier, prochainement venant, pour
« procéder à l'exécution desdites lettres ainsi que de raison ;
« et depuis le 11ᵉ jour dudit mois de febvrier ensuivant audit
« an, ledit Belin envoya pardevant nous, audit Saint-Pierre-
« le-Moustier, messager exprès, pour lever commission sur
« lesdites lettres, et veu, ce que dit est, en enterrinant la
« requête dudit Belin, procureur dudit païs, par Charles
« Guesdat, greffier dudit bailliage, luy avons fait délivrer nos
« lettres de commission aux fins des susdits. Et le mercredi
« ensuivant, 13ᵉ jour du mois de febvrier audit an, nous,
« lieutenant-général et commissaire des susdits, avec hono-
« rable homme et sage maître Claude Bourdoiseau, avocat du
« Roy, Claude Sellier, procureur du Roy audit bailliage, et
« ledit Guesdat, greffier des susdits, nous sommes transportés
« dudit lieu et ville de Saint-Pierre-le-Moustier, au lieu et
« ville de Prémery, distants l'un de l'autre de onze lieues ou
« environ, et le lendemain 14ᵉ jour dudit mois, audit an, du
« dit lieu de Prémery, audit lieu de Dornecy, distants l'un de
« l'autre de dix lieues ou environ, auquel lieu le lendemain
« 15ᵉ jour dudit mois, audit an, pardevant nous, lieutenant et
« commissaire des susdits, en la grange de la demoiselle
« Dubois, heure de midy dudit jour, en la présence desdits
« advocat et procureur du Roy se sont comparus en leurs
« personnes.

« Honorable homme Martin Belin, Nicolas Teurreault, Jean
« Ravisé et Toussaint Laulpepin, quatre procureurs desdits
« manants et habitans dudit lieu et bourg de Dornecy, lesquels
« nous ont présenté lesdites lettres patentes ci-dessus incor-
« porées, avec les lettres de consentement sur icelles faites par
« haulte et puissante princesse, Madame la duchesse de
« Nevers, avec la vérification d'icelles, des gens de son conseil
« et de ses comptes ; et lesquelles ils ont requis être incérées
« en cestuy nostre présent procès-verbal, desquelles à leur
« requête successivement la teneur s'ensuit :

LETTRE DE MARIE DALBRET, DUCHESSE DE NIVERNAIS.

« Marie Dalbret, duchesse de Nivernais, comtesse de Dreux,
« à tous ceux qui ces présentes lettres verront, salut :

« Comme nos chers et bien amés subjets, les manans et
« habitans de nostre bourg et ville de Dornecy, nous ayant
« par requeste remontré que pour obvier aux oppressions,
« fouilles, pilleries, ransonnements, outrages et molestations,
« que chacun jour se forcent leur faire et ont fait à diverses
« fois, gens vacabons, inconnuts, malvivants et tenant les
« champs, sans adveu, auraient obtenu du Roy, nostre
« souverain seigneur, lettres patentes de permission pour
« closre et fermer ledit bourg, de murailles, fossés, porteaux,
« ponts-levys et boullevarts, en forme de forteresse; des-
« quelles lettres désirant l'exécution, nous requérant humble-
« ment, pour ce faire impartir nostre licence, congé et per-
« mission et leur pourvoir en manière que ladite closture ne
« demeure afin que cy-après ils puissent vivre en sureté de
« leurs personnes et biens, sans être forcés, pillés et endo-
« magés, comme par cy-devant ont esté. Sçavoir faisons que
« veu lesdites lettres du Roy, nostre dit sire, désirant la
« tintion, repos et soulagement de nos subjets, et que sommes
« deument informés, icelle closture ne porter détriment à
« leurs voisins, considérant ce estre à la déclaration et forti-
« fication du pays et royaume et que c'est en lieu lymitrophe,
« nous par délibération de nostre conceil, en usant de nos
« droits, tels que ont accoutumé user nos prédécesseurs en
« pareil cas, et inclinations à ladite requeste, avons pour ces
« causes et autres, a de ce, nous mouvant, permis consente-
« ment et accordé, permettons et accordons par ces présentes,
« à nos dits subjets et habitans de Dornecy, de faire et cons-
« truire la closture d'iceluy bourg, par la forme et manière
« dessus récitée et contenue ès-dites lettres du Roy nostre dit
« seigneur, à la charge toutefois *de recevoir par eux le capi-*
« *taine, homme notable, suffisant et ydoine, tel que par nous*
« *et nos successeurs duc et duchesse de Nivernais, et non par*

« *autres, leur sera baillé et establi*, et sauf en autres choses
« nos droits, tant pour le présent que pour l'advenir, si
« donnons en mandement à nos amés et féaux conceillers, les
« gens de nos comptes à Nevers, bailly et procureur général
« en Nivernais, que de nos présentes grâces, octroyons per-
« mission et consentement, facent seullement et laissent jouir
« et user plainement et paisiblement nos dits subjets habitans
« de Dornecy, sans aucun trouble ou empeschement, car tel
« est nostre plaisir, en témoin de ce, nous avons signé ces
« dites présentes de nostre main, fait contre-signer par l'un
« de nos secrétaires et scellé de notre seel. Donné en nostre
« ville de Nevers le 8ᵉ jour de janvier, l'an 1513. Ainsi signé
« Marie, et sur le replier est écrit : Par Mᵐᵉ la duchesse, signé
« Nicolas et scellé à double queue sur sire rouge des armes
« de ma dite dame la duchesse.

« Les gens du Conceil et des comptes de haulte et puissante
« princesse, Madame la duchesse de Nivernais, comtesse de
« Dreux, les lieutenants, procureurs, chastelains et autres
« officiers de la chastelnie de Metz-le-Comte, salut.

« Veu par nous, les lettres patentes de ma dite dame, à
« nous adressantes expéditions le 8ᵉ du présent mois de jan-
« vier, auxquelles ces présentes sont attachées, sous le cachet
« de la chambre desdits comptes, contenant permission,
« congé et consentement, octroy à ses subjets et habitans du
« bourg et village de Dornecy, pour les causes et considéra-
« tions contenues ès dites lettres, de closre de murailles ledit
« bourg, par la forme et manière y déclarée. Nous inclinant à
« la requeste, sur ce faite par Maître Belin et Toussaint
« Aubepin, demeurant audit Dornecy, tout pour eux que
« comme eux, disant avoir charge expresse de tous les autres
« manans et habitans dudit lieu, quand ad ce avons, en tant
« que à nous, est procédé à l'enterrinement et vérification
« desdites lettres patentes, si préalablement sur icelles, le
« procureur général de Nivernais, en quoy faisant, mandons
« à chacun de nous, si comme à lui appartiendrait souffrir,
« laisser jouir et user pleinement et paisiblement lesdits habi-

« tans, sans contredit ou empeschement de ladite permission,
« congé et consentement de closre ledit bourg de Dornecy,
« par la manière et soubs les clauses y mentionnées, *même
« à la charge de recevoir le capitaine, homme notable et ydoine,*
« tel que par ma dite dame et ses successeurs duc et duchesse
« de Nivernais et non par autre, leur serait baillé et estably,
« le tout selon que plus à plein et contenant lesdites lettres,
« ce que lesdits Belin et Aubepin, *ont promis et se sont
« chargés de faire consentir et accorder par tous les habitans
« et en apporter l'acte de leur consentement dedans Pâques
« prochain.*

« Donné au bureau de ladite Chambre des Comptes à Nevers,
« le 10ᵉ jour du mois de janvier 1513, ainsi signé : Guillier et
« Perrin, et scellé à simple queue de sire rouge, des armes
« de ma dite dame la duchesse, et nous ont dit iceux procu-
« reur dudit Dornecy, que par vertu de nos lettres de com-
« mission et par Jean Chapuis, sergent royal audit bailliage,
« ils ont fait *adjourner* par devant nous, à ce présent jourd'hui
« lieu et heure.

« 1° Monseigneur le révérendissime cardinal de Meudon,
« seigneur en partie dudit lieu de Dornecy (à cause de l'abbaye
« de Vézelay).

« 2° Haute et puissante princesse Mme la duchesse du
« Nivernais, aussi dame en partie dudit Dornecy.

« 3° Et tout les habitans de Dornecy ; voir les noms et pré-
« noms dans une liste, à la suite (appendice n° VI).

« Le sergent *Chapuis* avait adjourné encore douze habitans
« de Clamecy, dont les noms sont à la suite, parce qu'ils
« possédaient des biens à Dornecy.

« Pour par eux et chacun d'eux, dit-il dans son exploit,
« venir voir procéder à l'exécution et enterrinement desdites
« lettres patentes, selon leur forme et teneur, requérant
« défaut contre les non-comparants, et par vertu d'icelles,
« que procédions outre à l'exécution d'icelles.

« Après avoir donné défaut contre *six* seulement non-com-

« parants, et fait faire lecture par le greffier aux autres
« adjournés.

« A esté dit par le procureur du Roy, qu'il accorde l'enter-
« rinement desdites lettres, *à la charge toutefois que la force
« de ladite closture, garde et authorité, en demeure audit
« seigneur et que ses deniers n'en soient point retardés.*

« Et par noble et *seintissique* personne Maistre Dieudonné
« de Blanchefort, vicaire de mon dit seigneur le *Révéren-
« dissime* cardinal, avec Maistre Bauquesne, son procureur
« fiscal audit lieu de Dornecy.

« Bauquesne, en sa qualité de procureur fiscal a été
« adjourné du jour diers à ce jour d'huy et qu'on n'a pu
« advertir mon dit seigneur le révérendissime ni son Conceil.
« Partant requérant copie desdites lettres et délay, pour l'en
« advertir, protestant que s'il se fait aucune chose à son pré-
« judice de le faire révoquer ou contredire en temps et lieu ;
« joint que lesdits habitants n'ont aucun consentement de
« ladite closture, de mon dit seigneur le Révérendissime sans
« lequel ils ne peuvent procéder outre, au regard à ce qu'il
« est seigneur justicier, en partie, comme dit est, du lieu de
« Dornecy.

« Et par honorable homme Claude Hermand, procureur de
« ma dite dame la duchesse de Nivernais, a esté dit, que dès
« à présent, ma dite dame a baillé son consentement, ainsi
« qu'il est apparu par l'expédition desdites lettres vérifiées
« par les gens de son Conceil, en sa chambre des comptes,
« audit Nevers, cy-dessus incérées, partant, accorde qu'elles
« soient par nous enterrinées selon leur forme et teneur.

« Et par Léonard du Courtet, seigneur de Bavoy ; noble
« homme Jacques Loron, seigneur d'Argoulois ; Pierre de
« Blanchefort, aussi escuyer en leur personne ; et damoiselle
« Perrette Dupont, dame du Chastel du Bois, par maistre Jean
« Perruche, son procureur, qu'ils ne accordent, ne aussi ne
« discordent, l'enterrinement desdites lettres et ne veullent
« et n'entendent estre compris à la fourniture et distribution
« des deniers d'icelle closture, *parce qu'ils dient qu'ils sont*

« *nobles, vivant noblement,* et que leurs héritages, qu'ils ont
« audit lieu de Dornecy, sont pour eux tenus en *fiefs,* de ma
« dite dame la duchesse de Nivernais, pour raison desquelles
« ils sont subjets et contribuables, au *ban* et *arrière-ban.*

« Et par les trente-six dont les noms sont énoncés en la
« liste (voir l'appendice IV) comparant en leur personne.

« Ils ont dit et remonstré qu'ils ne veulent et n'entendent
« accorder ny discorder l'enterrinement desdites lettres, mais
« déclarent qu'ils n'entendent et ne veullent contribuer aux
« frais qu'il conviendra faire, pour la closture et la fermeture
« dudit Dornecy, parce qu'ils n'ont aucuns biens quelconques,
« soit au dedans de l'incestre que lesdits demandeurs enten-
« dent closre et fermer, et n'y sont résidant, ny demeurant et
« n'entendant y résider, demeurer, acquérir ny avoir aucun
« biens à l'advenir ; mais au contraire, attendu qu'ils ne sont
« compris en ladite closture, se veullent absenter de ladite
« paroisse de Dornecy en bref, et aller demeurer et résider
« en lieu de leur accès.

« Pourquoi faire, sont contrains vendre et adviser ce que
« peu de biens, qu'ils ont aucuns d'eux, en ladite paroisse de
« Dornecy, à raison de quoy que ores qu'ils ne alliénèrent
« leurs biens estant en ladite paroisse, de ne contribuer aux
« frais de ladite closture, en aucune manière et par autres
« voyes, remontrant que ou ils ne s'absenteront de ce dit lieu
« et paroisse de Dornecy, que dorénavant après ladite closture,
« ils seront totalement fouillés, exigés, pillés et ransonnés par
« les aventuriers et autres gens avors, coureurs que par cy-
« devant auraient accoutumés tenir les champs, en ce cas,
« porteront toute la faulte qui serait à leur brief préjudice et
« dommage, pourquoy *dient* n'estre tenus à ladite contribution
« pour aultres causes qu'ils entendent plus amplement déduire
« et déclarer en temps et lieu, joint qu'ils n'ont baillé aucun
« consentement, nous requérir copie du présent procès-verbal
« que leur avons octroyé.

« Et par tous les autres adjournés, comparant en leur
« personne; ils ont dit et déclaré, qu'ils accordent l'enterri-

« nement desdites lettres patentes selon leur forme et teneur
« et pour lesdits impétrants, *demandera à estre dit et décla-*
« *rent qu'ils n'entendent déroger aux droits et prérogatives de*
« *mon dit seigneur le Révérendissime cardinal, en sa dite*
« *seigneurie, duquel ils sont humbles et demeurant toujours*
« *subjets, sans lequel et son consentement, ils n'entendent*
« *faire chose à son préjudice*, consentant et accordant qu'il
« soit délivré au procureur dudit seigneur, copie desdites
« lettres et délay lui estre octroyé pour en advertir mon dit
« seigneur le Révérendissime *sous la grâce duquel ils se sou-*
« *mettent*, requérant toutefois, pendant ledit délay et par pro-
« vision, suivant lesdites lettres, remontrant que les droits
« de mon dit seigneur le Révérendissime, par *ladite closture*
« *sont augmentés.*

« Et quand à ce que dit, a esté, par lesdits nobles dessus
« nommés, dont cy-dessus est fait mention, ont dit que
« suivant lesdites lettres et dispositions du droit, *toutes*
« *personnes de quelle que qualité qu'elles soient, doivent être*
« *contribuées à ladite closture.*

« A quoi lesdits nobles comparants comme dessus, ont
« persisté à dire et remontrer, comme ils ont dit cy-dessus et
« plaidé qu'ils ne doivent être au nombre des contribuables,
« aux frais de ladite closture, pour raison de leur noblesse,
« parce qu'ils sont *immues* de telle charge ; que aussi, ils
« sont subjets au ban et arrière-ban, à faire service du Roy,
« nostre sire, tant pour raison de leur dite noblesse, que aussi
« de leurs fiefs nobles et non seulement de leurs biens, mais
« aussi de leurs personnes, toutes fois et quand ils en sont
« requis par le Roy, nostre dit sire, pour la *tintion* (1) de
« son royaume et chose publique d'yceluy, ainsi qu'il est à
« un chacun, notoire, et d'avantage que lesdits habitans de
« Dornecy demandeurs, prétendraient comprendre lesdits cy-
« dessus nobles en ladite contribution et frais dessus dit ; il
« faudrait spécialement et expressément qu'ils fussent compris

(1) Défense.

« en leurs rescrits et lettres par eux obtenus, ce qui n'est ; *et à*
« *la vérité parler, la noblesse eut été par trop blessée,* et que
« le bon plaisir vouloir du Roy nostre sire *ne fust oncques*
« *tel,* et n'est compris aux dits rescrits et lettres du Roy,
« nostre sire ; que les habitans, villages et non privilégiés,
« *estant roturiers* encore prouvent que les deniers dudit
« seigneur n'en soient retardés et aultres notifications y con-
« tenues, protestant au surplus que là où les demandeurs
« voudraient lesdits nobles à ce contraindre et rendre contri-
« buable, empêcher formellement l'enterrinement desdites
« lettres, pour les causes par eux cy-dessus plaidées et qu'ils
« entendent plus amplement déduire en temps et lieu, et ce,
« par devant qu'il appartiendra. »

VI

DESCRIPTION DES ENDROITS OU LES PORTES, LES TOURS ET AUTRES FORTIFICATIONS SERONT ÉTABLIES. — COMMENT S'APPELLERONT LES PORTES. — PLANTATIONS DE BORNES INDIQUANT L'EMPLACEMENT DES TOURS A ÉDIFIER.

« Parties ouyes, avons appointé que les impétrants deman
« deurs nous ferons aparoir sommairement et du plain du
« donné par eux à entendre par la narration desdites lettres,
« et qu'ils nous mèneront sur le lieu qu'ils entendent faire
« closre, en présence du procureur de ma dite dame la
« duchesse de Nivernais et en présence du procureur de mon
« dit seigneur le Révérendissime et des habitans, s'ils y
« veulent assister et comparoir pour ce fait, au surplus
« ordonner, sur ce que, par lesdites parties a esté dit cy-
« dessus et requis, auquel appartiendra, pourquoy faire és
« dites parties avons baillé assignation, à Dornecy, pour
« demain, en ce lieu, heure de huit du matin. Et ledit jour
« lesdits impétrants demandeurs, ont produit en cas de témoi
« gnage : Honorable homme et sage, maître Jean Perruche ;
« Edmond Souard ; Jacques Lerdain ; Guillaume Charbonnier ;
« Jean Paquet ; Estienne Ragon et Pierre Gillové, adjournés à
« ladite fin, par ledit Chapuis, sergent des susdits, auxquels
« pour ce comparant en leur personne, leur avons fait prester
« serment en tel cas requis, et les avons examinés séparément
« et à part, sur le contenu desdites lettres, ainsi que plus à
« plain et contenu en l'examen, sur ce, par nous fait ; et ce
« fait, lesdits impétrants demandent, en la présence desdits
« advocat et procureur du roy et desdites parties comparantes,
« comme dessus, nous ont mené près la Fontaine, appelée

« la Grande Fontenne, en la rue appelée la rue de la Place,
« auquel lieu ils entendent faire une porte à deux tours,
« laquelle porte sera appelée la porte de Bourgogne, entre les
« maisons d'Eloy Denoux et le jardin du seigneur d'Argoulois,
« et la maison de messire Guy Pisy, à l'endroit duquel lieu,
« avons fait planter une borne.

« Et dilet (de là), nous ont mené au devant de l'hostel pres-
« bytérial de la cure dudit lieu, en un champ appelé le
« champ Maître Jean Taraise, auquel lieu ils entendent faire
« une tour, laquelle servirait de défense à la porte cy-dessus
« désignée, et en iceluy lieu, avons fait planter une borne.

« Et dilet, nous ont mené droit tirant à la maison d'Etienne
« Laborne, estant à la rue des Champs, entre laquelle
« maison et la borne précédente y aura trois tours en façon
« de fer à cheval, selon et en suivant le marché fait entre eux,
« dont ils sont d'accord ; et à l'endroit de ladite maison
« Estienne Leborne, au carré du champ de Vincent Chalgrin,
« y aurait une poterne qui sera appelée la poterne de *Vausage*,
« auquel lieu avons fait placer une borne.

« Et dilet, nous ont mené en un champ appelé le champ
« Estienne Leborne, en la rue des Champs, où ils entendent
« faire une tour pour la défense de la poterne, auquel lieu,
« avons fait planter une borne, et dilet à la grange de Guil-
« laume Lesgaré, à l'endroit de laquelle avons fait planter
« une borne, en laquelle y aurait une tour regardant droit les
« pallis du jardin de Jean Perruche.

« Dilet, au carré du jardin du seigneur Bonoy, auquel lieu
« avons fait planter une borne, tirant droit le long des pallis
« dudit jardin, jusqu'à la rue appelée la rue du Château. Et
« dilet, à ladite rue, appelée la rue du Château, près la rue
« Jean Perruche est une petite maison appelée la Maison de
« la Forge, appartenant à mon dit seigneur le Révérendissime
« cardinal, entre lesquelles maisons et grange, ils entendent
« faire une grande porte et deux tours pour la deffense
« d'icelle. Laquelle porte sera appelée la *Porte de Clamecy* et
« auquel lieu avons fait planter une borne.

PLAN DES FORTIFICATIONS DE DORNECY

« Dilet, nous ont mené en un champ de chénevière appar-
« tenant à la vefve Vincent Robert, où ils entendent faire une
« tour, auquel lieu avons fait planter une borne.

« Et dilet, nous ont mené au carré de la maison de Sébas-
« tien Mary, auquel lieu avons fait planter une borne, et de
« ladite borne nous ont mené à une rue appelée la rue des
« Ponts, au devant de la maison Pierre Joussier, auquel lieu
« ils entendent faire une grande porte et qui sera appelée la
« *Porte de Monceaux*, auquel lieu avons fait planter une
« borne.

« Et dilet, tirant à la première porte dessus désignée,
« passant par la corne du pré du seigneur d'Argoulois, appelé
« le Verger de Loron, à l'endroit d'un *osielier*, à la charge
« qu'ils ne pourront faire fossé du costé de l'héritage dudit
« seigneur d'Argoulois, sans son exprès consentement, et
« à la charge que s'ils y font aucun dommage, et que par le
« moyen des pierres qui déchargeront en son héritage, il est
« empesché à cueillir l'herbe de son pré, ils le rembourseront
« de ce, et aussi sans déroger aucunement aux droits de sa
« justice qu'il a audit héritage.

« Et le lendemain 16ᵉ jour dudit mois audit an, ladite
« enqueste en suivant a esté communiquée auxdits advocat et
« procureur du roy, qui ont persisté à l'enterrinement des
« dites lettres, en regard à ce que par ladite enqueste appert
« du donné à entendre par lesdits demandeurs

« S'est aussi comparu ledit du Courtet qui nous a présenté
« une requeste, laquelle avons ordonné estre communiquée
« auxdits demandeurs, ce qui a esté fait, et sur le différend
« des parties, avons réservé à en ordonner au lendemain,
« après *indies* prochainement venants et sera à la fin icelle
« requeste et réponse à icelle desdits demandeurs mise par-
« devers nous.

« Et ledit jour, lesdites partyes comparantes comme dessus,
« avons prononcé nostre sentence et appointement à la
« manière qui s'ensuit :

« Veu par nous le plaidé desdites partyes cy-dessus inséré,

« lesdites lettres royaux, en forme de chartres, cy-dessus
« incorporées, l'enqueste par nous faite à la requeste desdits
« demandeurs, du donné à entendre par leurs dites lettres et
« tout ce que par lesdites partyes, a esté cy-dessus dit et
« plaidé, et tout considéré, nous, au procureur de mon dit
« seigneur le Révérendissime cardinal, avons octroyé délay,
« pour dire ce que bon luy semblerait contre l'enterrinement
« desdites lettres, à lundy après jeudy prochainement venant,
« et à cette fin avons donné copie desdites lettres aux dépens
« des demandeurs, auquel jour, lesdits Claude Magdelenat et
« les autres desnommés cy-dessus en nostre dit procès-verbal
« qui ont déclaré n'estre tenus contribuer pour l'exécution
« desdites lettres et clostures dudit lieu, bailleront leurs faits,
« causes et raisons par escrit pour iceux voir ordonner ce
« qu'il appartiendra, et sur ce que lesdits nobles dessus
« nommés ont aussi déclaré n'estre tenus contribuer et sur le
« débat sur ce intervenu entre eux et lesdits procureurs du
« roy et demandeurs, avons réservé à ordonner audit jour et
« à bailler par chacune desdites partyes, par advertissement
« si bon leur semble, et pour le regard desdits procureur du
« roy, Madame la duchesse du Nivernais et autres habitans
« dudit lieu de Dornecy et ayant biens en iceluy, cy-dessus
« nommés et aussi les ayant fait default, avons dit, en tant
« qu'à eux *procéderont outre à l'enterrinement* desdites lettres
« et, en ce faisant qu'il soit permis et loisible auxdits habitans
« de Dornecy, fermer et closre de murailles, tours, porteaux
« fossés, boullevarts, ponts-levys et autres choses requises et
« nécessaires à forteresse de ville, ledit lieu et bourg de Dor-
« necy, pour les causes contenues ès-dites lettres, et afin
« qu'ils ne soient pillés et outragés par gens vacabons, lar-
« rons, tenant les champs, sans aucun adveu et pour ce faire
« et fournir aux frais qu'il conviendra faire pour ladite clos-
« ture, leur sera permis, eux assemblés, mettre, cottiser,
« assérir et imposer par eux tous les manans et habitans de
« ladite paroisse *et autres ayant maisons, places et héritages*
« *au-dedans le finage et justice de Dornecy, sans nul excepter,*

« ni réserver, *le fort portant le faible*, autres toutefois que sur
« les dessus nommés, qui sont demeurés en débat et sur les-
« quels est réservé à ordonner telles sommes et deniers qui
« sera requise à faire ladite closture et à la recette et distri-
« bution desdits deniers, establir et contribuer telles per-
« sonnes de loyauté et conscience qu'ils voyront estre à faire
« à la charge d'en rendre compte et reliquat, appelé ledit
« procureur du roy, et que les deniers du roy n'en soient
« retardés, et ce, nonobstant opposition ou appellation quel-
« conque, faite ou à faire, et sans préjudice d'icelles, par
« lesquelles le roy nostre dit sire, ne veut être différé, et que
« lesdites grâces et permission et octroy à eux fait par ledit
« seigneur, leur feuron, soufriront et lairont jouir et user
« pleinement et paisiblement, sans leur faire mettre ou donner
« ne soufrir estre mis ou donné aucun arrest *d'estorbier* ou
« empeschement en aucune manière, selon lesdites lettres.

« Surcis toutefois l'exécution des présentes, pour le regard
« de mon dit seigneur le Révérendissime, jusqu'à ce qu'il
« soit ouy, par nostre sentence, et adroit ce fait, lesdits habi-
« tans ont nommé Jean Bodard, auquel avons fait prester
« le serment en tel cas requis et accoutumé si donnons en
« mandement par ces présentes, auxdits receveur, exécuteur
« et au procureur, sergent royal ou autre, sur ce requis que
« nostre dite présente sentence, ils mettent à exécution selon
« leur forme et teneur, de ce faire leur donnons pouvoir,
« mandons à eux en ce faisant estre obey, des subjets du roi
« nostre dit sire, en témoing de ce nous avons signé les
« présentes de nostre seing, et fait signer auxdits advocat et
« procureur du roy et greffier, *qui est tout ce qui dit est*, avec
« nous ont été présents, et scellé du scel royal dudit bailliage,
« les an, jour dessus dit. Et depuis le 27ᵉ d'avril, après
« Pâques, 1511, en présence du procureur du roy nostre sire,
« ont présenté et nommé pour faire lesdites patentes Philibert
« des Souliers, qui s'est chargé de ce faire et a prêté le
« serment en tel cas requis. »

VII

LISTE DES HABITANTS DE DORNECY

L'an 1513 devant Olivier Millet, escuier, conseiller du Roy notre sire, lieutenant-général au bailliage de Saint-Pierre-le-Moustier, commissaire du Roy, nostre dit sire en cette partie, est comparu en notre Hostelle au dit Saint-Pierre-le-Moustier, en personne Prudent, homme, Martin Belin, juge et garde de la terre et seigneurie de Dornecy et procureur des manans et habitans du dit lieu et bourg de Dornecy, lequel nous a présenté certaines lettres patentes du Roy, notre sire en forme de charte, obtenues par lesdits habitans.

Voir la teneur :

Il s'agit d'autoriser la cloture du bourg, attendu qu'il y a marché toutes les semaines et trois fois l'an, qu'il est situé et assis en bon et fertile pays, bien accompagné, construit et édifié d'un bon grand nombre de maisons et habitans, marchands et autres, ayant grande faculté de biens, pour lesquels tient et mettre en sûreté ensemble leurs personnes à l'encontre des adventuriers, vacabons, nos hennemis et autres gens sans adveu, qui ont été par cy-devant et vont ordinairement audit bourg les piller, les fouiller et opprimer et aussi pour éviter aux autres inconvénients qui leur pourroient survenir, etc.

Toussaint Aubépin, demeurant audit Dornecy, intervint avec ledit Belin, tant pour eux que comme ayant charge expresse de tous les autres manans et habitans.

Jean Chapuis, sergent royal, audit bailliage a fait adjourner :

1. Le révérendissime cardinal de Meudon, seigneur en partie de Dorneey.
2. Haulte et puissante princesse la duchesse de Nivernais, aussi dame en partie de Dorneey.
3. Maistre Nicole Lejay.
4. Maistre Jean Chalgrin.
5. Jean Coullemard.
6. Estienne Leguisé.
7. Charles Tapin.
8. Sébastien Coquet.
9. Guillaume Briteau, prestre.
10. Damoiselle Pierrette Dupont, dame du Château du bois.
11. Léonard du Courtet, escuier, seigneur de Bavon.
12. Jacques Lourrou, aussi escuier, seigneur d'Argoulais.
13. Guillaume Poullard.
14. François Bresson.
15. La veuve Guiot.
16. Le maistre Hubert Baucheron.
17. Léonard Baucheron.
18. Jean Baucheron.
19. Eloi Denoux.
20. Claude Villedé.
21. Pasquet Marquet.
22. Guillaume Pichot.
23. Estienne Leborne.
24. Estienne Leger.
25. Jean Gaullon.
26. Claude Jouneau.
27. Jean Ravisé, cardeur.
28. Thibault Jacquard.
29. Pierre Trouillet-Coisnel.
30. François Trouillet.
31. Guillaume Delesquerre.
32. Jean Arnoux.
33. Philippe Lemaistre.
34. Pierre Trouillet, le jeune.
35. Guillaume Loriquene.
36. La veuve Gilbert Pinot.
37. Pierre Duvoullet.
38. Regnault Clerc.
39. Henri Curé.
40. Noël Bertelin.
41. Jean Bertelin.
42. Aubin Coustard.
43. Léonard Moyreau.
44. La veuve Jean Bertelin.
45. Hermand Bardon.
46. Antoine Perruche.
47. Henry Perruche.
48. Guillaume Champion.
49. La veuve Antoine Saisat.
50. Jean Cheuvrier.

51. Jean Perruche-Coisnel.
52. Jean Perruche, menuisier.
53. Jean Moureau, dit Boudard.
54. Toussaint Tarrin.
55. Louis Gallain.
56. Jean Moureau, teinturier.
57. Jean Perruche, fils de Martin.
58. Jean Belin.
59. Jean Perruche.
60. Guillaume Perruche.
61. Pierre Perruche, fils d'Edmond.
62. La veuve Edmond Perruche.
63. Edmond Boudin.
64. Pierre Perruche, menuisier.
65. Vincent Pisy.
66. Adriain Froussard.
67. Jean Marolle.
68. Léonard Naudin.
69. Jean Roubeaux.
70. Jean Perroucat.
71. Jean Jossier.
72. La veuve Vincent Thibault.
73. Estienne Chauveau.
74. Martin Turrin.
75. Pierre Cavillon.
76. Léonard Collas.
77. Philibert Le Maistre.
78. La veuve Richardon.
79. Philippe Clément.
80. Martin Gaultier.
81. Pierre Poullard.
82. Jean Rousseau.
83. Jean Augier.
84. Jean Coulmart.
85. Jean Couchote.
86. Guillaume Jay.
87. La vefve Edmond Jay.
88. Anusse Berriat.
89. Jean Berriat.
90. Lucas Tambour.
91. Léonard Bardon.
92. Sébastien Rogier.
93. Léonard Simonet.
94. Jean Durand.
95. La veuve Guillaume Pisy.
96. Jean Dien.
97. La veuve Bertelin Estienne.
98. Jean Narcy.
99. Léonard Augier.
100. Pierre Pisy.
101. La veuve Jean Augier.
102. Nicollas Giraudeau
103. Jean Turrin.
104. Pierre Bertin.
105. Bertrand Morisot.
106. Antoine Bernard.
107. Estienne Perruche.
108. Philipis Belin.
109. Guillaume Clément.
110. Jean Chauveau.
111. Jean Tierry.
112. Guillaume Garnier.

113. Jean Renard.
114. Estienne Musin.
115. Pierre Poinsard.
116. Philippe Comte.
117. Jean Bidant.
118. Jean Lemaistre.
119. Estienne Leborne.
120. Edmond Moireau.
121. Pierre Berthelin.
122. Jean Potet.
123. Edmond Bernard.
124. Martin Dufour.
125. Jean Naudin.
126. Léonard des Souliers.
127. Martin Legay.
128. Léonard Lauverlin.
129. Jean Rothil.
130. Jean Aubépin.
131. La veuve Cognard.
132. Jean Cognard.
133. Pierre Rousseau.
134. Guillaume des Ruelles.
135. Vincent Chalgrin.
136. Veuve Philibert Lauverlin.
137. François Perruche.
138. Pierre Prévost.
139. Aubin Bertelmeau.
140. Antoine Chalgrin.
141. Jean Martin, dit Ternault.
142. Jean Moureau.
143. Pierre Tache.
144. Guillaume Moureau.
145. Vefve Estienne Moureau.

146. Guillaume Lhuillier.
147. Philbert des Veaux.
148. Guillaume Leguisé.
149. La veuve Mourizot.
150. Jacques Pertuisot.
151. Jean Bureau.
152. Jean Perrin.
153. Estienne des Souliers.
154. Jean Tapin.
155. Guiot Coquard.
156. La veuve Antoine Tapin.
157. Jacques Chaumois.
158. Mathurin Liger.
159. Jean Rongier.
160. Jean Bodard.
161. Nicolas Offard.
162. Nicolas Tapin.
163. Claude Magdelat.
164. La veuve Girard Dufour.
165. Philibert Breullereau.
166. Guillaume Magdelat.
167. Jacques Legaz.
168. Pierre de Rigny.
169. Philibert des Poussiers.
170. Pierre Compte.
171. Jean Pisy.
172. Jean Chaumois.
173. Jean Leborne.
174. Antoine Casteau.
175. Jean Poinsart.
176. La veuve Jean Collemart.
177. Jullien Poussot.

178. Pierre Fendard.
179. Sébastien Bureau.
180. Guillaume Froussard.
181. La veuve Maceroy.
182. François Champion.
183. Martin Colmart.
184. Antoine Sirmin.
185. Jean Magdelenat.
186. Jean Bastie.
187. La vefve Penson Jusquin.
188. La vefve Regnier du Vault.
189. Jean Courlin.
190. Denis Richard.
191. Jean Lemvière.
192. Robert Aubery.
193. Vincent Aubry.
194. Estienne Brifferal.
195. Estienne Senson.
196. Jean Malveau.
197. Estienne Malveau.
198. Ambroise Aubry.
199. Mathurin Avulin.
200. Pierre Avulin.
201. Richard.
202. Jean Seurat.
203. Estienne Denoux.

Tous habitants, demeurant au dit bourg de Dornecy, ont fait adjourner par ledit Chapuis, sergent, honorable homme..

1. François Chevallier.
2. Maistre Jean Perruche.
3. Estienne Pourcher.
4. Jean Charrier, le jeune.
5. Claude Simon.
6. Didier de Montenpuis Coismel.
7. Estienne Ragon, cordier.
8. Blaise Durand.
9. Ragnault Beslay.
10. Jean Cousté Penheur.
11. Guy Paternault.
12. Jean Paquet.

Demeurant en la ville de Clamecy, pour chacun d'eux.

VIII

7 Avril 1607

TRANSACTION

A tous ceux qui ces présentes lettres verront Florimond de Dorne, seigneur dudit lieu, Saint-Parize en Vizy, Voveault, la Quenotte et le Breuil, baron de Retz, chevalier de l'Ordre du Roy, maître d'hôtel ordinaire de sa maison, capitaine, bailly et gouverneur de la ville de Saint-Pierre-le-Moutier et garde du scel royal étably aux contrats de la prévôté dudit Saint-Pierre-le-Moutier, pour le Roy, notre sire, salut. Comme procès fut ci-devant mû en la Cour de Parlement à Paris, entre de feu heureuse mémoire Monseigneur et Madame les duc et duchesse de Nivernais et de Rhétellois d'une part, et les manans et habitans de la ville et paroisse de Dornecy d'autre part, à raison de ce que mesdits seigneur et dame prétendoient que à cause de leur dit duché de Nivernais, ils n'étoient pas seulement seigneurs justiciers dudit Dornecy, mais aussi leur appartenoit en toute propriété, grande quantité de bois, tant de futaye que taillis situés ou assis en et au-dedans de la justice de Dornecy, desquels néanmoins lesdits habitans avoient indifféremment, ores qu'ils n'en ussent droit, sinon en une bien petite partie, encore ledit usage seroit sujet à règlement, parce que par son droit de propriété, il leur en fut été séquestré les deux tiers pour en disposer à leur plaisir, le tiers seulement demeurant auxdits habitans à titre d'usage sans préjudice de leur droit de propriété, et en conséquence de ce pour la mesure ci devant commise par lesdits habitans, prétendoient à l'encontre d'eux de grands dépens, dommages et intérêts, lesdits habitans disoient au contraire que lesdits bois de Dorneey n'étoient de telle grandeur, en conséquence que mes dits seigneur et dame prétendoient, et que devrai lesdits bois se trouvoient bien être en leur justice de Dorneey, mais pourtant ils ne pouvoient rien prétendre en la propriété d'iceux, parce que combien que d'ancienneté chacun desdits habitants paiassent chacun trois deniers d'usage à cause desdits bois, si est-ce que pour acquérir la propriété entière d'iceux, dès le vingt-huitième février mil cinq cent trente neuf, ils auroient non seulement augmenté la redevance de *trois* deniers jusqu'à *dix-huit* deniers par an, payable par chacun habitant tenant feu et bien audit lieu, *mais encore* auroient payé à défunte madame Marie d'Albret, duchesse de Nevers, la somme de *cent cinquante écus sol*, laquelle avec ladite augmentation de redevance tient lieu... non seulement audit tems avoient payé ladite somme susdite et *encore* en même débat leur ayant été fait par feu Monseigneur Jacques de Clèves, duc de Nivernais (1), lui auroient encore *payé outre ladite* somme *de cent cinquante écus* la somme *de deux cents livres tournois*, sans diminution de ladite redevance, moiennant quoi par autre transaction du vingt-huitième jour de may l'an *mil cinq cent soixante-trois*, il auroit non seulement confirmé le droit aux dits habitans, mais spécialement *renoncé à tous droits* de retranchement et règlement à pourtion qu'il pouroit prétendre desdits bois, après lesquelles deux transactions, disoient lesdits habitans que mes dits seigneur et dame ne pouvoient prétendre aucun droit de propriété és dits bois, sur lesquelles prétentions d'une part et d'autre, étant advenu le décès de mes dits seigneur et dame, à présent monseigneur leur fils et héritier, étoit en voye de faire appeler lesdits hommes de Dorneey

---

(1) Jacques de Clèves, fils de Marie d'Albret, mort sans enfant 1564. sa sœur Henriette de Clèves lui succéda, femme de Louis de Gonzague, fils puîné de François I", duc de Mantoue.

Ils eurent pour fils Charles I", duc de Gonzague, marié en 1599 à Catherine de Lorraine, mort à Mantoue le 21 septembre 1637.

audit Parlement de Paris pour reprendre ledit procès, ajoutant encore pour raisons que lesdites transactions bienlevées ne se trouveroient que par icelles, la propriété desdits bois fut aliénée et autres plusieurs raisons qui étoient dites de part et d'autre qui rendoient la question douteuse, cause pourquoi mon dit seigneur désirant traiter avec toute douceur de ce procès et différend avec lesdits habitans ses sujets, y apporter tel ordre qui assoupissant ledit différend, il n'y ait matière de procès à l'avenir.

Cejourd'huy, date des présentes, par devant Nicolas Charpy notaire royal et juré du Roi notre dit sire, sous ledit seel du nombre des dix établis en la ville de Nevers, a été présent très haut et très puissant Prince Monseigneur Charles de Gonzagues et de Clèves, duc de Nivernais et de Réthellois, prince de Mantoue, souverain... Marquis d'Isles, pair de France, gouverneur et lieutenant-général pour le Roy en ses païs de Champagne et Brie d'une part; et Maistre Claude Vesle, Gond Berryat et Philippe Moreau, demeurans en ladite ville de Dornecy, fondez de procuration et pouvoir des autres habitans de Dornecy, lequel sera inséré au bas du présent, d'autre part; lesquelles dudit différend ont pacifié et transigé comme s'en suit. C'est à savoir que lesdits habitans ont promis seront tenus continuer *ladite redevance de dix-huit deniers*, à cause de ces bois, par forme de *cens*, chacun desdits habitans tenant feu et lieu en ladite paroisse de Dornecy, et *douze deniers* pour *le droit de bourgeoisie* à chacun jour Saint-Remy, paiables audit Dornecy, aux receveurs ou accenseurs de Monseigneur, audit jour Saint-Rémy, le premier terme et payement commençant audit jour prochain venant et dilée, à continuer par chacun an perpétuellement, sans que sur lesdits bois, mon dit seigneur puisse prétendre aucunement et après soi ou de possession autre que le droit de justice pour lui appartenir, les amendes des malversations et dégradations desdits bois seulement, permet mon dit seigneur aux dits hommes de disposer de tous lesdits bois de Dornecy, soit conjointement ou séparément, ainsi qu'ils verront être à faire, comme de leur propre chose à eux appartenant et par eux loiallement acquise, sans que néanmoins ils puissent partir ou diviser iceux, ainsi les entretenir en nature de bois pour leur commodité commune, à prendre lesdits bois selon qu'ils ont été limités par le procès-verbal, signé Gaillier en date du vingt-huitième février mil cinq cent quarante-deux, et de fait s'est mon dit seigneur désisté et désiste par ces présentes, de tous droits de propriété et possession qu'il y a prétendu et pourait prétendre à l'avenir sans que pour aucune cause que ce soit, lui et ses successeurs leur puissent mouvoir débat en iceux ou à cause d'iceux, si ce n'est pour le payement des dites redevances et ce qui dépend des droits de sa justice seulement, moiennant lequel désistement ainsi fait, ont promis lesdits Vesle, Berryat et Moreau, tant en leurs noms que au nom de tous lesdits habitants de payer à mon dit seigneur à cause de la cession et transport de tous lesdits droits, tant de propriété que de possession prétendue par lui et nos dits seigneur et dame, ses prédécesseurs, la somme de *dix huit cents livres tournois* payable, savoir la somme de douze cents livres tournois dans le jour et fête Saint-Jean-Baptiste et la somme de six cents livres tournois faisant l'entier et parfait payement, ladite somme de dix huit cents livres dans le jour et fête Saint-Martin d'hiver, le tout prochainement venant et dilec à la volonté de mon dit seigneur, et au payement des dites sommes se sont obligés solidairement renonçant au bénéfice de division et ordre de discussion, tant en leurs propres et privés noms, que au nom des dits habitans, corps et biens, l'une des contraintes non cessant pour l'autre et comme pour les propres deniers et affaires du Roy, et en le faisant se sont lesdites parties désistées et départies de tous droits et prétentions que à cause des dits bois de Dorncey, chacune d'elles prétendoit d'avoir mesmement dudit procès pour cependant en la Cour de Parlement de Paris et celle des Eaux et Forêts, et de tous dépens, dommages et intérêts qui en pourroient dépendre, voulant que pour jamais les pactions ci-dessus soient entretenues fermes et stables, sans que à l'avenir il y soit contrevenu aucunement, et ont lesdits Vesle, Berryat et Moreau promis de faire ratifier dedans un mois prochain la présente transaction aux dits habitans dudit Dorneey dénommés en leur procuration et pour lesquels ils se sont fait forts, et iceux faire obliger solidairement par les contraintes ci-dessus spécifiées, au payement de ladite somme de dix huit cents livres et aux termes ci-dessus dits, car ainsi a été dit, fait et passé au Château de mon dit seigneur, à Nevers, après midy le septième jour d'avril l'an mil six cent et sept, présents noble Christophe de la Chassaigne, seigneur de Rosemont, grand maître aux Eaux et Forêts du Duché de Nivernais et Donziois, et noble homme Guillaume Salonnier, Conseiller et Maître des Comptes de mon dit seigneur et son Procureur général aux dites Eaux et Forêts témoins, et a ledit Moreau dit ne savoir signer, de ce requis : ainsi signé en la minutte des présentes, Charles Gonzagues, Clèves, Vesle, Berryat, de la Chassaigne, Salonnier et du juré soussigné, signé Charpy.

M⁰ Guy Rapine, seigneur de Boisvert, receveur général de notre duché de Nivernais, d'autant que les habitans de notre ville de Dorneey veulent acquitter présentement la somme de dix huit cents livres dont ils nous sont tenus et obligés, pour les causes contenues en la transaction ci-dessus, et ce nonobstant que les termes ne soient échus, nous vous mandons que vous ayez à recevoir d'eux présentement ladite somme de dix huit cents livres et leur en faire et bailler votre quittance au bas de la présente, de laquelle vous demeurerez déchargé, faisant par votre recette au compte de cette année que vous devez rendre à M⁰ Pierre Lignage, notre Trésorier. Fait à Nevers, en notre Chambre, le vingt-six may mil six cent sept ; ainsi signé : Catherine de Lorraine (mariée en 1559 à Charles I⁰ⁿ de Gonzagues).

Je soussigné Guy Rapine de Sainte-Marie (1), conseiller et

(1) Florimond de Rapine, son fils, auteur de la relation des Etats de 1614, était membre du Tiers-Etat de Saint-Pierre-le-Moustier.

receveur général pour Monseigneur en son duché de Nivernais, confesse avoir eu et reçu suivant le mandement de Madame ci-dessus, des habitans de la ville de Dornecy, la somme de six cents écus réduits à dix huit cents livres pour les causes contenues en la transaction faite et passée par Monseigneur avec les habitans dudit Dornecy, de laquelle somme de dix huit cents livres je me tiens pour comptant et bien payé et promets de compter à M. Pierre Lignage, trésorier de mon dit seigneur, témoin mon seing manuel ci mis, au dit Nevers ledit vingt-sixième mai, l'an mil six cent et sept.

IX

6 Août 1653

Retrait Lignager

Par devant les notaires, gardes nottes du Roy au Châtelet de Paris soussignés furent présens en leurs personnes très haute et très puissante princesse, Madame Anne de Gonzagues de Clèves, princesse de Mantoue et de Monferrat, épouse de très haut et très puissant Prince Monseigneur Edouard de Bavières, comte Palatin du Rhein, duc de Bavières et de lui autorisée à l'effet des présentes demeurant en cette ville de Paris, au Château du Louvre, paroisse de Saint-Germain de l'Auxerrois d'une part; M° Philibert Berryat et M° Jean Dufour, Lieutenant et Procureur fiscal, pour le sieur abbé de Vézelay, en la part à lui appartenant en la justice et seigneurie de Dornecy en Nivernais, demeurant ordinairement en la ville de Dornecy, étant de présent en cette ville de Paris, rue Gallande, paroisse de Saint-Séverin, tant en leurs propres et privés noms que au nom et comme procureurs ès ayans charge et pouvoir à l'effet de ce qui ensuit de la communauté des habitans de ladite ville de Dornecy par acte du sixième jour d'août dernier, lequel paraphé des parties et notaires soussignés est demeuré annexé à la minutte des présentes pour y avoir recours quand besoin sera, auxquels habitans lesdits Berryat et Dufour en leurs propres et privés noms ont promis et se sont obligés, promettent et s'obligent de faire ratifier ces présentes et du contenu en icelles, fournir acte valable de ratification à ladite dame Princesse ès mains des notaires soussignés pour être aussi annexée à la minute des présentes dans trois mois, d'autre part lesquels Berryat et Dufour ès dits noms et en chacun d'iceux solidairement ont représenté à ladite dame Princesse que par contrat du douzième juillet mil six cent cinquante deux, en vertu de procuration de son Altesse, duc de Mantoue et de Nivernais du vingt-cinquième juin précédent, il y a eu vente faite au nom de ladite Altesse de Mantoue à Samuel de Grantery, escuyer, seigneur de Cuncy-sur-Yonne de la part et portion qui appartenoit à ladite Altesse de Mantoue, comme duc de Nivernais en la terre, justice et seigneurie dudit Dornecy, selon que plus amplement il appert par ledit contrat de vente passé par devant Detrages et de Saint-Voost l'un des dits notaires soussignés, en exécution duquel ledit sieur de Grantery est entré en possession de ladite acquisition seulement le premier jour de juillet de la présente année, au moien de quoi l'an et jour du présent lignager des dites choses vendues, n'a commencé que ledit jour premier de juillet, sur quoi lesdits habitans ayant considéré que par le moien de ladite vente si en vertu d'icelle, ledit sieur de Grantery demeuroit acquéreur, ils seroient déchus et privés de l'honneur et avantage qu'ils ont de temps immémorial d'être sous la seigneurie de grands et illustres Princes, desquels ils ont reçu de notables protections et à la mémoire desquels ils sont obligés de rendre le respect, de faire tout leur possible par les voies de droit pour se conserver et continuer en la seigneurie de leurs descendants, et puisque Son Altesse de Mantoue qui est hors de la France a voulu démembrer son dit duché de Nivernais des dites choses vendues, il restoit aux dits habitans pour se maintenir en leur possession d'être toujours en la justice et seigneurie des Princes, d'avoir recours à ladite dame Princesse Tante paternelle de ladite Altesse de Mantoue, pour la supplier très humblement ainsi qu'ils ont fait par l'entremise des dits Berryat et Dufour, députés vers Son Altesse par lesdits habitans, de vouloir user du droit à elle appartenant de retrait lignager sur lesdites choses vendues, lesquelles ayant douté que ladite dame Princesse voulut retirer à cause qu'elles ne sont pas de consistances considérables pour Son Altesse, ils lui ont offert de payer sa dite Altesse et en l'acquit d'icelle, la somme de *cinq mille livres* tournois qui est le prix de ladite vente et de payer pareillement les frais et loyaux (!) couts, de faire les dépenses des poursuites, jugement et exécution du dit retrait lignager, supplient seulement ladite dame Princesse de leur faire l'honneur d'agréer d'intenter l'action dudit retrait pour être et demeurer dame et propriétaire des dites choses vendues, et en jouir par elles et ses hoirs à perpétuité, ainsi que Messeigneurs les ducs de Nivernais ses prédécesseurs selon et conformément qu'il est plus espressément porté par le susdit acte du sixième d'août dernier, ensuite duquel et après l'acceptation qu'il a plu à ladite dame Princesse de faire des dites supplications et offres avec les clauses contenues au dit acte ; lesdits habitans par autre acte du vingt deusième d'août dernier, ont donné pouvoir aux dits Berryat et Dufour d'emprunter pour et au nom des dits habitans, la somme de cinq mille cinq cents livres tournois pour faire le payement du prix principal, frais et loyaux couts et autre dépense du dit retrait, lequel emprunt ils ont fait par contrat de constitution de rente du dernier septembre en suivant passé par devant Burée, notaire royal à Tannay, en conséquence de quoi lesdits Berryat et Dufour de rechef venus par députation des dits habitans et au nom d'iceux ont encore supplié ladite dame Princesse d'agréer leurs dites supplications et offres ; laquelle ayant considéré que c'est une action digne de sa naissance et de sa générosité (!) de faire que par le moyen dudit retrait lignager, lesdits habitans demeurent en la seigneurie directe des Princes de la Maison de Nevers, et qu'il y a plusieurs exemples tant des Rois que des Princes qui ont ainsi reçu les supplications et offres d'habitans de villes, terres et seigneuries de pays, à leurs dépens le prix d'icelles (!) pour ne point changer de seigneurs ou en avoir de qualité plus éminente et de plus puissante protection que n'auroient été de nouveaux acquéreurs, ladite dame Princesse a de nouveau accepté les propositions, supplications et offres des dits habitans ainsi qu'elles sont portées par ledit acte du sixième d'août dernier, au moyen duquel ladite dame Princesse a constitué et par ces présentes constitue ses procureurs lesdits Berryat et Dufour auxquels elle a donné pouvoir et mandement exprès d'intenter et poursuivre jusques à sentence deffinitive inclusivement au bailliage du duché et pairie de Nivernais, pour et au nom de ladite dame Princesse contre ledit sieur de Grantery l'action et demande en retrait lignager des susdites choses vendues par ladite Altesse de Mantoue au dit sieur de Grantery par ledit contrat du douzième de juillet mil six cent cinquante deux, et desquelles ledit sieur de Grantery est entré en possession ledit jour premier de juillet passé et pour parvenir au dit retrait lignager faire par lesdits Berryat et Dufour pour et au nom de ladite dame Princesse tout ce qui est ou peut être requis et nécessaire en telle occasion selon la coutume de Nivernais ou autrement, encore que le cas requit mandement plus spécial, promettant ladite dame Princesse agréer et entretenir tout ce qui sera fait pour elle par lesdits Berryat et Dufour, selon ce qui est porté ci-dessus, comme si il étoit fait par elle-même en personne, le tout moyennant et non autrement que lesdits Berryat et Dufour, esdits noms et en chacun d'iceux solidairement comme dit est, ont promis et se sont obligés, promettent et s'obligent par ces présentes de faire toutes les poursuites et procédures du dit retrait lignager, rembourser le prix principal de ladite acquisition et les frais et loyaux couts, et faire toutes les dépenses de l'instance jusques à sentence deffinitive inclusivement, et en cas d'appel aussi jusques à arrêt deffinitif inclusivement, le tout des deniers et aux frais des dits Berryat et Dufour, esdits noms, en telle sorte que ladite dame Princesse ne soit point tenue d'en payer ni contribuer aucune somme en quelque manière ni pour quelque cause que ce soit ou puisse être, dont lesdits Berryat et Dufour esdits noms ont promis et se sont obligés promettent et s'obligent d'acquitter, et indemniser ladite dame Princesse Palatine, tant en principal que dépens, tant en demandant que deffendant, à peine de tous dépens, dommages et intérêts envers ladite dame Princesse et de lui fournir en cette ville de Paris dans ledit tems de 3 mois, sentence du dit bailliage de Nivernais adjucative du dit retrait lignager, comme la demande du dit retrait au nom de ladite dame Princesse, ne pouvant recevoir de contestation légitime de la part du dit sieur de Grantery et autres, avec laquelle sentence seront aussi les quittances des paiemens qui auront été faits au dit sieur de Grantery, à l'effet du dit retrait lignager ainsi qu'il est déclaré ci-dessus, en conséquence du dit retrait dès à présent comme pour lors ladite dame Princesse a consenti et consent que lesdits habitans tant en vertu de la *Transaction* passée entre feue Son Altesse de Mantoue duc de Nivernais, père de ladite dame Princesse, et lesdits habitans, du septième avril mil six cent sept, passé par devant Charpy, notaire royal à Nevers, qu'en considération des payemens que lesdits habitans se sont obligés de faire pour ledit retrait, demeurant en tous et chacuns les droits de propriété, possession et autres des bois à eux appartenans en l'étendue de la justice et seigneurie du dit Dornecy en ce qui appartiendra à ladite dame Princesse après ledit retrait lignager adjugé et exécuté, pour jouir et disposer par lesdits habitans des dits bois ainsi qu'il est stipulé par ledit acte dudit jour, sixième d'août et conformément à icelui, à la charge de satisfaire au payement des redevances portées par ladite transaction du septième d'avril mil six cent sept, selon le contenu au dit acte du sixième d'août dernier et pour l'exécution des présentes circonstances et dépendances d'icelles, lesdits Berryat et Dufour esdits noms ont fait élection de domicile en cette ville de Paris, en la maison de M⁰ Gaultier, procureur en Parlement, demeurant au cloître et paroisse Saint-Benoît, auquel lieu ils consentent que tous actes et exploits qui seront faits pour raison de ce que dessus, soient de pareil effet et valleur que s'ils avoient été faits à leurs propres personnes ou vrais domiciles, promettant ladite dame en foi de Princesse et lesdits Berryat et Dufour esdits noms exécuter et accomplir ces présentes, obligeant à ce faire tous et chacuns leurs biens renonçant et à toutes choses contraires. Fait et passé au dit Château du Louvre après midy le onzième jour de décembre mil six cent cinquante trois, et ont lesdits seigneur et dame, Prince et Princesse et lesdits Berryat et Dufour, signé la minute des présentes demeurée vers de Saint Vaast, l'un des notaires soussignés : S'ensuit la teneur du dit acte du sixième août mil six cent cinquante trois, dont ci-dessous est fait mention.

Nous soussignés, particuliers et principaux habitans de ce lieu et ville de Dorneey, province de Nivernais, sur ce que nous avons appris que Monseigneur son Altesse de Mantoue, duc de ladite province de Nivernais, auroit fait vente de la terre et seigneurie du dit Dorneey à Samuel de Grantery, écuyer, sieur de Cuncy-sur-Yonne, moyennant la somme de cinq mille livres tournois et étant véritable que feu d'heureuse mémoire Monseigneur très haut et puissant prince Charles de Gonzagues, duc de Nivernais, Donziois, du Mayne et Réthellois et ayeul de sa dite Altesse de Mantoue, de son règne fut en délibération aussi de vendre ladite terre et seigneurie de Dorneey à l'induction et sollicitation de quelques gentilshommes, ce qu'étant venu à la connaissance des dits habitans de Dorneey par leurs plaintes et supplications envers leur dit seigneur prince, obtiennent l'honneur d'être toujours ses très humbles serviteurs et sujets et moyennant cette faveur, iceux habitans par grande réjouissance se rachetèrent, au moien de quoi ledit feu seigneur prince veue la fidellité en bonne affection qu'il a reconnue de ses dits habitans et sujets, leur promit verballement de ne jamais vendre ni changer sa dite terre et justice de Dorneey immédiatement ni autrement, et considérant lesdits habitans soussignés, tant pour eux que pour le surplus du corps de leur communauté le notable intérêt qu'ils peuvent souffrir et leurs successeurs ainsi que prudemment ont fait leurs prédécesseurs et devanciers, en conséquence de la susdite dernière vente et n'étaient pas moins zélés que leurs dits prédécesseurs et devanciers et être et demeurés à toujours très humbles et affectionnés serviteurs et sujets aux très illustres et honorés descendants de notre dit seigneur prince, nous avons déclaré et résolu pour le bien et profit de la communauté du dit Dornecy, que M. Blaise Dufour et M. Philibert Berryat, du nombre de la présente assemblée, iront en bref par devers la personne de très haute et très puissante princesse, madame Anne de Gonzagues, fille de notre dit feu seigneur prince, épouse de très haut et puissant prince Monseigneur Edouard de Bavière, comte palatin du Rheims, duc de Bavières, pour de notre part et nous faisant fort, tant en commun qu'en nos propres et privés noms pour le reste du corps des dits manans et habitans de Dornecy, très humblement supplier sa Grandeur et ledit seigneur prince son époux, nous vouloir recevoir et prendre pour à toujours être à leurs illustres et renommés hoires leurs très humbles et affectionnés serviteurs et sujets aux offres et soumissions que font lesdits soussignés de payer et rembourser ledit sieur de Grantery de ladite somme de 5,000 livres, soit principal et loyaux couts résultant du dit rachat par droit de retrait lignager et sous les soumissions et offres que font lesdits habitants de Dornecy, de les laisser à toujours à ladite dame Princesse comme son propre héritage, ladite terre et seigneurie de Dornecy et tous les droits accoutumés de payer par lesdits manans et habitans de Dornecy et tels qu'ils ont été vendus au dit sieur de Grantry par notre dit seigneur, son Altesse de Mantoue, par le contrat de ladite acquisition, reçu par devant de Saint-Waast et de trois notaires, gardes-notes du roi, notre sire, au Chastelet de la ville de Paris, inséré au greffe de ladite Justice de Dornecy, en conséquence de l'acte de mise de possession que ledit sieur de Grantry a pris de ladite Justice, icelui en date du 1er jour de juillet 1653, moyennant qu'il plaise à ladite dame princesse et au dit seigneur prince, son époux, de délaisser aux dits manans et habitans de Dornecy, à toujours tous les bois généralement quelconques dépendant de leur communauté, en tous droits de propriété et de possession, sans autres charges quelconques que de 18 deniers tournois de cens et douze deniers de bourgeoisie, accoutumé de payer pour chacun habitant tenant feu et lieu en la paroisse du dit Dornecy, permettre aux dits habitants de Dornecy de vendre les coupes et superficies des dits bois pour les appoints de leur communauté, même de vendre et aliéner les fonds des dits bois à titre de rachat perpétuel et sans que pour raison des dites ventes et aliénations ils ne puissent être inquiétés par les dits seigneur et dame prince et princesse Palatin, leurs dits et ayants cause directement, ni indirectement, pour quelle que cause et occasion que ce soit, le tout en faveur du dit rachat du contrat d'acquisition de ladite propriété des bois au profit des dits habitants de notre dit feu seigneur prince, sous la susdite charge de 18 deniers de cens et 12 deniers de bourgeoisie, ledit contrat reçu par devant Charpy, notaire royal au bailliage de Saint-Pierre-le-Moûtier, datte du septième jour d'avril 1607 et à la charge et condition que ladite terre et seigneurie de Dornecy, avec ses droits, appartenances et dépendances étant adjugés à ladite dame princesse et payés des deniers des dits habitants de Dornecy, elle ne pourra ni ses successeurs la vendre, engager, hypothéquer, ni changer, ainsi demeurera perpétuellement à sa postérité et successeurs directs ou colatéraux qui auront la qualité de prince ou de princesse ; iceux successeurs ne la pourront posséder comme étant l'expresse volonté des dits manans et habitans de Dornecy, d'appartenir et être toujours très humbles et très affectionnés serviteurs et sujets à si nobles et si illustres extractions : à ces causes, en cas qu'il plaise à ladite dame princesse et au dit seigneur prince son époux, d'accepter et avoir pour agréable le contenu en ces présentes, par ces mêmes présentes lesdits soussignés eux faisant fort pour étant nous du corps des manans et habitans du dit Dornecy, baillons plein pouvoir spécial et irrévocable aux dits Dufour et Berryat, de passer contrat avec lesdits seigneur et princesse Palatin, par lequel pour les corps des dits manans et habitans ils s'obligent de faire paiement au dit sieur de Grantry de ladite somme de 5,000 livres, sort principal pour parvenir au dit rachat de ladite terre et seigneurie de Dornecy, et droit et dépendances, payer les frais et loyaux coûts et dépens qu'il conviendra pour la suite de l'action du dit retrait lignager, tant en demandant que deffendant, pourquoi faire il plaira aux dits seigneur et dame prince et princesse Palatin, par le même contrat, bail, pouvoir valable aux dits manans et habitans de Dornecy et en leurs noms intenter ladite action de retrait lignager en telles causes qu'ils aviseront bon être, promettant lesdits soussignés d'un commun consentement, eux faisant foi comme dessus avoir pour agréables tous actes et contrats qui seront passés en conséquence et conformément à ces présents, avec lesdits seigneur et princesse Palatin ou l'un d'eux, par lesdits Dufour et Berryat, pour et au nom du corps des dits manans et habitans du dit Dornecy, en foi et témoignage de quoi avons comme dit est, signé ces présentes qui sont faites et passées et arrêtées au dit Dornecy, cejourd'huy sixième d'août, l'an 1653, ainsi signé.

Suivent de nombreuses signatures.

X

EXTRAIT DU PROCÈS-VERBAL DE RECOLLEMENT
DU 27 SEPTEMBRE 1745

Le préliminaire de ce procès-verbal rappelle, pour qu'on ne l'oublie pas, les charges et servitudes imposées aux habitans de Dornecy, envers son altesse sérénissime le prince de Condé.

Chaque feu de la ville de Dornecy doit par chacun an, un sol de droit de bourgeoisie et se paye à la recette du dit Dornecy, au jour et feste de Saint-Rémy, premier octobre ; plus aussi par chaque feu, à ladite Altesse, dix-huit deniers de cens par an, payables de même au dit jour de saint Rémy.

Ledit cens à cause des bois qu'ils tiennent et possèdent au dit titre assis en la justice de ladite Altesse. Lesdits bois sont :

Les Fontenottes, le Ferry, la Vallée au Geai, le Jarnade, la Chaume Foisot, l'Ecrit, le Buisson des Grosses-épines, la Brosse Berthier, les Quatre Arpents, l'Aumonier, la Chapotte, le Bois de Mourcon, le Bois de la Bonne Femme, la Promerée ou Commagne, le Buisson d'Epines, le Petit lac d'Asnières, le Buisson de l'Ardille et de la Roche, avec les chaumes et accrues joignant lesdits bois.

Les droits ci-dessus portant deffaut, lotds, vente et retenue, amende recellée, et autres droits afférents à Cens, suivant la coutume du pays et duché de Nivernais. (1).

(1) Coutume du Nivernais, chapitre V :
ARTICLE 1ᵉʳ. — Au seigneur Censier appartient seigneurie directe

Plus qu'il est dû à sa dite Altesse *pour chaque muid* de vin vendu, douze deniers payables au bureau de la recette, incontinent, après la vente.

Cette reconnaissance, dit le procès-verbal, est faite de pure volonté et sans qu'elle puisse nuire aux droits et privilèges des habitans de Dornecy et notamment au contrat du 11 septembre 1653. Il continue ainsi :

Nous nous sommes tous transportés à un *tou* et *aqueduc* qui est dans les murailles de ladite ville, proche et attenant le bastiment de Toussaint Pussin, qui vient des Grasset et Bolacre, proche la porte du château allant à Clamecy en sortant à main gauche, duquel tou et aqueduc tirant du côté de Villiers-sur-Yonne qui est au midi, passant dans une rue appelée la rue Godot au Pont Boudard, la justice de son Altesse à gauche et celle du seigneur abbé de Vézelay à droite ; et suivant ledit chemin dans lequel entre le chemin appelé Louzon, par lequel on charroie les foins des prairies de Boingle et pré Lavau ; lequel chemin Louzon traverse celui qui va de Clamecy à Brèves et en continuant *ledit* chemin Godot jusqu'à une croisée de chemin. Le chemin de Clamecy à Brèves traversant où il y a à présent une croix plantée, appelée la Croix de Corbet, qui est de pierre, et du dit endroit suivant ledit chemin de Brèves jusqu'au chemin qui va de Sur-Yonne en Mandre et tirant à une croisée de chemin où il y a une croix plantée appelée la croix de Vaux. La justice de son Altesse à main gauche contiguë à celle de Sur-Yonne du seigneur de Cuncy et celle de Brèves et Sardy-les-Forges à la main droite et duquel endroit de croisée de chemin et croix devant ladite justice de Dornecy se continue environ trois cents pas suivant le chemin allant du dit Dornecy à Sardy, jusqu'à l'angle du bas des côtes des vignes appelées Mandre, près duquel il y a une vigne appartenant à Toussaint Pussin,

sur la chose tenue de lui au dit titre et à cause d'icelle, lods, ventes, retenues, défaut et retour avec amende de 20 sols tournois des ventes recelées après quarante jours.

venant des héritiers Jean Thomas qui fut chastelain jusqu'au bout de l'angle au-dessus des dites vignes y ayant des broussailles au-dessus attenant le bois de Mandre ; et suivant les broussailles et Montant au bois de Mandre jusqu'à une borne sur le bord du chemin qui va au Vauboudot, laquelle borne sépare ledit bois de Mandre des usages de Sur-Yonne et bois appartenant au seigneur de Quincy ; et de là, suivant la levée et fossé ancien et apparent jusqu'aux bois et usages des habitans de Brèves ; à main droite est la justice de Sardy et à main gauche celle de Dornecy de son Altesse. Et ledit fossé continuant et tirant du côté de Chamoux et au bout des usages de Brèves et au-dessous du chemin en dedans les usages de Dornecy appelés Fontenotte. Il y a une borne à treize pas d'un gros arbre haitre où il y a plusieurs plaquis et lesdits arbres et borne ronde à la hauteur d'un pied de terre. Le fossé ancien se continuant jusqu'au bout dudit bois des Fontenottes qui finit au chemin de Sardy au Chastel-Censoy, lequel est croisé par le chemin qui va de Dornecy à Chamoux, où il s'est trouvé un arbre, chesne abattu par le vent sur le bord dudit chemin, environ quatre pas dans le bois du Ferry, dépendant de la communauté de Dornecy. Le bois à côté dudit chemin de Sardy au Chastel-Censoy appartenant au seigneur de Brèves. Lequel arbre, chesne, en tombant a arraché la borne qui était au pied de cet arbre et laquelle a été présentement remise audit pied d'arbre, pour être replantée ; et de là en continuant sur la largeur du dit bois suivant jusqu'au bois et usage de Chamoux où est situé Lhaste Madame ou Marinerie, revenant proche le bois des seigneurs dans un endroit où il y a une croisée de chemin sur la limite du dit bois du Ferry où s'est trouvé un gros chesne plaqué proche duquel il y a une grosse pierre taillée dans laquelle était plantée la croix du Ferry ou Ratelle ; et de là tirant à une borne travaillée de l'un des côtés du couchant, aux armes du Révérend abbé de Vézelay et du levant à celle du marquis de Brèves, contre laquelle du côté du septentrion est un chesne plaqué et du côté du midi est un fossé à deux pieds d'icelle, et aux deux côtés du dit fossé, il y a un chesne plaqué du côté du levant, et du couchant un haître aussi plaqué au pied duquel est une borne qui fait séparation du côté du midi du bois du Ferry dépendant de Dornecy, et du septentrion au bois du seigneur abbé de Vézelay, et de là, tirant au *lac de la Pidancerie* dans lequel espace il y a deux autres bornes. De la dernière, jusqu'à celle au-dessus du dit lac de la Pidancerie, renfermant la justice de Dornecy à main gauche et celle d'Asnières à main droite, il y a environ cent pas; et de la borne au-dessus du dit lac, tirant du côté d'Asnière jusqu'à un monceau de pierres où il y a une borne et des rejetons de l'ancien pommier aux environs de ladite borne, dans la terre en chaume appartenant au sieur Pierre Tenaille qui vient des Lorons et Boulin-Villiers; et de là tirant du costé du couchant, traversant les terres du dit Pierre Tenaille et autres appelées les Gatellerons ou Gaste Laurons, et suivant plusieurs terres tant en chaumes qu'en labourage, nous avons tiré droit à une borne, appelée la borne du Cormier ou des trois seigneurs, qui fait la séparation de la justice de Dornecy d'avec celle d'Asnières et d'Avrigny; celle de Dornecy à main gauche; et de ladite borne tirant le long de l'ancien fossé sur le bord de la mare du village nommé les *Bidaux*, il y a une borne rez terre qui a son aspect à un pignon ancien d'une mazure proche la maison de Nicolas Tapin, demeurant aux Bidaux, près duquel il y a une borne; ce pignon provenant de Maurice Roché est à six passées de la maison de Tapin, laquelle vient à cause de la nommée Belanger, sa femme, de Jacques Belanger, laboureur aux Bidaux. La maison de Tapin était dans la justice d'Avrigny; et de là, tirant à une borne plate d'environ trois cents pas au-dessous, auprès de laquelle est un charme landé et un chesne en forme de plessis et haistre, charme et chesne, dans la justice de son Altesse; et de ladite borne tirant en droite ligne sur la droite, à une resoupée de plusieurs chesnes modernes appartenant à Pierre Vaillant, marchand tanneur, demeurant à Clamecy, jusqu'à la teste d'un fossé et levée, à la distance d'environ dix passées d'un champ labourable qui est de la justice d'Avrigny. Le chemin ancien venant de Clamecy à Vézelay, entre deux des dits arbres, chesnes, au-dessus du fossé, sont landés; et de là, suivant ledit fossé et la levée, la justice de son Altesse à main gauche et celle d'Avrigny à droite, jusqu'à une à la teste du bois des Ecoys au pied d'un gros chesne et pied de cormier qui est plaqué. La justice d'Avrigny à droite et celle de son Altesse à gauche. La borne et le chesne à deux passées de l'ancien chemin ci-dessus; et du dit endroit tirant à une borne sur le bord du grand chemin de Vézelay dans une croisée de chemins où il s'est trouvé une borne à distance de douze pas sur le bord du dit grand chemin et de là jusqu'à l'autre bout faisant angle, et sur le bord de la forêt d'Avrigny, il y a un autre charme landé sur quatre faces qui fait séparation de ladite forêt, d'avec le bois des Ecoys et de l'autre côté il y a trois petits charmes et un petit chesne landé et qui sont sur le bord du chemin où il est nécessaire de planter borne avec la dame marquise de Brèves. Et de là, revenant du côté du midi le long du bois appartenant à dame Berthier, à main droite est le bois de Leery, à main gauche ledit bois de la dame Berthier, appelé les Vaugerier, jusqu'à un chemin appelé le chemin des Souilles est la justice de Dornecy à main gauche et celle de Frasse à main droite, suivant le chemin qui aboutit à celui de Vézelay à Clamecy, se prend une baissière, ayant apparence d'un ancien fossé, ou chemin aboutissant; et tirant du costé du couchant au bout et angle du bois de la *Commagne*, laissant toujours la justice de Dornecy à main gauche et celle de Frassy à main droite, dans lequel angle du bois de Commagne, il s'est trouvé un gros chesne sur le bord du chemin, marqué en clair du costé du dit chemin et de l'autre costé landé et par de là ledit chemin à l'entré du dit bois de la Commagne, il y a un chesne moderne aussi landé, ledit chesne dans l'angle et de ce chesne traversant le bois de la Commagne, le long d'icelui et de celui appartenant à la dame veuve Douilly de la Salenne et du seigneur de Quincy, jusqu'à un fossé ancien qui fait séparation en remontant du costé du midi du dit bois de la Commagne et des bois de l'*evesché de Bethléem*, et suivant ledit fossé ancien, laissant à main droite les bois Piretouis Claude-Simon, aujourd'hui appelés les bois Regnaut, appartenant à ladite dame de la Salenne, la veuve Durgon du Monceau et autres ; la justice de son Altesse à main gauche et celle du seigneur abbé de Vézelay à main droite ; et suivant toujours un ancien fossé apparent qui fait par le haut séparation de l'Aumonière appartenant aux habitans de Dornecy et du bois de Piretouis du dit seigneur abbé, jusqu'à un endroit appelé la Fontaine aux Rattes, estant au-dessus de la Jeune Creuse de Crainvic, est la justice de Dornecy à main gauche, et celle du seigneur abbé à main droite ; et de la Fontaine aux Rates au pied d'un chesne descendant le long de ladite Jeune Creuse de Crainvic le long et jusques vis des Roches, appelées les *Taissonnières de Crainvic* ; et des dites Taissonnières tirant jusqu'au bois de la Chapotte appartenant aux habitans, demeure la justice de Dornecy à la gauche et celle du seigneur abbé de Vézelay à droite ; et passant de là le long de la lizière du bois de la Chapotte jusqu'à la côte des vignes de la Chapotte, est à main gauche la justice de Dornecy et à la droite celle du sieur abbé de Vézelay, et du bout dessous du sentier descendant à Dornecy, tirant à une tour étant dans les murailles de la clôture de Dornecy, appelée la tour Bertillot qui est proche la poterne du dit Dornecy ; de laquelle tour Bertillot, descendant le long du chemin et rue de ladite Poterne où il y a un gros caillou, à quatre passées du puids de la rue appelée la rue des Champs et à un pas du chemin qui va à la place de Dornecy, lequel gros caillou rez-terre sert de borne tirant jusqu'au puits et croix du *Carré rouge*, et de là, audit tou et aqueduc qui est dans les murailles de ladite ville de Dornecy, proche et au-devant le bâtiment du dit Toussaint Pussin venus des Grassets et Bolacre première limite, finit le circuit de la justice du dit Dornecy, à main gauche appartenant à son Altesse, le prince de Condé, dans lequel circuit sont renfermés plusieurs bois appartenant à différents particuliers, comme le bois de Faulin appartenant au seigneur comte de Rouez, la Vecosse et les bois des héritiers François Leclerc, attenant la pièce de la Commagne, séparée des bois ci-dessus par une borne qui fait l'angle des dits bois et autres et sont compris les côtes des vignes des Chagniats, Mailly-Tourne, Vaux-Filloux, Montagoussot, les terres labourables appelées la Vallée de Vaux-Filloux, les côtes de Bazenne, les vignes de Mourcon, Vaux et terres labourables, et enfin tout ce qui est renfermé dans lesdites limites à la réserve de quelques bâtiments et héritages portés à la censine de mon dit sieur le cardinal abbé de Vézelay; ce qui sera réglé à la vue des Terriers des dits seigneurs, ce qui a été certifié véritable par lesdits sieurs susnommés qui ont dit en avoir connaissance, tant par eux que par lesdits gardes. Et se sont, lesdits habitans, réservé leurs actions pour avoir raison des usurpations faites dans leurs bois, chaumes, costes et terrains, et s'est aussi réservé ledit sieur Hanin, pour son Altesse, les droits de fiefs et autres de héritage tenu et porté en directe de son Altesse ainsi qu'il est dit en la reconnaissance de 1693.

XI

CAHIER DES DOLÉANCES DE LA PAROISSE D'ASNAN, DU BAILLIAGE ET PAIRIE DE NEVERS, DE LA GÉNÉRALITÉ DE PARIS, DE L'ÉLECTION DE VÉZELAY.

Les députés de l'Assemblée de Nevers ont fait, où plutôt fait faire un cahier de doléances, sans avis préalable de la paroisse. Ils l'ont lu rapidement dans une assemblée de paroisse et l'ont fait signer.

Ces doléances ne roulent que sur des objets généraux, sur les grands objets de l'administration, comme les annates, les aides, les gabelles, etc., on n'y parle d'aucun des abus qui règnent dans la paroisse d'Asnan, d'aucune des vexations qui s'y commettent impunément, de rien de ce qui l'intéresse elle-même, indépendamment de l'intérêt qu'elle peut prendre à une bonne administration générale.

C'est dans ce mémoire-ci que la paroisse expose librement ses véritables doléances sur les objets particuliers qui l'intéressent ; se reposant de la réforme des abus généraux, que toute la Nation connaît, sur les grands personnages qui en sont chargés.

Ce qui intéresse le plus la paroisse d'Asnan c'est que MM. les députés soient informés de la manière dont la justice y est administrée et la police tenue, de ses facultés, charges et impôts, de l'état de sa cure qui a une liaison étroite avec le sort surtout des paroissiens malaisés.

L'administration de la justice et de la police.

Les abus les plus criants dont la paroisse ait à se plaindre, sont ceux qui procèdent de la mauvaise administration de la justice et de la négligence des officiers seigneuriaux dans la tenue de la police.

S'il était possible de faire un relevé des frais ou plutôt des exactions que font annuellement les gens de justice, il serait facile de démontrer qu'elles excèdent toutes les impositions royales ensemble. Ce relevé ne serait pas susceptible de preuves légales parce que les gens de justice sont trop prudents pour donner des reçus motivés de leurs exactions. Cependant la paroisse entre ici dans un détail abrégé, elle y rappelle les actes les plus récents d'oppression qui ont la notoriété du fait si elles n'ont pas celle du droit. Elle ne sollicite pas un procès criminel contre aucun des prévaricateurs; elle ne demande pas la réparation des maux passés, elle se contente d'en désirer et d'en demander le remède pour l'avenir.

En conséquence, sans vouloir désigner nommément aucun de ceux qui composent la justice dont elle dépend, elle va exposer librement ses doléances sur chacun d'eux, depuis le juge jusqu'à l'huissier.

Le Juge.

Le juge du bailliage d'Hubans, où est renfermée la paroisse d'Asnan, a, dans le ressort de cette justice, six paroisses de deux lieues de diamètre.

Étant encore juge de M. le duc de Nevers et d'autres seigneurs, il réside dans la ville de Tannay, chef-lieu de la justice ducale, éloignée de trois lieues de l'extrémité de la justice d'Hubans.

La paroisse d'Asnan, où son juge tient son audience, se plaint que son éloignement du chef-lieu et la multiplicité de ses justices lui sont préjudiciables; que dans son absence, il est tenu pour présent, suppléé par un de ses subalternes qui lui fait ensuite signer les procédures. On pourrait découvrir des actes passés à la même heure, en différents lieux éloignés signés du même juge.

Elle se plaint du grand nombre des *extraordinaires*, fort dispendieux, pour des objets qui ne devraient être que des affaires d'audience ou de police, s'il y avait de la police dans les campagnes. Pour de très légers dommages, pour les rixes non moins légères un procureur reçoit les plaintes. Si les parties plaignantes ou accusées ont de quoi répondre, le juge tient un *extraordinaire* pour une première information et sa première séance coûte aux plaideurs vingt écus (trois louis), souvent davantage. Le juge obligé de venir de loin, fait payer son voyage; ses subalternes sont payés à proportion; ainsi les exactions se multiplient.

Elle se plaint que quand le juge nomme des experts pour estimer des fonds, au lieu de nommer des paysans cultivateurs, plus intelligents en ce genre et dont la taxe serait modérée, il nomme des officiers de justice qui n'ont pas la même connaissance que les cultivateurs et dont la taxe répond à la dignité de leur état.

Elle se plaint que le juge a augmenté les droits d'audience de son autorité. Elle se plaint de la durée des procédures et de la multiplicité des audiences pour des objets qui demandent peu de discussion, et de la facilité du juge à permettre aux procureurs un fatras de vaines écritures qui grossissent énormément les frais. Elle se plaint de la facilité du juge à ordonner des enquêtes secrètes pour des affaires civiles, afin de traiter dans une séance extraordinaire ce qui pourrait se traiter à l'audience, où les émoluments de justice sont moins considérables.

Elle se plaint que le juge appointe le plus grand nombre des affaires; ce qui rend la sentence plus coûteuse à raison des épices.

Elle se plaint de l'excès des épices que les juges supérieurs modèrent quelquefois; mais les plaideurs n'osent jamais en exiger la restitution dans la crainte de se faire un ennemi du juge.

Elle se plaint de la facilité scandaleuse du juge à recevoir des présents. Il est notoire qu'il en reçoit également des deux parties, c'est à qui offrira davantage dans l'espérance de gagner son procès.

Le vœu de la paroisse est que la justice *se rende gratuitement* ou du moins qu'il ne soit établi que des juges assez aisés pour n'avoir pas besoin des émoluments de la justice.

Elle se plaint, et l'intendant du seigneur s'en plaint aussi, que dans le temps de la maturité des biens de la terre, le procureur fiscal est très vigilant sur les moindres dommages qui peuvent être faits aux champs et aux vignes ; que ses avis menaçants attirent chez lui une foule de pauvres paysans qui, pour échapper à la police, s'accommodent avec lui. Ainsi les dommages vrais ou prétendus tournent toujours à son profit.

Elle se plaint de ce que le procureur fiscal met à contribution les habitans, laboureurs et manœuvres ; qu'il en exige des travaux sans rétribution, si ce n'est quelquefois la nourriture. Il a contraint un maçon à garnir son puits d'une margelle ; il voulait le contraindre encore à lui faire quatre toises de pavé devant sa maison, en reconnaissance d'un acte de justice que ce maçon sollicitait. C'est de la bouche même du maçon que nous tenons ces faits odieux. Dans l'automne dernier, un laboureur lui ayant refusé un jour de labourage, le lendemain il le fit cruellement exécuter par des huissiers.

Les abus d'autorité, depuis plus de vingt ans, ne peuvent plus se compter, la plupart ne sont pas susceptibles de preuves. Voici quelques faits constatés par des actes publics :

La grande route récemment construite d'Asnan à Tannay, a coupé les champs de plusieurs particuliers. Le procureur fiscal s'est emparé, par voies de fait, de quelques portions des champs que la route a divisés. Il n'a usurpé que les portions des habitans de sa justice qui n'osent s'en plaindre par crainte d'un plus grand mal.

Il y a six ou sept ans que le juge condamna quatre jeunes gens de la paroisse, pour avoir insulté le curé, à trente livres chacun, applicables à la fabrique. Le procureur fiscal s'est accommodé avec les parents de ces jeunes gens et s'est approprié ce qu'il a pu en tirer. Ni l'évêque, ni le seigneur, informés de cette injustice, n'ont réussi à faire restituer cette aumône.

Il y a environ trois ans que sur une requête du procureur fabricien à M. l'évêque, ce fabricien fut autorisé à faire extirper, au profit de la fabrique, deux gros arbres dont les racines occupaient dans le cimetière, trop étroit pour la paroisse, une place nécessaire aux sépultures. L'adjudication de ces arbres était faite, le procureur fiscal fit signifier opposition par le syndic annuel. Sur le vu de la requête du fabricien, de l'ordonnance de l'évêque et de cette opposition, le procureur général fit encore signifier, sous le nom du syndic annuel, une nouvelle opposition et un appel par-devant l'intendant ou son sub-délégué. Le procureur général, informé de nouveau, envoie au procureur fiscal un deuxième arrêt avec des ordres précis. Cet arrêt est resté chez le procureur fiscal sans exécution ni signification. Le curé et le procureur fabricien ont pris le parti de la patience.

La paroisse d'Asnan demande une réforme qui lui fasse trouver dans les officiers de justice non pas des oppresseurs et des *sangsues*, mais des protecteurs et des hommes animés de zèle pour le bien public.

Les Procureurs.

La justice d'Hubans, composée de six paroisses, a douze procureurs; il y en a six dans la seule paroisse d'Asnan. Ces messieurs avec peu de patrimoine ne soutiennent leur état distingué et l'étalage de leur maison que par les profits que produisent leurs écritures. On ne dit rien ici des frais exorbitants des procédures suivies jusqu'à la sentence, on ne se plaint que d'une énorme concussion que ces Messieurs commettent journellement et impunément.

Les huissiers étant *des ignorants*, il est d'usage qu'on s'adresse aux Procureurs pour faire les exploits. Il arrive souvent que l'exploit étant seulement ordonné, les parties accourent pour l'arrêter après s'être accommodés à l'amiable. Les procureurs sont dans l'usage d'exiger, neuf, douze et dix-huit livres pour un travail qu'il n'ont pas fait; c'est bien pis lorsqu'on a laissé aux procureurs le temps de faire des exploits, des requêtes et des plaintes.

On peut juger de ce qui arrive communément par des faits récents dont le plus souvent la police aurait dû seule connaître :

Dans le mois de septembre dernier, il arriva une querelle nocturne entre jeunes gens; les plus maltraités, qui ne l'étaient pas beaucoup, s'adressèrent à un procureur pour porter plainte et informer. Avant que la plainte pût être présentée on s'accommoda. Le procureur, qui est tout ensemble notaire, exigea et reçut *pour les frais*, vingt-six livres deux sous six deniers, et en outre dix-sept livres dix-sept sous six deniers pour *le coût de la transaction* qu'il passa et du tout donna reçu M. le procureur notaire.

Le dimanche gras dernier, deux jeunes gens s'étant battus, le plus maltraité ordonna une plainte à un procureur; le lendemain la plainte était accommodée, le procureur qui n'avait que préparé la plainte et fait tirer quelques copies d'un exploit (V. page 56) non signifié ni contrôlé exigea trente livres pour son travail. Le curé présent obtint avec peine une remise de six livres.

Dans l'été dernier, les passants, pour abréger leur route, passaient par le champ d'un procureur, qui n'était point ensemencé. Le procureur fit assigner le valet d'un meunier, à qui il en coûta six livres douze sous. Sur l'indication de ce valet, le procureur fit assigner une foule de particuliers et le dommage de vingt sous à peine, lui produisit un bénéfice de cent vingt livres.

Il faudrait un journal pour contenir toutes les vexations de cette espèce. La paroisse demande la réduction des procureurs à un nombre qui serait moins onéreux et plus utile au public et la réforme de leurs exactions pour un travail qui n'étant qu'ordonné ou seulement commencé, ne peut-être soumis à l'inspection du juge pour être taxé.

Les Huissiers.

La paroisse a deux huissiers royaux résidants et deux du bailliage ducal de Nevers. Elle ne se plaint pas des derniers qui sont gens aux gages des procureurs qui font leurs exploits et dont les huissiers ne reçoivent qu'un modique salaire. On se plaint des exactions énormes des huissiers royaux qui se font payer à volonté les exploits qu'ils posent; on s'en plaint surtout quand ils ont des exécutions dont ils se font payer arbitrairement; on peut en juger par un fait arrivé il y a environ dix-huit mois :

Un vol de pierres ayant été fait à un maçon, un des huissiers fit des recherches par ordre du juge, il employa une matinée seulement avec deux témoins. Cette mauvaise affaire s'étant accommodée secrètement avec la médiation du curé, l'huissier exigea trente livres, que le curé fit, avec peine, réduire à vingt-sept.

L'huissier, fils d'un paysan, sachant à peine écrire, donna au plus trente sous à chacun des témoins, et eut pour une demi-journée au moins vingt-quatre livres.

Les Notaires.

Il y a *six* notaires dans la seule paroisse d'Asnan, *trois* royaux et *trois* au duché, c'est quatre de plus qu'il n'en faudrait, les notaires étant assez multipliés dans les paroisses voisines.

Chacun de ces notaires ayant peu d'ouvrage, le prix de leurs actes et expéditions n'en est que plus considérable. La paroisse demande leur réduction à un moindre nombre.

La paroisse se trouverait soulagée du plus grand nombre de ses maux si la réforme que la sagesse du ministre doit opérer dans l'administration de la justice devait s'étendre jusqu'à elle. Le poids des impôts lui est beaucoup moins pesant que celui dont elle est surchargée par les agents de justice.

Le Procureur fiscal.

Dans les paroisses de campagne, le procureur fiscal est le

seul homme qui puisse, par vigilance et par l'autorité que la loi lui donne, maintenir le bon ordre. La voix du Pasteur n'est écoutée que par les gens de bien ; les méchants ne sont contenus dans les bornes du devoir que par l'autorité coercitive.

Le plus grand malheur de la paroisse d'Asnan, c'est d'avoir un procureur fiscal qui joint à la négligence dans le maintien de la police, des vexations odieuses.

Deux seigneurs voisins lui ont déjà ôté la fiscalité de leurs justices. Le vœu général de la paroisse est de s'en voir enfin affranchie.

Le procureur fiscal n'est pas seulement l'homme du seigneur, il l'est depuis bien des années de l'intendant de la généralité et de son sub-délégué ; c'est lui qui, d'année en année, a le plus influé sur la répartition des impôts, dont l'inégalité est criante. Cette influence, jointe à son autorité fiscale, l'a rendu redoutable à tous les paroissiens.

C'est la crainte qui l'a fait choisir *syndic* de la municipalité, c'est la crainte qui l'a député à l'assemblée de Nevers pour la nomination des députés aux États généraux et lui a fait donner pour *adjoint* un de ses confrères (1) ; la même crainte fermerait encore la bouche à tous les habitants, s'ils n'étaient point assurés que leurs plaintes sont déposées dans le secret de la confiance et qu'ils n'ont pas à craindre la publicité.

La paroisse se plaint que le procureur fiscal ne surveille point les cabarets et ne s'oppose point aux désordres qui s'y commettent et le jour et la nuit.

Cette paroisse composée *de 135 feux* et qui n'est point un lieu de passage a jusqu'à huit cabarets sans compter ce qu'on appelle guinguettes ; c'est une source de ruine pour les paysans mauvais ménagers et de libertinage pour la jeunesse. Elle se plaint que le procureur fiscal laisse impunies les fraudes des boulangers. Un des deux qui sont dans la paroisse

---

(1) Ce syndic devait être Jean-Baptiste Malet et son collègue Pierre Delagrange, notaire.

est d'usage de tromper de près d'une demi-livre sur quatre. On s'en est plaint, sans effet, au procureur fiscal. Bien plus, on assure qu'il a conseillé lui-même à ce boulanger, à qui il vendait son grain, d'employer ce moyen pour se dédommager. Ce fait a été dénoncé au seigneur qui sans doute n'a pu rendre son procureur fiscal plus exact.

L'autre boulanger dit, à qui veut l'entendre, que le procureur fiscal lui a donné le même conseil sur la demande qu'il lui faisait d'augmenter le prix du pain, mais qu'il est trop honnête pour le suivre.

Elle se plaint du procureur fiscal, de sa négligence à citer à la police les perturbateurs du repos public, les coureurs de nuit et à faire une recherche exacte des voleurs nocturnes, qu'il ne serait pas difficile de découvrir. La justice trouve plus d'intérêt à procéder sur la plainte d'un particulier qu'à poursuivre les délits par la voie du ministère public et d'une police infructueuse.

Les facultés, charges et impôts.

La paroisse d'Asnan n'a aucun fond de communauté. Si avec la charge des impôts et la charge encore plus grande de la justice elle n'est pas une des plus misérables du royaume c'est que le peuple y est laborieux, économe, vivant de peu; c'est aussi que les propriétés y sont *divisées* entre les habitans et *qu'il n'y a dans la paroisse aucun grand propriétaire*, pas même le seigneur qui n'y jouit que de droits honorifiques.

Les habitans de cette paroisse, qui n'a pas de biens communaux, sont obligés de payer personnellement pour l'acquit des charges publiques. Dans l'année dernière et celle-ci, ils contribuent d'environ 1,500 livres pour les réparations à la charge de la paroisse, c'est un nouvel impôt qu'ils ont peine à supporter avec les impositions royales. La paroisse demande que ces observations entrent en considération dans la part d'impôt qu'elle doit supporter; ayant moins d'avantages, l'équité demande qu'elle soit moins imposée.

Le finage de la paroisse est très étroit. La plus grande partie des fonds dont elle jouit est située dans le finage des paroisses voisines. Jusqu'à cette époque, la paroisse était imposée aux *tailles*, relativement aux fonds qu'elle avait dans son finage et dans celui de ses voisins; ceux-ci ne l'imposaient pas sur leurs rôles. Cette année a amené une révolution qui peut être ruineuse pour la paroisse d'Asnan. Les paroisses voisines l'ont imposée sur les rôles, relativement aux fonds situés sur leurs finages et cependant la paroisse d'Asnan est chargée de la même imposition que ci-devant.

La paroisse demande que justice lui soit rendue ou qu'elle ne soit pas imposée sur les rôles des paroisses voisines, ou que les impositions qu'elle a portées jusqu'ici soit diminuées d'autant. Elle demande que, si elle est imposée par ses voisins, ceux-ci ne l'imposent pas arbitrairement comme ils ont fait cette année; mais que dans le temps où chaque paroisse fera la répartition des tailles de son finage, il soit appelé au moins un des membres de sa municipalité pour défendre ses intérêts légitimes et s'opposer à une imposition arbitraire sur ses habitans.

La paroisse se plaint que la répartition de ses impôts est très inégale, et que sa municipalité, dominée par son syndic, n'a pas réformé, cette année, cet abus criant. Ce syndic qui était ci-devant l'homme de l'intendance, a toujours réglé arbitrairement depuis plusieurs années cette répartition; il s'est toujours conservé lui-même dans un taux fort au-dessous de ses propriétés et d'une juste proportion avec les autres habitans. Il est imposé, sur le rôle de cette année, à vingt-cinq livres seize sous pour toutes tailles, taux ordinaire des manœuvres même plus aisés que ceux de leur état. Les vingtièmes ne montent qu'à huit livres dix sous six deniers. Cependant il est dans la 1re classe des propriétaires de la paroisse.

Lorsque le Gouvernement accorde des remises sur les tailles ou vingtièmes, dans la vue qu'elles soient accordées aux plus indigents des contribuables, le syndic en a toujours la meilleure part. Dans cette année, sur une remise modique il s'est fait gratifier de quatre livres. Il y a une année où, sur une remise imputable aux vingtièmes, il obtint une gratification qui excédait le taux même du vingtième.

La paroisse, pour remédier à un aussi grand désordre, demande que la déclaration de chaque habitant se fasse exactement d'année en année à l'assemblée municipale à qui aucun propriétaire ne peut en imposer; que l'acte de ces déclarations soit déposé au greffe de la municipalité, qu'une copie reste chez le syndic, qu'une autre copie soit publiquement affichée et que tous les objets soient détaillés sur le rôle avec l'imposition proportionnelle de chaque sujet.

La Cure.

Le bénéfice de la cure d'Asnan, dont la charge est d'environ quatre cent cinquante communiants, consistait, avant l'augmentation *des portions congrues*, dans la moitié de la dîme, estimée environ quatre cents livres. Il y a plus de trois cents ans que la paroisse assura un supplément à son curé, consistant en une mesure de froment et treize sous par chacun des feux, le tout d'une valeur d'environ trois cents livres, à cause des pauvres insolvables. Ce supplément tient lieu, au curé, de casuel, pour les mariages et les inhumations.

Le curé actuel (c'est celui qui a rédigé le cahier de doléances) s'est réduit à la portion congrue et a cédé la moitié de la dîme aux religieux bénédictins de l'abbaye royale de Corbigny, qui sont possesseurs de tout le bénéfice de la cure d'Asnan.

Ces religieux, au nombre de *quatre*, riches au moins de 25,000 livres de rente, jouissent d'un bénéfice originairement fondé, non pour eux, mais pour le curé de la paroisse et pour celui qui en aurait la charge (1). Le vœu de la paroisse est que ce bénéfice soit rendu à sa destination, et que celui qui a la peine, ait l'avantage. La paroisse y trouvera le sien, le curé recueillant la dîme sera en état d'avancer du grain à ses paroissiens malaisés, d'ailleurs les pailles de la dîme se con-

(1) Nous remarquons que ces Bénédictins possédaient dans la paroisse de Bréves, une ferme et 83 arpents de bois.

sommant dans la paroisse procureraient un engrais nécessaire, tandis qu'elle se consomment dans une paroisse voisine, où sont les fermiers des religieux Bénédictins.

Si les pauvres ont des secours à espérer, c'est dans leurs curés. *Il est inouï que les religieux Bénédictins en aient jamais accordé*.

Le curé rentrant dans la totalité du bénéfice de la paroisse, n'aura qu'une subsistance honnête, la valeur de douze à treize cents livres. Tant que le bénéfice sera aussi modique qu'il est avec une charge aussi grande, ce ne sera que par accident que la paroisse aura pour pasteur un homme dont les talents lui seront utiles et qui soit assez aisé par son patrimoine, pour assister les pauvres de son superflu.

Résumé.

Les abus les plus criants proviennent de la mauvaise administration de la justice. Ils sont plus ruineux que toutes les impositions royales ensemble.

Le juge d'Asnan, augmente de son autorité les frais d'audience et porte à l'excès les frais *d'épices*; il traîne les procédures en longueur; il tient souvent et sans nécessité des audiences extraordinaires qui sont très dispendieuses; il ordonne des enquêtes secrètes pour des affaires civiles, il reçoit des présents de ses justiciables et fait gagner les plus généreux.

Le remède à ces vexations est de faire rendre la justice gratuitement ou de ne la faire rendre que par des gens aisés.

On accuse de vexations le procureur fiscal. Ces officiers devraient être des protecteurs animés de zèle pour le bien public et non des oppresseurs redoutables.

Les procureurs, les huissiers, commettent sans cesse des vexations et des concussions, s'ils étaient réduits, l'état de procureur serait plus lucratif et ils seraient sans doute moins avides.

Les notaires sont aussi en trop grand nombre et l'intérêt public exige leur réduction.

La communauté d'Asnan, accablée par les officiers de

justice, l'est encore par la surcharge des impôts. Elle ne possède aucune propriété et les biens de ses habitans sont grevés de cens, rentes, etc., etc.; elle paye en outre quinze cents livres pour frais d'entretien, etc., etc.; il serait juste de peser toutes ces considérations avant d'établir l'impôt, il est d'ailleurs mal reparti, parce qu'on favorise les gens en place.

Les revenus de la cure d'Asnan passent à des bénédictins qui sont fort riches, on demande que ces revenus soient affectés au curé qui a toutes les charges de la paroisse et qui est destiné à donner des secours aux malheureux.

Telles sont les doléances de la paroisse d'Asnan rédigées en un cahier par le curé Gasté.

TABLE DES MATIÈRES.

	Pages
Hommage.	III
Chapitre Ier. — De la position et de l'origine de Dornecy	1
Chapitre II. — Mœurs romaines, la curie ou magistrature municipale	10
Chapitre III. — L'abbaye de Vézelay. — Les reliques. — Les aiguillettes	18
Chapitre IV. — Transaction de 1137, entre les bourgeois et l'abbé de Vézelay. — Les bourgeois soutenus par le comte de Nevers, Hugues de Saint-Pierre, Simon le Changeur, Chapuis et Simon Boudin. — Principes de la seigneurie	25
Chapitre V. — Historique des faits relatifs aux émeutes de 1105 et 1137 des bourgeois contre l'abbé. — Anecdotes relatives à cette abbaye. — Intervention du comte	42
Chapitre VI. — Entrevue des bourgeois avec l'abbé. — Pacte entre les bourgeois et le comte. — Établissement de la commune. — Soulèvement des habitants de Dornecy et des paroisses voisines. — Explication du mot commune. — Envoi de deux légats du pape. — Excommunication	55
Chapitre VII. — Enterrement civil. — Démolition du cloître et des murailles de l'abbaye. — Départ de l'abbé Pons, de Cluny. — Son voyage près du roi. — Intervention du pape Adrien IV, sa lettre à Louis VII. — Notice sur ce pape	67
Chapitre VIII. — Formation d'une armée à la tête de laquelle se met le roi, assisté de l'archevêque de Reims se dirigeant sur le comté de Nevers. — Entrevue de Moret. — Sentence criminelle. — Vengeance des moines. — Pillage et dévastations. — Misère des émigrés. — Assemblée d'Auxerre	71
Chapitre IX. — Intervention à nouveau des légats et même du pape. — Nouvelle lettre curieuse d'Adrien IV à Louis VII	

pour la même cause. — Audace de Simon faisant poser des créneaux à sa tour au lieu de la démolir. — Croisade nouvelle.. 89

Chapitre X. — Mort de l'abbé Pons de Montboissier. — Querelle nouvelle avec son successeur. — Notice biographique peu édifiante de cet abbé................................ 100

Chapitre XI. — Les maladreries et les léproseries............ 112

Chapitre XII. — L'hôpital appelé Pantenor. — L'évêché de Bethléem-lez-Clamecy.. 117

Chapitre XIII. — Par quels moyens l'église et les monastères s'enrichissaient. — Singuliers testaments.................. 122

Chapitre XIV. — Débats sur la souveraineté de Dornecy et de Villiers-sur-Yonne.. 131

Chapitre XV. — Affranchissement minime de main-morte et autres servitudes, en faveur des manants de Cray et Chamoux, joignant le territoire de Dornecy..................... 137

Chapitre XVI. — Supplique pour les fortifications du bourg de Dornecy. — Marie d'Albret, duchesse de Nevers. — Lettres patentes de François I"............................. 142

Chapitre XVII. — Plan des fortifications de Dornecy. — Noms des portes, plantation des bornes indiquant l'emplacement des tours et poternes. — Observations sur la disparition des familles. — Préférence marquée de prénoms............ 151

Chapitre XVIII. — Banquet populaire après l'achèvement des fortifications. — Anecdotes................................ 160

Chapitre XIX. — Débat devant le parlement de Paris entre les échevins de Dornecy et les moines de Sainte-Marie-Madeleine, au sujet de privilèges honteux.................... 171

Chapitre XX. — Bois de la communauté de Dornecy, transactions réitérées. — Exactions des ducs du Nivernais........ 176

Chapitre XXI. — Four banal de Dornecy..................... 181

Chapitre XXII. — Cloches de la paroisse de Dornecy, origine, coq sur le haut du clocher, anecdotes, etc................. 185

Chapitre XXIII. — Mœurs et anciennes coutumes de Dornecy tirées de vieilles chroniques................................ 191

Chapitre XXIV. — Faits historiques constatés par des actes religieux dressés par les curés, récollets, cordeliers et autres moines qui ont desservi la paroisse de Dornecy. — Notice relative aux maîtres d'école ou recteurs............ 201

TABLE DES MATIÈRES.   513

Pages

Chapitre XXV. — Servitudes imposées aux manants jusqu'à la Révolution de 1789. — Manants de Brèves pris pour type. 208

Chapitre XXVI. — Retrait lignager. — Historique des faits y relatifs. — Voyage à Paris de deux délégués. — Hôtellerie de la rue Galande. — Leur retour, grande fête à ce sujet. — Anecdotes, processions, etc. 211

Chapitre XXVII. — Faits particuliers concernant le Nivernais et surtout Dornecy. — Réflexions sur les faits historiques. — Anecdotes sur les Condé 240

Chapitre XXVIII. — Récollement des limites de la justice de son altesse le prince de Condé avec le seigneur abbé de Vézelay, en présence de la marquise de Brèves, d'Asnières et d'Avrigny, leur voisine de propriétés et de justice, et aussi en présence des notables habitants de Dornecy 252

Chapitre XXIX. — Trafic honteux de la justice seigneuriale... 254

Chapitre XXX. — Lettres patentes du roi pour l'établissement à Dornecy de six foires par an et d'un marché chaque semaine 258

Chapitre XXXI. — Délibération des notables habitants de Dornecy constatée par acte notarié, pour la nomination d'un deuxième garde forestier et d'un syndic, et sur le parti à prendre pour la conservation de deux anciens titres de propriété des bois de la commune 263

Chapitre XXXII. — Convocation des États généraux. — Préliminaires de la convocation 268

Chapitre XXXIII. — Documents historiques sur les anciens États généraux 275

Chapitre XXXIV. — Convocation de la première assemblée des notables 286

Chapitre XXXV. — Préliminaires des États généraux. — Droit électoral accordé aux femmes, etc... 291

Chapitre XXXVI. — Lutte entre les deux bailliages de Saint-Pierre-le-Moustiers et de Nevers 311

Chapitre XXXVII. — Assemblée des trois ordres à Nevers. — Noms des députés. — Leurs cahiers. — Cérémonial 326

Chapitre XXXVIII. — Assemblées préliminaires des trois ordres à Saint-Pierre-le-Moustier. 348

Chapitre XXXIX. — Cahiers intéressants dressés par de simples particuliers et par certaines villes 356

Chapitre XL. — Bailliage d'Auxerre 375

TABLE DES MATIÈRES.

Pages

CHAPITRE XLI. — Les députés des trois ordres se rendent à Versailles. — Incidents nombreux. — Toujours le cérémonial. — Le Tiers-État envoyait comme députés certains hommes alors obscurs devenus célèbres.................. 372

CHAPITRE XLII. — Réunion de la noblesse et du clergé. — Dissentiment avec le Tiers-État. — Constitution de l'assemblée nationale....................; 388

CHAPITRE XLIII. — Démission de députés de la noblesse et du clergé du Nivernais qui n'avaient pas le pouvoir de délibérer en commun. — Élections nouvelles 392

CHAPITRE XLIV. — Appréciation des événements de cette époque par les contemporains du Nivernais et de Paris. — Le dernier duc de Nivernais, Mancini.................. ...

CHAPITRE XLV. — Ne pas confondre Révolution et Empire.... 4

CHAPITRE XLVI. — La Restauration 410

CHAPITRE XLVII. — Louis-Philippe....................... 414

CHAPITRE XLVIII. — Deuxième République . — Deuxième Empire 417

CHAPITRE XLIX. — Troisième République. 421

APPENDICES. — I. — Charte de 1137...................... 429

II. — Etat des biens, terres, seigneuries et revenus de l'abbaye de Sainte-Marie-Magdeleine de Vézelay........... 413

III. — Charte de Chamoux et de Cray......... .... .,..... 419

IV. — Lettres patentes de François Iᵉʳ autorisant les fortifications de Dornecy......................... 453

V. — Enterrinement des lettres patentes. — Lettres de Marie d'Albret..................................... 456

VI. — Description des endroits où les portes, les tours et autres fortifications seront établies.— Comment s'appelleront les portes. — Plantations de bornes indiquant l'emplacement des tours à édifier........ 465

VII. — Liste des habitants de Dornecy..................... 470

VIII. — Transaction du 7 avril 1607....................... 475

IX. — Retrait lignager du 6 août 1653... 481

X. — Procès-verbal de récollement du 27 septembre 1715.. 490

XI. — Cahier des doléances de la paroisse d'Asnan, du bailliage et pairie de Nevers, de la généralité de Paris, de l'élection de Vézelay............................. 497

AUXERRE. — IMP. ALBERT GALLOT.

www.ingramcontent.com/pod-product-compliance
Lightning Source LLC
Chambersburg PA
CBHW071938240426
43669CB00048B/1815